도반 1

깨달음으로 가는 101가지 이야기

정도령 지음

한솜미디어

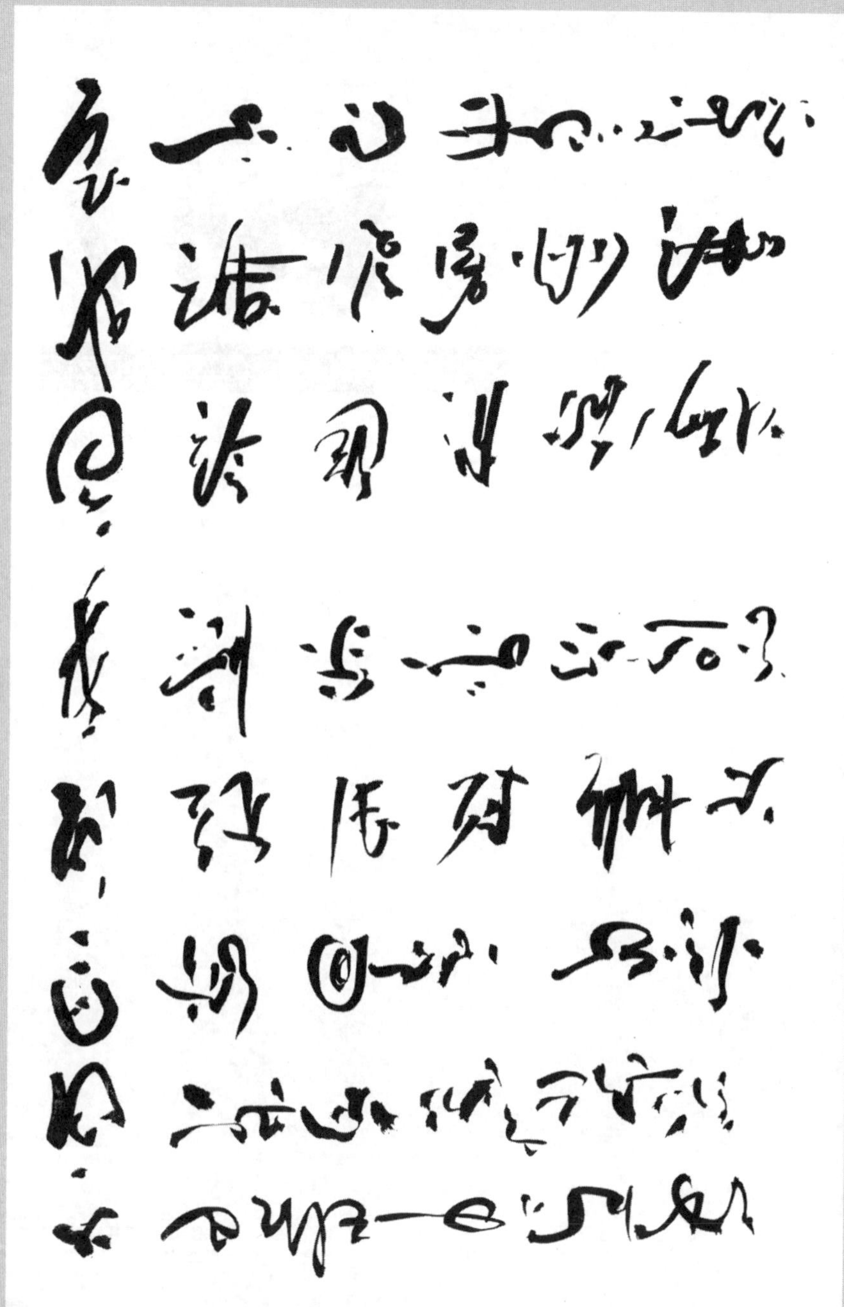

"천서"

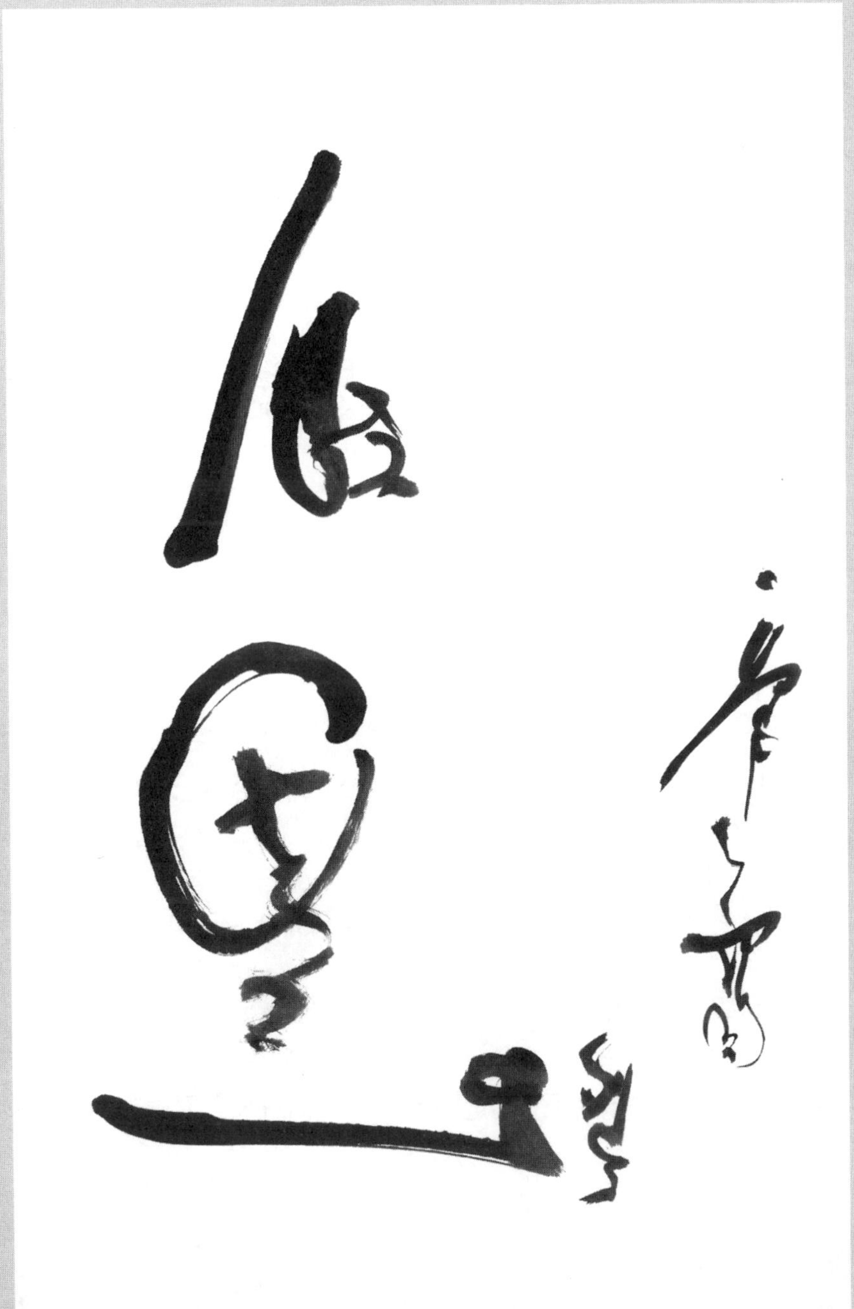

"천문"

正道靈

깨닫고자 하지도 않았다.
그것이 하늘의 선택으로 깨달음으로 인도했다.
오랫동안 영계에서 놀다가 영적인 면에 목 마른 이들을 위해
글을 쓰기 시작했다.

어느 것에 이끌리어 살아온 나날 속에 무엇인가 알려주고
싶었다.
영적 세계를 다루는 그는 불가사이한 일들을 겪고 살았다.
지금도…

배운 지식은 없지만 우주의 원리를 담아 이 책으로
대신하고 있으며, 올바른 세계관,
영적 세계 인생관을 다루고 있으며
"세계의 영을 다루는 남자"라는 책을 집필했다.

글을 쓰는 사람은 아니지만 영적으로 글을 쓰는 사람이며
국내 정신세계의 영적 스승으로 활동을 하고 있다.
이제 여러분들은 인간이 알지 못하는 다른 세계를 접하게 되며
살아가는데 많은 도움이 될 것이다.

하늘이여

정말, 사랑이 보인다면
사랑을 눈으로 볼까?
정말, 사랑이 즐겁게 하는 거라면
누가 사랑을 만들어주나
정말 사랑이 주는 거라면
아까워서 어떻게 주나
정말, 사랑이 받는 거라면
눈치 보지 않고 많이 받을 텐데
하늘이여! 나에겐 그런 사랑을
보이지도 않게 하셨나요.
하늘이여! 나에겐 필요가
없었던… 그런 거였나요.
하늘이여! 사랑을 쪼개서 나눌 수 없나요.
하늘이여! 사랑이 정말 있나요.
팔기도 하고 사기도 하나요.
아니면 말만 잘하면 그냥도 주나요.

□ 이 책을 쓰는 취지

이제 여러분들은 신비의 세계가 아닌, 영적 세계의 영원한 기운을 느끼며, 이글을 읽어갈 것이다. 우선 이 책은 누구에게 자문을 얻거나 어느 책을 읽고 독후감을 쓰는 정도가 아니라, 인간이 세상을 살아가면서 이해할 것이 무엇이고, 이해를 해야 한다는 것이 당연하다는 것을 느끼기에 합당할 것이다.

우선 이 책을 쓰면서 현재 기공이나 기 치료, 명상, 그 외 인간이 잘못 알고 있는 정신세계를 영적으로 여러 가지 문제를 써 갈 것이다. 당면한 문제를 알리고자 하는 것이니 만큼 우선 긍정을 하며 읽어 간다면 수많은 기운을 느낄 것이다.

물론 인간은 자기 자신의 능력이 어디까지인지 알고 사는 것이 가장 큰 화두가 되며, 그것을 모르고서는 항상 고민을 하게 되며 자신을 본다고 해도 이미 엎질러졌을 때는 기회가 많지 않다.

하지만 인간의 뇌는 인간을 위하는 뇌보다 하늘에서 준 것이니 만큼 하늘을 위해 얼마나 헌신을 하고 살아가는지를 알고 살아야한다.

나를 위해 축복을 내려주는 하늘에 얼마나 감사를 하고 살았는지가 인간이 살아가는데 가장 큰 문제가 되고 있는 것이다.

요즘은 여러분들도 알다시피 인간은 무한한 세계를 운영을 할 수 있는데도 자신을 모르기에 항상 우물 안 개구리 식으로 살아가는 것이다. 다시 말해 다른 길도 있다는 것을 알아야 우리가 사는 세상을 더욱더 맑고, 밝은 세상으로 이끌어 갈 수 있는 것이다.

이제 문을 열었으니 문을 열고 들어온 여러분들은 정신세계의 그곳으로 들어 갈 것이다. 그렇다. 정신세계는 인간이 알고 있는 상식을 벗어나는 것은 물론이나 이 책을 알고 나면 그렇게 이상하고 어려운 세계가 아니라는 것을 환하게 알 것이다.

그것이 깨달음이다.

깨닫는 방법이 틀리기에 어떠한 답도 나에게는 어울리는 답이 아니다. 이 사실을 알아야 깨닫는데 도움이 될 것이다. 또한 깨닫는 것은 내 자신도 모르게 깨닫는 것이지 내 자신이 안다면 그것은 깨닫는 것이 아니라 나에게 지식을 담는 것이다. 그러므로 깨닫는 것은 내 자신의 머리에 담는 것이 아니라 내 마음에 담는 것이다.

이제 여러분들도 마음에 담는 마음을 가지고 깨닫고자 해야 한다.

정도령

깨달음으로 가는 101가지 이야기

도반 / 차례

제14장 제자들의 영적 삶 / 439

제1장
깨달음

가장 평범한 것이 깨달음이다

누가 그랬던가? 가장 평범한 것이 깨달음이라고. 이제 어떤 것을 깨달으려고 한다면, 가장 평범해야 한다. 가장 평범해야 한다는 뜻은 자기의 기운과 같이 잘 어울리는 일을 해야 한다는 뜻이다. 많은 사람들은 선호하는 직업과 여러 가지 눈에 보이는 것을 좋아하고 있다. 자기의 기운은 아랑곳없이 살아가는 것이다.

이런 직업, 저런 직업 여러 가지 고통과 시련 끝에 자기의 길을 뒤늦게 알고 사는 사람이 많다. 누구나 잘 살려고 하는 것은 본능이다. 누가 잘 살기를 싫어 할 것인가? 다만 자신의 내면과 가장 가까운 직업을 선택해야 한다. 그러지 않고서는 어떠한 것도 성공하기는 힘이 든다. 그러므로 남들이 잘 된다고 따라 한다면 자기와 전혀 다른 길을 가게 되는 것이다. 누가 좋은 직업을 싫어하는가? 누구나 선호할 것이다. 다만 욕심이 없는 생활은 자기를 발전을 시킬 수는 있으나, 그렇지 않고서는 발전이 없을 것이다. 오늘, 어느 여자 한 분과 전화 약속을 했다. 나는 서울에 모임이 있어서 나갔다가 약속을 하게 된 것이다. 그래서 일부러 여러 가지 일을 볼게 있는데도 강화성전에 약속 시간에 맞춰 부리나케 왔다. 그러나 약속을 한 여자 분은 그 시간에 오지도 않았고 또한 전화 한번 주지 않았다. 못 온다면 전화라도 하면 얼마나 좋은가!

이것이 요즘 우리들의 문화이다. 자기가 약속을 자기 자신이 그것을 대단치 않다고 생각하는데 상대방은 많은 시간과 정신을 빼앗기게 된다. '이래서 우리가 잘 살 수 있단 말인가' 하고 생각을 하게 된다. 약속을 지키고 남에게 피해를 주는 사람이 되어서는 안된다. 그렇게 해서는 깨달을 수 없다. 기본도 모르는 사람이 깨달음의 공부를 한다고….

천기를 받는 경

망소이라두요소 이천두라일도소 궁여인지수라연
물소인사진치열 관수도라미천도 호연토공이지구

환두초일수연호 미추관지함초라 잉추기유문수전
관투할도기추도 만도오모선도추 교원도이만기소

일저추기일사두 먼차치구오말시 항고마소지소전
사유물도이산도 규한시조호무라 기열소히초만지

천기를 받을 수 있는 경입니다
누구나 답답할 때 주문을 해 보세요. 기운이 들어오는 것을 느낄 수 있습니다. 특히 건강이 좋지 않은 사람들이 주문을 한다면 효과가 있을 것입니다.

깨어 있으라와 깨달음

깨어 있으라는 평범한 사람은 할 수 없는 일이다. 그 이유는 잠을 자면서 깨어 있을 수는 없다. 하지만 영적 공부를 한 사람은 깨어 있을 수 있다.

물론 말로 표현하기는 힘이 들지만 굳이 표현을 한다면, 천상계와 몸의 연결된 안테나로 인해 인간은 잠을 자지만 몸 안이 있는 어느 한 영이 천상계와 인간이 잠을 자는 동안 서로 영적인 말을 주고받거나 어떠한 공부를 하거나 계시를 주고 있다. 그래서 '깨어 있으라' 라고 말을 하는 것은 잠을 자지 말라는 말이 아니라 천상계와 연결을 해서 무엇인가를 깨우쳐라 하는 말과 같은 말이다.

사람이 항상 깨어 있다면 엄청나게 힘들 것이다. 그러나 영을 통해 깨어있는 경지에 들어서면 인간으로서 할 수 없는 일을 할 수 있다. 어느 사람의 사주를 볼 수 있음은 물론이고 여러 가지 인간이 모르는 세계를 풀어갈 수 있다.

빙의가 된 병을 말 한마디로도 보낼 수 있다. 그러므로 요즘 빙의가 된 사람을 기로 치료한다는 것은, 깨어 있는 사람만이 할 수 있는 것이나 운동을 통해 하는 경우가 많은데 고쳐주는 사람이나 환자나 힘들어진다. 그러므로 빙의가 된 환자는 그냥 손으로 주무르지 않아도 쉽게 고칠 수 있는 병이다. 또한 깨달음을 가지고 모르는 사람들이 많은 이야기를 나누는데 깨닫지 않고서는 그 의미를 알 수 없으며 또한 깨닫지 않고서는 그 어떠한 것을 아는 체 하지 않아야 한다.

그러므로 깨달음이라는 것은 누구나 할 수 있는 것이 아니며, 어떠한 능력이나 어떠한 계시를 천상에서 받은 사람만이 할 수 있는 경지며 깨달으려고 일부러 노력을 한다거나 많은 노력을 해서 기도를 하거나 수련을 통해서는 할 수 없는 일이다.

그러나 요즘 사람들은 그 의미도 모르면서 깨달으려고 하고 있다. 정작 깨달음이라는 것은 자기 자신이 모를 때 깨닫게 되는 것이어서 어떠한 흐름이 지난 뒤에 알게 되는 것이다. 또한, 깨닫지 못한 사람들에게 깨달음을 보여준다는 것도 아주 힘든 일이며, 깨닫는다는 것은 여러 번 죽음의 길에 서 있다가 오는 것이며 쉽게 깨달음의 길을 간다는 것은 시간만 낭비할 뿐이다. 그리고 깨달은 사람을 알아보는 것도 자기 자신이 깨달아야 볼 수 있는 것이며 자기 자신이 깨닫지 못하고 깨달은 사람을 알아볼 수는 없다.

자기 자신에게 마음에 들지 않는다고 깨달은 사람을 깨닫지 않았다고 한다는 것은 너무도 잘못하는 일이며 인간이 깨닫고 깨닫지 않고는 하늘에서만 알 수 있는 것이며 자기 자신이 깨달음을 얻었다면 그것은 자기 자신의 노력은 얼마 없어도 하늘에서 엄청난 기운을 내려주어 깨닫게 한 것이다. 그러므로 함부로 깨달았다고 해서는 안 되며 깨닫지 못한 사람이 깨달은 사람을 욕되게 한다면 다치게 된다.

사람은 언젠가는 깨우치게 되는 것이며 깨우침은 아무것도 아니라는 것도 알게 되며 우리 주위에 항상 있는 것이기에 멀리 볼 필요조차 없으며 인간이 아무리 깨우쳤다고 한들 우주에 비교하면 점 하나밖에 안 되는 것이며 깨우친 사람은 이미 하늘에서 선택을 해서 도구로 일을 시키려고 한 것이다. 그러므로 깨우친 사람이 있다고 해도 자기 자신이 깨우친 것이 아니라 하늘의 도움을 받고 깨우친 것이기에 자기 이익을 위해 쓰여지지 못하며 그래서도 안 된다. 엉뚱한 곳에 쓴다면 하늘에서 그 능력을 빼앗아간다.

깨달은 이

무엇을 하려고 깨달으려고 하는가, 이미 하늘에서 준 것이 아니었던가? 우리 주위에는 요즘 깨달으려고 하는 이들이 너무나 많다. 산으로 바다로 산천초목 그리고 인도, 미얀마 그 외 다른 깨달음의 여행 여러 코스가 난발하는 세상이다.

이렇게 여러 가지가 있지만 어떤 것이 좋은가 하고 생각을 해보지만 어떤 것이 좋다 라는 말을 할 수는 없다.

이미 깨달은 사람으로 깨닫기 위해 고생한 것이 오히려 다른 직업으로 똑같이 시간과 어떠한 생각을 가진다면 자신이 열심히 주어진 대로 살아가는 것이 모두 다 깨달음 인 것을 왜 깨닫기 위해 많은 것을 버리고 시작을 하는지 말하고 싶다.

이미 깨달으려고 한다면 깨닫지 못한다는 것을 왜 모르는가? 정령, 깨달음이 그렇게 자신을 위해 얼마나 좋은 것인가?

깨달음은 자기 내면에 있는 것을 꺼내는 것뿐이다. 제일 가까이 있는 것이지 멀리 있는 것은 아니다.

그렇다. 깨달은 이가 넘치는 세상이 온다면 외롭지 않고 좋은 세상이 온다. 깨달으려고 하는 사람들의 시선이 깨달은 이를 볼 때 같은 눈으로 보이지는 않는다. 그 이유는 이렇다. 깨달은 이를 보는 눈이 열려있지 않기에 자기의 눈높이와 같이 깨달으려고 하다보니 보이는 것이 없으니 깨달은 이를 보지 못하는 안타까움이 항상 가슴 아프다. 다시 말해 깨달은 이는 마음의 눈이 열려 있고, 깨닫고자 하는 이는 마음의 눈이 없기 때문이다.

흔히 깨달음의 명상, 깨달음의 길, 깨달음의 어떠한 프로그램을 따라다니는 사람들…. 물론 그런 것이 있구나 하고 생각을 한다면 좋겠지만 자신이 깨달으려고 따라다닌다면 어디를 가나 같고 시간만 허비할 수도 있다. 우선 자신의 몫을 알아야한다.

진정 깨달음이 무엇인지도 모르며 그냥 찾아다니는 사람들 그 시간에 자신을 찾는 시간을 갖지, 어찌 돌아다니는지 모르겠다. 나중에 뒤돌아보면, 자신이 원망스러울 것이다.

우선 깨달음은 혼자 하는 것이다. 깨달음의 방향이나 기운마다 필요한 만큼만 깨달으면 되는 것이다. 깨달음은, 찾아다니는 것도 아니고 그렇다고 어떠한 의식을 가지려고 해서도 안 되는 것이며, 나도 모르게 어떠한 것을 저절로 알게 되는 것이 깨달음인데, 어떠한 것을 알려고 한다면 이미 깨닫지 못할 텐데 어떠한 목적을 위해 그렇게 헤매고 다니는지 모르겠다.

여러분도 알다시피 깨달음은 그냥 그렇게 느껴지는 것이며 보여지는 것이 있다면 어떠한 목적을 가지고 살아갈 때 보여지는 것이다.

깨달음을 찾아다니는 것은 틀린 것이며, 깨달음은 찾아오는 것이다. 깨달음의 프로그램을 가지고 깨달을 수 있다면 누구나 선호할 것이다. 그러나 깨달음의 프로그램은 없다. 수시로 바뀌는 것이 깨달음이지 어디 정해 놓은 것이 없다. 하지만 어느 사람들은 과학적인 이론으로 풀어 깨달음의 길을 갈 수 있다고 하는데 참 터무니없는 소리다.

어느 한 자신이 진정 깨달았다면 깨달음은 가르칠 수 없다는 것을 알 것이다. 깨달음을 따라서 한다면 우스운 일이며 최고의 코미디가 될 것이다. 깨달음은 그렇게 하는 것이 아니다.

정신세계가 주는 교훈

'알지도 못하는 것이 떠든다'라는 말이 있다. 물론 아는 것도 좋지만 모르는 것이 자신을 발전시킨다는 것을 깨달았을 때 인류의 삶은 각각 바뀌는 것이다. 인간이 아는 것과 모르는 것의 차이는 무엇인가?

인간이 아는 것은 아무 것도 아닐 수 있지만 인간이 모르는 것은 발전을 의미하고 있다. 그렇다 인류가 잘되는 것을 시기하거나 질투하거나 미워하려는 인간은 없을 것이다. 다만 자신의 발전이 없다면 그때는 상황이 다를 것이다. 이렇게 볼 때 인간은 항상 자신의 발전이 있는 곳을 택하게 되는데 그것은 내면의 세계를 알고나면 많은 부분이 달라진다.

다시 말해 달라진다는 것은 지금까지의 생각이 얼마나 잘못 되었는가를 깨닫게 되는 것이며 자신의 생각을 바꾸게 하므로 인류와 같이 갈 수 있다는 생각을 하게 되며, 인간이 살아가는 것은 극히 작은 것을 알고도 살 수 있고 항상 우주의 기운을 밀고 커가고 작아지는 것을 알 수 있다. 그러므로 인간이 살아가는 데는 얼마나 정신세계가 중요하며 자신을 바꾸는데 없어서는 안 되는 것을 알게 됐을 때, 그때서야 인간이 살아가는 묘미를 느끼게 되며 자신을 찾게 되는 순간을 맛보게 되는 것이다.

이렇게 볼 때 인간의 정신세계가 미치는 우주관과 인간관과의 관계가 자연관을 같이 하게 하는 오묘한 길이 보이기 시작한다.

그래서 깨달음의 길로 가는 것이며 깨닫게 되는 것이다. 그러므로 우주관, 인간관, 자연관의 합의를 정신으로 할 때 그제서야 인간이 모든 것을 이해하는 경지로 가게 된다. 하지만 우주관과 자연관을 섭리하였다 할지라도 인간관의 세계를 섭리하기란 쉽지 않다. 그러므로 인간을 아는 것만이 더 큰 것을 깨닫게 되는 것이다.

이제 알다시피 인간을 안다는 것이 가장깨달음 이라는 것을 알았다. 세상에는 깨달음의 종류도 많고, 큰 깨달음이 있지만 자신이 누구인지 자신의 내면을 다스리지 못한다면 그것은 깨달음이 아니며, 자신의 욕심으로 인해 어떠한 것을 잃어버리는 것이 되는 것이다.

특히 자신을 알았다고 하는 사람들을 보면 자신의 내면이 원하는 것을 하지 않고 엉뚱한 것을 하는 사람이 오히려 많고 자신이 하는 일이, 사회에서 이름나는 일이라면 물, 불 가리지 않고, 행위를 하고 있다. 그래서 지금 우리가 살고 있는 정신세계는 오히려 관심이 없는 사람들은 오히려 정신세계를 알고 가는 길이 되며 정신세계를 한다고 하는 사람들은 오히려 정신세계에 오물을 뿌리는 것과 같다.

어떤 기운을 가지고 인간은 살아야 하는가?

우선 자신의 기운을 자랑하지 않아야 한다는 것쯤은 여러분들도 잘 알 것이다. 다만, 자신의 기운을 올바르게 쓸 때는 자랑을 하는 것이 좋다는 것도 알아야한다.

그럼 인간은 어떠한 기운을 가지고 태어났는가? 인간은 자신이 어떻게 태어났는지를 자신이 모르고 살아가기에 많은 고민과 의심 고통이 따라온다. 그래서 인간은 자신이 누구인가를 스스로 알고 싶어 한다. 하지만 자신이 누구인가를 알기 위해서는 자신의 마음을 버려야 하는데 과연 누가 그러한 경험을 하려고 상상이나 하겠는가? 그러므로 자신이 마음을 버린다는 말은 자신이 버리는 것이 아니라 자신을 찾아주기 위해 하늘에서 잠시 뺏아가는 것이다. 다만 그러한 것을 모르고 사는 것이 문제가 될 뿐이다.

인간이 자기 마음대로 살지 못하는 것도 이러한 이유가 있어서이다. 그러므로 '인간이 인간을 아는 것이 자신을 아는 것이다' 라고 말할 수 있다. 그래서 많은 이들이 잘 살아보려고 하는 것도 자신을 테스트 하기 위한 것이다.

어떤 기운을 가지고 살아가야 하나?

인간은 본래 혼자서는 살 수 없도록 되어있어 자연의 힘이나 자신의 내면의 힘, 그 외 많은 힘을 빌려 살고 있다.

그러나 흔히 자신이 모든 것을 잘해서 된 것처럼 생각하고 있는데 물론 자신이 노력한 것이 없다면 어떠한 상태도 없는 것처럼 30%는 자신의 노력이며 70%는 여러 가지의 자신 외에 어느 것들의 도움으로 이루어지는 것이다.

이것을 볼 때 인간이 아무리 노력을 한다고 해도 다 이루어지는 것이 아니라는 것을 알 수 있다. 특히 인간마다 기운이 틀리기에 자신의 적성대로 어떠한 일을 해야 함은 물론인데 반해 지금 우리네 세상은 부모나 사회의 많은 편견으로 인해 정작 가야할 길, 해야 할 것들을 잃어버리고 그냥 흐름 속에 살아가는 사람들이 많다.

이제 사람마다의 기운으로 살아가면서 자신의 힘으로는 할 수 없는 어떠한 경험을 누구나 한번 이상은 했을 것이다. 그래서 인간의 힘으로는 도저히 할 수 없는 일도 어느 기운을 빌리면 미래가 보장이 되는 경우도 종종 있다.

해와 나눈 이야기

인간은 누구나 어떠한 것과도 서로 대화를 할 수 있는 능력이 잠재해 있다. 다만 그것이 있는 것조차 알지 못하고 살고 있다. 그러므로 이러한 기운을 가지고 있으면서도 인간은 죽을 때까지 자기가 내려받은 능력을 10~15%정도밖에는 쓰고 가지 못한다.

그러나 어떤 의사들은 자신이 공부한 것으로 부족해 영적인 면을 다루려고 무척 애를 쓰고 있다. 그러나 그것이 쉽게 알지 못하는 바람에 시행착오를 많이 가져온다. 인간은 어느 것과 거리낌 없이 대화를 할 수 있지만 어느 것과의 대화를 할 수 있는 마음의 문을 열지 못했기에 대화를 할 수 없다. 그러므로 어떠한 물체와도 대화를 할 수 있다면 세상 살아갈 때 많은 도움이 있을 것이다. 그래서 인간적인 면과 영적인 면 두 가지를 알아야 열려 있는 사람이라고 말 할 수 있는 것이며, 지금 우리가 살 고 있는 이 사회는 열려 있는 사람들이 많지 않기에 막혀 사는 것과 같은 것이다.

사람이 열려 있으면 하는 일이 잘되며, 마음먹은 대로 어떠한 것이든지 순조롭게 진행이 될 것이며, 다른 사람에게도 저절로 많은 도움을 줄 것이다. 그러나 지금 지도자라고 하는 사람들 자체가 열리지 않아 서로 대화가 안 되는 경우가 많다.

인간이 열려 있다면 우리 사회가 더 밝을 것이며 우리가 알 수 없는 무한한 발전을 가져 올 것이다. 그래서 나는 오늘도 해와 달과 나무와 그리고 눈에 보이는 것, 그 외 보이지 않는 것과도 대화를 하며 하루를 마감한다. 인간은 자연과 대화를 하며 사느냐에 따라 건강은 물론 행복과 풍요로움도 가질 수 있다.

도(道)를 알고 나서는…

道를 알고 나서는 어떻게 쓰여지느냐에 많은 문제가 달려 있으며 또한 道를 잘못 인식해 자기 자신을 높이거나 남을 무시한다면 그것은 道가 아니다.

그래서 道를 알고 나서는 더욱더 행동이나 말하는 모든 것들이 어려워진다. 그만큼 값어치를 해야 하니까 이미 평범한 시민이 아니므로, 평범한 사람들과의 대화는 매우 어렵다.

그 이유는 道를 하는 사람들은 신명과 서로 대화를 하거나 하늘과 대화를 하거나 우주와의 채널을 하는 시간도 모자라기에 사람과의 대화는 필요할 때만 허락을 받아야 할 수 있다.

사람들이 알고 싶고 궁금해 하는 것이 많다. 그렇다고 道를 했다고 모두 다 해결하지는 못한다. 그 이유는 인간이 알아야 할 것이 있고 몰라야 하는 것도 있기 때문이다. 그래서 道라는 것은 인간에게 좋은 점도 있지만 어떻게 보면 인간에게 나쁘게 하는 경우도 있다는 것을 알아야 한다. 여기에서 보여주듯이 자기 자신의 능력만 믿고 아무 말이나 한다면 오히려 많은 사람들이 다칠 수도 있고, 바로 보지 않을 것이다.

잃어버릴 게 없을 때 깨닫게 된다

인간은 자신의 모든 것을 잃어버리고 더 이상 잃어버릴게 없을 때 깨닫게 된다. 다시 말하면 잃어버릴 것이 남아 있다면 깨닫기가 어렵다. 그러므로 인간이 깨닫는다는 것은 아무것도 없는 상태에서 깨달을 수 있다. 하지만 어떤 이는 자기 것을 찾으려고 한다. 그 사람의 말을 빌리자면 대학을 나와 할 일이 없어 찾았다고 하는 것이 깨달음의 길이라고 하는데 그렇게 깨닫는 것은 이 사회에 많은 오염을 뿌리는 것과 같다.

조그마한 지식과 조그마한 메시지를 갖고 깨달았다고 한다. 무지한 사람들은 그 소리를 듣고 믿고 따르고 추종하고 맹신을 하고 있다.

이게 우리 사회의 현실이다. 단학을 조금하고 자신이 깨달았다고 하는 사람들이 요즘은 너무도 많다 그래서 진짜 깨달은 사람들은 오히려 깨닫지도 않은 사람보다 숨어 살아야 하는 실정이다. 이제는 이러한 것들을 모두 바꿔야한다. 깨달음이 무엇인지도 모르는 사람들이 판치는 것을 볼 때 빠른 시일 내에 올바른 기 수련과 기의 문화를 바로잡아야 되겠다는 마음이 든다.

어디서 들은 이야기로 자신이 경험한 것처럼 남의 책을 베껴 자기가 쓴 것처럼 하는 사람들이 너무 많은 요즘 창피한 줄을 알아야 하는데도 자신이 글을 하늘에서 받은 것처럼 겉만 치장하는 사람들이 있다. 특히 요즘 나오는 기에 관한 책이나 글들은 우주의 원리를 알아 공부를 해서 쓴 글이 아니고 인도 책이나 중국 책 아니면 미얀마 책을 보고 베끼는 수준의 사람이나 아니면 조금 각색을 해서 내는 저자들이 허다하다. 그러므로 그 책을 보고 안다고 하는 사람들이 많기에 그 수준은 뻔한 것이다.

그렇다. 인간은 잃어버릴 것이 없을 때 깨닫게 된다. 그렇지 않고서는 그러한 세계를 알 수 없을 뿐더러 거짓으로 깨달았다고 말을 한다. 물론 깨달았는지 깨닫지 못했는지를 알지 못하는 사람들에게는 통할지는 몰라도 깨달은 사람에게는 아주 평범한 사람들보다 얕게 보이는 것이 사실이다.

그러므로 많은 것이 필요하지만 인간은 아무것도 없을 때가 가장 성공의 열쇠, 행복의 열쇠가 있다고 생각할 수 있다.

인간이 모르는 세계가 있다

누구나 요즘은 다 아는 말 같지만 인간이 모르는 세계가 있다는 것을 알고 나면 인간이 살아가는 것이 모르는 세계로부터 온다는 사실을 알 수 있다. 다시 말해 모르는 세계를 알고 나면 인간은 답을 찾을 수 있다. 그러나 부정을 하는 데서부터 인간은 많은 것을 알지 못하고 사는 것이다.

나도 언젠가부터 인간이 모르고 사는 세계를 직접 경험을 하고부터는 나의 생활과 모든 것이 바뀐 것을 알았다. 다만 자신이 경험을 하지 않고는 믿을 수 없는 일이 너무도 많기에 인간들에게 알려주기에는 너무 어려움이 많다. 그래서 인간이 모르는 이유는 지식만을 강조한다는 것을 알고 지혜의 문을 열어주고 싶어 지금도 이렇게 보이지 않는 세계를 통해 답을 얻고자 한다. 그렇다. 돈과 명예 그리고 지식은 인간이 살아가는데 자신을 위해서는 필요하지만 많은 사람들, 즉 인류를 위해서는 별로 도움이 될 수 없다.

우리나라는 지금도 보이지 않는 세계를 부정하므로 다시 말해 무조건 미신으로만 생각하는 나머지 뒤를 보지 않고 무시하는 경향이 너무 많다. 조금만 마음을 열고 조금만 눈을 크게 뜨고 세상을 바라본다면 지금 사는 세상보다 훨씬 좋은 세상을 만들 수 있는데 한 가지 마음을 열어 놓지 않는 것으로 인해 인간은 많은 것을 잃어버리며 살아가는 것이다.

인간이 모르는 세계는 하늘을 통해서 알 수 있지만 아무나 알 수 없게 하늘의 문을 열어놓지 않았다는데 문제가 있는 것이다. 자신이 다른 세상을 보기 위해서는 자신의 마음을 바꾸고 진실된 마음을 우선 가져야 하늘의 다른 세계를 보여준다.

물론 경험을 하지 않았거나 믿지 못하는 사람들은 답답할 때가 많다는 것을 나는 잘 안다. 우선 보이지 않는 세계를 통해 인간은 많은 것을 깨우치게 된다. 말이 필요 없다는 뜻이다.

그러나 인간은 눈 앞에 보이는 조그만 이득을 위해 살아가기에 그렇게 살수록 더욱더 인간이 모르는 세계를 알지 못하고 인생을 마감하는 것이다.

이쯤 되면 많은 사람들이 보이지 않는 세계를 긍정하고 그러므로 이해하게 된다면 우리문명은 더욱더 발전을 할 것이다. 지금 우리가 사는 사회는 누구나 잘 사는 사회를 만든다고는 하고 있지만 인간의 지식으로만 구성된 것으로 어떠한 일들을 진행을 하기에 누구나 잘 살 수 있는 사회를 만들기 어려운 것이다.

인간이 모르는 세계는 우리 몸 안에 얼마든지 있다. 인간을 다 아는 것으로도 인간은 깨달았다고 할 수 있다. 그러나 그렇게 쉬운 일이 아니기에 많은 인간들은 생을 마감하기 전에 완성을 하지 못한다. 물론 나도 저세상으로 가지만 한 가지라도 알기 위해 지금도 모르는 세계를 가고 있다. 누구나 잘 살 수 있고 우주의 원리를 다 알 수 있는 세상이 온다면 인간은 더 많은 것을 이해하고 용서하고 욕심이 없어질 것이다.

외로워야 깨달을 수 있다 · 1

사람은 외로워야 깨달을 수 있다. 외로움 속에는 무한한 세계가 들어 있다. 그래서 도를 깨우친다고 생각하는 사람들이 외롭게 길을 가고 있다. 그러나 어떤 사람들은 자기가 하고 싶은 것을 다하고 그 다음에 깨우치려고 하는데 깨우친다는 것은 자기 내면과의 싸움이다.

그만큼 인내하고 누가 알아주지 않아도 그냥 묵묵하게 자기와 기도를 하는 것이다. '자기와의 기도'라는 것은 자기 내면의 어떤 기운과 우주와의 대화를 유도하거나 응답을 하는 것이다.

사람은 외로울 때 많은 것을 느낀다. 그 속에서 자기를 발견하고 자신의 무엇인가의 존재를 인식하게 되며 몰랐던 것을 알게 되는 최고의 무기가 된다.

그래서 깨우치려고 생각을 한다면 누구하고도 대화를 하지 않아야 한다. 그래야 깨우칠 수 있다. 또한 자기 내면의 것을 가장 소중하게 생각하고 우주의 생각을 한다면 저절로 발전이 된다.

그러나 사람들은 외로운 것을 싫어하는 것은 사실이나 외로움을 이겨내야 자신이 하고자 하는 것을 언젠가는 할 수 있다.

특히 산으로 기도를 떠나는 분들이 있다면 혼자 가는 것이 가장 좋은 방법이다. 그러나 기도를 하러 여러 명이 가는데 그것은 현명한 방법은 되지 않는다. 그래서 깨우침으로 영성으로 가고자 하는 사람이 있다면 혼자 길을 떠나야 한다는 것을 항상 잊지 않아야 하며 언젠가는 그 이유를 알 수 있다.

외로워야 깨달을 수 있다 · 2

부처도 6년간 혼자 명상을 통해 깨우쳤다고 한다. 그렇다 사람은 외로움 속에서 많은 것을 터득할 수 있다. 외로움을 사람들은 가장 싫어한다.

외로움을 이겨내는 사람이 성공을 하는 것이다. 그래야 자기 내면과 대화를 할 수 있으며 자신이 누구인가를 알게 된다. 이제 우리는 외로움을 극복하는 인내심을 보여줘야 한다.

흔히 깨우친다고 하면서 기도를 하거나 수련을 하는데 여럿이 모여서 한다면 많은 시간이 필요하나 혼자 기도를 한다면 더 빨리 많은 것을 느끼게 된다. 그래서 깨우침으로 영성으로 가려고 하는 사람이 있다면 혼자 명상을 통해 할 수 있어야 하며 어떠한 외로움도 잊어버리고 살아야 한다.

그래야 더 깊은 깨달음을 할 수 있으며 인간이 모르는 영의 세계를 알 수 있게 되며 더욱 더 깊게 공부를 한다면 우주의 법을 알게 되며 항상 우주의 기운을 느끼게 된다. 다만 어떤 글을 읽거나 남의 말을 듣고 행하는 것은 깨달음으로 가기에는 너무 먼 길이다. 그 이유는 어떠한 것을 보고 듣고 한 것이 있다면 그 속에서 맴돌 수밖에 없기 때문이다. 다만 깨우친 분에게 어떠한 길을 안내 받는다면 깨달을 수 있다.

내적 경험은 영원히 가는 것이다

흔히 인간은 많은 경험 속에서 살아가고 있다고 생각하지만 사실은 외적 경험은 많을지는 몰라도 내적 경험은 거의 하지 않고 산다. 내적 경험이라는 것은 우리가 쉽게 알 수 없는 내면의 세계를 들여다보는 것이다.

인생을 보내면서 한번도 내면의 세계를 알지 못하는 사람들이 많은 요즈음, 어떻게 하면 자신의 내면의 세계와 같이 살 수 있을까 하고 그 방법을 누구나 쉽게 터득하고 알 수 있게 하는 공부를 하고 있다.

인간은 자신의 내면과 같이 살면 얼마나 좋은 것인가를 모르기에 자신의 내면을 잃어버리고 살고 있다. 인간이 자신의 내면을 알고 산다면 지금보다 사는 것이 윤택해지고 자신의 마음을 찾을 수 있어 너무도 황홀한 느낌을 가져올 수 있다.

그래서 우리는 내적 경험을 위해 사는 사람들을 동경할 때가 있다. 내적 경험이라는 것은 그렇게 어려운 것은 아니다. 자신을 한번쯤 놓아버리는 것이다. 그래야 내면의 나를 볼 수 있고 찾을 수 있는 것이다. 내적 경험을 하면 사람은 모든 것이 평온해 보이고 모든 것이 긍정이 된다.

외적인 것만 습득하게 되면 인간으로서 살아간다는 것이 항상 고통이라고 생각하게 되며 불만만 많이 늘어나며 내적인 경험을 통하지 않고서는 자신이 일어날 수 있는 기회가 주어지지 않는다.

인간은 무한한 세계를 가지고 있는 것은 사실이나 그 내면의 실타래를 풀어 놓지 않은 이상 아무것도 알 수 없으며 상상할 수도 없다. 그래서 인간은 내면의 세계를 풀어 놓는다면 자신의 능력이나 자신이 해야 할 일들을 알게 된다. 그래서 내면을 안다는 것은 모두 아는 것이다.

자신이 누구인지를 모르고 살아가는 사람이 너무 많다. 나 역시 내가 누구인지도 모르면서 살아왔다. 이제 내가 누구인지를 알고 나서 내면의 세계를 접하고 나니 이 세상은 지금 우리가 보는 것보다 더 넓은 세상이 있다는 것을 알게 됐다.

물론 내면세계를 안다는 것이 쉬운 일이 아니나 내면세계, 내적 경험으로 가는 길이야말로 올바른 세상, 올바른 사고를 알게 되는 길이다.

이미 우리는 내면세계를 이전에 걸어왔다. 그러나 지금은 내면세계를 잊고 살뿐이다. 내적으로 살아가는 것이 온 인류가 바라는 것이다.

눈에 보이는 외적보다 내적으로 살아가는 것 우리가 원하는 삶이다. 내적으로 살아가다보면 언제나 영원하다는 것을 알게 된다.

참기 힘든 영성의 길

도저히 말로서는 또 어떤 표현으로서는 할 수 없는 일들이 나에게 많이 일어나고 있다. 영성으로 가는 길이 이렇게 오묘하고 특이하고 괴이한 것인지는 이미 알고 있는 것이지만 우주의 이치를 알고서는 점점 이해 못하는 여러 한계를 느낀다.

요즘 나의 공부는 인간으로서는 참기 힘든 정신이상자의 삶을 스스로 경험을 하게 하는 공부이기에 조금만 정신을 차리지 않아도 정신병자 같은 생활을 하게 된다. 이해하기 어렵지만 내 몸이 내 몸이 아닌 경험을 많이 하게 된다.

어떨 때는 중풍 걸린 사람처럼 어떨 때는 정신이 없는 사람처럼 또 어린아이처럼 어떻게 보면 임상실험을 내 몸을 통해 하늘에서는 내 자신의 공부를 위해 하고 있다. 언젠가는 일주일 동안 아무것도 먹지 못하고 그냥 너무 아픈 사람처럼 일어나지도 못하고 죽을 것만 같은 느낌을 가진 때가 한두 번이 아니었다. 지금도 그렇게 하늘에서는 영적인 단계를 가르치고 있다. 물론, 영성은 책이 없다. 있다면 느낌으로만 아는 것이기에 표현하기도 힘들고 보여줄 수 없는 공부이다.

언젠가는 하늘의 오묘한 모든 것을 알리라 생각도 해보지만 너무 어려운 공부라 언젠가는 차라리 내 자신이 목숨을 끊는다는 생각까지 들게 하는 공부기에 조금만 다른 생각을 하면 수 초내로 하늘에서는 응징이 온다. 참으로 이해하기 힘든 상태가 많이 있다. 오늘도 어떠한 단계를 위해 기도를 한다. 그것은 나를 위함이 아니라 인류를 위한 기도가 되었으면 한다.

너무 알아도 살기가 힘들다

사람은 알만큼 알아야지 너무 안다면 남들이 안만큼 알아주지 않아 더 고통을 받을 수 있다. 인간사 우리가 가고 있는 것이 잘 가는 길인지도 모르면서 가는 사람들이 많다. 다만 바른 길을 가고자 하지만 바른 길을 모르기에 사람은 다른 길로 갈 수 있는 상황이 많다.

누가 많이 아는 것인지에 따라 인생은 바뀔 수도 있지만 우리 현실은 현시대에 적응을 하는 사람만 살아남기가 아주 쉽다. 하지만 지금 이 시대에 잘 산다고 잘난 것은 없다. 그래서 사람은 때를 잘 만나야 적응을 하고 또 발전이 있지만 자신을 많은 사람이 알아준다고 좋은 것은 아니다. 우리의 현실을 보면 누가 알아줘야 괜찮은 사람이라고 하는데 사실은 알려지지 않은 사람들이 이 사회를 이끌어 갈 수도 있다. 또한 그런 것이라고 생각을 할 필요도 있다. 우리는 보이지 않는 것을 너무 소홀이 하기에 많은 실수를 하고 있다. 물론 실수를 해야 발전이 있는 것은 당연하나 보이지 않는 세계는 실수를 용납하지 않는다.

누가 어떠한 지식을 많이 알거나 영적으로 많은 것을 아는 것이 중요한 것이 아니라 지금 우리가 사는 현실 속에 많은 도움을 주는 것이 많이 아는 것이다. 그렇다. 사람은 서로 도움을 주고 살아야 하는 것을 잊지 말고 살아야한다. 나는 지식은 거의 갖고 있지 않지만 지식을 가진 사람들을 부러워하거나 증오한 적은 한번도 없다. 하지만 이 사회는 지식을 강조하기에 지식이 없는 사람들이 살기에 힘이 들어 하는 실정이다. 너무 공부를 많이 한 사람들은 이 사회와 거래할 수 있는 마음이 많이 닫혀있는 실정이다. 그러므로 너무 많이 공부를 하는 것도 자신을 위하는 것이 아니라는 것을 알아야한다.

영혼의 스승이 따로 있나

나는 언제부턴가 영혼의 스승에 대해 생각하곤 한다. 영혼의 스승이란 인간의 뇌에 해당하는 머리 속에 편안을 유지하고 기대게 하는 것이다. 물론 사회에는 명예도 물질도 다 필요한 것이나 제일 큰 것은 자기 영혼을 아는 것이다.

자기의 영혼을 안다는 것은 자기의 발전을 가져오는 것이다. 우리는 우리의 영혼을 등한시하고 산다. 그리고 무조건 어느 것 하나 잘하지 못하고 잘 되기를 바라는 마음이 앞선다. 인간이 가지고 있는 영혼은 세상 그 무엇보다도 값어치 있는 것이다.

인간에게는 영혼의 스승이 필요하다 특히 요즘에는 자신의 영혼을 너무 많이 쓰는 세상이다. 그러므로 자신의 영혼을 쉴 수 있게 하며 자기의 영혼을 자신이 간직하는 마음이 있어야 한다.

인간의 영혼은 우리가 알 수 없는 것 같지만 영혼이 있다는 마음만 가진다면 그때부터 그 영혼은 자신을 위해 봉사할 것이다.

인간은 이미 많은 영혼들을 가지고 태어나기에 자기의 영혼을 바로 쓰지 못할 때, 삶이 엉망이 되고 살아있는 것조차 싫을 때가 있는 것이다. 그래서 인간이 죽는다는 것은 그 내면의 영혼으로부터 분리되는 것이니 만큼 인간이 산다는 것은 영혼이 자기를 감싸고 있다는 것을 알아야한다.

자신의 영혼의 존재를 인식하고 인식한 존재의 영혼을 느끼며 따뜻하게 해주었을 때, 인간의 표는 영혼을 대표하게 된다.

이제 여러분은 영혼이란 세계를 알아야 세상을 바르고 넓게 살 수 있다는 것을 터득할 수 있다. 어떻게 보면 인간이 가지고 있는 영혼은 우리가 쉽게 알 수 있도록 만들어 놓지는 않았지만 사람이 힘들 때 영혼의 존재는 인간에게 많은 가르침을 주고 있다. 하지만 인간이 모르고 살기에 내면에 있는 영혼은 우리에게 깨달음을 주려고 지금 이 시간도 무척 노력을 하고 있다. 그래서 사람은 스스로 깨달음을 얻을 수 있는 존재가 될 수 있으며 그 영혼은 수많은 시련을 통해 인간이 가질 수 없는 여러 가지 형태의 능력을 주곤한다.

인간의 한계는 우리가 알고 있는 것보다 자신의 영혼을 개발한다면 무궁무진하며, 그 영혼은 자유자재로 하늘과 땅과 그리고 나 자신과의 연결을 위해 많은 노력을 대신해준다.

그러므로 인간의 영혼은 가장 많은 시간동안 같이 있으며 같이 있는 동안 성장을 해야 인간이 살아가는 동안 눈물도 웃음도 같이 하는 것이다. 그래서 눈물과 웃음을 표현하지 못한다면 그 영혼은 죽은 것이며 따라서 인간의 모든 것이 마비가 되며 영혼 속에서 사라지는 것이다.

여러분도 영혼의 세계를 바로 알아 살아가는 동안 자기가 하는 일이 모두 결실이 되기를 빈다.

영통이란?

말 그대로 영과 대화하며 영을 통해 인간이 모르는 어떠한 것을 알고자 할 때 필요로 하는 것이 인간이 살아가다보면 막히는 경우가 있는데 그때마다 영을 통해 인간이 알 수 없는 언어와 글로서 알 수 있다.

요즘 시대는 영성으로 많은 것을 알 수 있는 시대이며 영을 아는 사람이 사회에 많은 도움을 주고 있으며 긍정하는 사고방식이 다른 사람들과 달라 항상 발전을 할 수 있다. 이렇게 볼 때 사업을 할 때 영을 통해 많은 도움을 받을 수 있으므로 옛날부터 어느 영적인 것을 믿고 나라 살림을 해왔다. 또한 영통을 한다는 것은 자신의 생각이 들어가지 않아야 하며 필히 하늘의 도움이 있어야 한다. 그래서 하늘의 도움을 받기에 항상 때마다 하늘에 천제를 지냈으며, 항상 우리 조상들이 해왔던 것이다.

그러나 요즘 사람들은 언제부턴가 다른 종교로 인해 하늘에 천제를 지내는 것을 잊고 살아오고 있다. 우리 조상들은 지혜가 많아 다른 나라의 침략이 많아도 하늘의 지혜로서 많은 무리를 지켜오고 우리 민족을 지키는데 힘을 쓰게 했다.

그래서 항상 때마다 하늘에서는 우리 민족에게 영통을 할 수 있는 사람들을 색출해서 어려울 때마다 위기를 모면하며 역사를 만들어 온 것이다.

우리나라에 영통하려고 하는 사람들이 많은 반면에 욕심으로 영통을 하지 못하는 사람들이 부지기수로 많으며 영통을 하더라도 순간 잘못으로 인해 영통을 하지 못하는 경우도 많다.

그러므로 영통을 하기 위해서는 항상 하늘의 시험을 알아야 하며 정도로 가지 않는다면 어느 순간에 하늘에서 다시 그 능력을 거둬간다는 것을 알고 영성으로 가야 한다.

이제 영통을 하고자 하는 사람이 있다면 우선 어떠한 것이라도 원하지 말고 그냥 하늘에서 하라는 대로 하는 것이 영통을 하는 데 있어 지름길이라는 것을 명심하고 영적 공부를 해야 한다.

또한 나날이 영적 공부는 단계가 올라간다는 것을 알고 해야 하며 항상 확인을 해야 한다. 그리고 하늘이 원한다고 무조건 다 말을 듣는다면 그것도 자신에게 많은 손해가 따르므로 신중히 생각을 해야 공부에 임할 수 있다.

영과 기의 만남

영의 세계를 다루다보면 여러 가지 기운을 느끼곤 한다. 우리가 알 수 없는 기운을 찾을 수 있는 최고의 경지는 영과 함께 기를 느낄 때다. 그러나 누구나 이런 경지를 갈 수 있는 것이 아니다.

수련을 통해서 갈 수 있는 것도 아니며 하늘의 문을 열 때 얻을 수 있는 경지를 말하는 것이다. 요즘은 수련을 통해 많은 것을 터득하는데 수련을 통해서 터득하는 것은 쉽게 없어질 수 있다. 그러므로 운동을 통해 얻어지는 기는 쉽게 잃어버릴 수 있다.

하지만 요즘 기를 하거나 영을 한다고 하는 사람들은 영과 기를 접목하지 못하는 것 때문에 사실 기의 세계를 바로 알지 못하고 남을 따라가는 현실이다.

영과 기는 남에게 배워서 하는 것이 아니다. 자기 자신이 직접 해야만 느낄 수 있고 그 경지를 향해 갈 수 있는 것이다.

영과 기의 만남은 기를 모르고 영을 알 수 없고 영의 세계를 모르고서는 기를 얻을 수 없다. 기를 알고 영을 안다면 하늘의 기운을 바로 받을 것이다. 또한 영을 알고 기를 통한다면 우리가 알 수 없는 신비한 것을 알게 되는 것이다.

사람이 살아가는 것은 영과 기의 만남을 통해 이루어지는 것이다. 그러므로 영과 기를 알고 산다면 사람이 쉽게 살아갈 수 있다.

하루에 한번이라도 하늘의 기운을 알고 산다면 일상생활이 쉬워진다. 이번 주 토요일은 한강이라도 가서 기운을 느껴보라. 다음 일주일이 편해질 것이다.

영성으로 가려면 어떻게 하나?

우리나라는 언제부턴가 기에 많은 사람들이 빠져있다. 다행히 천기를 받아 기를 운용한다면 좋겠지만 자기 최면에 걸려 자기가 깨우친 것처럼 느끼는 사람들이 많다.

더욱 안타까운 것은 그런 실력을 가지고 남을 가르친다고 하니 많은 사람들이 당하고 있다. 그러므로 어디를 갈지 모르는 사람들은 결국 기를 한다는 사람, 깨우친 사람을 찾지 못해 실망을 하고 끝내는 자신의 길을 찾지 못해 포기하는 사람들이 대부분이다.

요즘 어떠한 단체를 보면 능력이 없는데도 많은 선전을 통해 능력이 있는 것처럼 해서 많은 사람들이 찾아가서 제대로 하지도 못하면서 세뇌가 되서 자신도 모르게 저절로 자기의 기운을 잃어버리는 경우가 허다하다.

기도를 한다고 수련을 한다고 하늘에서 다 이루어주는 것도 아닌데 무조건 기도하고 무조건 수련을 하는 것이 많은 모순을 가져온다. 기를 하는 사람들을 올바로 찾는 방법이 있다면 지식으로는 평가를 할 수 없기에 자기 자신이 어떠한 경로를 거쳐야 알 수 있다.

그러나 많은 사람들은 수련을 한 사람을 통해 능력을 받으려고 하는데 매우 잘못된 생각이다. 하늘의 능력을 받으려면 우선 하늘의 능력을 받은 사람으로부터 천문을 열어야 한다.

천문도 열지 않고 어떻게 수련을 하겠는가? 천문을 자기 스스로 열면 공부나 수련이 필요 없게 되며 아주 쉽게 어떠한 것을 알 수 있다. 수련만 해 가지고는 영적 능력을 갖출 수 없다. 그러므로 어떠한 기 치료나 기공을 하려면 우선 천문을 열어야한다. 천부경에 일시무시일을 영적으로 해석하면 일은 말이요 시는 글이라 한다. 그러므로 일시를 알아야 무시일을 알 수 있는 것이다.

천부경을 영적으로 해석 할줄 알아야 그때부터 깨우침이 오는 것이다. 해석도 하지 못하면서 영적 능력을 가졌다고 하는 것은 어처구니없는 일이며 아무것도 한 것이 없는 것과 같다.

하늘의 문을 열어야 인간이 모르는 세계가 장엄하게 펼쳐지는 것이다. 특히 영성으로 가고자 하는 사람은, 지식을 가지고 말을 하는가, 지혜를 가지고 하는가 하는 것을 우선 알 필요가 있다.

그렇지 않고서는 또 다시 다른 곳을 찾게 된다. 대학교를 나오거나 공부를 많이한 사람에게는 영성은 없다는 것을 알아야한다. 다만 영성이 있으려면 자기가 배운 것을 다 버려야 하며 강한 마음을 갖고 하늘의 계시를 따라야 영성으로 갈 수 있는 것이다. 그러나 그렇게 쉬운 것이 아니기에 자기 자신이 영적으로 능력이 있는 줄 알고, 행동하는 사람들이 종종 있다는 것을 알아야한다.

다시 말해, 낮은 무당보다도 모르고 하는 행동이 많다. 이제 기를 하거나 영을 알고 싶어 하는 사람들은 이 글을 읽고나면 대강 알 수 있을 것이다.

하늘의 계시를 받거나 영적으로 하늘과 대화를 한다면 여러 가지로 통하게 한다. 영적인 병은 물론이고 사주 같은 것은 저절로 알 수 있는 것이며 영을 알게 되어서 공부를 하면 우주의 원리를 알게 되고 우주의 원리를 알고 나면 인간이 모르는 어마어마한 세계를 알 수 있게 되며 인간이 살아가며 인간의 생각이 얼마나 잘못 되었는지를 알게 된다.

그러므로 깨달음으로 가는 길은 깨우쳐야 공부를 할 수 있는 것이며, 지금 현재 우리나라에서 영성으로 공부를 가르친다고 하는 곳이 많은데 전부는 아니나 거의 거짓이라고 보면 된다.

또한 영성으로 가는 길은 한문이나 영어가 필요 없고 책이 필요 없는 길이기에 사회공부를 하지 않는 사람들이 훨씬 영성으로 가기가 쉽다. 자기 자신이 어떠한 공부를 많이 했다면 그것은 나를 막는 길이다.

영성으로 가야 모든 것이 순조로우며 남을 가르칠 수 있고 어떠한 사람의 길을 열어줄 수 있으며 단학은 운동이지 영성으로 가는 길이 아니다. 단학을 해서는 결코 높은 수준으로 갈 수 없다는 것을 깨우쳐야 그때부터 영성으로 갈 수 있다.

아마 처음 이 글을 읽고는 이해가 되지 않을 수도 있으나 자기 자신이 많은 경험을 한다면 쉽게 이해할 수 있을 것이다.

부디 영성으로 가고자한다면 하늘의 문을 열어주는 능력자를 만나야 한다는 것을 가슴에 담아두길 바란다. 그래야 자신의 길을 펼칠 수 있다.

신과 나눈 이야기

사람은 누구나 신과 대화를 하고 산다. 다만 신이 대화를 원하는 것을 모르기에 알지 못하고 살아갈 뿐이다.

신과 대화를 한다면 사람은 쉽게 세상을 밝은 눈으로 볼 수 있는 능력이 생긴다. 그래서 성공을 한 사람들을 보면 마음이 열려있다. 그것은 신과 대화를 하고 살았기 때문이다.

사람은 어려울수록 신과 대화를 하게 된다 그러나 신과의 대화를 모르기에 방황을 하게 되는 것이다.

지금 세상은 어디나 신이 붙어있다. 그 신을 어떻게 다루냐에 따라서 사람이 편하게 살 수 있다. 다시 말하면 신을 다룬다면 자기와 상관없이 신이 알아서 도움을 준다.

신과 대화를 한다는 것은 기쁜 일이다. 그 이유는 외롭지 않기 때문이다. 대화를 할 수 있는 사람이 없어도 신과 대화를 한다면 고독한 것이 없을 것이다.

나는 24시간 신과 대화를 하고 산다. 그 뜻은 내면과 우주와 연결이 되어있기 때문이다. 우주와 자기 몸의 기운이 같이 공유하면 어떠한 것이든 해결할 수 있는 능력이 생긴다. 누구나 할 수 있다.

방법을 모르기에 할 수 없을 뿐이다. 이미 사람들에게는 그만한 능력이 다 주어졌다. 써먹지 않기에 모르는 것이다. 신과 대화를 한다는 것은 자기고통을 줄일 수 있어서 좋다. 힘이 들면 신이 말을 안 해도 해결을 해준다. 다시 말하면 신과 서로 말을 하고 산다면 일생을 살아가는데 많은 도움이 될 것이다.

사람은 하늘이다

누구나 사람은 하늘이다. 다만, 생각으로 인해 하늘이 되지 못하고 사는 것이다. 단, 하늘이라고 생각하고 살지 못하는 마음으로 사람은 생각하는 동물로 표현되고 있는 것이다. 이제 인간이 알고 있는 것 중에 필요 없는 것들이 얼마나 많은지를 여러분은 알아야 발전이 있다는 것을 알 것이다. 인간이 알 수 없는 무한한 세계를 인간 스스로 덮고 그것을 열려고 하는 행위로 인해 많은 것을 알지 못하고 있다.

인간은 스스로 변하기를 원하지 않고, 남을 통해 변하는 것을 원하고 있다. 그렇다. 누가 하늘을 시기하고 질투하는가. 같은 하늘이라면 서로 대처할 필요도 없는데 항상 인간은 대처하는 습관이 있다. 인간은 증거를 중시하지만 하늘은 이해를 중시하고 멀리보고 그저 바라볼 뿐 따지지 않는다. 그러나 인간은 따지기를 좋아하고 이해한다는 것조차 판단이 흐려 잘못 알고 사는 것이다. 인간이 중시하고 살아가야 할 부분은 무수히 많으나, 가장 심각하게 정리해야 할 부분은 자신의 마음이거늘 작은 지식으로 평가하는 우리 사회는 점점 타락해 가고 있다. 그래서 요즘 많은 사람들은 자기 마음을 알기 위해 자신을 버리는 사람이 많다. 자신을 버리는 것은 자신을 찾을 수 있거늘 조그만 자신을 버리지 않고, 내세운다면 인간의 도리는 이미 끝난 것이요. 어떠한 일을 한다고 해도 고민은 하늘에 닿을 것이며 용서가 어려운 지경까지 간다. 물론 용서 못하는 것은 자기 자신이다.

이제, 누구나 하늘이라고 믿고 따른다면 함께 사는 세상이 밝아질 것이다.

도(道)에는 유효기간이 없다

도(道)라는 것은 인간이 모르는 어떠한 것을 알고 나서 알려 주는 것이다. 그리고 제목과 같이 도는 유효기간이 없다. 다른 것은 유효기간이 있을지 몰라도 인생이나 도는 인간이 한번에 알 수 없는 것이기에 없다는 것이다. 그래서 인간의 마음이 변하는 것은 유효기간이 없어서 그런 것이다.

만약 사람이 결혼을 해서 유효기간을 정하고 산다면 항상 마음에 걱정으로 가득 찬 삶을 살아갈 것이다. 다행이 언젠가는 헤어질 줄을 알면서도 살고 있는 것이다. 어쩌면 사랑은 유효기간이라는 것이 없다고 느껴진다.

인간이 잘 사는 유효기간이 온다면 더욱더 어떠한 것이든 잘 할 것이다. 이제 인간이 살아가는 목적을 알고 나면 유효기간이 있다고 해도 항상 즐거울 것이다. 그렇다. 세상에는 도(道) 아닌 것이 없다. 산에 가서 기도한다고 도(道)가 아니다. 어느 일을 하든지 유효기간이 없다는 생각을 하고 열심히 하는 일에 충실해야 한다.

그렇다면 인간이 생각하는 도(道)는 무엇인가? 도(道)는 하늘의 비밀문서를 알기 위해 인간이 인간의 머리가 아닌 우주의 기운을 받아내는 머리를 만들기 위해 다른 세계로 다가가는 것이다. 그래서 도(道)는 많은 것을 버려야 갈 수 있는 것이며 인간의 욕심이나 생각으로 시작을 한다면 도중하차 할 수밖에 없는 것이다.

그래서 함부로 도(道)를 가까이 한다면 오히려 아무것도 못하는 폐인이 될 수 도 있다. 인간이 도(道)를 가까이 하려면 우선 실생활의 패턴을 돌려야 함은 물론 인간이 모르는 세계를 간다는 뜻을 미리 자기 자신에게 입력을 해야 한다. 다시 말하면 자신과의 약속을 저버리지 않고 시간과 공간을 초월할 수 있는 마음의 자세를 확립해야 한다.

도(道)는 유효기간이 없다. 그것은 영원하다는 것이며 아무리 어떠한 것을 알아도 더 모르는 것이 남아 있다는 것을 알 수 있을 때 그때서야 도(道)라는 공간에 서 있게 되는 것이다. 그래서 유효기간이 없다는 것이다.

신명이란 무엇인가?

과연, 신명이란 무엇인가에 대해 많은 사람들이 알고 싶어 하지만, 막상 신명이라는 것을 모르기에 확실한 답을 모르고 있다. 그러면 '신명이란 어떤 것인가'하고 하늘에 물어 보면 이렇게 대답을 한다. 물론 여러 가지로 답을 주지만 오늘은 내가 배운 만큼 신명이 무엇인지 써 내려가게끔 한다고 한다.

이제 신명을 알아야 영성으로 가고 영의 세계로 입문을 할 수 있다는 것을 여러분들은 이 글을 통해서 알 수 있을 것이다.

신명은 한마디로 우리가 살아가는데 있어 마음과 하늘의 소리를 합쳐 하나로 이어 가는 것을 신명이라고 할 수 있다.

그러므로 신명이라는 것은 인간이 살아가는데 있어 자신을 조종할 수 있는 에너지가 될 수 있고, 그 에너지가 있어야 사람이 살아가는데 여러 가지로 쓸 수 있는 것이며 태어나서 그 신명의 힘으로 기가 생기는 것이며, 신명은 항상 인간의 몸과 밖으로 연결이 되어 있는 것이다.

하늘의 기운 줄을 연결하는 데도 없어서는 안 되는 것이며 인간이 살아가는데 자신의 모습을 나타나는데 있어 가장 중요한 부분을 차지하고 있는 것이며 어떠한 일을 할 때는 꼭 필요한 에너지로 표현할 수 있는 것이다.

이제 신명을 풀이함에 있어, 신명의 존재를 알고 싶어 하는 사람들에게는 어떻게 비쳐질지 모르지만 이 글을 읽는 것도 신명이 알아서 사람마다 수준의 차이로 읽어주는 것이다.

그래서 신명은 그 사람의 수준을 나타내기도 하고 자신을 표현하는데 도구로 쓸 수 있는 에너지가 된다는 것이다. '신명의 세계'라는 말도 있다 그것은 신들이 살아 움직이는 것을 말하는데 인간이 살아 있든 죽든 신명의 세계는 항상 활동을 한다.

그러므로 신명의 세계는 인간의 삶과 관계없이 영원무궁하도록 활동을 하는 것이다. 언젠가 사람이 죽는다면 신명이 알아서 그 사람의 미래를 다 알아서 해 주는 것이며 신명은 인간의 깊은 곳에 자리를 잡고 있는 것이며 그 자리에서 인간들에게 알게 모르게 가는 길에 도움을 주거나 방해를 하는 것이다.

신명은 좋은 것도 있지만 좋지 않은 것들이 더 많은 실정이며 그래서 사람이 신명을 다룰 줄 알아야, 살아가는 것이 편하게 되며 하는 일이 풀리는 것이니만큼 신명이 바로 있어야 사람이 바로서는 것이니 인간은 신명의 도움 없이는 살 수가 없는 것이다.

그러므로 신명은 인간의 모든 것을 지배하고 있다고 해도 과언이 아닐 것이다.

깨우치려 하지마라

사람은 어떤 일을 벗어나기 위해서는 깨우쳐야 한다고 생각을 한다. 그러나 그것이 큰 오해를 가져 올 수도 있다.

다른 사람이 깨우쳤다고 자신도 같은 방법으로 깨우치려고 한다면 그것은 시작부터가 잘못 된 것이다.

지금 사회에서 많은 기 수련 단체에서 말하는 깨달음은 진정한 깨달음이 아니다. 그러나 많은 사람들이 깨닫지 못했기에 깨달음을 받기 위해 많은 곳으로 방황을 시작한다.

우선 깨닫고자 한다면 자신이 공부한 것과 방법을 뇌에서 지워버린 후에 시작을 해야 한다. 만약 그렇지 않다면 깨달을 수 없다는 것을 알게 된다. 그때서야 깨달음의 순서를 알 수 있는 것이다. 그러므로 깨닫는다는 것은 자신이 깨닫는 것이 아니라 자신의 내면이 무엇을 알아야 깨닫는 것을 알게 되는 것이다. 지금 우리 사회에서는 자신의 껍데기로 깨달으려고 하는 데서 많은 모순이 생기는 것이며 영원히 깨달음이라는 말과는 멀어지게 되는 것이다.

그래서 요즘 사람들을 보면 툭하면 깨달으려고 여러 가지 영적인 공부를 하는데 깨닫는 것을 외우는 것으로 끝이나 그냥 지나가는 것이다. 그것을 모르고서 외우는 것으로 만족을 하게 되는데 깨달음은 항상 다른 것을 추구하며 원하게 되는 것이며, 인간이 알았던 것을 다시 하는 것이 아닌 것이 깨달음이기에 금방 식상하게 되는 이유로 변하는 것이다.

그래서 깨닫고자 한다면 지금까지 알고 있는 상식을 다 버려야 한다. 최근에는 어떤 단체에서 깨달음을 얻고자 하는 사람들을 모아 강의를 하지만 깨달음은 그런 것이 아니라 자신의 내면이 스스로 공부하는 것을 말하기에 그러한 방법의 공부로는 생을 마감하기 전에는 깨달을 수 없다는 것을 알 것이다.

그러므로 깨달으려고 하는 사람들이 있다면 그 제목조차 알고 있어서는 안 되는 것이라는 것을 머리 속에 박아놓고 시작해라.

신의 조화, 우주의 조화

참으로 기쁜 일이다. 우리가 알고 있는 천부경이 조화경이라는 것을 알고 있는 사람들이 많지만 어떻게 조화를 부리는지를 잘 알지 못하고 있다. 직접 경험을 하지 않고는 신의 조화를 알지 못하고 천부경의 글이 이렇게 많은 것을 담고 있는지 그 오묘하고 신비한 진리를 겪으면서 오늘도 조화경인 천부경의 밝고 맑은 우주의 소리를 듣는다.

이것을 볼 때 우리가 살아가는 것이 천부경의 조화를 거울삼아 살아간다는 것을 터득하며, 천부경의 진리를 모르고서는 우리가 알고 있는 모든 것은 하나의 점도 되지 않는다. 이제 신의 조화를 통하고 우주의 기운을 기운 줄로 천지 기운을 받는 과정에서 인간으로서는 알 수 없는 조화를 몸으로 체험하며, 인간세계를 다스리는 우주의 법칙을 통해 인간이 바로 살아야 하는 것이 무엇인가를 알 수 있으며, 인간이 얼마나 작은 것인지를 알 수 있다.

인간이 보이지 않는 세계를 접할 때는 조금이라도 오차가 없어야 한다. 오차가 있을 시는 아무것도 알 수 없고 느끼지 못하며 어떠한 것도 긍정할 수 있는 지혜가 나오지를 않고 천부경을 영적으로 공부를 하지 않을 시는 하늘에서는 아무것도 내려주지 않으며 오히려 자기 자신을 기만하게 만든다.

내가 천부경의 조화를 눈과 귀로 직접 경험을 하며 온 인류는 천부경의 내면의 세계를 이해하고 그 뜻을 널리 전하는 때가 올 때 인간이 느끼는 준비된 세계는 우리가 알 수 없는 어마어마한 세상이 펼쳐지는 것을 경험하게 된다.

영의 세계를 모르는 사람들

인간의 세계는 영계로 인해 산다는 것을 모르고 산다. 영의 세계를 알고 산다면 살아가는데 저절로 판단이 되고 산다는 것이 너무 즐거워 더 오래 살려고 할 것이다.

그러나 영의 세계를 모르고 산다면 어떠한 기분을 가지고 살 수 없는 것이며, 우리가 산다는 것은 영의 세계를 알고자 하는 마음이 저절로 있어야 행복해 질 수 있다. 하지만 영의 세계는 그렇게 쉽게 알 수 있는 것은 아니나 자신의 마음을 열어놔야 알 수 있다.

이제 나는 잠깐 여러분들에게 영의 세계를 알리고 싶어 글을 쓴다. 물론 여러 형태로 글을 썼지만 이해를 못하는 사람들에게 조금이나마 이해를 돕기 위해 쓴다. 자기 자신의 몸에 탁한 기운이 많을수록 영의 세계를 이해할 수 없으며 우리가 살아가는데 어떻게 필요한지조차 모르고 살아가는 것이다. 사람은 항상 영과 같이 산다는 것쯤은 알아야한다. 그러나 그리 쉬운 것이 아니기 때문에 사람들은 자기 기운과 상관없이 살아간다. 그냥 영을 취미삼아 알려고 한다면 그것은 차라리 아무것도 모르고 살아가는 편이 훨씬 좋다.

이제 우리는 영의 세계를 왜 알아야 하는지부터 알아야한다. 사람의 몸에는 70%의 영과 살아가는 것이기에 인간이 알 수 없는 영역을 알기에는 수많은 시행착오가 있어야한다. 그러므로 영의 세계는 꿈으로 알 수 있는 경우와 스크린처럼 눈에 보여주는 경우와 그 외 여러 가지 형태로 알 수 있다. 그러나 사람의 무지로 그냥 지나치는 경우가 많다. 이제 여러분은 영의 세계를 알고자 한다면 우선 자신의 마음을 헤아릴 줄 알아야한다.

무당의 세계

흔히 우리는 조상을 통하여 신내림을 하는 사람들을 보고 무당이라고 한다. 천차만별이기에 잘못 굿을 한다면 오히려 화를 입을 수도 있다. 특히 조상이 있는 무당은 항상 그 신을 하늘처럼 모신다. 그 이유는 잘 해 달라는 마음이 간절하기 때문이다.

그러나 신에게 어떠한 것을 얻고자 한다면 신을 모시고 사는 것보다 신을 다루고 사는 것이 훨씬 낫다는 것을 알아야 하는데도 지금 우리나라에 있는 무당들은 신에게 조롱을 당하고 있는 형국이다. 그러므로 잘못 신이 말을 한 것을 그대로 상담을 하러온 손님에게 말을 했다가는 망신을 당할 수도 있다.

신은 사람들을 우습게 보는 관계로 자기 마음대로 사람을 움직이려고 한다. 잘못 이런 현상에 접하다보면 많은 실수는 물론 여러 면에 잘못되는 경우가 허다하며 어느 정도 세월이 흐르다보면 그 조상신은 저절로 천도가 될 수가 있기 때문에 자기 몸에 신이 없는데도 신이 있는 것처럼 점을 본다.

또한 신을 모시려면 그 신에 최면이 걸리는데 이럴 때는 정신을 바짝 차리지 않는다면 신이 장난을 하기에 많은 고통을 이겨 나가야 한다. 지금 우리나라에는 전화로 아니면 잠깐 배운 역학으로 사주를 보고 있는 사람이 많은데 혹 잘못하면 엉뚱한 사주가 나와 상담을 하기 위해 온 사람에게 화를 입히기 쉽다.

역학을 하는 사람들이 가끔 부적을 쓰는데 그것은 아무효력이 없으며 오히려 자기가(지식으로) 글을 쓰는 것이 더 좋다는 것을 알아야한다. 그리고 무당들의 생활을 보면 모두 다 그렇지는 않지만 생활이 난잡하며 거짓말을 밥 먹듯 하며 욕심으로 인해 신이 나가는 경우가 많다.

이럴 때도 있다. 신을 받은 무당이 자기 몸에 있는 신이 남편과 살지 말라고 한다고 그것을 믿고 행동하는 무당도 있으니 참으로 한심하고 웃기는 일이 아닐 수 없다. 그러므로 신을 다루어야지 신을 모시는 수준으로는 항상 불안하다.

신은 사람이 다루어야 꼼짝을 못한다는 것을 알고 신을 모시는 사람들이 있다면 신을 다루는 영을 받아 살아가는 것이 좋다.

끝으로 지금 우리나라에 있는 무당은 접신이 된 것이기에 언제 나간다는 것을 알아야하며 그때를 모른다면 무당을 할 수 없다. 빨간 깃발을 꽂아 놓는다면 조상신이며 하얀 깃발을 꽂는다면 그것은 천신을 나타내는 깃발이다. 절 표시를 하고 있는 사람들은 너무도 신의 세계를 모르고 하는 행동이다.

이것을 생각할 때 무당을 하는 사람들은 공부를 제대로 해서 신의 세계와 영의 세계를 이해하므로 자기의 발전이 있다는 것을 알고 신을 다루어야한다.

제2장

마음 다스리기

마음을 밝히는 소리

자신의 마음을 다스린다는 말은 아주 쉬우나 그렇게 하지 못하는 아쉬움으로 인간은 인생을 마감하게 된다. 인간이 살아가는 것은 여러 가지 기운의 도움을 받으면서 살아간다. 하지만 어떻게 어떠한 식으로 도움을 받는지 모르고 살아가는 것에 많은 문제를 일으키며 살아간다.

그럼 마음이란 무엇인가? 마음은 우리의 눈으로는 보이지 않기에 딱 어떤 것이다 라고 단정을 할 수 없는 문제인 것 같지만 우주의 기운을 받아 읽어보면 간단히 마음의 뜻을 알 수 있다.

마음은 우리가 어렵게 생각하면 할수록 풀지 못하는 수수께끼와 같은 것이다. 마음은 인간을 지배하고 있다. 그래서 마음이라는 것은 말 그대로 자신의 정신을 담는 그릇이다.

그러므로 정신이 제대로 있는 사람만이 마음을 움직일 수 있는 것이다. 그러나 자신의 정신 속에 어떠한 나쁜 것이 도사리고 있다면 그 마음은 마음이 아니라 이미 마음이 없어진 것이다.

그래서 사람의 마음은 언제나 변할 수 있는 것이다. 일년에 사계절이 있듯이 사람의 마음도 계절 따라 변한다. 다시 말해 사람의 마음은 하루에도 600번이나 바뀐다. 그러므로 사람이 사람의 마음을 다스린다는 것은 매우 어려운 것이다.

그래서 '열 길 물속은 알아도 한 길의 사람 속은 모른다'라는 말이 나온 것이다.

이제 우리는 마음을 열어 바뀌지 않는 마음을 가지고 살아야한다. 그래야 서로 신뢰하고 믿고 살아갈 수 있다. 서로 믿는 마음이 없는 것은 정신이 서로 같지 않은 데서 오는 것이다.

그렇다면 마음은 어떻게 하고 사는 것이 가장 좋은 것인가?

우선 마음은 건강을 가져오는 최초의 수단이다. 마음이 안정 돼야 건강도 같이 가는 것이다. 그러므로 마음이야 말로 '사람의 모든 것이다'라고 말할 수 있다.

자신의 마음을 가장 잘 다스리는 방법은 자기를 아는 것이다. 자신이 누구인지를 알아야 마음을 다스릴 수 있다. 그래야 편해지고 자신이 해야 할 일도 찾을 수 있고 그 일이야말로 능률이 많이 오를 것이다. 사람이 만족을 못하고 사는 것도 자신의 마음을 모르기에 일어나는 현상이다.

자신의 마음을 밝히고 나면 우선 머리가 시원하고 건강에 대해서 걱정할 것이 없으며 자신이 생기고 하는 일마다 승산이 있을 것이다. 정신을 차린다는 말이 자신의 마음을 다스린다는 뜻이다. 자신의 마음과 달리 다른 곳으로 가는 경우가 많은데 그 자체도 정신이 자기와 일치 안돼서 그런 것이다. 그럼 어떻게 해야 일치가 되는 것인가?

자신을 놓아버리는 습관을 가지는 것도 정신을 차리는 방법 중에 하나가 된다. 자신을 놓아버린다는 것은 자신을 찾을 수 있는 것이며 그렇게 되면 세상 모든 것이 더 크게 보이며 이해심도 많아진다. 그렇게 되면 세상에 나쁜 것도 좋은 것도 없다는 것을 알게 된다. 그래야 마음을 열어놓고 어떠한 일이든지 하게 된다.

마음이 불안하면 어떠한 조건에도 불만을 갖게 되는 것이니만큼 자신의 마음을 즐겁게 하는 것이 세상을 살아갈 때 가장 필요한 것이다. 자신의 마음을 밝혀야 모든 것이 같은 것이라는 것을 알게 된다.

우주의 기운을 알기 위해서는?

누구나 깨우친다면 좋다고 생각을 할 것이다. 다만 깨우친 다음에는 무엇을 해야 하나를 모르기에 깨우치지 못하는 것이다.

우주의 기운을 알기 위해서는 인간으로서는 알 수 없는 무한세계를 지나가게 된다. 우리가 늘 먹고 입고 자는 것이 깨달음을 위해 가는 길이다.

그러나 어떻게 깨우치는 것이 깨우친 것인지 모르기에 깨우치기란 쉬운 일이 아니다. 단 우리가 사는 세상은 깨우쳐야 할 것이 아주 가까이 있고 또 여러 가지로 깨우칠 수 있다. 그래서 가장 깨우치기 쉬운 것은 자기 옆에 있는 것을 알지 못하기에 많은 시간, 그리고 수많은 시련과 고통이 따른다.

누구나 머리가 잘 돌아가기를 원하고 있다. 머리가 잘 돌아가려면 하늘의, 자연의, 그리고 인간의 원리를 알고 나서 터득을 할 수 있다.

나는 이렇게 깨우쳤다. 우선 나를 버리고 나니 나를 찾게 되고 또한 나를 찾으니 그것이 우주의 원리를 알 수 있는 것이로구나 하고 깨우쳤다.

나를 찾고 나면 우선 할일을 생각하게 되며 나라는 존재는 없어지므로 항상 남을 위한다는 생각이 온통 머리를 감싸고 있다

이러한 현상이 저절로 이루어진다. 그러므로 나를, 찾게 되면 우주의 원리는 자신이 알려고 하지 않아도 기, 명상까지도 저절로 되는 것이며, 모르는 것이 없을 정도로 말이나 생각이 보통 사람하고는 많은 차이가 나는 것을 알 수 있다.

또한, 깨우친 것을 알려줘도 깨우치지 못한 사람에게는 이해를 할

수 없는 것이며 이해해 달라고 한다면 오히려 정신 나간 사람으로 오인을 받게 된다. 그래서 깨우친 사람은 항상 말을 조심을 해야 함은 물론 행동도 조심해야 한다.

깨우친 사람에게는 특별한 것이 있는데 우선 욕심이 사라지며 시야가 넓어지며 누구에게나 도움을 줄 수 있는 행동을 하거나 말을 하게 된다. 그래서 깨우치고 나면 미래는 쉽게 알 수 있으며, 함부로 말을 하다가는 말 한대로 이루어지는 것도 있지만 우주에서 조화를 부려 이루어지지 않는 경우도 있다.

깨우친다는 것은 그대로 우주의 원리를 그대로 인간에게 전파하는 일이며 온 세상 사람들의 머리가 밝고 맑아지기를 원하는 것이다.

우주의 기운을 알아야 어떠한 것이라도 질문에 답을 내릴 수 있다. 그래서 사람들은 깨우치려고 하는 것이다. 물론 누구나 깨우칠 수는 있지만 정도의 차이가 있고 수많은 단계가 있다.

그래서 우주의 정보를 알기 위해서는 높은 영계를 자유자제로 운용을 할 줄 알아야 하며, 만약 운용을 하지 못한다면 그것은 깨우친 것이 아니라 오히려 자기 자신까지도 답답해 진다.

그래서 중생구제를 한다는 것은 어떠한 길을 가는 사람들에게 인생상담을 통해 선구자적인 일을 하는 것이며, 어떠한 사람의 인생을 책임지는 것과 같은 것이다.

그러므로 깨우친다는 것은 아무나 할 수는 없을 것이다. 아무나 깨우칠 수 없기에 깨우친 것이 고귀함으로 인정되는 것이다.

나는 오늘도 많은 사람들에게 인생에 대해서 이야기한다. 우주의 기운을 알기 위해서는 우선 인간이 바로서야 한다고….

실패하는 사람들의 이유

언젠가는 사람들은 성공을 위해 많은 시련을 참고 견디며 살아간다. 하지만 이러한 점을 모르기에 고생을 하고 있다. 이러한 점이란 자신의 능력이나 자신의 기운을 모르기에 잘못 가는 경우가 있다. 다시 말하면 자신의 기운과 상관없는 직업을 가지고 살아간다.

자신의 기운과 다른 길을 가면서, 성공을 하려고 하니 얼마나 욕심인가. 그것을 자신이 모르기에 고생을 하는 것이다. 사람은 누구나 자신만이 가지고 있는 능력이 있다.

그러한 능력을 개발하지 못하고 엉뚱한 길로 간다면 평생 고생만 하는 것이다. 남이 잘된다고 자신도 따라 한다면 그러한 현상이 일어나는 것이다. 자신의 기운을 알고 시작한다면 쉬운 일들도 돌아가게 되며 자신의 길을 알고 간다면 너무도 하는 일이 쉬워진다.

그러나 쉬운 일만 생각하고 어려운 일을 기피하고 좋은 것만 따지고 직업을 선택한다면 그 뒤는 뻔하다. 자신의 길을 찾아 일을 한다면 엄청난 괴력을 보여줄 텐데도 다른 길로 가니 능력이 없는 사람으로 평가를 받는 것이다.

장사할 기운, 영업을 할 기운, 공무원을 할 기운, 수많은 기운이 있기에 어떤 것을 선정하기란 쉬운 일은 아니나, 자신이 좋아하는 것을 해야 우선 하는 일이 편하다. 남이 좋다고 무작정 길을 선택한다면 힘이 다른 사람보다 2배 이상 들어도 효과가 없다.

실패한 사람들의 이유는 이렇게 간단하다. 자신의 기운을 알지 못해 항상 어려운 것이며 즐겁지 않다.

자신의 기운을 알고 시작을 하면 항상 즐거움 속에서 일을 할 수 있다. 이제 여러분들은 왜 그런지를 대강은 알았을 것이다.

그러므로 우선 자신의 기운을 찾는 것이 급선무다. 자신의 기운과 남과의 기운은 우선 같지 않다. 그러므로 남을 따라간다는 것은 좋지 않다는 것을 알았을 것이다.

그래서 인간은 자신의 일생을 무엇을 할 것인가, 내가 어떠한 기운을 가지고 태어났는가를 알아야한다.

옛날 어른들은 집안을 보는 이유가 여기 있는 것이다. 아무래도 그 내력을 알아야 집안의 기운을 알 수 있기에 그러한 방법을 써서 결혼을 시켰던 것이다.

그 집안의 기운을 보고 결혼을 한다면 아무래도 실패가 적고, 집안이 화목하다. 그래서 우리 주위에는 기운을 보고 어떠한 것을 판단하는 것이다.

이제 여러분들도 무조건 어떠한 것을 하려 하지 말고 기운을 보고 판단해서 한다면 실수도 없고 실패도 없을 것이다.

너 자신을 알라

'너 자신을 알라'라는 뜻은 '자기의 신명이 무엇인지를 알라'라는 뜻을 가지고 있다. 그러나 인간이 깨우치지 못한다면 너 자신을 알라는 뜻을 잘못 해석하는 경우가 된다. 그러므로 하늘을 안다면 자기 자신을 알 수 있는 것이다.

세상에는 혼자 사는 것이 가장 행복하다. 행복하지 못하다면 그것은 신명과 같이 있지 못하기 때문이다. 우리의 가장 가까운 형제는 신명이다. 같은 신명이 있는 것이 형제자매인 것이다.

사람이 출발할 때는 종점을 보고 출발하지만 시작하려면 미리 시작한다는 것을 알고 있을 때 시작을 하는 것이다.

판단은 내 자신의 신명이 정리가 잘 되어 있을 때 해야 한다. 내 자신에게 가장 잘하는 것이 깨달음이고 내 자신에게 잘하지도 않고 남에게 잘하는 것은 위선이다.

항상 사람을 잘 고르는 것이 성공의 비결을 알고 있는 것과 같다. 홍수가 날 때 물이 가장 잘 도망간다.

우리 어머니, 우리 어머니

불러도 대답이 없지만 영적으로 혼을 불러 답을 들을 수는 있지만 눈으로 보지 않고 어머니와 말을 한다는 것은 나를 더욱더 눈시울을 뜨겁게 한다. 나는 불효자식이다. 어머니 운명도 보지 못하고 하늘로 보냈다. 벌써 20년 전의 일이다.

내 어머니는 가난과 병으로 하루하루를 보내시다가 중풍으로 3년간 투병 끝에 중풍을 이기지 못하고 나와 영원히 이별하셨다. 그 때가 1984년이었다.

이제 그 세월을 뒤돌아보며, 부모의 사랑을 생각해보면 말로만 하는 효도가 얼마나 내 가슴을 아프게 하는지 세월이 흘러갈수록 저미어온다. 지금은 만날 수 없는 어머니지만 나는 누구보다 어머니를 그리워한다. 누구나 다 그렇겠지만 내 어머니는 쌀밥 한번 제대로 드시지 못하고 세상이 싫다고 쓸쓸히 아무 말도 하시지 않고 내 곁을 떠나신 것이다.

설날, 추석 때면 더욱더 보고 싶은 얼굴이다. 내가 이제라도 쌀밥을 해서 배부르도록 할 수 있으니까 그렇다. 그러나 지금은 할 수 없다. 다시는 그 시간이 나를 허락하지 않는다.

오늘 민족의 명절인 설날을 맞아 기쁨이 있어야 하는데도 나처럼 마음이 아픈 사람들도 많을 것이다. 부모님에게 효도하는 날 조상에게 감사하는 날로 제정해야겠다.

나의 방황

나는 많은 세월을 방황에서 벗어나기 위해서 내 영혼을 마음속으로 달랬다. 물론 많은 방황 속에서 나는 외로움을 밥 먹듯이 느끼며 살았다. 그러므로 외로움이란 사랑의 진실을 측정할 수 있다는 것을 배웠다. 과연 지금 하늘의 음성을 듣지 못하고 살았다면 현재 내가 무엇을 하고 있을까 생각해 본다. 일찍이 집안의 어려움을 천직이라 생각하고 살아온 나는 두려움보다 어릴 때는 내가 왜 이렇게 살아야 되는지 고민을 했다. 지금은 영성으로 가는 공부로 시간을 보내고 있다.

어릴 때는 어린 나이의 문제가 있고 어른이 되면 어른으로서의 문제가 있는데, 사람이 살아가는 것이 무슨 문제를 풀어가는 것이라고 생각한다.

다만 평범하게 살면서 문제를 안고 사는 것이 아니라 나는 알다시피 영적인 삶을 추구하기 위해 살고 있다. 나 자신이 먹고 사는 것이 어려운 시기에는 그저 배만 부르면 된다고 생각했는데 지금은 어떻게 하면 남의 배를 부르게 할 수 있나를 생각한다. 물론, 인간은 음식을 먹어야 산다고 생각하지만 지금 세상은 음식으로 많은 사람들의 건강을 해치고 있다. 사람은 음식을 구하기 위해 하는 일과 잠을 자기 위한 일, 그리고 여러 가지의 경우로 살아간다.

나는 어릴 때부터 지금까지 방황을 하고 산다고 얘기할 수 있다. 그 이유는 어릴 때는 가정이 어려워 공부를 하지 않고 그저 하루하루 사는 것이 아무런 의미가 없었지만 지금은 또 다른 세계를 달리고 있다. 평범한 사람들이 할 수 없는 길을 간다는 것이 얼마나 어려운지는 이제 조금은 알 것 같다. 나는 누구에게 도와달라는 말을 한 번도 하지 않고 살았다.

그러나 그것이 모두 옳은 것은 아니라는 것을 알았다.

이 사회는 강한 자 만이 잘 살 수 있는 사회다. 그리고 약한 사람이 살아가기는 아주 힘든 사회다. 그래서 약한 사람들이 힘들어 하는 것이 사실이다. 이제는 공부를 많이 한 사람이라도 취직이 되지 않는 세상이 되어버렸다.

그럴 때면 나는 하늘에 감사를 드린다. 나같이 보잘것없는 사람을 선택해서 하늘에서 취직을 시켜 도구로 사용하다니…. 내가 많이 모자라는 것도 모르고서 어째서 선택을 했는지…. 어쨌든 나는 지금 하루하루 보람을 느끼며 살고 있는 것은 사실이다. 그리고 내가 하는 일을 많은 사람들은 믿지 않으려한다.

그럴만도 하다. 내가 무슨 능력이 있어서 믿으려고 하겠는가? 다만 하늘은 내 마음을 알고 계신다. 그러나 보이지 않으니 어떻게 표현을 하겠는가? 어떠한 사람들의 삶이 지금보다 나은 생활을 할 때 그때 나의 존재는 읽혀지는 것이다.

나는 나를 믿어달라고 하지 않는다. 다만 하늘의 법을 믿으라는 말을 하고 싶다. 지금도 내가 이러한 글을 쓰고 있다는 것은 하늘의 도움 다시 말해 국조단군의 계시로 이렇게 영을 받아 쓰는 것이기에 나는 그 무엇이 나를 비판한다고 하더라도 하나도 겁나지 않는다. 다만 안타까운 것은 우리가 살고 있는 이 땅에 우리의 뿌리를 찾아 우리 민족이 가야할 길 그리고 우리가 가야하는 정신문화를 찾지 못하는 데서 심장이 뛰는 소리를 듣기에 그 심장 소릴 멈추게 하는 일을 할 것이다. 우리는 우리의 정신을 먹고 살아야한다.

오늘은 왠지 나의 소리를 늘어놓았다.

인간의 존엄성

인간은 어떠한 신으로 구성이 되었기에 그 존엄을 인정해야한다. 그러나 요즘 사람들은 명예와 부를 가진 사람만이 그 존엄을 인정하고 있다. 어찌 보면 아무 것도 갖지 않은 사람들이 그 존엄함을 갖고 있을지도 모른다.

인간은 신이기에 그 사람마다 그 존엄의 가치가 있다. 그런 줄 모르고 그 사람의 지위나 환경을 보고 존엄을 평가한다면 그때부터 모순이 시작된다.

최근에 인간의 존엄을 무시한 검찰들이 지위를 이용해 무고한 백성을 여러 가지 형태로 인간으로서는 할 수 없는 만행을 저지르고 있다. 우리는 어린아이 때부터 그 존엄을 배우고 있다. 아무것도 모르고 사는 것이 그 존엄의 가치를 더하고 있는 것이다.

특히 하늘의 세계는 그 누구나 그 존엄의 가치를 인정한다.

땅으로 내려올수록 인간의 가치를 인정하지 않기에 우리는 스스로 도태되기를 원하고 있는지도 모른다.

각자 인간의 존엄을 인정하고 사는 것만이 나의 존엄의 가치도 확인이 될 수 있다. 어떠한 신명이 들어와 있는지는 몰라도 인간의 몸은 많은 신명으로 구성이 되었기에 함부로 사람을 다루어서는 안 되며 그렇게 생각해서도 안 되는 것이다.

누구나 한사람 개인마다 그 존엄의 가치를 인정하는 것만이 우리가 더불어 사는 세상을 만들 수 있으며 그 가치야말로 살아가면서 가장 먼저 축적해야할 숙제다.

하늘이 원해서 우리는 땅에 내려온 만큼 우리는 하늘의 뜻대로 행해야 하거늘 제각각 멋대로 살고 있다.

우리는 무엇을 보고 배우며 무엇을 위해 살고 있나? 분명 우리는 인간의 존엄을 간직하고 살아야 된다는 것을 깨닫고 살아야 하는 것이 인간으로서의 본분을 다 하는 것이라고 생각한다.

한 사람 한 사람 각 개인이 신이거늘 그 많은 사람들이 갖고 있는 신은 다양할 수밖에 없다.

인간의 존엄을 인정하고 산다면 우리는 서로 같은 식구라는 것을 깨우칠 것이며 그 존엄을 인정하는 순간부터 온 인류는 평온을 유지할 것이다.

천상의 소리와 음악

사람들은 천상의 소리와 음악을 혼돈 하고 있다. 어떤 것이 천상의 소리인줄 모르기 때문이다. 사람은 어릴 때부터 어머니나 여러 가지 매체를 통해서 음악을 듣고 성장했다.

그러던 어느 날 갑자기 자기의 음악이 저절로 바뀔 때가 있다. 물론 수준이 있는 사람들은 클래식을 듣는 경우가 많은데 흔히 말하는 뽕짝에 많은 교훈이 들어있다.

그것도 모르고 사람들은 수준이 있는 것만을 추구한다. 사람이 살아가면서 어느 노래를 좋아하느냐에 팔자가 정해진다는 것을 안다면 아마 남이 좋아한다고 자기도 따라 좋아한다면 아무런 소용이 없다.

인간은 소리로 구성이 되어 있기에 태어날 때부터 울음을 내는 것이다. 어느 동물도 자기를 표현할 때 울음으로 표현하는 것을 알 수 있다. 사람이 듣기에는 울음으로 들리지만 동물도 다 각기 좋아하는 노래가 있다.

그래서 서로를 찾는 것이다. 사람은 노래를 듣거나 할 수 없을 때 생을 마감한다. 그래서 어떠한 노래를 좋아하든지 자신이 부르거나 들을 줄 알아야 가운을 얻는 것이다.

그래서 요즘 사람들이 가끔 노래방을 찾는 것이다. 아마 대한민국 사람 중에 아주 특별한 사람 빼놓고는 한 가지씩 자기가 좋아하거나 즐겨듣는 노래가 있을 것이다

다만 슬픈 노래보다 흥겨운 노래를 듣는 것이 자기의 발전을 가져온다는 것을 알아야한다.

흔히 우리는 천상의 소리라고 말할 때가 있을 것이다. 그렇다. 누

구나 천상의 소리를 즐겨한다. 그 이유는 자기내면을 깨끗하게 정화하기 때문에 좋아하는 것이다.

그래서 사람은 가끔 소리를 지르거나 좋은 노래를 듣고 살아야 한다. 물론 스트레스를 보내는데도 필요하지만 자기 자신의 발전을 가져오는데 가장 필요한 준비다.

자, 이제 노래의 수준을 따지지 말고 자기가 좋아하는 음악을 많이 듣자. 그래야 자신의 기운이 살아날 것이다.

큰 것을 잃고도….

사람들은 큰 것을 잃어버리고 작은 것을 찾으려 하고 있다. 그럼 큰 것은 무엇인가? 인간이 살아가는 도리인 것이다. 인간의 도리를 잊어버리고 살아가는 사람들이 많은 이 시대에 진정한 인간의 도리는 무엇인가?

인간의 도리는 분명 하늘과의 관계로 이어져 가는 것이다. 그러나 지금 어찌 그런가. 하늘의 뜻을 멀리하고 살아가는 사람들을 볼 때 참으로 슬픔이 앞선다. 우리 인간들은 아주 작은 것이다. 그러나 하늘을 병풍삼아 살아간다면 인간은 큰 것이 되는 것이다. 큰 것을 잃어버리고 한낱 인간의 졸개가 되어 살아가는 사람들을 보면 속이 터지는 일이 하나둘이 아니다.

나도 예전에는 인간이 살아가는 의미를 잘 모르고 살아가는 한 인간이었다. 그러나 지금은 하늘의 원리를 알아 우주의 원리를 바탕으로 우리 인간이 어떻게 살아가는 법을 알았다. 나만 알고 있다면 무슨 소용이 있을까 하고 생각을 많이 했다. 그래서 이제 사람이 왜 살아야하고 어떤 일을 하며 살아가야 하고 또 어떤 길을 걸어가야 하는지도 알았다. 다만 내가 가는 길을 알지 못하는 무지한 사람들에게 손가락질을 많이 받았다. 그러나 나는 거기에 군림하지 않았다. 그러다 보니 하늘에서는 막중한 임무를 준 것이다.

하지만 인간의 세계를 잘 알지 못해 여러 가지 고충 속에 살게 되었다. 이제 나는 하늘의 법을 땅에 내려 자신을 모르고 살아가는 한 생명 한 생명을 구하고자 하는데 그것이 인간의 기운이 서로 다르기에 다루기가 여간 어렵지 않다는 것을 알게 되었다.

그렇다. 우리는 어딘가를 걸어가는 것이다. 다만 알지 못해 답답할 뿐이다. 요즘 제자를 키우면서 하늘의 진리를 더 알게 되었다. 아무리 내가 많이 안다 해도 하늘에서는 잠깐 사이라도 내 운명을 바뀌게 할 수 있다는 것을….

이제 하늘의 원리를 알고부터는 하늘이 무엇을 원하는지 알았고 또한 내가 하는 일이 내가 하는 것이 아니라, 온 인류를 위해 하늘의 계시를 받아 운용하는 것이라고 인간은 본래 깨우쳐서 이 세상에 나온 것인데 모르는 죄로 인간은 자기 자신에게 크나큰 죄를 짓고 살고 있다. 나 역시 인간 인지라 죄를 많이 짓고 살아온 사람 중에 한 사람이다. 다만 그것을 알았을 때 나는 내면의 세계를 이해할 수 있는 능력이 생긴 것이다.

어떠한 능력도 내가 잘해서 있는 것이 아니라 그저 하늘의 심부름꾼으로 일을 하는 것이다. 이제 큰 것을 찾고 작은 것을 버리고 사는 방법을 터득한 것이다.

이제 큰 것을 찾아가는 많은 이들이 있다면 세상은 밝아질 것이다.

마음공부가 중요한 점

그렇다. 마음이라는 것은 우리가 눈으로는 볼 수는 없지만 항상 같이 거래를 하고 같이 동거하고 있는 어떠한 자신의 무기이다. 그러한 무기를 사람들은 소홀히 하고 있는 것도 사실이기에 많은 분들이 마음공부라고 한다.

누군가가 마음이 무어냐고 물어온다면 딱 이렇다고 말할 수는 없지만 마음은 인간이 살아가는데 있어 안내를 하는 도구라고 할 수 있는 것은 누구나 알 수 있는 사실이다.

그럼 마음은 누가 지배를 하고 있는 것인가? 물론 인간이 살아있을 때 있는 것이지만 인간의 마음을 지배하는 것은 어떠한 기운의 작용으로 일어난다는 것을 알아야한다.

그러므로 마음은 어떠한 기운으로 만들어 지는데, 흔히 마음먹기 달렸다고 사람들은 말하는데, 그 뜻은 자기의 마음을 자신이 컨트롤을 할 수 있을 때 할 수 있는 말이다.

하지만 인간이 살아갈 때는 어떠한 도움이 없이는 살아갈 수 없기에 그 마음은 자신의 마음으로 살아가는 것보다 하늘의 마음으로 살아야한다. 그렇다면 하늘의 마음을 닮아가야 사는데 그 방법은 항상 마음을 열어놓는 상태에서 내 마음이 아닌 열린 마음으로 살아가야 한다는 뜻이다.

그래서 인간은 항상 마음으로 살아가는 것이므로 마음을 잘못 만들어 산다면 여러 가지 시행착오를 느끼는 것이며 마음으로 인해 인간의 운명이 결정되는 경우가 거의 70% 이상을 차지한다.

사람의 몸에는 마음을 움직이는 어떠한 신들이 70% 정도 존재하고 있다. 그 나머지는 눈에 보이는 껍데기일 뿐이다 그러므로 어떠한 것을 선택할 때는 내면으로 선택을 해야 한다. 그렇지 않을 경우에는 여러 시련이 겹치게 되는 것이다. 그래서 사람은 마음공부를 통해서 자신을 바꾸고 참 자아를 알 수 있게 되고 육체의 건강은 정신적인 건강으로부터 온다는 것을 알아야한다.

그래서 마음공부는 누구에게나 필요한 것이며 자신보다 남을 생각하게 되고 자연을 생각하게 되고, 마지막에는 자신의 풍요로움을 스스로 느끼게 된다.

너무 쉽게 생각하는 운명

사람은 누구나 행복하게 잘 살 수 있는 권리가 있다. 하지만 누구나 잘 살지 못하기에 세상은 여러 가지 문제로 골치를 앓고 있는 것이 사실이다.

어떤 것이 문제일까? 자신의 기준을 잘못 알고 사는 것이 문제가 된다. 어떠한 기준을 가지고 사느냐에 따라 행복의 기준도 달라질 수 있다. 그러므로 자기의 수준을 알고 살아야함에도 불구하고 대부분의 사람들은 자기보다 수치를 높이려는 데서 문제가 오는 것이다 .

하늘에서는 누구나 잘 살 수 있는 권리는 주었지만 서로 다른 기운을 내려주었기에 자기 자신의 기운을 알고 사는 것이 가장 편하게 사는 것이다.

사람은 누구나 욕심이 있다. 욕심이 없다면 그것은 잘못 사는 것이다. 다만 자기의 기운을 알고 산다면 그 욕심은 욕심이 아니라 자기의 기운을 바로 알고 사는 것이다. 그렇지 못하고 사는 것이 많은 욕심을 가져오는 것이다.

어떤 이는 "제 운이 이번 달에 들어왔어요?"하고 물어오는 경우가 있다. 참 잘못 된 것이다. 자기가 노력을 했다면 노력의 대가가 있겠지만 노력은 하지 않고, 그냥 운을 바라거나 요행을 바란다면 더없이 잘못 살아가는 것이다. 지금도 우리 주위에는 운을 기다리고 때를 기다리는 사람들이 허다하다. 때는 항상 때인 것이다. 다만 자기가 어떻게 사느냐에 따라서 때가 결정되는 것이다.

그러므로 얼마만큼 노력을 했느냐에 따라서 때가 오는 것이다. 또한 요즘 사람들은 자기 자신의 욕심으로만 가득 차 있기에 남이 어떻게 살든 상관을 하지 않고 있다.

조금만 여유가 있다고 하면 골프를 안치는 사람들이 없다. 물론 운동을 해서 건강을 지킨다면 좋은 운동이나 지금 우리나라의 산은 잘 사는 사람들의 횡포로 땅이 엉망이 되고 있는 실정이다.

그러므로 남을 생각하는 마음은 다 사라지고 나만 잘 살면 된다는 마음이 마음 한 곳에 있다는 증거다. 이제 우리는 우리 주위에서 얼마만큼 우리의 손길을 원하고 있는지 알고 살아야한다. 내 운을 기다리기 전에 남에게 좋은 기운을 줘서 사람마다 운과 때가 될 수 있는 기회를 주어야 하겠다.

마음을 비울 수는 없지만 마음을 열 수는 있다

인간의 최고의 모순은 마음을 열지 못하는데서 온다. 마음을 열지 못하면 자기를 감추게 되며 살아가는데 많은 고독이 나를 감싸게 되며 자기의 기운을 막는 역할을 하는 것이다. 마음을 비우는 것은 하늘에서만 할 수 있으나 마음을 여는 것은 자기 자신이 열 수 있다. 마음을 연다는 것은 자기를 낮출 수 있고 다른 사람과 대화가 성립이 되며 자기를 낮추므로 자기를 알 수 있으며 남이 자기 자신을 긍정할 수 있다.

그러나 마음을 열지 못하고 산다면 항상 작은 토굴에서 사는 것과 마찬가지로 살 수밖에 없다. 우리가 조금만 생각을 한다면 우리의 마음을 편하게 할 수 있는데도 열리지 않은 마음으로 인해 여러 가지로 자기의 발전을 막는다. 이에 사람은 자기의 마음을 다스리지 못하므로 병이 생기며 하는 일이 짜증이 나며 진전이 되지 않는다.

마음을 여는 것이야말로 인생을 가꾸어가는데 뿌리를 심는 것과 같은 것이다. 이제 우리는 인생의 뿌리를 심고 줄기와 잎사귀, 그리고 활짝 핀 꽃을 보고 자기 자신의 끝을 바라보아야 한다.

마음을 열지 못해 가정이 파괴되고 서로 이해하지 못하니 그 과정이 사회로 번져 나라가 발전을 가져오지 못하는 것을 보면 안타깝다.

우선 마음을 여는 것은 쉽지는 않으나 남을 이해하고 긍정적인 사고방식을 가져야한다. 그래야 마음이 안정되며 남을 의심하거나 자기와 상관이 없다고 외면을 하거나 관심을 가지지 않는다면 자기 자신이 어려움을 당할 때 그 누구도 관심을 가져주지 않을 것이다.

물론 마음을 비운다면 얼마나 좋을까마는 마음을 열어놓지 못한다면 마음을 열 수 없다는 것을 깨달아야한다.

풀잎은 우리에게 나눔을 가르친다

풀잎은 우리에게 나눔을 말하고 있다.

우리는 너무 작은 것을 소홀하게 하고 있다. 작은 것일수록 우리는 소중하게 생각해야한다. 우리가 살아가는 조건 중에 많은 것이 있지만 우리가 보는 풀잎은 별거 아니지만 우리에게 많은 것을 주고 있다.

그러므로 풀잎은 우리에게 맑은 정신과 그야말로 밝은 정신을 우리가 알지도 못하는 사이에 그 나름대로 주고 있는 것이다.

우리는 작은 것을 소중하게 해야 큰 것을 알 수 있다는 생각을 가지고 살아야한다.

명상이니 참선이니 하는 것은 작은 풀잎을 잘 알아야 할 수 있다는 것도 알아야한다.

사람의 건강은 작은 기운으로부터 오는 것이니만큼 정신세계를 알고 운용을 하고 싶다면 풀잎의 기운을 많이 받고 살아야한다.

풀잎은 아무리 기후상태가 좋지 않더라도 잘 자란다. 우리 모두 하찮은 풀잎이라도 소중하다는 것을 잊지 말자.

잡신 들린 사람들

요즘 잡신 들린 사람들이 너무 많다. 특히 잡신이 들면 하는 일이 되지 않고, 정신병을 갖고 있는 사람들을 보면 잡신으로 인해 많은 고생을 한다. 어제도 잡신이 들린 여자가 찾아왔다. 그녀는 정신병원에서 몇 년을 들어갔다 나왔다. 분명히 평범한 사람들이 보기에는 정신병자다. 그러나 내가 보기에는 신병이다. 정신병과 신병은 엄연히 구분이 된다. 그러나 병원에서는 정신병이나, 신병을 구분하지 못하고 있다. 일찍 귀신이 들어 자기와는 상관없이 엉뚱한 짓을 한다. 집안사람들에게 많은 피해를 주는 것은 물론 자기 인생도 망가질 대로 망가진다.

정신병 약을 먹고 조금 낫는다고 생각하면 퇴원을 해서 여기까지 온 것이다. 정신병 약을 먹어야할 사람이 있다. 그러나 정신병 약을 먹어도 아무 소용이 없는데도 무지한데서 오는 상식으로 약을 먹인다. 그러나 그 신병은 약을 먹을수록 더욱더 심하다. 약을 먹으면 처음에는 낫는 것 같으나 얼마동안 지나면 약 기운이 떨어져 엉뚱한 짓을 하게 되는 것이다.

환자나 가족에게 이런 말을 하면 믿지 않는 사람들이 대부분이다. 그러나 믿고 따르는 사람은 신병이 나아서 결혼을 하고 사는 사람도 있다. 물론 어떠한 신이 몸에 들어있는가를 파악해야 신병을 고칠 수 있는 것이며, 함부로 신병을 고치다가는 잘못되는 경우도 있다.

요즘 잡신 들린 사람들을 보면, 자기 자신이 잡신이 들린 줄도 모르고 남에게 잡신이 들렸다고 하는 사람들도 많다. 물론 참신이 있어 잡신을 볼 수 있는 사람은 신병을 고칠 수 있겠지만 그렇게 쉬운 병은 아니다. 오랫동안 나도 모르게 잠재해 있다가 어느 순간에 나오는 잡신이 있는가 하면 해마다 나오는 잡신이 있고, 매일 나오는 잡신도 있다. 잡신이 나올 때면 집안 사람들은 초비상이다.

형태도 여러 가지라서 밥상을 뒤집는 사람, 노름하는 사람, 폭력을 하는 사람, 그 외 여러 가지 병적으로 나타난다. 심하지 않는 사람들도 있기에 신병인지 몰라 오랫동안 신병을 갖고 있게 된다. 그러므로 사람이 하는 행동이겠지 하고 그냥 내버려두는 사람이 많은데 신병이 걸린 사람을 보면 평범한 사람과는 어딘가 모르게 다르다. 그러나 직접 같이 사는 사람도 모를 경우가 많다.

지금도 부모님, 남편, 옆집 모르게 정신과를 찾거나 정신병 약을 먹고 사는 사람들이 아주 많다. 특히 요즘 젊은이들 중에 정신과 약을 먹는 사람들이 많은데, 결혼을 할 때 정신과를 다닌 사람을 배우자로 맡는다면 어려움이 많을 것이다.

그리고 집안에 정신과에 다니는 사람이 있어도 남에게 알리지 않는다. 그러므로 정신과를 다녔는지 모른다. 결국 결혼을 해서 정신병이 도지면 그때 발각되는 사람들을 종종 볼 수 있다. 앞으로 더욱더 정신과를 찾는 사람들이 많을 것이다. 신병과 정신병을 구분하지 못한다면 그 환자는 힘들게 살 것이다.

신병에는 여러 가지가 있지만 기차소리, 매미소리, 그 외 여러 가지 소리와 같이 귀에 무슨 소리가 들리는 사람, 우울증으로 잠을 못 이루는 사람, 갑자기 입맛이 없는 사람, 집안에 있으면 답답한 사람, 괜히 신경질이 나는 사람. 사업을 해도 소용이 없는데 고집하는 사람, 노름만 하는 사람, 술 먹고 행패를 자주부리는 사람, 폭력을 자주 쓰는 사람, 일을 하려고 해도 손에 잡히지 않는 사람, 일을 하려고 하면 몸이 아픈 사람, 그 외 등등 많은 것으로 볼 수 있다.

나를 안다는 것은

1. 보이지 않는 세계는 보이는 세계를 안고 있다

2. 사람의 머리는 수시로 바뀐다. 정확히 잴 수 없는 것이 사람의 머리다.

3. 죄인이 따로 있는 것이 아니다. 때를 잘못 만나면 누구나 죄인이 될 수 있다. 죄인을 용서하는 마음이 있을 때 사람은 죄가 사라진다.

4. 마음이 우선이나 그것은 하늘의 뜻이다. 죽고 사는 것은 법칙이 없다.

5. 왕이 되기 위해선 신하를 잘 두어야한다. 신하가 되기 위해선 중심이 있어야한다.

6. 손해난다고, 하던 일을 멈추면 멈춘 만큼 손해를 본다. 그러나 이익이 난다고 영원한 것은 없다.

7. 할 말이 없을 때가 가장 행복하다. 그러므로 침묵이 선이다.

8. 어차피 부자와 가난뱅이는 하늘에서 만든다. 단, 무엇이 되려하지 마라. 그냥 살아라.

9. 항상 웃는 얼굴이 나의 모습이 되게 하라. 어떤 일이든 이루어지려면 자기의 모습을 미리보라.

10. 마음의 병이 가장 무서운 병이다. 병을 고치기 위해선 마음부터 다스려라. 그리하면….

11. 깨우침은 깨우침을, 깨우침은 무지함을 알 수 있다. 하지만 깨우침이 없다면 두 가지 다 알 수 없다.

12. 진리는 내가 만든다. 그러므로 내 행동이 진리가 될 수 있도록 행동하라.

13. 궁하면 잡념이 생긴다. 마음이 부자가 되길 빌며 살아라.

14. 정처 없이 가는 것이 인생이다. 하지만 마지막 길은 누구나 똑같다. 미리 가지마라.

15. 내가 누구인지를 알아야 남을 알 수 있다. 나를 안다는 것은 우주를 아는 것이다.

16. 초심이 중요하듯 과정도 중요하거늘 인간은 끝만 생각한다. 그것이 문제로다.

천기로 본 인간의 섭리

인간은 태어날 때부터 기를 배운다.

응애 하며 울고, 도리도리, 짝짝궁이 그것이다. 인간의 기공은 입과 목으로부터 시작이 된다. 껌을 자주 씹는 사람이 기공을 잘하는 것이다. 그 다음은 눈으로 기공을 시작한다. 입과 눈으로 기를 받고 나면 볼이 움직이기 시작하는 것이다. 그 다음은 발로 기를 하는 것이다. 발로 기운을 받기 시작하는 것은 어른이 되기 위한 시작이다. 기어가고, 걸어가고, 뛰어가며, 기를 받기 시작한다. 그 다음은 머리로 기를 받기 시작한다. 이때는 이것저것 음식을 먹기 시작한다. 하늘의 기운을 이렇게 받고 나야, 부모의 기와 같아져서 신발과 옷이 생기는 것이다. 그 다음은 순서로 볼 때 귀로 기가 들어오는 것이다. 이때부터 성장이 시작되는 것이다. 성장이 시작되면 생각을 하게 되고 생각을 하게 되면, 내 마음이 생기기 시작한다. 이전까지는 하늘의 마음이었다.

그래서 우리는 어른이 되면 하늘의 마음을 다시 배운다. 그것이 우리가 원하는 기다. 어린아이는 인간이 되기 위해 이러한 순서로 어른이 되기 위한 기를 받는 것이다. 학교에 입학을 하면서부터 욕심을 배우기 시작을 한다. 욕심은 부모 때문에 배운다. 부모의 말을 듣다보니 망가지는 것이다. 알맞게 해야 하는데 부모의 강요로 알맞게 하는 것을 나도 모르게 잃어버리고 살아가게 되는 것이다. 욕심이 생기면 한번에 여러 가지를 동시에 못한다. 이때부터 자기 자신의 기를 다른 사람에게 줄 수 있다.

기를 빼앗고 뺏기는 시기가 온 것이다. 우리가 살아갈 때는 어떤 소리든 다 들어야한다. 노래는 무조건 다 들어라. 기운을 흡수하기 때문에 발산만하면 기가 빠져서 사람은 살 수가 없다.

기를 운용하는 데에 있어 눈이 먼 장님이 가장 잘할 수 있다. 그래서 결혼을 하면 눈멀고 귀 잠그고 3년을 참으라고 어른들은 말하고 있다. 기를 주고받는 시기가 오면 기가 사람의 내장 속으로 들어오며 남녀의 구별을 할 수 있는 것이다.

만 가지, 억 가지 기운이 있는데 어찌 한 가지 기운으로 살아가려 하는가? 기를 알면 예습과 복습이 필요 없다. 기를 알면 무슨 일이든 저절로 되는 것이다. 미워하고, 시기하고, 이쪽에서 때리고, 저쪽에서 때리는 것도 기의 차이로 인해 생기는 것이다.

그래서 사람들은 자연 속에서 기를 찾고 기를 알려고 노력하는 것이며, 그 기 속에 사는 것이다. 기 중에서도 특히 우주의 기운을 받아야 맑아지고 밝아진다는 것을 알아야한다.

점점 좋은 기운을 받기 위해서 초등학교, 중·고등학교를 다니는 것이다. 공부를 하지 않아도 우주의 기운을 받은 사람은 학교와 상관없이 우리가 알고 있지 못하는 것을 많이 알 수 있다. 공부를 많이 한사람일수록 마음의 문이 닫혀 있고 공부를 하지 않은 사람은 헤매지만 마음의 문이 다 열려있다.

요즘에 컴퓨터를 보면 '방가방가'라는 말을 많이 쓰고 있는데, 이 글을 보면 하늘의 말과 비슷하게 돌아가는 것을 알 수 있다

예전에는 선남선녀가 선을 볼 때 얼굴 한번 서로 보지 못하고 결혼을 했다. 요즘에는 누구나 하늘의 센 기운이 내려와 똑바로 쳐다본다. 그렇다 이런 것을 보면 하늘의 모든 신이 내려와 있다는 것을 알 수 있다. 요즘 세상에는 못난 사람이 없다. 자식에게 심부름을 시키거나 같이 외출하기가 아주 어렵다.

부모들이 자기 자식을 미워할 때가 있다. 그러나 그것은 잘못된 것이다. 왜냐하면 부모보다 영적으로 수준이 높기에 그렇게 느끼는 것

이며 학교에서도 공부를 못한다고 마음대로 평정한다면 좋지 않은 일이 일어난다. 그 기운을 누르려 하는 데서 오는 것이다. 세상에서 기가 제일 센 것은 욕이다. 그것은 자기가 듣기에 따라서 약도 되고, 반찬도 되고 식사대용으로 할 수 있는 것이다.

부부라도 특히, 여자에게 욕을 하거나 남자에게 대들거나 손찌검하거나 물건을 던진다면 좋은 기운보다 탁한 기운이 많기 때문이다. 아직도 늦지 않았으니 천기를 받아 생각을 바꾸고 마음을 고친다면 잉꼬부부가 되고, 이혼률도 줄어들어 사회가 밝아질 것이다.

얼굴을 보고 그 사람을 아는 것은 제일 가진 것이 없는 사람이 잘 볼 수 있으며 가진 것이 있는 사람은 의심부터 하기 때문에 안 된다. 그리고 나보다 낮은 사람을 만날 때는 편안하게 느끼지만, 사람들은 윗사람을 보며 앞으로 달려가야 하니 형평성을 이루기 위한 수단과 방법을 취하기에 시작부터 잘못되었다. 인간은 점점 어린 아이를 닮아가려고 사는 것인데 그것은 하늘과 우주를 아는 것과 마찬가지의 일이다. 하늘을 알고자 하면 고통이 많이 따른다.

어린아이가 뱃속에서 나와, 기어 다니고, 걸어 다니고, 옷이라도 하나 얻어 입으려고 재롱을 피우는 것인데, 그것이 자기의 기를 받기 위한 것이다. 자기의 표현도 하지 못하고 있는 그대로 하다보니 누워서 오줌, 똥 싸고 하는 것으로 고통을 이겨내야 따뜻한 기운을 받게 되는 것이다. 그래서 네 살에서 다섯 살 정도가 되면 기운이 바뀐다.

아기를 입양하려고 한다면 세 살 정도에 하는 것이 제일 좋으며, 성장한 다음에는 어느 기운인지 몰라 이상한 일도 많지만, 세 살 이전 이면 하늘을 그대로 옮겨 놓은 것이다. 그래서 하늘의 기운은 내가 선택할 수 있는 것이 절대 아니다. 하늘에서 선택을 한대로 따라갈 뿐이다. 그것을 인간이 바꾸려고 하니 갈등과 고민이 생긴다. 그래서 인간은 깨우치려고 하는 것이다. 사람의 기관 중 가장 약한 곳은 순서로 본다면 위다. 처음으로 음식이 들어오는 곳이며 양이 많아도, 적어도 자극을 많이 받기 때문이다.

사람이 가장 안 먹어야 할 것은 나쁜 공기인데, 공기가 나쁘기 때문에 어지럼증이 많아 골라서 먹어야 된다.

앞으로는 공기를 사 먹는 세상이 올 것이다. 사람이 몸이 허약할 때 먹어야 하는 것은 짐승이다.

그 이유는 사람의 기운이 점점 떨어지기 때문에 자연 속에서 살아가는 짐승의 고기를 어느 정도 먹어야 한다. 그래서 요즘 사람들은 자기의 기운대로 살아가기 때문에 동물의 고기를 먹는다고 나빠지지는 않는다.

두 번째 치아다. 치아를 만든 첫째 이유는 숨을 쉬게 하기 위해 있으며 치아가 없으면 숨을 잘못 쉰다. 왜냐하면 입으로 들어오는 공기의 양이 너무 많이 들어오기 때문에 치아는 항상 깨끗하고, 청결하게 빠진 것이 없어야 한다. 이가 잘난 사람은 노래도 잘하고, 달리기도 잘한다. 그래서 치아를 교정하는 것이다. 세 번째로 약한 것은 성대다. 약한 이유는 68세까지 사용해야 하는데 100세까지 사용하는 것처럼 살기 때문이다. 가수가 오래 못사는 이유는 성대를 많이 썼기 때문에 기가 많이 빠져서 그렇다. 남의 시선을 많이 받은 사람은 오래 살지 못하며, 시선 없이 산에서 사는 사람은 오래 살며, 그 이유는 기를 빼앗기기 때문에 오래 못사는 것이다.

네 번째로 약한 것은 어깨다. 사람이 아플 때 통증이 오기 시작하면 어깨부터 오는데 이럴 때는 코부터 의심을 해야 한다. 그것은, 호흡이 나빠서 그러는 것이며 들숨 날숨이 안 돼서 오는 경우다. 사람이 살아갈 때 이렇게 네 가지만 잘 이해하고 몸을 아낀다면 사람은 오래살 수 있고, 즐겁게 살 수 있다.

낮아지려는 자세

낮아지려는 자세야말로 최고의 경지를 갈 수 있는 무기라고 생각을 한다. 누구나 높은 것을 좋아한다. 그러나 높은 곳에서 떨어지면 그만큼 실망도 크다.

하지만 낮은 곳을 선택하면 사람은 높이 올라가는 것보다 더 높이 올라갈 수 있다. 아무리 높이 올라간다고 해도 인간의 높이는 한계가 있다. 그러나 높은 것을 모르고 행하는 이들이 아직도 많은 것을 알 수 있다. 사람은 낮은 곳을 보고 사는 삶이 가장 행복한 법이다.

그러나 지금의 사람들은 낮은 곳은 쳐다보기도 싫어한다. 대학교도 높은 곳, 결혼도 높은 곳, 직장도 높은 곳, 사는 곳도 아파트 높은 곳, 왜 사람들은 높은 곳을 선호하는 것일까? 하기야 높은 곳에서 아래를 보는 느낌, 아래에서 보는 느낌보다 훨씬 좋다고 생각해서 그럴 것이다.

우리의 세상은 높은 곳보다 낮은 곳이 더 많고 낮을수록 편함을 주고 있다. 그러나 사람들은 높은 곳을 더 선호하고 있는 실정이다.

명령을 받는 것보다 명령을 하는 것이 더 좋아 보이기 때문이다. 우리는 자세를 낮추고 사는 방법을 알아야한다. 낮은 곳을 알아야 높은 곳을 알 수 있는 것이다. 하지만 낮은 곳은 왜면하고 높은 곳을 찾기만 하는 사람들 때문에 진실이 멍드는 세상이다.

낮아지려는 자세가 필요한 세상이다. 남보다 높아지려는 마음은 교만하고 이기주의가 되고 남을 이해하려 하지 않는다.

어떤 것을 하더라도 합의가 되지 않을 것이다. 낮은 자세로 어떠한 일을 한다면 성과가 많을 것이나 낮은 자세의 마음이 없다면 그 일은 그릇되게 될 것이다.

낮은 자세의 마음을 가지고 살아간다면 높은 경지는 쉬울 것이다. 그러나 높은 곳만 보고 간다면 낮은 곳으로 떨어지기 쉬울 것이다.

높으면 높은대로 거기에 맞는 행위를 해야 한다. 그러나 높은 위치에 있다고 사람을 업신여기고, 사람을 사람으로 알지 못한다면 그것은 높은 곳에 있는 것이 아닐 것이다.

물론 높은 곳에 있으면서 낮은 사람들을 생각한다면 그것보다 좋은 것은 없을 것이다. 하지만 그런 사람이 얼마나 있단 말인가?

높은 곳에 있으면서 낮은 곳에 있는 사람들을 생각하는 사람들이 많으면 많을수록 좋은 것인데 우리 사회는 그렇지 못하고 있다. 누구나 다 높아진다면 누가 낮은 일을 할 수가 있겠는가?

낮은 곳으로 가는 것이 누구나 잘 사는 것이다. 그만큼 마음을 비우면 비운대로 잘 살 수 있을 것이다.

이제 우리는 낮은 곳으로 가는 방법을 터득하고 살아가야 한다. 그것이 높은 곳으로 가는 최선의 방법이라고 생각하며….

정신적인 장애인

정신적인 장애인은 정말 몸이 말을 듣지 않는 것이 아니라, 내적인 것에 치중을 할 수 있다. 하지만 사람은 내적인 것보다는 외적인 것을 생각하고 있기 때문에 지금도 외적인 것에 치중을 하고 있다.

직장을 다니려고 해도 외적인 것을 보고 사람을 채용하는 실정이며 내적인 것이 아무리 잘 되어있다고 하더라도 외적인 것이 잘못됐을 때는 어려워지는 것이다.

정말로 정신적으로 장애자가 많은 우리나라이다. 그러나 눈으로 보이지 않으니 그것을 알 수 없는 것이다. 우리가 눈으로 보는 곳은 아무것도 아니다. 눈으로 보이지 않는 것이 더 중요하다는 것을 알아야한다. 우리나라는 정신적인 장애자가 많은 편이다. 특히 공부를 많이 한 사람들이 우리나라를 많이 망치게 하는 것도 있다.

정말 정신적인 장애자는 어떤 사람을 말하고 있는 것일까 선천적인 정신병이 아니라 정신적인 장애자는 극히 정상인 중에서 정상으로 살아가지 않는 것을 말하는 것이다. 우리나라의 정신적인 장애자가 이렇게 많은데도 외적인 것부터 챙기는 현실이다. 이제라도 정신적인 장애자가 정신을 차려 이 나라의 현실을 바로 알아 살아가야한다.

정상적인 사람들 중에 정신장애아가 많은 실정을 보고 안타까워하는 사람들이 얼마나 있을까? 자기 일이 아니라고 외면을 하지는 않았는가? 이제부터라도 정상적인 사람들이 정신병이 있는 것처럼 행동을 하지 않는다면 좋겠다. 정신적인 장애인이야말로 이 사회에서는 필요없는 인간들이다. 그러나 그 사람들이 이 세상을 담당하고 있다. 참으로 답답한 일이다. 정신적인 장애인이 없는 세상이 빨리 와야겠다.

구름과 달과 별을 보며

세상에는 자기를 사랑해 주는 것이 너무도 많다 그러나 사랑해 주는 것조차 모르고 살아가고 있다.

구름도 달도 별도 사랑을 우리에게 주고 있다. 다만 우리가 잘 느끼지 못하고 있는 것이 문제이다. 오늘도 달과 별은 우리의 휴식을 기다리고 있다.

남녀간의 사랑에도 별을 비유한다. 우리는 우리가 살고 있는 세계를 잘 모르고 있다. 너무도 많은 것들이 우리를 사랑한다는 것이다. 남녀간의 사랑을 최고로 하는 세상이기에 자연의 사랑을 모르고 있는 것이다.

자식이 잘 되고 친척이 잘 되고 자기 주위에 있는 사람만이 잘 되기를 원하고 있다. 누구나 잘 사는 것이 우리의 과제일 것이다.

구름을 보고 자기의 소원을 빌고 별을 보고 소원을 빌고 일년의 일들을 우리는 자연에게 빌고 산다. 그러나 우리는 약속을 한대로 살지 않기에 일이 잘 되지 않는 것을 모르고 있다. 자기가 원하는 대로 되려면 자기가 원하는 만큼 노력을 해야 한다.

그러나 인간이기에 노력보다 더 많은 것을 요구하면 살기에 우리는 실망을 하고 사는 경우가 많다.

오늘부터라도 별과 구름과 별을 보며 소원을 빌자. 그리고 약속한대로 사는 것이다.

모든 세상은 소리로 구성되어있다

소리 나는 꽹과리가 우리의 마음을 흔들고 있듯이 세상은 온통 소리로 구성되어 있다.

우리가 살아가는 공간에는 보이지 않은 것과 보이는 것 두 가지로 분류할 수 있다. 그러나 우리는 보이는 것으로 만족을 하고 살아가고 있다. 보이지 않는 것이 우리를 감싸고 있는 것도 모르고 사는 것이다.

사람이 살아가는 데는 보이지 않는 것으로부터 많은 도움을 받아야 살 수 있는 것이다. 다시 말해 보이지 않는 정신세계를 알아야 우리가 살아가기에 편안하고 안정이 되는데, 우리가 알고 있는 상식으로만 우리가 살아가려 하거나 보이는 것으로만 무엇이든 해결을 하려고 하면 거기에서 여러 가지 모순이 일어나는 것이다.

어디든지 소리가 난다는 말은 우리가 듣는 소리도 있겠지만 우리가 듣지 못하는 소리도 있다는 것을 알아야한다

사람은 그래서 귀가 발달이 되어야한다. 귀가 발달이 된다는 것은 그만큼 우리가 살아가는데 편안함을 주는 것이다. 사람은 여러 가지 소리로 구성이 되어있다. 사람은 입으로만 소리 내는 줄로 알고 있지만 사람의 몸 어디에서나 소리가 안 나는 곳은 없다.

그러므로 소리는 어디든지 있는 것이다. 사람의 귀가 먹으면 소리를 듣지 못하지만 그것이 사람의 몸에서 가장 중요한 부분이라는 것을 알아야한다.

준비하는 사람은 소리를 잘 들을 수 있어야한다. 새소리를 들어보라. 새소리를 여러 가지로 분류할 수 있어도 우리가 살아가는데 많은 도움이 된다. 우리의 목소리가 남에게 들릴 때 우리는 어떤 소리로 들

려줄까하고 생각을 하고 살아가야한다.

눈물은 소리가 나지 않는다. 그러나 사람의 마음을 읽을 수 있다.

남에게 부드러운 소리를 들려줄 때 우리는 행복해질 수 있다. 아름다운 소리를 내는 것이 나를 행복하게 한다. 아름다운 소리는 집에서도, 직장에서도, 사회에서도 울려 퍼져야 한다. 그래야 세상이 밝아질것이다.

영과 같이 성장하는 길

슬픔과 쾌락이 따로 없다. 자기마음을 어떻게 먹고 있느냐에 따라서 사람은 성장하는 것이다. 어린아이로부터 어른이 되기까지 육체적인 성장도 중요하지만 영적인 성장도 중요하다는 것을 알아야한다.

그러나 사람들은 내면은 생각하지 않고 겉으로 보이는 곳만 보고 판단을 한다. 물론 내면을 읽지 못하거나 내면의 세계를 알지 못하는 무지 때문에 이러한 현상이 일어나는 것이다.

그러므로 사람은 겉으로 보이는 것도 중요하지만 내면의 영적 성장이 큰 비중을 차지한다. 사람이 산다는 것은 내면의 세계를 어떻게 다스리느냐에 따라서 결정이 되는 것이다.

마인드 컨트롤을 해야 한다는 것이다. 자신의 세계는 자신만이 잘 알 수 있는 것이기에 자기 자신을 컨트롤을 잘해야 영적 성장을 할 수 있다.

사람의 마음이 편하다는 것은 자신의 마음을 다스리기에 일어나는 현상이며 자기 자신의 마음을 다스리지 못한다면 항상 불안하고 이상한 일만 일어나게 된다. 영과 같이 성장하는 길은 자기 마음의 숲을 잘 가꾸는 데서 결정되는 만큼 마음의 숲을 잘 가꾸어야 한다. 마음의 숲을 잘 가꾸려면 우선 탁한 기운이 없어야 영적으로 성장을 할 수 있는 것이다.

물을 주는 것은 자신이 정신을 차리는 것이다. 정신을 차린다는 것은 자기 마음의 기운을 정리한다는 뜻이다. 정신을 가다듬지 못하면 정신분열증이 온다. 현재 정신병원을 찾는 이들은 자신의 마음속에 탁한 기운이 있다는 것을 알아야 하거늘 그것을 모르고 약물로 마음을 고치려하니 고칠 수 없는 것이며 자기 마음을 더 아프게 만드는 것이다.

이제 영적 성장을 하기 위해서는 무엇부터 해야 하는가? 자기의 마음을 내려놓을 줄 알아야한다. 그래야 어떠한 기운이 도움을 줄 것이다. 자기를 알고자 한다면 마음을 놓는 것이 가장 중요한 일이다. 영적 스승이라 하는 것은 자기 마음을 놓는데서 시작이 되는 것이다. 어떠한 지식으로 영적인 성장을 할 수는 없다. 그러나 요즘 사람들은 지식으로 영성을 가려하니 스스로 답답할 것이다. 영성은 지식으로 오는 것이 아니라 그것은 어떠한 공식을 외울 뿐이지 영적으로 성장을 할 수 있는 단계가 아니다.

그래서 영적으로 성장을 하려고 한다면 자기 자신을 버려야 쉽게 영성을 갈 수 있다. 다시 말해 자기 자신이 배운 대학생활을 자랑한다한다면 절대로 영성으로 갈 수 없는 것이다.

하늘에도, 영적으로 말한다면 이 땅에 있는 학교처럼 여러 층으로 공부할 수 있는 학교가 있다. 물론 초등학교 수준부터 대학원 수준까지 다양하게 있다. 그러므로 영성으로 간다는 것은 하늘의 학교를 다녀야 한다는 것을 알아야 한다.

그런데 우리 사회는 하늘의 학교를 다니지 않고 자신이 깨우쳤다거나 남을 가르치고 있는 실정이다. 아무리 인간적으로 공부를 한다고 해도 어떠한 경지를 갈 수 없다. 자신이 어떠한 경지를 가려고 한다면 하늘의 학교를 다녀 공부한 사람에게 배워야한다. 남들이 해놓은 것을 베끼거나 외워서 하는 공부는 하나마나 한 것이다. 그런 곳에 다니는 사람들이 무쩍 늘고 있는 현실은 영의 세계를 모르거나 무시해서 오는 것이니 신이나 영을 알려고 한다면, 우선 자신의 마음을 하늘의 학교로 입학을 시켜야 한다.

그것부터 깨우쳐야 어떠한 것을 알 수 있으며 그때부터 시작을 할 수 있다.

우주와의 대화와 기도

한 사람 한 사람 모든 사람들이 신이다. 자기도 모르게 우주의 기운을 받고 산다. 아는 사람도 있고 모르는 사람도 있다. 그 차이는 아무것도 아니다. 그러나 사람들은 어렵게 생각을 하고 자기 잣대로 어떠한 것을 느끼기에 힘들어 하는 것이다.

사람이 산다는 것은 행복을 위해서 산다고들 하는데 행복을 찾을 수 있는 방법을 잘못알고 살기 때문에 행복을 찾지 못하고 있는 것이다.

사람이 과연 우주와 대화를 할 수 있는 것일까? 하고 의문을 하는 사람들을 볼 때 그때마다 이러한 생각이 든다. 자기 자신이 체험을 하지 않았기에 이해는 가나 우주의 기운을 받고 산다는 생각만 가져도 행복해진다는 것을 가르쳐주고 싶다.

우리가 있는 것은 우주의 원리를 알 때 우리가 있는 것이다. 우주의 기운이 없다면 우리라는 개념도 없는 것이며 우리가 살아 갈 수도 없다.

사람들은 서로 신이기에 그 자신마다의 능력이나 성격이 나타난다. 다시 말해 어떠한 신이 몸에 들어 있느냐에 따라서 그대로 나타나는 것이다.

그래서 사람은 신이 들어있을 때 살 수 있는 것이다. 여기에서 말하는 신은 우리가 흔히 말하는 귀신이 아니라 우주와 대화를 하고 사람의 기운을 북돋아 주는 데 필요한 어떠한 기운을 말하는 것이다.

사람의 기운은 자기 몸에 있는 어떤 신이 우주와 채널링을 통해서 잘살고 또 지혜도 생기는 것이며 우주와 채널을 통하지 못한다면 살아가기가 힘들어지는 것이다. 그러므로 사람은 자기 몸에 있는 어떤 기운이 우주와의 연결이 잘 되어 있기를 바라고 살아야한다. 그것이 또한 우리가 하는 기도다.

우리가 하는 기도는 내면의 어떤 기운이 해야만 이루어지는 것이며 그냥 껍데기로 기도를 아무리 많이 한다고 해도 소용이 없는 것이다.

사람이 산다는 것은 우주의 기운을 받아야 잘 산다는 것을 알고 사는 것이 가장 중요하다.

지금 어떠한 것이 영적으로 문제인가?

아시는 분은 아시겠지만 자신이 별로 아는 것이 없으면서도 남을 가르친다는 것이 어려운 줄 알면서도 남을 가르치려고 애를 쓰는 사람들이 요즘 부쩍 늘었다.

산에서 기도만 하면 모든 것이 풀리는 줄 알고 있는 사람들이 허다하다. 특히 산마다의 기운이 틀리거늘 조상신이 기도하는 것과 천신이 기도하는 터는 분명히 틀릴 진데 그 자체도 모르고 자기가 제일 높은 양 하는 사람들이 많은 것은 사실이나 그것을 모르고 떠들어대고 있다.

자기가 하는 영적인 것이 제일 높다거나 지금 하는 공부가 제일이라고 하는 착각을 버려야 자신의 영적 능력이 지금보다 현저하게 올라간다는 것을 터득한다면 우리의 미래는 밝을 것이다.

인간은 지금 하는 일이 자신에게 최고의 일이라고 생각하는 경우가 많은데 나중에 생각해보면 지금 하는 일이 얼마나 잘못되어 있었나를 알게 된다. 그래서 지금 어떠한 수련을 하는 사람들은 자기의 틀을 깨는 것부터 알아야하며 자기 것 외에 얼마든지 새로운 세계가 있는 것을 깨우치게 되는 것이다. 기도를 한다고 모든 것이 성립이 안 되는 것처럼 영적인 공부는 좀더 다른 차원의 세계를 알 수 있어야 승화할 수 있다.

지금 우리 사회는 지금의 현실에는 맞을지 몰라도 미래지향적인 어떤 정신세계를 모르기에 지금 따라가는 사람들이 잘못 알고 추종하는 사람들이 많은 실정이다. 이런 것을 볼 때 우리의 정신세계의 지표는 점점 힘들어진다.

물론 영적으로 공부한다는 것은 매우 힘들지만 하면할수록 점점 어려운 것이라는 것을 알 수 있게 된다. 영적인 공부는 끝이 없으므로 지금 아무리 영계를 잘 안다고 할지라도 다음날이면 지금 하는 자신의 수준은 아무것도 아니라는 것을 스스로 느끼게 된다.

이제 우리 민족은 정신세계를 통해 머지않아 세계 속에 우뚝 선 나라가 될 것이라는 희망을 갖고 정진을 해야 한다.

그럴 때마다 우리 정신문화의 발전을 기대한다.

마음을 치유하기 위해서는

본래 인간의 본성은 하늘에서 인간을 만들 때 이미 6년 전에 어머니 뱃속에 점지해 놓았다. 그래서 인간이 잉태하고 태어나는 것이다. 인간은 태어나는 것도 죽는 것도 모르는데 인간이 판단을 못하는 이유가 그러한 때문이다. 그래서 사람이 안다는 것은 자기 자신을 힘들게 할 때도 많다.

그러나 인간이 자기 자신을 모르기에 항상 마음의 상처를 스스로 갖게 되는 것이다. 이제 여러분들은 우주와 통한다면 쉽게 마음의 병을 누구의 도움도 없이 가볍게 치유할 수 있다.

항상 인간은 욕심으로 인해 많은 것을 오히려 놓치고 만다. 머리속이나 마음을 비우면 비울수록 채워진다는 것을 알고 하루하루 성실하게 살아가야한다. 완전히 나를 알 수 없다. 다만 나를 알 수 있는 것은 우주에서 온 메시지를 통해 채널이 되며, 그야말로 머리가 맑아지는 것 까지 느끼며 자신이 생각지도 않은 생활이 온다. 만약 여러분들이 지금 몸이 아프거나 정신적으로 고통을 받는다면 그것은 자기 자신이 만든 것이라고 생각하면 쉬워진다.

다시 말해서 누구를 원망한다면 그 순간부터 마음이 더 아파지는 것이다. 그래서 마음의 치유는 자신 만이 할 수 있는 것이다. 단, 자신이 마음의 치유를 한다면 상대방의 마음도 편하게 하니 힘들지 않고 좋은 세상이 올 것이다.

하늘은 함부로 인간에게 시험하지 않지만 스스로 마음을 타락해 하거나 남을 이해하지 못하는 생활을 하면 그것은 나를 시험하세요? 하는 것으로 알고 하늘은 이미 도끼를 들고 내려오는 것과 같다. 또한 마음의 치유를 하기 위해서는 우선 편하게 잠을 자야한다.

그리고 말을 적게 해야 한다. 또한 음식은 하루에 꼭 세 끼를 먹어야한다. 그래야 마음의 병까지 하늘에서 알아서 치유하는 것이다. 결국 인간은 자신이 잘못한 것은 없다. 그런데도 자기 자신의 최면에 걸려 우울증이 오고 남을 이해하지 못하는 뇌가 되며 도저히 편하게 사는 세상을 스스로 만들지 못하는 것이다.

언젠가 여러분들이 마음이 편할 때가 있을 것이다. 그것은 알다시피 여러분이 마음을 치유한 것이다. 인생은 항상 마음을 치유하며 사는 것이다. 자신의 마음을 치유하지 못한다면 이 세상은 밝게 보이지 않고 어둡게 보이는 것처럼 느낀다.

자, 지금 여러분들은 마음의 치유가 되어있는지 스스로 체크해 봐라! 자신이 체크한다면 마음이 편할 것이다. 무엇이든지 이러한 방법으로 체크한다면 스스로를 대단한 사람이라고 생각하며 언젠가는 마음속에 빛을 볼 것이다.

마음속의 빛을 보지 못한다면 항상 마음이 불안하고 붕 떠있고 어지럽고 무엇을 할지 몰라 헤매게 되는 것이다. 어느 정도 이해를 하는 사람들은 이미 자신의 마음을 치유한 것이다.

그래서 마음의 치유는 자신이 한다는 것을 내가 말하지 않아도 스스로 알 것이다. 무엇이 걱정이 있는가? 무엇이 나를 행복을 만드는가? 하고 생각하지 마라.

여러분들은 우주 안에 있는 사람이니 행복을 항상 갖고 있다고 생각해라. 그런데 여러분들은 어떤가? 행복을 찾으러 다니지 않았던가? 지금 마음속에 있으니 있다는 마음만 가지면 물질 만능시대에 여유 있게 살아갈 수 있는 것이다.

부디 마음이 아프다면 자기마음을 위로해라.

그것이 치유의 세상이다.

제3장
기(氣) 치유

기(氣) 치료, 그리고 처방

흔히 요즘 유행하는 말로 기(氣) 치료사가 성행을 하고 있다. 어떻게 보면 많은 변화를 주고 있는 세상이다. 새롭게 많은 직업이 나타나는 세상으로 바뀐 것이다.

10년 전만 해도 기 치료사는 인기가 없었지만 많은 변화를 가져왔다. 하지만 지금 우리 사회는 너도나도 기에 관심이 있어 기 치유의 본질을 모르고 기 치유라는 것을 알고 있다.

우선 기 치유의 본질을 알아야 한다. 기 치유는 어느 기운을 끌어 기의 흐름이 원활하지 않거나 기가 모자라는 사람 기가 탁한 사람 이러한 사람들을 위해 치유를 하는 것이다.

기 치유는 우선 매우 위험한 일이다. 잘못 기 치유를 하다가는 자신의 몸이 망가지는 행위다. 다만 우주의 기운을 끌어당겨 하는 치유는 아무런 부작용이 없는데 자신의 몸에 있는 기로 치유를 한다면 얼마안가.

자신의 기를 다 뺏겨 영원히 후회를 하게 된다.

그러므로 기 치유는 아무나 하는 것이 아니다. 또한 기 치유는 어떠한 능력의 기운이 있는 사람이 하는 것이다. 그러나 요즘은 아무나 기 치유라는 명칭으로 치유를 하고 있는데, 기 치유의 본질은 우주의 기운을 전달해 주는 것이라는 것을 알고 해야 함은 물론 치유의 본질을 알지 못하고 치유를 하다가는 치유가 아니라 오히려 환자를 더 아프게 하는 결과를 초래한다. 그래서 요즘 기 치료를 받는 사람 중에 오히려 탁한 기운을 받아들여 몸이 더 중증으로 가는 경우가 허다하다.

책으로 배워 하는 기 치유는 아무런 쓸모가 없고 운동을 해서 하는 기 치유 역시 세월이 흐르면 소용이 없다는 것을 알게 된다.

그러므로 기 치유는 영적인 면이 가미 되지 않는다면 받는 쪽이나 기를 주는 쪽 서로 맞을 수 가 없다. 그래서 기는 어느 자연을 통해 주는 것이지 인간의 몸을 통해 주는 것이 아니라는 것을 명심해야 한다.

영적으로 본 치유의 세계

내가 치유하는 방법은 다른 것이 없다. 그것은 자연에서 영감을 얻어 치유하는 방법이기에 누구나 할 수 있지만 함부로 할 수 없는 방법이다. 그 이유는 우선 자연이라는 것을 알고 나서 해야 하기 때문에 우주의 기운을 알아야 할 수 있는 치유 방법이다.

어떤 환자가 병을 낫기 위해 오지만 오히려 더 병을 악화시키는 경우가 많다. 영적인 병은 영적으로 자연 치유를 해야 되는데도 대부분의 환자들은 병원을 선호하기 때문에 내가 병을 고친다 해도 우선 믿지 못하기에 오랜 세월 고생을 한다.

그래서 내가 보는 환자들은 물론 병원에서 고치지 못하는 병을 고치는 것뿐이지만 자연의 원리를 이용해서 고친다는 것을 환자들이 먼저 의식을 하고나서야 그 상태를 점검할 수 있는 것이다.

요즘 기를 하는 사람들이 아주 많은 현실이지만 기를 측정하고 그 환자의 기에 맞게 기를 주고, 기를 빼고 하는 방법을 모르기에 기의 세계를 잘못 가고 있는 경우도 허다하다.

그래서 내가 환자를 볼 때는 예전에는 무조건 기를 주는 것으로 만족을 하고 환자를 보아왔지만 지금은 그 환자의 기를 측정하고 나서 환자를 영적으로 자연 치유를 하고 있다.

다만 많은 의사나 기를 한다는 사람들이 사람이 만든 기 측정기계로 그대로 기를 측정하고 있지만 매우 위험한 일이며 잘못된 것이다. 그 이유는 기를 측정하는 것은 어떠한 기운을 받은 사람이 과학을 통해서는 알 수 없는 어떤 세계를 측정하는 것이지 어떠한 측정기를 대고 하는 것이 옳지 않는 방법이라는 것을 모르고 하는 행동이다.

나는 지금까지 많은 영적 환자를 만나왔지만 그 중에서 못 고친 사람도 많다. 그 이유는 내가 능력이 없어서 그런 것도 있지만 많은 사람들이 믿지 못해서 그런 경우도 있다. 또한 환자의 마음 상태가 올바르지 않아서 그런 경우가 있다.

그래서 기 치유는 눈으로 보이지 않기에 많은 사람들이 어떠한 것인지도 모르고 무조건 낫기를 기대하는데 그렇게 기 치유는 사람들이 아는 것처럼 간단한 것이 아니다. 우선 기 치유를 하려면 환자의 기와 맞는 기를 방사해야 한다. 다시 말해 환자와 채널이 가능한 기를 방사해야 된다는 것이다.

그렇지 않으면 오히려 그 환자는 병을 키우는 것밖에 안 되는 것이다. 그래서 요즘 한방병원에서 하는 기는 지식으로 하는 기이기에 잘못 기를 받으면 오히려 많은 고통이 따를 것이다.

이제 영적인 병으로 정신이 없거나 기가 없다면 자연치유를 해야 한다는 것을 여러분들이 꼭 알아야 한다는 것을 잊지 말아야 하며 집안에서도 같은 기운을 가지고 있기에 집안에 있는 사람들이 기를 주는 것이 현명한 방법이다.

그래서 집안에 환자가 있다면 항상 기도를 하는 것도 많은 도움이 된다는 것도 잊지 않아야 하겠다.

명상과 요가

인간이 생각하는 명상과 요가는 하늘의 기운을 받기 위해 하는 것이다. 그러나 사람들은 운동으로나 아니면 자기를 찾으려고 하고 있는데 그렇게 해서는 이루어 질 수가 없다.

명상이라는 것은 자기의 뜻과는 상관없이 몸속에 어떠한 기운이 하늘에 기운을 모아서 사람에게 어떠한 능력이나 기운을 차분하게 해서 판단력과 직관력을 높이는데 쓰이는 것이다.

그러나 요즘 사람들은 그러한 것을 모르고 명상과 요가를 하기에 잘못되고 있다. 그 이유는 우리 민족은 우리의 방식이 있다. 우리 민족의 방식을 모르고 남의 나라의 방식을 모방하는데서 명상이나 요가를 한다 해도 결국은 자기 마음만 망가지고 아무런 능력이 생기지 않아 자기에게 자신이 최면에 걸려 어떠한 능력이 없는데도 능력이 있는 것처럼 생각하게 된다.

그래서 명상을 하거나 요가를 한 사람들이 오랫동안 하다보면 자기 몸만 망가지고 빙의만 돼서 오히려 고생을 하는 경우가 종종 있다. 명상이라는 것은 말 그대로 이해를 하기는 어렵지만 자기의 기운을 스스로 바꾸는 행위를 말한다. 그러나 요즘 사람들은 자기의 기운을 바꾸는데 신경을 쓰는 것이 아니라 그 행동을 하면 어떠한 깨달음의 경지를 올라가는 것인 줄 알고 착각 속에서 살아가는 것이다.

그래서 지금 우리 주위에는 선원(禪院)이나 아미타 이외에 외국 것이 들어와 판을 치고 있는 실정이다. 정신세계를 다루는 사람들이 정신세계를 다루는 것이 아니라 물질을 위해 정신세계를 다루니 한심할 노릇이다. 어떠한 사람이 자기의 기운을 모르거나 길을 모르는 사람들을 안내할 줄은 모르면서 명상이나 요가 속에 숨어 있는 어떠한 진리를 망가지게 하고 있다.

물론, 우주의 세계를 알지 못해서 그렇지만 자기가 모르면서도 아는 체 해서 많은 사람들이 다치는 경우는 없어야 한다고 본다.

그저 운동처럼 명상이나 요가를 한다면 자기 몸속에 있는 기운이 도움을 주지 않을 뿐더러 자기의 마음과 상관없이 점점 영적 세계를 멀어지게 하고 있는 것이다.

어제도 기 치유를 하기 위해 물어본 사람이 있는데 자기는 20년 이상 기공수련을 했다고 한다. 그러나 사람이 기공수련을 100년을 했다고 해도 소용이 없다는 것을 모르고 있다.

그것은 자기가 운동 삼아 한 것이지 내면의 세계와는 아무런 관계가 없다. 그러므로 그러한 사람들을 보면 이기주의와 교만하며 또한 자기의 기운을 남에게 보낸다면 상대방도 좋지 않은 형상이 일어나는 것이다.

그러므로 명상이나 요가를 남이 한다고 따라하거나 무리하게 한다면 오히려 많은 부작용이 따라오며 시간만 소비할 뿐이다.

마음호흡이란?

마음호흡이란? 흔히 책으로 공부를 한 사람들은 단전을 배꼽 밑으로 가르치고 있다. 또한 머리에 있는 어떠한 기운이 하늘의 기운을 받아 자기가 기운이 일어나고 있는 줄 아는데 그렇지 않다.

자기의 마음이 자신의 머리 위에 앉은 상태로 하늘의 기운을 받아야 단전이라는 것을 알게 되고 여러 가지 유형의 기운을 돌릴 수 있는 방법을 알게 된다.

그러나 요즘 단을 가르치거나 그러한 운동을 하는 사람들을 볼 때 기본부터 잘못 됨을 사람들은 모르고 하고 있는 실정이다.

그러므로 마음호흡은 우리가 지금까지 알고 있는 것이 아니라 차라리 모르는 것이 자기 자신의 단전을 찾을 수 있다.

자신의 마음이 자기의 머리 위로 올라가서 기를 받을 수 있는 경지는 자신의 마음의 문을 열어놓으므로 하늘의 기운이 들어와서 자기 자신을 새롭게 탄생을 시키는 것이 마음을 비우는 상태를 알게 한다. 이러한 상태를 이루고자 한다면 자기의 마음을 열어 놓지 않는다면 절대로 그러한 경지를 갈 수 없게 됨을 알게 된다.

사람은 단전을 바로 찾아가는 것이 깨달음이라고 알게 됐을 때 그때부터 우주의 원리를 알 수 있다. 그러나 요즘 사람들은 책에다 기대를 하고 어떤 사람의 말을 기대하고 있는 실정이다.

물론 책은 우리에게 여러 가지 객관적인 면에서 많은 것들을 주고는 있지만 자기를 찾을 수 있는 기회를 잃어버리게 하고 있는 암적인 존재로 나를 좋은 곳으로 안내를 하고 있는 것은 아니다. 주관적인 공부가 형성이 될 때 사람은 많은 것에 놀라움을 알 수 있게 된다.

그러므로 마음호흡이라는 것은 우리의 마음을 정화시키는 것은 물론 남의 마음까지 정화를 시키기 때문에 마음호흡을 구걸하게 되는 것이다.

요즘 사람들은 정신세계에서 많은 갈증을 가지고 있다. 누구나 맑고, 밝은 세계를 원하고는 있지만 마음호흡을 할 수 있는 방법을 알지 못하기에 그러한 상태로 머물고 있는 것이다.

이에 우리는 우주가 보내준 어떠한 기운으로 마음호흡을 제대로 할 때 세계는 정리가 될 것이다.

손으로 만드는 건강

누구나 약손이 될 수 있다. 다만 어떠한 기운을 받는다면 할 수 있는 것이며 그러한 기운이 없다면 약손이라고 할 수는 없다.

우선 약손이 되기 위해서는 강한 심장을 가지고 있어야하며 그 당사자는 따뜻한 마음이 있어야 한다.

그러면 약손의 정체는 무엇인가? 약손이 되기 위해서는 우주의 어느 한줄기에 의존을 해야 한다. 신장이 강해야 약손이 된다는 말은 우주의 어느 기운 줄이 연결 되어야 한다는 말이다.

최근에 성행하는 기 치료나 기공 그리고 피부 마사지 어느 곳 하나 필요하지 않는 곳은 없다. 하지만 간단한 단전호흡을 통해서는 약손이 될 수 없다. 자기 자신이 스스로 약손을 만들 수 없다는 말이다. 다시 말해 약손은 우리 어머니들의 마음이 약손을 만들어 내기도 한다.

그래서 약손이 되기 위해서는 그 사람의 마음이 따뜻해야 함은 물론 상대방에게 나의 기운을 주는 것이므로 내 몸에 탁한 기운이 하나라도 있다면 오히려 좋지 않은 파장이 움직이기에 좋지 않다. 그래서 약손의 효과를 보내려면 우선 상대방과 나의 기운이 서로 맞아야 하며 맞는다하더라도 상대방이 받아들일 수 있는 마음이 필요하다. 그렇지 않고서는 나의 기운을 줄 수 없다.

그러므로 나의 기운이 강해야 상대방의 기운을 누를 수 있으므로 우선 우주의 기운을 끓여 들여 운용을 할줄 알아야한다.

다시 말해 우주의 기운 줄을 자기 머리에 안테나를 꽂은 것처럼 느끼며 작용을 할 때 비로소 약손의 기운을 느끼게 되며 그 손으로 상대방에게 어느 기운을 줄 수 있는 경지가 되면 흔히 기 치료를 하는 분들도 이러한 원리를 이용해야 하는 것이다.

요즘 약손이다 하는 것은 운동으로나 어떠한 상식을 가지고 하는데 거기에서 많은 모순이 생기게 되며 오히려 남에게 기를 방사한다면 손해를 입히며 자기 자신까지 기를 빼앗기기 때문에 오히려 자기 자신의 몸을 망치게 한다.

그러므로 기를 운용할 줄 아는 사람만이 자기 손에서 나오는 어떠한 기를 이용해서 상대방을 편안하게 할 수 있다. 상대방의 탁한 기운을 뺄 수 있는 기운 줄을 우주와의 기운을 연계해서 하는 방법을 터득해야 한다.

요즘 많은 사람들이 약손에 관심이 있다는 것은 아주 좋은 현상이며 앞으로는 약으로 치료할 일들이 생긴다면 약손으로도 가능하다는 것을 알아야한다. 약을 사용하지 않고도 어떠한 기운을 돌린다면 쉽게 병을 고칠 수 있다.

여러분도 우주의 기운을 받는다면 누구나 약손이 될 수 있다는 것에 동의를 할 것이다.

기를 방사한다

요즘 잘못 알고 행하는 것들이 많다. 그 중에 가장 잘못되고 있는 것은 기를 방사하는 것이다. 자기 자신이 탁한 기운을 가진 것도 모르면서 기 치료를 한다든지 기공을 가르친다고 하는데 그러한 곳에서 공부를 하다면 자기 자신도 모르게 탁한 기운을 받아 빙의가 되는 경우가 종종 있다.

그래서 요즘에는 탁한 기운을 가지고 오랫동안 기공을 하는 사람들이 허다하다. 오히려 기공을 하지 않는 것이 좋았다고 생각하는 사람들이 많다. 어느 통풍을 치료하는 병원에 가보면 단전호흡을 잘못해서 머리가 어지럽거나 헛소리를 하는 사람들을 많이 볼 수 있다.

또한 그러한 상태로 병원에서 고친다는 것은 더욱더 어려운 것이다. 특히 요즘에는 기공대학도 생기고 우리 사회에서는 없어서는 안될 수련 공부가 되었다.

하지만, 어떠한 능력을 가진 사람이 수련을 조정하고 가르치지 않으면 많은 부작용이 생기는데 그것을 모르고 오랜 시간을 그냥 놔둔다면 자신과 맞지 않은 어떠한 기운이 몸을 그릇되게 한다.

어떠한 사람이 기를 준다고 하면 오히려 겁을 내야한다. 기를 주거나 받거나 하는 것은 함부로 하면 안 된다.

조금 수련 한 사람이 기를 준다면 탈진상태가 올 수 있다. 특히 탁한 기운을 가진 사람에게 기운을 보낸다면 오히려 보내지 않은 것만도 못하다. 그 이유는 우선 보내는 사람에 있는 탁한 기운을 보내고 나서 그 다음 해야 한다.

단, 탁한 기운을 보낼 수 있는 어떠한 기운이 들어있는 사람이라야 가능하다. 그러나 기를 모르는 사람들은 어떠한 것이 탁한 기운이고 어떠한 것이 좋은 기운인지 모르기에 그것이 문제이다.

그리고 탁한 기운이 상대방 어디에 들어 있는지, 언제부터 들어왔는지를 알고 어떻게 보내야하는지를 알고 나서 기를 보내는 행위를 해야 한다. 그러나 현재 우리나라의 기공이나 기 치료는 잠시 탁한 기운을 내보내는 일만하고 있다. 그래서 시간이 지나면 아무런 효력이 없다. 그러므로 신중하게 생각을 해야 한다.

탁한 기운을 보낸 다음에는 그 자리에 우주의 기운을 끌어 들여 빈자리에 들어가게끔 해야 한다. 그러한 이론도 모르고 한다면 기를 준 사람이나 받은 사람이나 서로 몸이 개운하지 않을 것이다.

우리가 기 수련을 한다거나 기를 방사한다는 것은 우주의 기운을 읽고나서 해야 한다. 그러나 요즘은 아무나 수련을 한다고 하는데 잘못하면 오히려 큰 화를 입는다는 말이다.

부디 수련을 하거나 기 치료사가 되려면 우주의 언어와 글을 알고 나서 시작해야 한다는 것을 잊지 말아야 한다. 우주의 기운을 알려면 우선 자기 자신의 마음을 열어야 한다.

대체의학으로 가는 길

지금 병원에서 대체의학에 많은 신경을 쓰고 있는 실정이다. 그 이유는 여러분들도 알겠지만 병원에서는 지금 여러 가지로 고민을 하고 있다. 약으로나 수술로서 낫지 않는 병 때문에 대체의학을 알고 싶어 하고 있는 실정이다. 다만 대체의학이라는 것은 이론으로 없는 것이며 상황에 따라서 말 그대로 틀리게 대체하는 것이다.

그러나 요즘 의사들은 대체의학에 대해 너무 모르고 있다. 그저 외국사람들을 초대해서 세미나를 여는 수준이다. 대체의학은 우주의 원리를 알아야하거늘 인간의 머리로 해결을 하려고 하니 대체의학의 수준은 뻔하다.

그래도 참 다행이다. 세월이 변해서 대체의학을 한다는 것이 환자들에게 지금 우리 사회에 얼마나 다행한 일인가? 그렇다. 우리는 이제 대체의학을 알아야 앞으로 나타나는 여러 가지 병의 증세를 고칠 수 있다. 특히 요즘은 마음으로 오는 병이 얼마나 많은가?

그러므로 마음으로 오는 병은 마음으로 다스려야한다. 그래서 요즘은 마음수련을 하고 있는 사람들이 많다. 다만 마음수련을 잘못해서 오히려 마음의 병을 가지게 되는 경우가 많으니 주의해야 한다.

대체의학은 우주의 원리를 알아야 한다고 했는데 이 말은 지금 인간의 머리로 알 수 없는 대체의학을 찾을 수 있는 방법이기 때문이다. 그러므로 대체의학을 알려면 영적인 세계를 이해하고 그 세계를 들어가야 알 수 있는 것이다. 영적 세계를 들어가 보지 못하고는 대체의학을 알 수 없다.

영들의 반란

요즘은 많은 영들이 반란을 하고 있는 세상이다. 특히 자연이 펼쳐지는 곳에 있는 영들이 반란을 하고 있다. 대구참사 때와 같이 다른 지하에서도 인간들을 못살게 굴고 있다.

그만큼 영들의 반란이 계속되고 있는 실정이다. 말로는 형용할 수 없는 처절한 행보가 계속될 것이다. 이제 우주의 세계와 땅의 세계를 알지 않고는 인간이 살아가는데 많은 걸림돌이 된다.

그렇다. 인간은 자연의 치유를 감사해야함은 물론 자연의 원리를 알아야 한다. 자연은 우리에게 많은 교훈을 주려고 하지만 인간은 오히려 그것을 역이용하고 있는 실정이다.

아무것도 몰라도 자연에 순응하고 사는 것이 인간에게는 축복을 받을 수 있는 좋은 기회이다. 우리나라의 미래를 위해서는 영들에게 죄를 사하고 정부차원에서 천제를 지내고 일년을 보내는 의식을 가져야한다.

인간이 어떻게 하느냐에 따라 영들은 그렇게 하기에 영들의 마음을 진정시켜야한다. 그래야 우리나라가 편해지고 발전이 있을 것이다. 진정 우리는 나라의 발전을 원하면서도 자신만 잘되기를 원하고 있다. 개인주의로 살아가고 있다. 이런 것이 많은 문제를 일으키고 있는 실정이다. 이제 우리가 앞으로 편안하게 잘사는 것만 원하지 말고, 우리 주위에 있는 영들을 우선 편안하게 해주어야 되겠다고 생각을 한다.

우리가 있어야 내가 있다. 우리가 없다면 나는 없는 것이다.

육체적인 운동과 정신적인 운동

요즘 사람들은 육체적인 운동을 중요시 하고 있는 것이 사실이다. 육체적인 운동만 한다하면 정신적인 건강이 상하기 마련이다. 인간은 육체와 정신적인 운동을 병행하여야한다.

그러나 육체적인 운동으로 인해 정신적인 운동을 회피하는 경우가 많은 실정이다.

앞으로의 세계는 육체적인 건강보다 정신적인 건강을 더 유의해야 한다는 것을 명심해야 한다. 자기의 몸을 너무 운동으로 다루는 것은 많은 무리가 따른다. 정신과 함께 해야 하는데 정신은 다른데 있고 몸에만 관심을 둔다면 발전이 없다.

물론 사람의 눈으로 보는 것으로 건강을 조금은 알 수 있으나 내면의 세계는 읽을 수 없기 때문에 오랫동안 정신적으로 잘못되어 있는 건강을 모르고 살 수 있다.

그래서 육체적인 건강은 약으로도 치유할 수는 있으나 내면적인 정신적인 건강은 약이 없다. 그러므로 보이는 병은 아무것도 아니다. 보이지 않는 내면의 병이 사람들의 길을 막고 있는 것이다. 또한 내면의 병은 서서히 자라나고 있기 때문에 시간이 오래 흐른 뒤에야 알 수 있는 것이 문제이다.

사람은 겉으로 보이는 병의 문제보다도 내면의 정신적인 문제를 더 걱정을 하고 더 많이 건강을 위해 시간을 보내야한다.

인간의 두뇌가 발전이 안 되는 것은 육체적인 건강만 생각하기 때문에 정신적인 건강이 저절로 쇠퇴해진다. 정신적인 건강을 잘 유지하려면 우선 맑은 공기를 마셔야하며 마음을 불안하지 않게 생활을 하고 여행을 가끔 다녀야 한다.

시간이 없다는 핑계로 정신을 흐리는 경우가 많다. 그러므로 앞에서 말한 것과 같이 정신적으로 문제가 생기면 다시 원상태로 오기가 힘들다. 이제라도 정신적인 건강을 생각해서 바른 생활을 해야 한다.

아침 일찍 주변동네를 20분간 걸어보자. 육체는 이것만으로도 충분하다. 그러나 정신은 하루 종일 쓰는 것이니까. 약 5분간 명상을 하는 것이 좋다.

기(氣)를 가르치는 사람들

우리나라의 기운을 보면 이미 하늘에서는 한국을 걱정하여 많은 도움을 주려하고 있다. 그러나 많은 사람들의 잘못된 생각으로 많은 것들이 잘못 되어가고 있다. 특히 우리나라는 외국종교로 물들어 많은 것들이 앞으로도 크게 발전이 없다는 결론을 낼 수밖에 없다.

우리나라는 언제부터인가 기를 찾고 기의 물건들이 난리를 치고 있다. 기가 나오는 물건, 자기 몸을 관리하기 위하여 기 수련을 하고 있는 실정이다. 우리가 바로 알아야 할 것은 기를 가르친다는 사람들의 수준이 문제가 된다. 기는 정신적인 문제로, 깨닫지 못한 사람들이 가르친다면 그 사람이 가르치는 사람들 모두가 잘못됨을 알아야한다. 우선 기를 가르치는 사람들의 수준이 깨달음의 수준에 못 이르니 문제가 된다.

현재 우리나라에는 책을 통하고 아니면 어떤 고수에게 전수를 받아 가르치는 수준이다. 그러므로 깨닫기도 전에 남에게 어떠한 것을 가르친다는 것은 오히려 배우는 사람들이 깨달을 수 있는 기회를 갈 수 없게 되는 것이다.

어떠한 사람도 깨달으려면 다른 사람으로부터 배우는 것으로 시작하는 것이 아니라 자기 스스로 하늘이 감탄할 수 있도록 행할 때 하늘에서는 많은 수련과 시험을 통해 깨달음의 경지로 갈 수 있는 길을 여는 것이다.

그래서 그 사람에게 주는 어떠한 메시지를 전하는 것이 올바른 기 수련의 원초가 되는 것이다. 거기까지 단계가 올라가려면 많은 시간과 많은 시행착오가 올 것이다. 그런 연유로 인해 가고자 하는 길을 인도하고 안내할 수 있는 것이다.

또한 안타까운 것은 배우고자 하는 사람들의 수준이 옳고 그름을 모르기에 올바른 선생을 만날 수 없는 것이다. 깨달은 사람에게 배우고자 한다면 우선 자기 자신이 민족을 생각해야 실현이 되며, 또한 깨닫고자 하는 이유가 있어야한다.

그러므로 아무에게나 깨달음을 주지는 않는 것이다. 깨달음을 터득한 사람은 많은 사람들에게 전수할 수도 없는 것이다. 다만 하늘의 계시가 있고 하늘이 원한다면 할 수밖에는 없다. 하지만 깨달은 사람에게는 일일이 간섭을 하지 않는 것이 하늘의 법이다.

그러나 지금 세상은 맑고 밝지 못하여 깨우친 이를 찾지 못하고 알지 못하고 있는 실정이다. 물론 깨우침이라는 것은 알고 보면 아무것도 아닌 듯하나 그 단계가 하도 많아 깨우침의 경지를 아는 사람들은 깨우침을 생각하지 않고 넘어가는 것이다.

그러나 깨우치려고 하는 도반들은 욕심이 미리 앞서 가기에 하늘에서 많은 기운을 내려주려고 해도 그 시기를 놓쳐 이미 버린 시간으로 인해 깨달음을 얻을 수 없는데도 괜한 시간과 남을 내려 깎는 일을 하는 경우가 난무할 것이다.

이제 우리나라도 바른 사람들의 말을 듣는 시대가 와야 한다. 그러나 바른 마음을 가진 사람들은 힘이 없어 인간들에게 많은 학대를 받는 형국이다. 지금도 깨닫게 해 준다는 말에 많은 무리들이 여기저기 가는 것을 보고 참으로 나는 안타까워한다.

이미 깨닫고자 하는 사람들은 숙명처럼 하늘에서 많은 경험과 고통을 주기에 깨달으려고 하지 않는다고 마음을 먹었어도 이미 깨달음이 하늘에 닿았기에 어떤 수행을 하지 않아도 될 수 있는 것이다.

그러므로 수행을 통해서 깨달으려고 한다면 그것은 자기 자신을 계곡으로 모는 것이며 낭떠러지로 떨어지는 연습을 하는 것이다.

이제 잘못됨을 알고 수련하는 사람들의 눈높이가 올라가야 한다고 생각을 하며 우리 사회에 정신문화를 흐리게 하는 사람들이 이제는 제대로 정신을 차려야 할 것이다. 기 수련을 통해 조그만 기운을 느끼는 감동으로 잘못된 길을 가는 것이다.

기는 세상이 만들어질 때부터 있었다. 그러나 우리가 그것을 알지 못하여 세상이 바뀜으로 인해 이제 난리를 치고 있는 것이다.

많은 수련보다 자연적으로 생긴 기를 받는 것이 가장 표본이 되고 사람이 살아가기에 걸림돌이 없을 것이다.

자! 이제 우리는 바른 기운을 읽을 줄 아는 지혜가 있어야 한다는 것을 잊지 않아야 할 것이다.

기(氣)는 우주가 우리에게 준 가장 큰 선물이다

기는 우주가 우리에게 준 가장 큰 선물이다.

그러나 인간은 그 기운을 모르니 그 기운을 알기 위해 사는 것이다. 그러므로 우리는 기운을 알고 살아야한다. 그것이야말로 우리가 살아가는데 가장 중요한 것이다.

그러나 요즘 사람들은 어떠한가. 그 기운을 모르고 자기 마음대로 살아가는 것이다. 우리는 기운을 먹고 산다 어느 것 하나 기운이 없는 것은 없다. 그러므로 우리는 기를 알고 살아야한다. 기는 우리에게 큰 교훈을 주고 있다.

경제, 문화, 정치 어느 것 하나 기운으로 안 하는 것이 없을 만큼 우리는 기를 감사하게, 쓸모 있게 만들어가야 한다.

요즘 기 치료기를 만드는데 하늘에서 내린 기로 사람이 살아가기엔 어려운 것이 없다. 다만 살아가다 탁한 기운을 받은 사람은 여러 가지로 고생을 할뿐이다. 그러므로 기 치료는 필요하기는 하지만 절대적인 것은 아니다.

기를 하는 사람 중에 한 사람이지만 우리는 하늘의 기운을 바로 받는 방법만 안다면 명상 기공을 따로 할 필요가 없는 것이다.

명상은 이렇게 하라!

요즘 세상은 기나 명상 그리고 깨우침 등 여러 가지로 관심분야가 뜨고 있는 것은 사실이나 잘못 인식을 하고 있는 사람들이 많다. 우선 명상에 대해서 여러분께 글을 올리려한다.

명상은 누구나 할 수는 있지만 누구나 똑같이 해서는 안 된다. 사람마다의 체질과 환경과 나이 성별에 따라서 틀리게 해야 한다. 특히 요즘 여러 명상센터에서 인도의 명상을 최고라고 하고 많은 사람들을 유혹하고 있는 실정이다.

또한 인도 사람들을 앞서가는 스승이라고 하는데 아주 잘못된 환상적인 말이다 우리 민족은 우리의 것을 찾아야하며 우리의 방법대로 명상을 하거나 어떤 것을 구해야 하는데도 불구하고 여러 명상센터가 우리 민족에게 어울리지 않는 것을 요구하고 있다.

물론 인도의 요가나 쿤달리니니 하는 여러 가지 명상과 기운을 돌리는 음악, 그리고 영적 교훈이 있지만, 우리나라 사람들에게는 어울리지 않을 뿐더러 잘못하면 정신병이 올 수 있다는 것을 알아야한다. 괜한 것에 목숨을 걸 수 있다는 말이다.

다시 말하지만 우리나라 사람들은 우리식대로 명상을 하거나 호흡을 해야 한다.

· 명상을 하려면 우선 자세가 중요하다.

1. 명상을 하려면 최소한 1년 정도 계획을 가지고 시작해야 한다.
2. 하루아침에 무엇을 터득하려고 하지마라.
3. 남의 흉내를 내지마라.

4. 명상은 그때그때마다 틀리니 자연스럽게 하라.
5. 어떤 공식을 가지고 하지마라.
6. 깨우치려 하지마라.
7. 각자의 주문이 있으니 자기의 주문을 자기가 만들어라.
8. 호흡이 가장 중요하며, 새벽에 하라.
9. 맑은 영이 명상을 할 수 있는 최고의 방법이다.
10. 정상적인 삶을 하며 해야 한다.

도(道)를 닦거나 기공, 기도를 하시는 분들에게

도(道)라는 것은 아무나 하는 것은 아니지만 그러나 누구나 할 수 있다고 생각한다. 하지만 많은 고통을 참고 해야 한다는 것을 알아야 하며 더욱이 많은 시간이 필요하다. 또한 많은 시간을 보낸다고 하더라도 그 도는 아무것도 아니라는 것을 알아야 한다.

또한 하늘에서는 아무나 도를 깨우치게 하지는 않는다. 다시 말해 내가 하고 싶다고 되는 것이 아니라 하늘에서 평가를 한다는 것을 알아야 한다.

그리고 무엇을 알려고 한다면 아무것도 얻을 수 없을 것이며 아무것도 모르는 속에서 큰 것을 얻을 수 있다는 것을 명심하고 무엇을 통해 남에게 알려주려고 해도 어려운 것이다.

그러나 요즘 사람들은 무조건 도를 닦는다고 산에 가거나 책을 보거나 그 외 여러 종교를 다니는 사람이 있는데 도는 누가 만들어 주는 것이 아니라 자기 스스로 해야 한다는 것을 명심해야 할 것이다. 그러나 요즘은 도를 깨우쳐 준다고 유혹을 하는 사람들이 많은데 절대로 그런 사람들을 따라간다면 많은 손해를 볼 것이다.

처음에는 아무것도 모르니 그 사람들이 말하는 것이 다 맞는 말로 들리나 많은 시간이 지나면 거짓임을 알 수 있다. 그러니 나기가 어렵다. 왜냐하면 이미 쇠뇌가 되어 있기에 틀린다는 것을 알고도 빠지기가 힘들다.

또한 기도를 하는 것도 어느 대상을 확실히 알고 기도를 해야 한다. 그렇지 않을 때는 많은 시간을 기도로 허무함을 느낄 수 있다. 기가 어떠한 길의 기도를 해야 할 것인가를 정하는 것이 가장 중요하다. 무작정 기도를 한다면 아무 소용이 없을 것이다. 그리고 어떠한 길을 찾았다 하더라도 기도를 느슨하게 하거나 형식으로 하게 될 것이다.

기도라는 것은 알다시피 대화를 하는 것이다. 어떤 대상과 대화를 하든지 자기의 수준과 맞는 대화의 대상을 찾는 것이 가장 도를 닦는 것과 기도를 하는 것은 그 방법과 거기에 따르는 마음의 자세가 필요하다. 그러므로 현실적으로 도를 닦거나 기의 세계를 인정하고 기도를 한다면 쉽게 자기가 원하는 길을 갈 수 있을 것이다.

기(氣)를 알고자 하면 신을 먼저 알아라

기를 알고자하면 먼저 신을 알아야한다. 그러나 신을 얘기하면 자기 자신이 이상해지는 줄 알고 있는데 또한 신을 얘기하면 무시를 하는 경우도 매우 잘못된 것이다. 기를 하거나 정신세계를 알려면 신을 모르고서는 기를 이해할 수 없다. 그러나 요즘 사람들은 기 수련을 할 때 조금 무엇을 느낀다고 그것이 수행의 다인 양 착각을 하고 있다. 기공이나 기 수련을 통해 남에게 무엇을 전달하려면 신을 모르고서는 전달할 수 있는 방법은 미약하다. 그러므로 기를 알려면 신을 이해하고 신의 세계를 알아야 무엇인가 발전이 있고, 그 속에서 오묘한 것을 알 수 있다. 현재 우리나라의 정신세계를 보면 초등학교 수준이다. 그 이유는 남의 것을 모방하는데서 오는 착각 속에 일어나는 일이 많기 때문이다.

정신세계는 사실 글로 표현하기란 어렵다. 아무리 글로 표현을 잘했다 하더러도 30%밖에는 표현을 못한다. 그리고 직접 경험을 통하지 않고는 이해를 못하는 부분이 70%나 된다. 그러나 지금 정신세계를 다루는 사람들은 경험을 통해서 하는 것이 아니라 남의 글을 써놓은 것, 남의 경험담을 듣고 아는 것이 고작이다.

남의 것을 알고 한다는 것은 다른 것은 몰라도 정신세계는 그것을 외우는 것밖에 지나지 않는다. 그러나 그것을 가지고 아는 체 하고 자랑을 하고 진짜 있는 것도 모르고 거의 껍데기를 알고 모든 것을 아는 것처럼 말을 하거나 행동을 한다.

우리는 기의 세계, 그리고 신과 연의 세계를 바로 알아야 한다. 그러나 요즘 세상에 정신세계를 다루는 사람들을 보면 책을 통한 정신세계를 다루고 있다. 위험한 일이다. 어떠한 정신세계든 자기와 틀리거나 맞는 기운이 있는 것이다. 그러나 누구든지 똑같이 정신세계를 다룬다는 것은 매우 잘못된 일이다.

나는 이렇게 알고 있다. 정신세계는 지식의 개념이 아니라 지혜의 개념이라고 생각 한다. 그러나 지금의 현실은 지식으로 정신세계를 이끌어 가려고 하니 느린 것이다. 우리나라는 일본보다 100년, 미국보다 200년, 독일보다 300년 정도 정신세계를 이해하는 수준이 늦다. 그것은 다른 데서 오는 것이 아니라 영적 세계를 직접 경험한 사람들을 무시하는 경향이 있어 그렇다고 본다. 이제라도 정신세계를 바로 이끌어간다면 우리나라가 세계의 중심이 될 것이나 그렇지 않다면 항상 우리나라는 남의 나라에 글려가는 형국이 될 것이다.

영(靈)의 세계를 이해하는 사람들이 많이 있을수록 발전이 된다는 것을 알아야하며 정신세계를 바로 이해 할 수 있도록 정화를 시켜야 한다. 정신세계를 논문으로 표현하려고하는 사람들의 행동이 매우 잘못되었다고 본다. 정신세계는 글로 다 표현을 할 수 없는 것이며 남의 글을 짜깁기해서 논문을 쓰니 차라리 논문을 발표하지 않는 것이 좋다고 생각한다. 그 이유는 남의 것을 베껴 논문을 쓰는 것은 다른 것은 다 잘될지 몰라도 정신세계는 자기가 경험을 하지 않은 것으로 글을 쓴다면 왜곡이 되거나 정신세계를 모르고 하는 일이다.

나는 이렇게 생각한다. 앞으로 정신세계를 이끌어가는 사람들은 경험을 통하지 않고는 하늘의 기운을 읽지 못하므로 도리어 도태된다.

아무쪼록 정신세계의 발전을 위해 노력하는 사람들로 인해 정신세계가 발전하는 것은 물론이나 어떻게 보면 손해를 보는 쪽도 있다는 것을 알아야한다. 영의 세계를 다루는 한 사람으로서 우리 민족이 바로서는 정신세계를 알아야한다고 본다.

우리 국조 단군을 모르고서야 영의 세계를 말할 수 없는 것이다. 홍익인간 이화세계를 실행하는 것이야말로 우리가 정신세계를 이해하는데 큰 도움이 된다고 본다.

기운이 바뀌려면

어차피 인간은 어떠한 기회를 통하여 기운이 바뀌게 되지만 올바른 기운이 들어와 바뀌어야지 그렇지 않다면 항상 자기 기운으로 인해 발전이 안 되는 삭막한 기운으로 변하게 된다.

특히 고민이 많은 사람들은 고민을 풀어줄 수 있는 기운이 들어오는 것이 좋은 것이기는 하나 생각하지 않아도 될 어떤 일들을 생각하는 기운이 없는 것이 훨씬 좋다는 것을 알아야한다.

이제 인간은 어떠한 기운을 가지고 살아야 하는지 말하고 싶다. 초자연적인 기운을 가지고 산다면 더할 나위가 없지만 초자연적인 나를 부정한다면 그 역시 안타까운 것이다. 그러므로 우선 인간은 자연과 함께 할 수 있는 마음의 자세를 갖고 있어야 자기의 기운이 저절로 좋은 쪽으로 갈 수 있다.

좋은 기운을 받고자 한다면 좋은 기운만을 고집한다면 어려울 것이다. 인간에게는 좋은 기운도 중요하지만 나쁜 기운도 필요하다. 그러나 지금 인간이 생각하는 것은 무조건 좋은 기운만을 생각하기에 좋은 기운이 들어오지 못하는 것이다.

만약 좋은 기운만 있다면 나쁜 기운이 들어올 때는 당황할 것이다. 그래서 나쁜 기운이 무엇인지를 알고 나야 좋은 기운을 읽을 수 있는 것이다. 인간이 어떠한 기운을 자유자제로 한다면 그것은 신의 경지가 될 수 있을 때 일어나는 현상이다.

그런데 요즘 사람들은 수련을 조금하고 나서 자신이 신의 경지인 양 착각을 하고 있다. 이제 인간은 인간이 어떻게 기를 받고 기를 운용하는지를 알아야 기운이 바뀌는 것이다.

기본을 모르고서는 기라는 자체를 아무리 우주의 기운을 내린다 해도 오히려 내려주지 않는 것만도 못할 때가 많다. 그래서 기운이 바뀌려면 우선 여러분이 알고 있는 상식을 버려야한다. 그래야 처음부터 시작을 할 수 있는 것이며 시작을 통하여 자기 자신의 위치와 기의 수치, 그리고 기라는 것이 자신에게 무엇을 요구하고 어떻게 변하는지를 알 수 있다. 특히 우리나라의 기운은 별로 좋지 않은 기운이 맴돌고 있다. 그 이유는 여러 가지가 있지만 제일 큰 원인은 나쁜 기운으로 살아가는 인간들로 인해 많은 것들이 탁해지기 때문이다.

부디 여러분들은 좋은 기운을 찾을 수 있는 지혜의 눈이 빨리 떠지기를 빈다.

천기 수련은 잃었던 건강을 되찾아준다

본연의 자신을 찾아가는 궁극적인 깨달음에 그 목적이 있다. 그리고 그렇게 하기 위해서는 가장 먼저 몸과 영혼을 바른 자세에서 육신의 병을 치유하게 되는 것이다. 이것은 내가 고쳐주는 게 아니라 수련하는 당사자에 의해 스스로 고쳐지는 우주의 법칙대로 행하는 사람은 누구나 예외 없이 먼저 자신의 몸이 정상인 상태로 돌아오는 것을 확인할 수 있다.

수련 후 자신의 신체 중에서 가장 좋지 않은 부분부터 증상이 나타나게 되는데, 수련을 통해 받아들인 기가 이 부분을 자연스레 다음으로 몸을 항상 건강하게 유지하기 위해서는 정신이 우선 건강해야 한다는 것이다. 사람뿐만 아니라 지상에 존재하는 자연 치유력이란 게 있다. 우리 몸의 작은 상처는 그냥 두어도 저절로 치유되는 것이 그런 예이다.

그러나 어떤 이는 망각이 그런 역할을 하는 것이 아니냐고 반문할지 모르지만 망각은 그냥 잊어버리는 것에 불과하지 어떤 일을 치유하지는 못한다.

기 수련에 관심이 없는 사람이라도 하루에 한번쯤은 가만히 눈을 감고 이 우주와 자연의 섭리, 그리고 '나'라는 존재에 기를 진심으로 권한다. 자신에게 관심을 갖고 그 자연스러움에 귀를 기울이는 것이 우리에게 생태적으로 주어진 자연의 선물이며 자신도 모르는 사이에 자기 정신을 살찌우는 가장 효과적인 방법이 될 것이기 때문이다.

한편 몸과 마음을 수련하는데 있어서 어떤 방법이 가장 좋으냐는 질문을 자주 듣는다. 그러나 이런 수련 방법에 가장 좋은 방법은 자신에게 적합한 방법을 꾸준하게 계속하는 데에 있다. 가벼운 산보나 산책도 마음의 긴장을 풀어 이보다 더 좋은 기 수련법도 없을 것이다. 하루 세 끼 밥을 먹듯이 일정시간에 꾸준히 계속하는 것, 이것이 최고다. 꾸준히 계속해서 몸에 정보를 새기는 것이 가장 중요하다.

3개월 정도 꾸준히 계속하면 인체 내에 흐름이 생기기 시작한다. 백일기도라는 말과 일맥상통한다. 상념이 에너지화가 되고 현실로 나타나게 되는 것이다. 방법이 중요한 것이 아니다. 수많은 기 수련 방법은 평생 가도 다 못 배우기 때문이다. 일단 눈이 열리게 되면 평소의 생활이 저절로 수련이 되는 것이며 그때마다 공력이 높아지게 된다.

건강이란?

사람은 신명이 살아 있을 때 사는 것이다.

그런데 어느 누구나 그렇게 생각을 하지 않고 산다. 이렇게 생각하는데서 잘못되는 경우가 있는 것이다.

그래서 사람은 자신의 몸에 있는 신명을 소중하게 알고 살아야겠다. 그런데 신명을 알지 못하니 어느 것인지 알지 못하고 무지함으로 살아가는 경우가 많다. 이제 여러분들은 신명을 알고 살아야 한다는 것을 마음 깊이 새기길 바란다.

이렇게 건강은 신명을 통하여 알게 하고 신명을 통하여 건강 상태를 알 수 있다. 그래서 하늘의 기운을 아는 사람들은 신명을 통하여 그 사람의 기운을 읽어 건강 상태를 알 수 있다. 몸 안에 어떠한 신명이 있느냐에 따라 사람이 살아가듯이 사람에게는 신명이 아주 중요한 구실을 하는 것이다.

여러분들이 알듯이 무당들을 보면 어디가 항상 아프기도 하고 일이 잘 안되기도 하는데 그 이유도 신명으로 인한 것이기 때문에 병원을 가도 알지 못하고 생각으로도 알지 못하는 것이다.

그렇다. 인간이 알지 못하는 세계도 신명으로 알 수 있는 것이며, 신명이 고집스러우면 하는 일이 될 수가 없다. 그러므로 신명은 인간의 생활을 할 수 있게 도와주기도 하고 피해를 주기도 하는 것이다. 그래서 건강이 좋아지려면 몸 안에 신명이 자리를 잘 잡고 있어야 한다.

이제 건강해지려면 어떠한 것이 작용을 해야 하는지를 조금은 글로 알았을 것이다. 몸이 아픈 이유는 신명으로 아픈 것이 70%라는 것을 알고 살아야 한다. 내 경험으로도 몸이 아파 17년간 많은 고통으로 세월을 보냈다.

몸 안에 지금하고 있는 영을 재판하는 일을 해야 하는 신명이 있었던 것이다. 그러므로 신명이 들어있는 대로 살아야 한다. 그런데 내가 어릴 때는 부모님이 좋다는 약과 좋다는 병원은 다 찾아다녔지만 답을 얻지 못했다.

그 이후 나는 내 자신도 모르게 산에 가서 기도를 했던 것이다. 물론 산에 간다고 모든 것이 해결되지는 않겠지만 나는 어떠한 것에 이끌리어 영적 능력을 받게 된 것이다.

그래서 사람의 건강은 약으로 치유할 수 있지만 어느 기운을 통해 스스로 치유가 되는 두 가지의 방법이 있는 것이다. 그러나 신명을 알지 못하는 사람들은 부정을 하므로 세포 하나 하나가 죽어가는 것이다.

이제, 여러분들도 건강을 생각한다면 몸 안에 신명을 잘 다뤄야 한다는 것을 명심하며 살아야 한다.

음식 속의 기(氣)

언제부턴가 사람들은 맛있는 것을 찾아 여기저기 다니며 음식을 먹기 시작한다. 이러한 현상은 요즘도 이어져 맛있는 곳을 찾아 자신의 건강을 위해 음식을 먹는다.

그렇다. 모든 병의 근원과 건강은 음식으로부터 온다. 다만 음식을 너무 많이 먹어 탈이 나는 경우가 많다. 하지만 요즘은 음식을 너무 먹지 않아 탈이 나는 경우도 종종 있다.

음식마다의 기가 있고 체질 따라 음식을 골라 먹어야 된다는 것은 여러분도 잘 알 것이다. 특히 요즘은 다이어트 음식을 선호하는 경향이 있는데, 아무리 살을 빼려고 해도 빠지지 않는 특이 체질도 있다. 잘못해서 목숨을 잃는 경우도 있다.

그래서 사람은 음식을 통해 많은 기를 받는데 체질 따라 그 사람마다의 기운 따라 틀린 것을 알 수 있다.

살이 찌는 체질은 물만 먹어도 살이 찐다고들 한다.

그러나 물만 먹어도 살이 찌는 것은 아니다. 장기의 작용이 원활하지 않아 부은 그대로 살이 되는 것이다.

어떤 이는 고기의 비계를 버리는데 참으로 안타까운 일이다. 의사들이 기름기는 무조건 몸에 좋지 않다고 먹지 말라고 하는데 사실은 비계를 먹어줘야 사람은 추위와 여러 가지 면역을 길러준다. 의사들이 하라는 대로 한다면 사람은 오히려 건강을 해칠 수 도 있다.

살이 쪄서 고민을 하는 사람들은 매일 아침 5분간이라도 걸어야 하며 밥맛이 없어 건강이 좋지 않은 사람들은 단것을 먹지 않아야 하며 감기가 걸린 사람은 단무지를 먹어야한다.

그리고 다리가 아픈 사람은 알다시피 소족을 먹는데 그 이유는 소다리의 기운을 받기위한 것이니, 그 이유를 알고 먹는다면 훨씬 음식을 사랑하게 될 것이다.

아이들이 피자를 좋아하는 것은 뇌를 편안하게 하기 때문에 그런 것이며, 노인들이 과자를 좋아하는 것은 피를 돌게 하는데 많은 작용을 하기 때문이다. 또한 눈이 좋지 않은 사람들은 솔잎차를 먹어야 하며, 우리가 음식을 알맞게 먹는다면 병원신세를 지지 않는다는 생각을 항상 잊지 않고 살아야겠다.

요즘 환자들

많은 병이 난무하는 세상, 그래서 병원을 전전하다가 병을 키우는 사람들이 많은 세상, 돈이 없으면 병도 못 고치는 세상, 누가 책임을 지는가? 병명을 몰라 치유가 힘든 세상, 이렇게 불치의 병이 많다.

한 가지 답답한 것은 의사가 고치치 못하는 병이 고치는 병보다 많은 환자, 인술과 의술로 고쳐야 하는데도 의술만 믿고 사는 세상이다.

불치의 병은 자연요법으로 고쳐야 하는데도 병원만 생각하기에 목숨을 잃는 경우가 많다.

의사도 이제는 영성으로 환자를 돌보아야 치유의 향상을 가져올 수 있다. 그래서 대체의학을 많이 하고 있는데 올바른 대체의학의 체계를 세우지 않고 하기에 어설픈 의료행위가 많다.

이제라도 환자를 고칠 수 있는 의사는 영을 아는 사람들이 많아야 된다는 사실을 알고 영성공부를 한 의사를 바른 의사라고 불러야 할 때이다.

어떤 의사를 찾아야 자신의 병을 고칠지 모르는 요즘, 고생을 하다가 병명도 모르고 생을 마감해야 하는 세상이다.

특히 영적으로 오는 여러 가지 병을 의술로 고치는데서 많은 환자가 회복기를 놓쳐 병이 심해지는 경우가 많지만 그 이유도 모르고 넘어가는 경우가 많다. 빙의가 되거나 자신의 몸에 어떠한 신이 꿈틀거린다면 조상이나 하늘의 힘을 빌려 고쳐야하는데 약으로 고치는 사람들 아무리 좋은 약을 써도 낫지 않는다는 것을 알아야한다.

제4장

수행인의 자세

수행인의 자세

어떠한 공부를 하든지 모든 것이 수행이다. 어린 아이가 태어나 살아가는 것이 모두 수행이라고 보면 아주 쉽다.

요즘 '힐링 센터'가 많이 유행을 하고 있는데, 수행을 하려면 우주의 기운을 끌어들여야 하는 데도 책이나 체조 같은 것으로 하면서도 어이없게도 '힐링'이라고 하고 있다.

우선 기를 공부하는 사람은 하늘의 천기를 받아야 제대로 운용을 할 수 있고 그렇지 않고선 아무리 오랫동안 수련을 했더라도 아무런 소용이 없다.

그래서 여기저기 다니게 되며 모든 것이 거짓처럼 느껴져 제대로 하는 곳을 찾아도 오해하고 의심부터 하게 되는 것이다.

그러므로 수행을 하는 사람은 우선 수행을 하기 위한 자세가 많이 필요하며 수행의 조건을 알고 나서 해야 하며 자신이 무엇을 할 것인가를 알아야 하늘에서 그에 따른 능력을 주는 것이다.

이에 따라 천기를 받지 않고서는 우주의 원리를 모르기에 아무리 공부를 많이 했다고 해도 다 필요 없는 것이며, 오히려 수행을 하지 않는 사람이 더 맑은 것을 알 수 있다. 그래서 수행인의 자세는 우선 하늘에서 자세를 가르쳐 주는 것이지 자신이 수행의 자세를 할 수 없는 것이다.

그래서 요즘 여러 군데에서 수행을 하고도 아무런 소용이 없고 시간 낭비만 하는 사람들이 많다는 것을 알 수 있다. 특히 요즘은 홈페이지가 잘 되어 있어, 아무런 능력이 없는데도 광고를 보고 가서는 엄청난 손해를 보고 답답해하는 사람들이 많은 실정이다.

또한 힐링을 하는 사람의 자세가 잘못되어 있는 것도 커다란 문제가 된다. 여러분들이 수행을 하려면 우선 하늘에서는 한가지 밖에 여러 가지 일을 주지 않는다는 것을 알고 해야 한다. 아니면 수행한 것을 자기 일에 접목을 시킨다면 조금은 도움이 되나 잘못하다가는 자신의 모든 것을 다 잃어버릴 수도 있다. 수행인의 자세는 오직 하늘에서 내리는 대로 한다는 것을 알고 나서 자신의 생각은 없애야 제대로 수행을 할 수 있다는 것을 알게 된다.

누구나 할 수 있는 일은 아니다. 그만큼 많은 고통이 따르며 요즘 어떤 것이 진짜 수행인지를 모르고 하는 것이 많기에 잘못 그런 곳을 가다가는 항상 마음이 가득 차지 못하고 한쪽 구석이 허전하다.

우리나라에 지금 기공이나 기를 취급하는 곳이 많은 것은 그만큼 우리나라가 혼탁해졌다는 것을 의미하며, 제대로 우주의 기운을 전파하는 곳이 아니라면 발을 끊는 것이 수행에 많은 도움이 될 것이다. 하늘에서는 '힐링'이라는 말을 쓰지 않는다. 다만 '내린다'는 말만 할뿐이다.

신명을 다룰 때 주의할 점

우선 신명을 다룬다는 마음의 자세를 갖는 것이 가장 중요하다. 신명이 몸에 얼마나 있는가를 알아야 하며 어떠한 신명이 있는지를 알아야 하며, 항상 서로 대화를 해야 한다.

어떤 것보다 지금 신명의 상태를 읽을 줄 알아야 한다. 그래야 상대방의 신명을 읽을 수 있는 것이며 대화하는 중에 신명이 무엇을 원하는지를 알아야 하며, 나가는 신명이 어떠한 신명인지 알아야 하며 들어오는 신명이 어떠한 신명인지를 알아야한다.

신명을 다루는 제자들의 기본이다. 그러므로 신명을 다룬다는 것은 언제 신명의 행동이 어떠한지, 미리 알아차려야 한다.

또한 신명의 한계는 제자가 어떻게 하느냐에 따라, 틀려지므로 순간을 놓친다면 아무리 기도를 많이 했다고 하더라도 아무 소용이 없으며 공부한 것을 하루아침에 다 버리게 된다.

또한 신명은 사람들이 생각하기에 어려운 것이라고 생각을 할 수도 있는데 그렇지 않다는 마음을 가진다면 신명은 저절로 머리를 숙일 수 있는 것이다. 그러므로 신명을 다룰 때는 신중을 기하는 것은 물론이고 하늘에서 원하는 것이 무엇인지를 인지하고 신이 너무 많이 들어와 과부하가 걸리는 경우가 있고, 신이 나가서 헤매는 경우가 있다는 사실을 알아야한다.

그러므로 신을 다룰 때는 신의 실력을 알아야 하며 그 신의 실력을 이용해서 인간이 생활을 하는 것이므로 항상 내 자신보다 신의 능력을 점검하는 데서부터 시작을 해야 한다.

내면을 바로 보는 눈

그렇다. 사람은 내면을 보고 싶어 한다. 그러나 쉽게 볼 수 있는 것이 아니기에 내면이 더 그리워진다. 자신의 내면을 보지 못하기에 사람은 많은 실수를 하는 것이다. 그 이유는 가장 가까이 있는 것인지도 모르는 자체로 평가할 수 있다.

지금 산에서 기도를 하거나 명상을 통해 자신을 알려고 하는 사람들이 세계 어디에 가도 있다는 것을 알 수 있다. 다만 자신의 내면을 돌아보기 위해 하는 목적인데, 그 이유는 남을 이롭게 하는 것에 목적이 있다. 그러나 실제로 그렇게 하기 위해서는 자신의 행동이 가장 중요하다. 어떠한 사람의 말을 듣고 행하는 것과 자신의 내면과의 합의로 이루어져 행하는 것과의 차이를 알아야한다.

그러나 그것을 알기란 그야말로 하늘의 별따기보다 어려운 것이 사실이나 사람들은 무조건 기도를 하거나 원한다면 자신의 내면을 알 수 있을 거라고 하는 생각의 망망대해를 걷고 있다.

망망대해를 걷지 않아도, 내면의 세계를 볼 수 있는 방법은 무수히 많다. 우선 사람은 태어날 때 깨달음의 경지보다 더 높은 단계를 거치고 태어나기에 어떤 더 높은 경지를 생각한다. 이미 하늘에서 받은 깨달음은 묻어놓고 다른 것을 찾으려하니 찾기 어려운 것이다.

다시 말해 해답은 자신의 몸과 생각에 있는 것도 모르고 행동을 하기 때문이다. 그렇다 깨닫기 위해 어떠한 고생을 감수하더라도 깨달으려고 하는 데, 잘못 된 것이다. 조금도 고생을 하지 않고도 깨달을 수 있다는 사실을 모르고 사람들은 깨달음이 어려운 줄 알고 있다. 그것이 많은 고통을 안겨준다.

영적인 공부는…

사람마다 영적인 공부가 틀리는 것은 사실이나 고생을 많이 한사람은 좀더 영을 받는 마음의 자세가 되어 있어서 그런지 공부하는 것이 쉬울 뿐 아니라 속도도 아주 빠르다.

다시 말해 영적인 공부는 그 동안 살아온 여러 가지 환경이나 문제로 발전이 될 수 있는 것이며 간절한 마음이 있어야 되는 것이다. 요즘 공부를 하는 제자들을 보면 영적인 공부가 빠르게 된다. 그 만큼 목이 말라 영성으로 공부하는 것을 모르고 살다가 이제야 영성으로 가는 공부를 시작하니 앞뒤 가리지 않고 잠도 거르고 공부를 하는 편이다.

그래서 하늘에서 교관들이 빨리 빨리 공부를 가르쳐 주면 속성으로 영적으로 다가간다. 많이 배운 사람일수록 영적으로 공부하기가 어려운 것은 사실이나 머리가 좋으면 빨리 단계가 올라가는 장점은 있으나 긍정을 할 때 일어나는 현상이다.

요즘에 공부를 시작하는 제자들은 30년 이상 많은 경험을 해왔기에 공부가 쉽고 이해를 잘하고, 또한 능력이 하루하루가 다르게 눈으로 보인다. 저절로 공부하기에 영적인 공부는 아무것도 모르는 제자일수록 맑은 기운이 감싸게 되며 어떠한 것을 아는 체 한다면 하늘에서는 제대로 가르쳐 주는 것이 없기에 안타까울 뿐이다.

또한 하늘은 제자들에게 실수를 범하지 않게 철저하게 인간의 머리로는 생각할 수 없는 여러 가지로 시험을 한다. 그 시험을 어떻게 넘어 가느냐에 따라 다음 단계로 넘어 가기에 시험을 넘어가지 않고는 다음 단계는 기대를 할 수가 없다.

그러므로 그저 공부를 시작했다고 하더라도 하늘에서는 상관없이 사람마다의 자질과 성격과 마음의 자세를 보고 판단을 해서 알아서 공부를 가르치기에, 자신이 어떻게 하느냐에 따라 그만큼 공부를 하기에 제자들을 가르치는 것은 자신이 하는 것에 따라 한다는 것을 스스로 터득한다.

그래서 영적인 공부는 그 사람의 마음자세와 그리고 인내를 가장 먼저 체크를 한다. 하늘은 어떠한 것을 원해서 가르치는 것이 아니라 자신을 알고 나면 저절로 사회에 환원을 시킨다는 것을 깨닫게 해주는 것이다.

누구나 지금 사는 방법이 자신에게 옳다고 하는 사람들이 많으나 사실 그렇지 않은 사람들로 인해 사회가 발전이 없는 것이다. 그러므로 지금 여러분 자신이 하는 일이나 살아가는 방법이 제대로 하는 것인가를 반성해야 한다. 그래야 우리나라의 발전이 있을 것이다. 제자들은 그것부터 터득을 하는 것이다. 다시 말해 살아가는 방법을 알려주는 것이 하늘의 공부이다.

외로운 길보다 외로운 길

큰 고통은 외로움이다. 그러한 느낌을 가지고 산다는 것은 많은 것을 그 속에서 배우고 산다. 지금 사회는 외로움을 가진 사람들이 무수히 많다. 하지만 서로의 믿음이 없기에 우리 사회는 점점 남을 멀리하고 있다. 나 역시 예전엔 남을 멀리하는 습관이 많았다.

남을 포용하는 마음이 지금보다 훨씬 많았다. 그것은 외로움을 배우고 나서 더욱더 그랬다. 지금 우리 사회는 서로 믿는 사회로 가야 된다는 것을 상실하고 살아가는 사회이다.

'과연 사람은 무엇을 위해 사나?' 하고 생각을 하면 아무것도 아닌 것을 힘들게 살고 있는 것이다. 그러다 보면 자신도 모르게 짜증을 내며 살게 된다.

남을 이해 못하고 산다는 것이 얼마나 외로움을 가지게 되는지 알게 된다. 지금 외롭다고 생각한다면 자신의 가슴을 보라. 외롭지 않을 것이다. 그 이유는 사람이 가장 따뜻함을 느낄 수 있는 것은 자신의 가슴을 바라볼 때 저절로 느낀다.

자신을 바라보는 눈은 냉정하지 못하다. 하지만 자신의 가슴을 바라보는 것은 냉정함을 찾을 수 있다. 자신의 가슴이란 마음을 본다는 것이다. 가장 많은 부분을 차지하고 있는 우리 마음은 우리가 너무 외로움을 주지 않았는지 생각해 보라.

그렇다. 외로운 길보다 외로운 것은 자신의 마음을 사랑하지 못한 데서 오는 것이다. 이제라도 자신의 가슴을 사랑하는 마음을 터득하고 산다면 외롭지는 않을 것이다. 대화를 할 수 있으니까.

하늘의 제자들이여

누구나 하늘에서 선택을 해서 태어난 것은 사실이나, 어떠한 기운을 타고 난 것이, 문제가 되는데 특히 사명을 받고 그 사명을 시행하지 않기에 고통을 받는 제자들이 우리나라에 거의 1,000만명 이라는 숫자가 나온다. 다시 말해 신의 물을 먹고 살아야 하는데 그렇게 살지 않는 사람들이 많기에 우리나라는 잘 살지 못하고 있다.

누구든지 높은 자리에서 잘 살기를 원하는데 그렇게 태어나지 않았는데도 꼭 그것만 고수하고 원하는 경우가 많은데 잘 사는 것만 목적을 두고 산다면 점점 어려워진다. 또한 자신의 사주가 좋기를 바라는 마음은 누구나에게 있기에 사주가 좋게 나와야 기뻐하고 있는데, 지금 현실이 그 사람의 사주라고 보면 된다.

나는 제자들에게 공부를 시키면서도 많은 어려움을 느낀다.

제자들은 많은 고생과 고통을 받고 살아가기에 평범한 사람보다 어려운 생활을 많은 시간 속에서 살아왔다. 그렇다고 하늘에서는 쉽게 능력을 주지 않는다. 그 만큼 고통을 주고 인내를 가르치고 참을성을 배우게 한 다음에 하늘의 소리를 들려준다.

그러나 제자들은 무엇이든 쉽게 생각을 한다. 이제 많은 제자들에게 부탁을 하고 싶다. 하루가 24시간이지만 25시간으로 공부하라. 깨어 있어야 한다. 그래야 우리나라가 앞서는 나라가 될 것이다. 그리고 기도하는 자여, 자신을 위해 기도 하지마라. 남을 위해 기도하라. 기도한다고 다 이루어지는 것은 아니다. 제자들이여, 나라를 위해 기도하라. 우리 조상을 모셔라. 남의 조상은 나중에 모셔라.

나의 스승님

나의 스승은 하늘이다.

그러므로 나는 아무것도 모르는 것을 알 수 있는 것이다. 바람도 스승이요, 비도 스승이요, 추운 날씨도 스승이다. 스승 아닌 것이 어디 있겠는가? 모든 우주 만물이 스승이다. 어떠한 것도 나의 스승 아닌 것이 없다.

누구나 하늘을 스승이라고 생각하고 산다면 어떠한 일이 있어도 풀어나갈 수 있을 것이다. 다만 하늘에서 주는 사명을 다할 수 있을 때 풀어나갈 수 있을 것이다.

우리는 하늘 밑에서 살고 있다. 그러나 하늘의 뜻을 모르고 또한 어기며 사는 것도 있다.

사람이 살아갈 때 가장 중요한 것이 있다면 하늘의 소리를 알고 그 소리를 들어 그대로 살아가는 것이다. 하늘을 알고 나면 사람은 아무것도 욕심을 가질 수 없다. 그러므로 하늘의 오묘함을 배우고 진리라 생각하고 사는 것이 인간이 살아가는 도리다.

나는 하늘이 스승이라고 생각하며 살아가는 사람 중에 한 사람이다. 인간이 스승이라고 생각한 적은 한번도 없다. 인간은 스승이 아니라 선배일 뿐이다. 그러나 우리는 자기에게 조금 도움을 준 사람을 스승이라고 부르고 있다.

그러므로 인간은 욕심만 생기는 것이다. 사람은 스승이 될 수 없다. 다만 선배가 될 뿐이다. 아무리 깨우친 사람이 있다고 해도 스승이 될 수 없다. 다만 그 길을 먼저 간 사람일 뿐이다. 하늘은 누구나 공평하게 생각하고 있다. 그러나 사람이 그렇게 생각하지 않고 있다.

자기의 노력은 생각지 않고 어떠한 것을 바란다면 하늘에서는 아무것도 주지 않을 것이다.

하늘을 스승으로 하여 산다면 원리대로 살아갈 수 있을 것이다. 나 자신을 하늘에 맡기고 산다면 하늘에서는 그만큼 능력을 줄 것이다. 자기의 능력은 자신의 능력이 아니라 하늘에서 준 것이다.

그러므로 교만하거나 이기적인 생각을 하지 않아야한다. 만약 조금이라도 그렇게 생각한다면 하늘은 바로 그 능력을 가져갈 것이다. 하늘이 스승이라고 여기며 살아간다면 여러분들도 많은 것을 터득하고 넓어지며 깊어지고 판단의 문을 활짝 열 것이다.

잠에서 깨어나라

사람들은 많은 시간을 잠으로 보낸다. 3분의 1은 수면으로 보낸다. 그런데 깨달음을 얻은 사람은 자신과 상관없이 잠을 자지 않는다. 그것은 내면에서 잠을 자지 않는다. 아니 잠이라는 단어조차도 생각나지 않게 한다.

지금 많은 사람들이 밤을 새워 도박을 하거나 춤을 추거나 일을 하는 사람들은 평범한 사람보다 내면의 기운이 센 사람들이다. 다시 말해 잠을 자지 않고 여러 가지 일을 하는 것은 내면이 다른 사람들보다 강하다는 뜻이다.

그럼 내면이 강한 사람들과 평온한 사람들과는 어떠한 차이가 있는 것일까? 내면이 강하든 강하지 않든 내면과 자신과 하나가 된 상태일 때 평온하다. 그러나 사람들은 집착과 욕심으로 인해 하나가 되기는 아주 어렵다.

그러면 어떻게 하면 내면과 하나가 될 수 있을까 하고 궁금하게 생각하는 데 그 자체도 욕심이다. 물론 내면과 하나가 된다는 것은 깨달음을 알 수 있고 깨달은 사람을 알 수 있다. 그러므로 내면이 하나가 된 사람만이 깨달은 사람을 알 수 있는 것이다. 그래서 깨달은 사람은 잠에서 항상 깨어있다. 그것이 깨달은 사람이라고 한다. 사람이 잠을 자도 내면세계는 잠을 자지 않고 자신도 모르는 사이에 영적 공부를 한다.

그러므로 깨달은 사람은 사람이 공부하는 것보다 수천, 수억 배의 공부를 저절로 한다. 그래서 공부를 아무리 많이 한 사람보다도 아는 것이 많은 것이다.

그래서 자신은 몰라도 영적 공부를 하였기에 자신도 모르는 사이에 많은 능력과 많은 세계를 알게 된다.

그래서 사람이 많은 것을 알고 또 그것을 알리기 위해서는 잠에서 깨어 있어야한다.

우리 민족이 이제 깨달아간다면 머지않아 우리 민족의 숙원인 통일은 물론 우리가 원하는 것들이 서서히 풀리기 시작할 것이다.

가장 신비한 것은

세상에서 가장 신비한 것은 무엇일까?

많은 것이 있지만, 자신도 모르게 달라지는 것이 신비하다고 생각이 든다. 물론 여러 가지가 있겠지만 우선 나를 보더라도 많이 내 스스로가 변해 있다. 물론 변하지 않는 것은 없지만 가장 변한 것은 마음인 것 같다.

여러분들이 아마 그럴 것이라고 생각을 하는, 자신이 많이 변해 있다고 느끼는 정도가 신비의 정도를 나타내는 것이다.

자신도 모르게 성공을 하고 자신도 모르게 많은 것을 터득하면서 인간의 내면은 스스로 자라나는 것이다.

그래서 그 자체가 가장 신비로운 것이라고 생각하게 되는 것이다. 인간은 잘 되는 것만 고집을 하며 산다. 누구나 잘 되는 것을 싫어하는 이는 없을 것이나 내 자신이 잘 되는 것만을 고집하고 산다.

이것이 인간의 본성이다. 다만 내면과 같이 호흡을 해서 산다면 그야말로 멋진 하루하루가 될 것이다.

그래서 인생에 있어 가장 신비한 것은 새로운 어떤 것을 본 것이 아니라 자신이 달라져 있고 자신의 내면을 들여다 볼 수 있는 것이라고 생각된다.

사람은 항상 신비한 것을 생각하며 살아간다. 특히 사람은 모험을 좋아한다. 그래서 자신의 인생을 모험으로 즐기는 사람도 많다. 그러다 보면 신기한 것도 보고 느끼게 되지만 자신의 내면을 보는 것보다 신기하지는 않다. 물론 자신의 내면을 들여다보지 못한 사람에게는 다르게 들릴지는 몰라도 경험한 사람으로서 어떠한 경험보다 느낄 수 없는 짜릿함을 맛보게 된다. 그렇다. 우리는 우주의 신비함을 맛보면서 살아가야 한다.

그러면 우주란 우리에게 어떠한 교육을 하고 있는 것일까?

우주는 우리에게 바라는 것은 없고 그냥 인간이 잘살 수 있도록 도움을 줄 뿐이다. 다만 하늘의 이치를 모르는 인간이기에 고마움과 항상 답답함 뿐이다.

결국 우리가 느끼는 신비는 자연이다. 그 속에서 가장 자연스러운 것은 사람의 마음이다. 그러나 요즘 사람들은 마음이 자연스럽지 못한 것으로 인해 많은 갈등과 욕심을 부리고 서로 인내하지 못하고 있다. 세상에서 가장 신비한 내 마음대로도 못하는 마음을 우리는 항상 지켜야한다. 마음을 지키자.

내적 경험은 영원히 가는 것이다

흔히 인간은 많은 경험 속에서 살아가고 있다고 생각하지만 사실은 외적 경험은 많을지는 몰라도 내적 경험은 거의 하지 않고 산다. 내적 경험이라는 것은 우리가 쉽게 알 수 없는 내면의 세계를 들여다보는 것이다.

인생을 보내면서 한번도 내면의 세계를 알지 못하는 사람들이 많은 요즘, 어떻게 하면 자신의 내면의 세계와 같이 살 수 있을까 하고 그 방법을 누구나 쉽게 터득하려고 공부를 하고 있다.

인간은 자신의 내면과 같이 살면 얼마나 좋은 것인가를 모르기에 자신의 내면을 잃어버리고 살고 있다. 인간이 자신의 내면을 알고 산다면 지금보다 사는 것이 윤택해지고 자신의 마음을 찾을 수 있고 너무도 황홀한 느낌을 가져올 수 있다.

그래서 우리는 내적 경험을 위해 사는 사람들을 동경할 때가 있다. 내적 경험이라는 것은 그렇게 어려운 것은 아니다. 자신을 한번쯤 놓아버리는 것이다. 그래야 내면의 나를 볼 수 있고 찾을 수 있는 것이다. 내적 경험을 하면 사람은 모든 것이 평온해 보이고 모든 것이 긍정이 된다. 외적인 것만 습득하게 되면 인간으로서 살아간다는 것이 항상 고통이라고 생각하게 되며, 불만만 많이 늘어나며 내적인 경험을 통하지 않고서는 자신이 일어날 수 있는 기회가 주어지지 않는다. 인간은 무한한 세계를 가지고 있는 것은 사실이나 그 내면의 실타래를 풀어 놓지 않은 이상 아무것도 알 수 없으며 상상할 수도 없다.

그래서 인간은 내면의 세계를 풀어 놓는다면 자신의 능력이나 자신이 해야 할 일들을 알게 된다. 그래서 내면을 안다는 것은 모두 아는 것이다. 자신이 누구인지를 모르고 살아가는 사람이 너무 많다. 나 역시 내가 누구인지도 모르면서 살아왔다. 이제 내가 누구인지를 알고 나서 내면의 세계를 접하고 나니 이 세상은 지금 우리가 보는 것보다 더 넓은 세상이 있다는 것을 알게 됐다.

물론, 내면세계를 안다는 것이 쉬운 일이 아니니, 내면세계 내적 경험으로 가는 길이야말로 올바른 세상 올바른 사고를 알게 되는 길이다. 이미 우리는 내면세계를 이전에 걸어왔다. 그러나 지금은 내면세계를 잊고 살 뿐이다. 내적으로 살아가는 것이 온 인류가 바라는 것이다. 눈에 보이는 외적보다 내적으로 살아가는 것이 우리가 원하는 삶이다. 내적으로 살아가다 보면 언제나 영원하다는 것을 알게 된다.

상처

누구나, 한번쯤은 자존심으로 인해 상처를 받는 경우가 많은데 결국 나중에는 화병이 되기 쉽다. 그래서 가슴에 담아 두었다가는 언젠가 마음의 병으로 남게 되어 있다. 특히 여자들에게 화병이 많다. 스트레스가 병이 된다고 하는데 이러한 경우가 대표적이다.

직업을 잘못 선택을 해서 그만 둘 적에도 많은 상처를 받게 된다. 그래서 마음의 상처를 받지 않기 위해서는 항상 웃는 얼굴이 되어야 한다. 웃는 얼굴이 마음을 편안하게 한다.

요즘 사람들은 거의 마음에 상처를 가지고 살아간다. 직업 때문에 그리고 고부간에 갈등, 자식과의 갈등, 친구와의 갈등 등 여러 갈등으로 상처를 입는 경우가 많다.

그런데 옛날 우리 선조들은 더 많은 상처를 입고 살았다. 그래도 꿋꿋하게 참고 견뎌 왔는데 요즘 사람들은 조금도 참을성이 없다. 그래서 이혼이라든가 무엇을 결정하는 것도 순간적으로 하는 경우가 많다.

우리 사회에는 억울하게 상처를 받는 사람들이 많다. 그러나 힘이 없어 당하는 것이 안타까울 뿐이다. 신으로 사람이 사는 것인데, 신으로 사람이 망가지는 것을 볼 때 크나큰 상처를 받는다. 그러나 그 신으로 망가지는 것을 모르고 살아가고 있다. 우리는 신의 도움으로 살기는 하지만 신의 노름으로 상처를 받고 있다.

지금 우리가 사는 세상은 영성의 세상이다. 깨달음의 세상이기도 하다. 깨닫거나 영성으로 가야하는데 그렇지 않은 사람들은 신으로 인해 많은 상처를 받는 세상이다.

자신이 운명과 사주를 보고 싶어 하는 것도 신의 가르침이다. 그러나 자신이 사주를 본다고 생각을 하고 있다. 그것은 자신에게 조금이라도 상처를 주지 않게 하기 위하여 하는 것도 모르고 행위를 하는 것이다.

다만, 인간의 무지함으로 인해 진정 해야 할 것을 잃어버리고 살아가는 것이다. 무엇이든 70%는 신의 도움이 있어야 사람이 살아가는데 상처가 없을 것이다.

제자들에게는 칭찬이 없는 스승

한마디로 속과 겉이 틀리다 라는 말이 있는데 이런 때를 두고 한 말이 아닌가 생각이 된다. 나 역시 제자들에게 칭찬을 해주는 마음은 간절하나 하늘은 칭찬을 해주라는 명이 없다. 그 이유는 제자들이 더 잘 안다.

어떠한 공부를 하든지 졸업도 있고 1등도 있고 방학도 있고 휴식이 있는데 우리가 공부하는 하늘의 메시지는 24시간 1년 내내 내려오는 메시지기에 한 순간을 놓쳐서는 안 되는 공부이다. 맨 처음에는 어렵다고 생각도 들지만 시간이 지날수록 쉽게 하늘의 계시를 받을 수 있어 안정을 얻을 수 있다.

하지만 그렇다고 마음을 놓고 있으면 지금가지 공부한 것을 다 잃어버릴 수 있는 공부가 영적인 공부이다. 우리가 하는 공부는 언제나 긴장 속에서 이어지는 공부이기에 억분의 일초로 정신을 차리지 않는다면 아무것도 알 수 없는 정말 오묘한 공부다.

그러나 어떤 사람들은 쉽게 하늘의 공부를 생각하고 욕심으로만 하는데 절대로 하늘의 공부는 욕심이 있어서는 알 수 없는 공부이므로 한 가지 한 가지 차근차근하지 않는다면 다음 단계로 올라갈 수 없다.

우선 사회에서 알던 여러 가지 관습이나 지식을 다 버려야 하늘의 공부를 시작할 수 있기에 처음 시작을 잘못하다가는 엄청난 시련과 고통을 안겨줄 뿐만 아니라 자신도 모르게 공부한 것처럼 느껴지게 되어 나중에는 아무것도 모르게 된다.

다시 말해 시작을 잘못하다가는 엉망이 되는 공부이다. 그러므로 시작하기가 어려운 공부, 처음부터 맥을 잘못하다가는 자신이 원하는 공부는 할 수 없고 다만 하늘에서 시험만 계속 할뿐이다.

그래서 우리가 하는 공부는 언제 어떻게 될지 모르기에 칭찬을 할 수 없으며 오히려 칭찬을 하는 것이 하늘의 제자로서 자격을 빼앗기는 경우가 될 수도 있는 공부이다. 그래서 우리가 하는 공부는, 한번 한 공부는 다시 공부를 하지 않으므로 한 순간이라도 놓친다면 다음 공부는 절대로 공부를 하고 싶어도 할 수가 없는 공부이다. 그렇게 어렵지만 자신이 잘 따라 한다면 인간이 알 수 없는 무한한 여러 공부를 할 수 있다.

그러므로 같은 제자가 공부를 시작했다고 해도 제자마다 신명도 다르지만 그 수준은 어마어마한 차이가 나며 상상도 못할 정도로 차이가 난다.

수천 배, 수만 배의 차이가 나다보면 다시는 따라갈 수 없는 상태가 되기 때문에 한번 잘못을 하다가는 얼마나 손해를 보는지는 제자 자신이 스스로 느끼며 후회해도 기회가 없는 공부라는 것을 알게 된다.

결국 하늘은 한번의 기회를 주는 것이지 많은 기회를 주지 않는다는 것을 알게 된다. 그래서 한번의 기회를 놓치지 않고 공부를 해야 자신이 원하는 깨달음의 길로 들어가 깨달음의 길을 자유롭게 갈 수 있는 것이다.

흔히 사람들은 무조건 깨닫기 위해 기도를 하거나 여러 방향으로 무엇을 찾고 있는데 깨달음의 길은 여러 방향이기는 하나, 결국 우주의 기운을 알게 하는 것이 깨달음의 길이다 라는 것을 알게 된다.

그 깨달음을 터득하기 위해서는 물론 많은 시간을 통해 알 수 있는 것도 있으나 시간과 공간의 제약 없이 순간을 아! 하고 깨달을 수 있는 것도 많다.

그래서 우리는 많은 것을 깨닫기 위해서는 한 가지부터 소중하게 생각을 하는 데서 깨달을 수 있는 것이라는 것을 깨닫게 되는데 그렇게 아는 순간부터 많은 것을 깨닫게 되는 것이다.

제자들에게 칭찬을 하지 않는 것은 제자가 잘못됨이 없고, 교만이 없고, 이기주의자가 되지 않고, 시시한 교주가 되지 않고, 온 인류를 구원할 수 있는 능력자가 되기 원하는 하늘의 바람이 있기 때문이다.

그래서 하늘의 능력을 받고나서는 여러 층으로 구성원을 갖거나 조직을 만든다면 그 시간부터 하늘에서 준 그 능력은 저절로 사라지는 것이다.

그러므로 하늘의 제자가 되기 위해서는 많은 것을 참고, 기다리고, 원하는 것이 없는 마음을 가지고 하는 공부라야 이루어진다는 것을 알고 나서 그 무엇이 시작된다는 것을 알게 되면 시작이 된다는 것도 알게 되는 것이다.

그래서 요즘 기공이니 기 치료니 깨달음이니 하는 공부는 쉽게 하는 것이 아니라는 것을 알아야 한다. 그렇지 않는다면 언젠가 막히고 자신이 할 수 없는 때가 온다. 그 때가 되면 이미 늦어서 다시 시작을 해서 한다고 해도 많은 시간을 허비할 것이다.

하늘의 공부는…

축하하는 일이 없고 졸업장이 없는 공부가 하늘의 공부이다. 그러므로 사람의 겉만 보고는 알 수 없는 것이며 알려고 한다고 해도 어떠한 방법으로도 알 수 없다.

그러나 졸업을 하는 사람들은 얼굴에 써 있다. 참으로 놀라운 일이다. 사람의 눈으로는 보이지 않는 것이지만 마음의 눈으로 본다면 알 수 있다. 많은 제자들이 공부하면서 가장 알고 싶어 하는 것은 언제 공부를 졸업하는지 인데, 그럴수록 공부는 더욱더 어려워 진다.

이제 여러분들에게 하늘의 공부를 하는 방법을 어렵지만 글로나마 쓰려고 한다. 우선 마음이 중요한데 마음이라는 것이 무엇으로 만들어져 있는지를 알아야한다. 마음은 우리가 알 수 없는 수많은 것이 있는데 간단하게는 탁한 기운과 참 기운이 무엇인지부터 알아야 하며, 아무리 하늘의 공부를 많이 했다고 하더라도 탁한 기운을 읽지 못하거나 탁한 기운을 보내지 못한다면 아무런 소용이 없다.

그러므로 어떠한 수련을 하든지 그 운에 대한 것을 알고 나서 수행을 해야 한다. 그러므로 어떠한 기운을 알고 시작을 하는 것과 기운을 모르고 하는 것의 차이는 천지 차이다.

알고 하는 것은 하늘의 공부를 제대로 할 수 있지만 그렇지 않다면 하늘의 공부를 할 수 없다. 다시 말해 공부를 한다고는 하지만 많은 시간을 보낼 뿐이다. 이것을 볼 때 자기가 하는 일이 자신의 기운과 같은 일인지를 알고 해야 쉽게 자신이 마음을 먹었던 대로 할 수 있는 것이다. 이제 이러한 과정을 지나고 나서야, 천신의 존재를 알게 된다. 그러므로 하늘의 공부를 하려면 천신의 존재부터 알고 친해져야한다

제5장

민족의 혼

민족의 혼

제자들과 함께 있을 때면 마음이 저절로 부풀어 오른다.

그 이유는 누가 과연 나라를 위하고 민족을 위해 일을 하고 있는 것일까 하고 생각을 할 때 찾을 수 있다.

말로만 민족을 위한다고 하는 단체는 수없이 많으나 하늘의 사명, 즉 단군할아버지의 그 고귀한 말을 전파하고 홍익인간, 이화세계의 무궁한 비밀 그 오묘한 진리를 알 수 있는 세계를 알고 나서 이제 제자들은 어느 사람들보다 바르게 준비된 삶을 살고 있다.

물론 하늘의 제자는 여러 가지로 힘이 든다. 물질이 풍족하지 못하고 지금까지 살아오면서 자기와 상관없는 길을 걷다가 모든 것을 버리고 한번도 들어보지도, 알지 못한 언어와 글로 자기를 알고 하늘의 진리를 저절로 터득을 하며 인간세계의 정신을 뒤로 하고 살아야 한다는 것이 여간 힘들지 않다.

우리는 우리의 혼을 잃어버리고 산지 오랜 세월이 흘렀다. 왜 우리 것을 잃어버리고도 정신을 차리지 못하고 있는지 어떤 것이 진리인지도 모르면서 아는 체를 한다.

사람이 산다는 것은 하늘에서 자기보다 남을 위해서 살아야 한다고 하는데 자기 자신을 위해서 살다가 온통 고민을 마음에 가득 담고 산다.

우리는 그 잃어버린 민족의 혼을 찾기 위해 오늘도 하늘에 기도를 한다. 혼이라는 것은 '살아있다'라는 뜻을 가지고 있다.

우리는 살아있다는 것을 보여주며 살아가야한다.

아리랑과 우리

아리랑의 '아'는 우주의 머리를 나타내는 아요.
아리랑의 '리'는 우주의 중심을 나타내는 리요.
아리랑의 '랑'은 아와 리를 합친 기운을 나타낸다.

그러므로 우리 민족이 아리랑 노래를 저절로 좋아하는 것은 그러한 큰 기운을 가지고 있기에 아리랑 노래만 들어도 가슴이 뭉클하고, 저절로 민족을 생각하게 되고, 가족을 생각하게 되고, 조상을 생각하게 하고, 가족을 생각하게 하는 노래이다.

우리 민족사의 이 아리랑 노래보다 더 기운이 있는 노래는 없다. 그러나 우리는 우리 민족의 얼이 담겨있는 노래보다 남의 기운이 있는 노래나 풍습을 좋아하고 있다. 요즘 핸드폰을 가지고 있지 않은 사람은 없다. 벨소리를 들어보면 여러 가지 자기 성격대로 벨소리를 울리게 해놓고 핸드폰을 받고 있다.

그 벨소리를 아리랑으로 벨 소리가 울리게 한다면 우리 민족이 큰 기운을 하늘에서 받을 수 있을 것이다.

그래서 우리 민족이 같은 기운을 가지고 살아간다면 발전하는 것은 물론이고 서로 헐뜯고, 서로 시기하고, 내리려고 하는 마음이 조금이나마 없어질 것이다. 또한 한달에 한번 우리민요를 듣는 시간이나 아리랑을 듣는 시간을 갖는 것도 아주 좋은 방법이다. 이제 우리는 우리 것을 찾는데 헌신을 다해야 한다.

한복을 한달에 한번이라도 입는다면 좋은 기운을 얻을 것이다.

홍익인간의 실체도 모르고…

많은 사람들이 홍익인간이라는 것도 모르면서 요즘 세상은 홍익을 내세워 기를 한다든가 잘못된 길을 가는 사람들이 많은 것을 볼 수 있다.

또한 홍익을 잘 알지도 못하면서 홍익, 홍익 하는 사람들이 너무 많은 실정이다. 홍익이라는 뜻은 물론 널리 이롭게 한다고 일고 있지만 그 내면의 것을 알고 나야 홍익의 진정한 뜻을 알리고 펼쳐 나가게 된다. 하지만 그 뜻을 아는 사람은 별로 없다.

그 이유는 홍익을 하려면 우선 자신이 어떠한 것을 알고 나서 남에게 알려주는 뜻인데 자신도 모르면서 남에게 알려준다는 것은 어불성설이다.

다시 말해 '홍익'이라는 뜻은 하늘의 소리를 전해 주는 것이며 인간이 알지 못하는 것을 터득한 사람이 많은 이들을 위해서 하는 것을 '홍익인간'이라고 할 수 있다.

그러나 홍익을 내세워 그 뜻을 왜곡시키면서 자신까지도 망가지는 사람들이 많은 것을 볼 때 한심하기까지 하다. 또한 천부경의 오묘한 뜻도 알지 못하면서 남이 한문을 풀이해 놓은 것을 보거나 외워 그것을 내 것인 양 남에게 보여주는 사람들이 많은 것을 볼 때 단군할아버지가 얼마나 답답하겠는가?

참으로 웃기는 일이 아닐 수 없다. 지금 우리 주위에는 잘 알지 못하는 것을 가지고 자신의 돈벌이에 급급하고 단체를 키워 가는데 정신이 없다.

그리고 그 단체를 추종하거나 따라가는 사람들이 있는데 기가 찰

노릇이다. 또한 깨우치지도 못했으면서도 깨우친 양 하는 것을 보면 가증스럽기까지 하다. 심한 말이 될지는 몰라도 진실된 것을 하지 않는다면 언젠가는 벌로 그것을 감당해야 한다.

단군할아버지를 욕되게 하거나 천부경의 진리를 모르고 어떠한 것을 한다면 우리 민족이 오히려 잘못된 길을 가는데 박수를 치는 격이다. 그러므로 영을 통하지 않고서는 홍익을 할 수 없다는 것쯤은 알아야한다.

나는 천부경 속에 진리를…

나는 천부경 속에 진리를 알았다. 인간이 살아가면서 모르는 여러 방면의 것들이 숨겨져 있는 영적인 무대를 알고, 이 시대에 필요한 영적 스승이 되어 펼치고 가야하는 것들을 깨달아 항상 천부경 속의 우주의 조화를 모두가 알고 살아야 한다는 것을 알았다. 그러나 우리 민족이 가야하는 구심점이 될 천부경을 그 내용의 실체를 파악하지 못하고 각자의 기운대로 해석하거나, 아무렇게나 대하는 사람들을 보면 이해가 안 간다.

특히 천부경의 본질과 핵심을 모르고 자신이 어떠한 기운에 이끌려 함부로 천부경의 내용을 왜곡하거나 틀린 내용을 가지고 설쳐대는 사람들을 볼 때 아니라는 것을 심어주고 싶어도 그 사람 마음이 정리가 안 되어 할 수 없이 돌아서야 하는 경우도 많았다.

우선 천부경의 본질을 알고 해석과 운용을 해야 하는 데도 지금 우리 사회는 천부경을 가지고 돈벌이에 열을 가하는 단체가 많으니 차마 눈 뜨고는 볼 수 없는 행위를 많이 보았다.

물론 천부경을 모르는 사람들은 무슨 말로 표현해도 알 수 없는 천문이기에 인간의 잣대로 생각한다면 모든 것이 천부경과는 먼 것을 하고 있다고 해도 과언이 아니다.

많은 수련단체에서 천부경을 가지고 이렇다 저렇다 하는데 그것은 천부경의 천자도 모르고 하는 행동이니 누가 이것을 알겠는가? 무지한 사람들을 데리고 장난을 치는 것과 다른 것이 없다.

우선 천부경을 해석하거나 운용을 쉽게 하려고 한다면 천부경의 무한한 내용을 하늘을 통해 알아야 하며 또 안다고 하더라도 많은 시간이 필요하고 그렇게 쉽게 인간의 머리로는 알 수 없는 것이라는 것을 터득하고, 어떠한 수행을 해야 한다.

그럼에도 불구하고 지금 우리나라의 수행은 남에게 조금 배운 것을 가지고 가르치고 있는데, 한심한 사람들이며 그것을 좋다고 추종하거나 자신의 직업을 버리고 '힐링자'가 되고자 시간만 허비하는 것을 볼 때 자신의 내면이 어떠한 기운을 가졌는지도 모르고 시작하는 사람들의 인생이 불쌍하다. 나 역시 많은 것을 안다고 해도 최고가 될 수 없으며 항상 시작이라는 마음을 가지고 천부경의 진리를 해독하고 많은 이들을 위해 봉사하며 살아가려고 노력한다. 이제 천부경을 해석해 놓음으로 많은 도반들이 하늘이 우리에게 주는 큰 메시지라는 것을 깨달아가길 바란다.

천부경의 일시는 일은 우주의 언어요 시는 하늘의 천서다.

영적으로 본 한국과 일본

우리 민족은 백의민족이라고 한다. 그러나 요즘은 백의민족의 흔적이 점점 사라지고 있다. 우리 것을 점점 찾지 못하고 요즘 젊은이들은 무조건 외국 것을 선호하는 사상이 들어있다. 단군사상을 안다면 섣불리 그렇게 행동은 하지 않을 텐데 하는 마음이 앞선다.

뉴스를 보면 한국 사람이 해외에서 좋은 일을 많이 하는 것은 사실이다. 목숨을 담보로 일본인을 살리는가하면, 의사도 아닌 사람이 인공호흡을 통해 과감하게 일본 사람들을 살리는 것을 보면 우리 민족은 사랑으로 감싼 민족임에 틀림이 없다. 혼자 있을 때는 민족을 생각하는 것 같지만 사람들이 많이 모이면 단합이 안 되는 문제가 우리를 답답하게 한다. 우리 민족은 일본의 할아버지뻘 되는 나라이다.

백두산은 남자의 기운이 들어있는 산이요, 우리 민족의 명산으로 한국 사람이라면 누구나 한번쯤 그 큰 기운을 받으러 가야한다. 백두산은 남자요, 한라산과 일본의 후지산은 여자다. 영적으로 보면 백두산의 부인은 한라산이요, 그의 첩은 후지산이라 후지산은 아이를 못 갖는 여인이 갔다 오면 아이를 낳을 수 있는 기운이 있는 도량이다. 그 산신은 할머니이기 때문이다. 이제 우리는 일본과 같은 대열로 살 수 있는 나라로 승진하고 있다.

일본은 앞으로도 7년간 벼랑의 끝에서 헤매는 형국이다. 우리나라도 이제 7년이 지나야 통일의 맛을 볼 수 있으며 통일이 되면 일본과 우리나라는 더 이상 일본에게 눌리는 나라가 아니며, 일본과 같은 선진국으로 갈 것이며, 통일은 아무리 인간이 하려고 해도 하늘에서 명령이 있어야 통일을 할 수 있다. 그것은 우리 국조 단군의 계시가 있어야만 통일이 가능하다. 그러나 많은 사람들은 이러한 사실을 모르고 있다. 우리는 단군으로 통일을 해야 한다. 기독교나 불교로는 통일을 할 수 없다.

우리는 일본 사람들을 여러 면으로 평가한다. 이제는 서로 화해를 해야 한다. 아시아가 앞으로는 최고의 강대국으로 될 것이다. 그리고 중국은 우리나라보다 발전하는 속력이 200배 이상 발전한다. 일본과 우리나라가 손을 바로잡고 살아야 많은 강대국을 물리칠 수 있다. 일본이 지나간 과거를 청산하고 우리 민족에게 사과를 하고, 독도를 우리나라 땅이라고 한다면 일본도 잘 살 수 있다. 그러나 계속 욕심을 부린다면 일본은 더 이상 잘 살 수 있는 기운은 없다.

우리는 우리 민족의 과거를 보고 민족을 살리기에 운명을 달리하신 영들에게 감사하는 마음이 있어야 하겠다. 조상 산소나 국립묘지나 4.19 탑이나 가끔 참배를 해야 한다. 분명 우리나라를 생각하는 것은 우리 민족을 위해 돌아가신 분들이다.

일본과 더 이상의 대립은 서로 망하는 길이다. 서로 사랑하는 마음을 갖고 용서하고 화해하고 사는 날이 빨리 온다면 우리는 잘 살 수 있다. 일본의 총리도 독도를 자기 땅이라고 한 것은 자기 자신의 목을 내놓은 형국이다. 그리고 월드컵도 우리나라의 기운을 얻어서 일본이 잘 치룰 수 있었다.

민족을 생각하는 사람이 되자!
열심히 하는 사람이 되자!
홍익인간 이화세계의 정신을 받들자!
남을 먼저 생각하는 사람이 되자!
웃는 얼굴로 사는 사람이 되자!
정에 가득 찬 사람이 되자!
기도 하며 사는 사람이 되자!

경찰과 군인이 없는 세상

과연 우리가 사는 사회가 군인이 없고, 경찰이 없는 세상이 된다면 얼마나 좋을까? 우리 사회가 도적이 없고, 침범이 없고, 서로 사랑하고 전 세계가 한 식구처럼 산다면 이 지구에 있는 사람들이 너무 행복할 것이다. 그러나 지금의 현실을 보면 안타까운 것들이 너무 많다. 군인과 경찰이 없는 세상이 없다고 해도 종교로 인해 많은 사람들이 싸움을 하고 서로 이해를 하지 못하는데서 마음을 상하게 될 것이다.

우리가 사는 사회가 하늘과 같은 마음을 가지고 산다면 여러 가지로 편하게 살 것이다. 하늘에서는 모든 민족이 잘 살기를 원하고 있다.

나라마다 욕심을 가지고 있기에 힘들게 사는 것이 당연하다. 서로 전쟁이 없는 세계가 된다면 하늘에서 많은 축복을 줄 것이다. 가난하고 약한 나라를 짓밟고 약탈하는 세계가 지구를 멸망으로 가게하고 있는 것이다. 우리는 스스로 멸망을 가져오는 것이지 하늘에서는 일부러 멸망을 주지는 않는다. 하늘에서 내려주신 모든 것들을 소중하게 사용하고 아낀다면 멸망은 없을 것이다. 지금은 과학으로 승부를 걸려고 하는 나라가 많기에 점점 위험해지고 있다. 북한에서는 핵을 만들어 놓고 있다고 하는데 미국은 더 많은 핵이 있다. 그러므로 핵 하나만 가지면 많은 것을 파괴할 수 있기에 사실 군인은 있으나마나 하다. 지금 우리가 사는 사회에 많은 경찰이 있지만 아직도 자기 할 일을 제대로 못하고 있는 실정이다. 여러분도 아시겠지만 지금은 경찰이 모자라는 형태다. 많은 범죄가 일어나는데 치안이 안 되고 있다. 범죄가 없고, 전쟁이 없는 세계가 된다면 사실 군인과 경찰이 필요 없을 것이다. 이런 사회를 만들려면 온 세계 국민이 많은 노력해야 한다.

뿌리도 모르면서

아하, 뿌리도 모르면서 열매만 생각하는 사람들을 보면 과연 우리 나라는 어디로 방향을 갖고 항해를 하는지 모르겠다. 뿌리를 찾겠다고 하면서 우리 것은 뒤로하고 다른 것을 하는 이가 인기가 있고 정작 우리 것을 하는 이들에게는 화살이 날아오는 세상이 된지도 많은 시간이 흘렀다.

과연, 우리는 어떤 것을 위해 살아가는가? 민족을 위해 무엇을 고집하고 사는가? 나라를 위해 어떤 일을 하고자 생각은 해보았는가? 나라와 민족을 위해 산다고 하는 사람들을 보면 고작 외국에서 돈벌이를 하는 사람들이다. 우리 조상들은 돈을 많이 벌어오는 것도 조상의 뿌리를 영원히 간직하고 조상의 사상을 전파하고 자손을 위해 조상의 얼을 내려주는 일을 하는 사람들을 가장 좋아 하실 것이다. 그러나 요즘 세상은 그렇지 않은 것이 문제다. 영적 세계의 공부를 하면서 많은 것을 느꼈다. 우리 민족이 가장 위대하고, 우리 민족이 가장 세계에서 뛰어난 민족성을 가졌다는 자긍심을 알게 되었고 우리 민족이 세계를 머지않아 이끌어가야 한다는 것을 확인하였다.

우리 민족의 역사와 우리 민족의 정신을 안다는 것은 세계를 지도할 수 있는 초유의 자존심이다. 남의 것도 좋지만 우리 것을 미리 알고 행동한다면 우리 민족은 머지않아 세계를 하나로 만드는 일에 가장 큰 공헌을 하는 나라다. 그 속에 우리 민족이 살아 숨쉬니 각자 민족성과 민족관을 세우는데 앞장을 서야한다. 우리 민족의 뿌리사상을 안다는 것은 우리 민족이 바로 사는 것을 아는 것이다. 우리 조상들의 슬기로운 마음을 배우자. 그리고 국조이신 단군을 집집마다 모시자!

진짜와 가짜의 차이

흔히 보이지 않는 정신세계에서는 많은 의문이나 엉뚱한 방향으로 답을 내는 경우가 있다. 특히 마음공부를 하는 이들이 많은데 어떠한 방법으로 어떠한 곳을 찾아가 마음공부, 즉 자신을 찾는 공부를 해야 하는지 판단이 안서는 경우가 있다.

잘못 판단으로 많은 사람들이 손해를 보고 빠져 나오지 못한다는 사실을 알고 있는 나는 어떻게 하면 정신세계를 올바른 곳으로 안내하나 고심을 한다. 내가 만난 사람 중에도 여러 곳을 전전하며 나쁜 기운이 쇠뇌 되어 올바른 곳을 찾지 못하는 것을 보았는데 우리나라의 정신문화가 바로 서야 우리 민족이 바로 선다는 말을 하곤 한다.

물론 세계적으로 볼 때는 무수히 많은 정신문화가 있지만 자신의 정신문화가 있어야 세계 속의 정신문화를 따를 수 있다.

다만 자신의 정신문화가 올바로 섰을 때 모든 것을 바로 보는 눈이 생길 것이다. 자신이 바로 보는 눈이 없다면 아무리 좋은 것을 보아도 느끼지 못하듯이 우리의 정신문화가 이대로는 안 된다는 것을 스스로 느낄 것이다.

하지만 요즘은 가짜가 판치는 사회다. 그러므로 진짜는 어둠 속으로 묻혀져 가고 있다. 판단할 수 있는 능력이 없기에 진짜와 가짜를 구분 못하고 잘못된 눈으로 계속 어떠한 것을 한다면 진짜와 가짜는 같은 것으로 보이게 된다.

글을 잘 쓰고 달콤한 이야기를 해준다고 진짜가 아니다. 자신을 채찍질하고 잘못됨을 막아주고 바로 가라고 성화를 내는 스승의 말이 진짜다. 그러나 요즘 사람들은 그렇지 못한 것이 많은 문제점을 안게 된다.

여러분은 어떻게 정신문화를 판단하며 사는가? 진짜와 가짜의 차이는 무엇이라고 생각하는가? 진짜도 그대로 있고 가짜도 그대로 있는데 자신의 판단이 가짜를 진짜로, 진짜를 가짜로 만들고 있지는 않는가?

이제 우리 사회는 올바른 영성시대를 맞아 지식과 지혜를 같이 병행하여 살아가는 시대로 진짜와 가짜의 판단의 기준을 스스로 만들어 가야 한다.

하루가 주는 교훈

우리는 흔히 '다음에 하지' 하는 말을 자주 하곤 한다.

사회생활에서는 그렇게 크게 달라지는 것은 없지만 영성으로 가는 길은 0,000000001초 사이에도 많은 차이가 있다. 그래서 영적으로 공부할 때는 '내일'이라는 '다음'이라는 말은 어울리지 않는다.

그러므로 영적 공부를 할 때는 1억분의 1초가 중요하다는 것을 알아야한다. 다시 말해 인간의 머리로 생각할 때보다 영은 그만큼 깊고 넓게 판단을 하기 위해 생각하게 한다.

그래서 영적 공부를 할 때는 늦은 것 같지만 순간적으로 깨달을 수 있고 아무리 빨리 공부를 한다고 해도, 다시 높은 차원으로 가려면 그전 차원을 꼭 지나쳐야 올라갈 수 있다. 영적 공부는 항상 기본이 바로 설 때까지 아주 어려운 테스트를 거친다. 오늘 공부가 끝인 것 같고 또 높은 영을 받은 것 같지만 다음 날에 보면 전 날에 공부한 것은 아무것도 아니다.

다시 말해 영적 공부는 어떠한 차원이 없다. 인간의 머리로 생각하다가는 아무 것도 터득을 못하고 자기 자신의 신명에게 최면이 걸려 엉뚱하게 공부를 하게 되며, 판단이 서지 않고, 자신이 하는 것이 올바르지 않아도 올바르게 느끼게 되어, 자신이 공부한 것이 모두 사라지게 되는 경우도 많다. 그래서 영적 공부는 조금이라도 정신을 놓는다면 지금까지 공부한 것을 모두 잃어버리게 된다.

영성으로 가는 길이 쉬운 길은 아니나 정신을 차린다면 아주 쉽게 영성으로 갈 수 있으며, 자신도 모르게 엄청난 영적 능력이 생기며, 영계와 채널링을 할 수 있으며, 어떠한 것이든지 답을 구할 수 있어 어떠한 것을 쉽게 버리고 쉽게 구할 수 있기에, 그만큼 정신을 차리는 것이 중요하다. 또한 어떠한 단계로 올라가기 위해서는 여러 가지 시험이 있는데 그때마다 슬기롭게 지혜로 풀어가야지 인간적으로 판단을 해서 응용한다면 실수가 따른다.

하루가 중요하다는 것은 하루지만 자신의 인생을 만들 수도 있기에 명심해야 한다. 또한 감사하는 마음이 있어야한다.

내가 원하는 것이 있다면

내가 원하는 것이 있다면 우선 나를 찾아오는 분들이라도 하시고 원하는 일이 제대로 풀릴 수 있게 기도를 해주는 일인데 하늘에서 해주어야 된다는 것 때문에 하늘을 같이 믿고 원했으면 하는 바람을 갖고 있다. 사실 아무 것도 모르는 나 같은 사람에게 이러한 중책을 맡긴 하늘이 원망스러울 때가 있었지만 지금은 그 무엇보다 좋은 것을 하늘에서 단군할아버지를 통해 전해주었구나, 나에게 민족을 생각하고 나라를 생각하게 하는 가장 큰 선물을 주었구나 하고 생각을 하게 된다.

사실 나는 지금 이런 일을 하지 않았다면, 아무것도 할 수 없는 사람이라는 것을 잘 안다.

무엇 때문에 하늘에서 나를 원했는지 눈시울이 뜨거울 때가 한두 번이 아니었다. 다른 사람의 인생상담을 하고 영적인 병을 고치며 내 자신의 마음이 아닌 하늘의 마음으로 지내오지만 내 마음대로 풀리지 않을 때는 답답했다.

한 인간으로 태어나서 정상적인 가정을 이끌어가지 못하는 사람들이 얼마나 많은가? 나 역시 가정을 꾸리지 못하고 하늘의 명령을 받고 살아야만 하는 사명이 가끔은 싫을 때도 있었다.

하지만 지금 생각을 해보면 참으로 다행스러운 일이다. 또한 누가 알아주지 않아도 내가 찾아 할 수 있다는 것은 나에게는 너무도 다행한 일이다.

이제 나에게 조그만 소원이 있다면 올바른 길을 알지 못해서 방황을 하거나, 자신이 어떠한 기운을 타고 세상에 나왔는지 모르는 사람들을 위해 길을 안내하는 것이다. 하늘을 긍정하고 하늘에 감사를 하며 사람이 살아야 함은 물론이고, 당연한 일이나 자신이 모든 것을 알아서 하는 것처럼 믿고 사는 사람들에게 하늘의 고마움, 그리고 하늘의 진리를 알려주는 것이다.

누구나 자신의 힘으로는 할 수 있는 것이 하나도 없고, 하늘에서 도움이 있을 때 이루어진다는 진리를 알며 살았으면 하는 작은 소망이다.

집들이

이사를 가면 누구나 집들이를 한다.

영적으로 볼 때 그 이유는 집에 있는 지관에게 인사를 하는 것이다. 무슨 이유인지도 모르면서 집들이를 하는 경우가 많은데 그 집에서 병이나 나쁜 기운이 돌지 말라고 하는 것이다. 그래서 이왕이면 집들이를 하는 것이 예의가 아닌가 생각한다.

요즘은 바쁘다거나 돈 문제로 또한 부담스럽다고, 하지 않는 사람들이 많은 실정이다. 하지만 꼭 하는 것이 좋다고 생각한다.

동물들도 집을 이사 가면 우선 집들이를 하는 편이다. 눈에는 보이지 않는 집들이도 많은데 인간이 알 수 없기에 넘어가는 경우가 많다. 이렇게 볼 때 집들이는 사람만이 하는 것이 아니라 모든 것들이 자기가 거주하는 곳에 믿음을 갖기 위해 하는 것이다. 또한 사람몸에도 집들이를 하는데 그것은 우리가 먹는 음식으로 대행을 하는 것이다. 그러므로 음식을 골고루 먹지 않는다면 병이 오는 것이다.

특히 나라마다 지관이 있는데 우리나라 지관의 제일 높은 곳은 여의도인데, 그 자리에 있는 지관은 이미 자격이 박탈된 지 오래다. 그러므로 우리나라가 흔들리고 있는 것이 당연하다. 땅마다의 기운이 다르기에 그 기운마다 맞는 지표가 있어야하고 또 사용을 해야 한다. 다시 말한다면 땅의 기운에 맞게 쓰지 않는다면 그 땅은 아무 소용이 없다.

우리는 항상 땅의 소중함을 알고 함부로 땅을 파지 않아야하는데, 여기 저기 땅을 파서 우리나라의 기운은 여러 가지로 나쁜 기운이 맴돌고 있는 실정이다. 그래서 요즘은 지하실을 들어가기가 매우 꺼려지는데 그 이유는 땅의 기운이 많이 화나 있어서 그렇다. 며칠 걸리지 않아서 땅을 또 파는 경우를 여러분들은 많이 보았을 것이다.

그래서 우리나라는 거의 땅을 파고 묻고 하는 것이 직업으로 변한 것이다. 이제는 집들이라는 것이 무엇인가를 바로 알고 땅을 너무 괴롭히는 일은 하지 말아야 하겠다.

거지와 왕자

참 이상하다.

거지는 왕자가 되고 싶어 하는데 왕자는 거지가 되고 싶어 한다. 이유가 있다. 좋은 것이든 나쁜 것이든 사람은 가끔 한번 바꾸고 싶어 하는 마음이 있다.

그 이유는 간단하다. 사람의 마음은 하루에도 600번의 기의 흐름으로 살아가기에 그러한 현상이 일어나고 있다. 특히 자신의 직업에 만족을 못하는 그러한 현상이 자신의 몸에 돌기 때문이다.

하지만 정신세계의 일을 하다보면 그러한 생각은 일어나지 않는다. 정신이 하나로 만들어 지기 때문이다.

거지도 불편한 것이 없고, 왕자도 불편한 것이 없어 왕자나 거지의 생활은 의식주는 달라도 생각하는 정신은 같을 수 있다. 그러므로 같은 기운은 통할 수 있으나 그렇지 않은 경우는 통하기가 힘들다.

한가지의 마음을 만들기란 서로 기운이 틀리기에 어렵지만 거지와 왕자와 같이 차원은 달라도 기운이 같다면 쉽게 친해질 수 있다.

거지와 왕자처럼 같이 가는 세상을 만들자!

하필이면

우리 민족은 고유문화를 배척하고 있다. 그렇지 않은 것도 있지만, 특히 무속에 대해서 부정을 하는 사람들이 많은데 무조건 부정을 한다면 안 된다. 사람마다의 그 세계가 있다. 알지도 못하면서 미신이라고 배척을 한다면 어떤 것이 미신인지 모른다. 남의 것은 무조건 미신이라고 하는데 미신이라는 뜻은 그 나라의 토속적인 것을 알지 못하는 것을 미신이라고 한다. 물론 무당을 보고 미신이라고 하는데 어떻게 보면 역학을 하는 것도 미신의 일종이다. 그런데 사람들은 무당이 하는 것만 미신이라고 생각한다. 어떠한 것이든지 우리 것을 소중하게 생각하면 좋은 것이나 교양이 모자라 무당은 우리나라에서 천대를 받고 산다. "하필이면 무당직업을 갖고 있느냐"하는 사람들이 많다. 무당을 무시하고 멸시하는 사회가 안타깝다. 자신이 필요하면 찾아가면서도 자신은 가지 않은 것처럼 행동을 하고 있다.

원래 무당은 하늘에 천제를 지내는 사람으로 '제사장'이라는 이름을 가졌는데 지금은 좋지 않은 직업이라고 생각한다. 사람마다 직업을 하늘에서 받거나 조상이 원해서 하는데 그 사실을 모르니 무조건 무당 팔자가 부정을 더 하는 것이다.

하필이면 무당을 외면하는가? 그 이유는 진정한 영적 세계의 내면 공부를 했다면 그렇지 않을 것이다. 그러나 굿을 한 뒤 영적 공부를 하지 않고 무조건 점을 보는데서 신빙성이 없어 그런 것이다. 그래서 지금도 무당 팔자를 타고난 사람이 무당을 하기 싫어 다른 직업을 선호하는데 알다시피 다른 것을 하기 어렵다.

그래서 팔자대로 사는 것이 항상 즐겁다.

우리 민족의 한을 풀어라

우리 민족의 한이라는 것은 우리가 가지고 있는 우리 민족의 역사와 우리 민족의 고유한 정서를 바르게 실현을 하는 것이다.

지금은 우리 것이 없어지고 남의 것이 유행하는 요즘 누가 우리 것을 위해 살고 있나, 내가 안하면 다른 사람이 하겠지 하고 생각을 하는데서 문제가 생긴다.

언제부터인가 우리 민족은 우리 것을 외면하는 습성이 생겨 오히려 우리 것을 거부하고 무시하는 경향이 있어 우리 것을 다시 알고 싶어 해도 이미 우리 것을 멀리하는 습성으로 인해 많은 것을 잊어버리고 다시 찾기가 어려워지는 것을 알 수 있다. 노래와 민속, 그리고 여러 문화 우리가 알고 있는 가까이 있는 우리 것 소중하게 생각을 하고 살아야 우리 자손이 우리 것을 소중하게 생각하는 마음이 생긴다.

우리 민족의 한은 무엇이라고 생각을 하는가?

우리 민족의 한은 우리 것을 찾는 것이라고 생각한다. 우리 것을 아는 것이야말로 우리가 살아가는데 더 많은 도움이 된다. 그래야 진정 세계화를 생각할 수 있을 것이다. 우리 민족은 어느 나라보다도 강한 의지를 가지고 있는 민족이다. 또한 천손이라고 하지 않는가! 수많은 나라 중에 우리 민족은 강하고 깊은 마음을 가지고 있기에 어느 나라보다도 마음만 먹는다면 선진국이 될 수 있다.

그러나 어디 우리 것을 찾아보려고 해도 무엇 하나 찾아보기 어려운 세상이다. 하루에 한번이라도 우리 것을 생각하는 민족이 되어야 한다. 그래야 우리는 우리가 마음먹은 대로 잘 살 수 있다. 우선 정신문화가 잘되어야 우리 민족이 가야할 길을 제시할 수 있다. 그런데 우리의 정신문화는 눈 가리고 아웅 하는 식으로 되어 있다. 지금 우리는 우리 정신문화를 찾아야한다.

우리 민족의 고유한 정신을 찾아야한다. 그렇다면 어떻게 찾아야 하는가? 그것은 간단하게 찾을 수 있다.

우선 우리의 역사를 바로 아는 것이다. 우리의 역사를 제대로 아는 사람이 얼마나 되나? 우리의 역사는 왜곡 된 상태로 가르치고, 그렇게 배워왔다. 그러므로 우리는 우리의 역사를 잘못 알고 있다.

우리 민족이 가꾸어온 우리 땅을 너무 훼손하고 있는 실정이다. 누구나 아는 사실이나 자기 자신의 이득을 위해서는 생각을 하지 않고 아무렇게나 행동을 하는 것이다. 우리나라는 삼천리 금수강산 이라고 배워왔지만 지금 현실은 그렇지 않다. 오염과 우리가 알 수 있듯이 공기가 너무 좋지 않아 밖에 나가기 어려운 실정이다.

우리문화, 우리 한을 푸는 것만이 우리가 살고 있는 곳에 좋은 환경을 만들어 줄 것이다.

우리정신을 찾자.

우리의 한을 풀자.

한심한 사람들

인도를 가면 명상을 배운다. 캐나다를 가면 아로마 요법을 배운다. 그런 것들을 생계의 도구로 하는 사람들을 보면 한심하기 짝이 없다. 돈벌이에만 어두워 우리나라의 기운과 맞지도 않은 것들을 나열해 놓고 정신을 거기에만 쏟고 있는 우리나라의 정신세계의 실정이다.

왜 우리 것을 그렇게 모르면서 남의 것만 추구하는지 모르겠다. 명상이나 오쇼 아쉬람, 그 외 여러 가지를 내놓고 그저 다른데다 눈을 돌리는 사람들을 보면 한국 사람인지 다른 나라 사람인지 분간이 안 갈 때가 있다. 항상 나는 우리 것을 가장 어려운 것이라고 생각한다. 우리 것만 알아도 세계 어느 곳에 가도 못할 것이 없는데, 요즘 사람들의 심리를 이용해서 멀리 비행기 삯만 없애는 사람들을 이해 못한다. 그것도 정신세계를 다룬다는 사람들의 행동이 그러니 누가 말릴 것인가?

우리나라 사람은 세계 어느 나라 사람들보다 영적 능력을 높일 수 있는 나라다. 그러나 외국사람의 정신세계의 글을 번역해서 책을 팔아 자기이익을 찾고 외국의 음악을 들여와 우리나라 사람들에게 맞지도 않는 그러한 행동은 참으로 날벼락을 맞아도 시원하지 않다. 그것도 좋은 대학을 나온 사람들이 국위선양을 못할망정 그러한 행동을 하고 있는 실정이다. 우리는 깨달아야 한다. 그래야 우리가 바로설 수 있다. 우리가 바로서지 않으면 우리 민족은 앞으로 어떻게 되겠는가? 걱정이다. 그래도 우리는 한 배달민족이 아닌가? 우리의 정신을 모아 우리 것을 세계에 알리는 일을 해야 한다. 그것이야 말로 애국자다. 그러나 우리나라의 정신세계의 실정은 지금 너무 다른 곳으로 가고 있다. 단전호흡도 거의 중국 것이고, 그 외 요가도 인도 것이고 우리 것은 어떤 것인가? 우리 것을 하면 선호하는 사람들이 없어서인가? 단군을 내세워 일을 하는 사람들을 정신병자 취급하는 사람들이야말로 매국노다.

이제 우리의 역사는 어디로 사라지는 것일까?

우리 민족의 아픔을 누가 대신 할 것인가. 다른 나라 사람들이 대신 해주지는 않는다. 우리정신문화가 이대로 가다가는 정말로 우리문화 우리정신은 찾아볼 수 없을 것이다.

그렇다. 우리 것을 되살려 우리 민족의 자존심을 키우자.

우리 마음의 자존심을 살리자. 그래야 우리가 잘 살 수 있다.

걱정이 있어야 사는 것이다

누구에게나 걱정은 있는 것이다. 아무리 좋은 생활을 해도 인간에게는 언제나 자기도 모르는 사이에 걱정이 생긴다. 그래서 사람들은 언제든지 걱정을 안고 산다. 나 역시 걱정이 많은 사람 중에 한 사람이다. 자신이 이루어 놓은 것이 많을수록 많은 걱정을 만들어 놓는다. 사람이 살아가면서 걱정이 없는 사람은 없을 것이다. 그러나 그 걱정을 걱정으로 끝나는데서 걱정이 사라지지 않는 것이다.

어떠한 일을 하든 걱정이 없다면 발전이 없을 것이며 걱정은 인간에게 많은 변화를 주는 선생님 노릇을 하고 있다. 다만 인간이 살아가면서 걱정이 없는 것을 생각하는 생각에 걱정이 더 있어야 발전을 할 수 있다는 것을 터득하게 된다.

이제 우리는 걱정을 덜어 놓을 수 있는 마음의 자세를 가져야한다. 그만큼 인간은 어느 것에 만족을 못하기에 걱정을 하게 되는 것이다. 물론 인간은 항상 만족을 위해 어떠한 일을 하는 것은 당연하지만 만족을 위해 하는 것이 아니라, 어떠한 것을 성취하기에 만족을 느끼지 못하는 것이다.

인간은 걱정을 통해 많은 것을 배우고 느끼며 살고 있다. 어떻게 보면 인간은 걱정을 생각하는 속에서 많은 발전을 가져오고 있는 것이다. 다만 인간의 욕심이 자신을 힘들게 하는 것이다.

이제부터라도 걱정을 즐겁게 생각하고 살아야한다. 걱정은 우리에게 좋은 결과를 주는 것이니만큼 걱정이 있어야 좋은 것이라고 생각하는 자만이 확실한 승부가 있다.

제6장
영적으로 본 세상

눈물이 나는 날

나는 어떻게 살아야 되는 것인지 모르고 살아온 사람 중에 한 사람이다. 어릴 때 가난하지 않았다면 이런 시련 속에 이렇게 내 자신이 성장을 가져올지는 몰랐다. 과연 내가 남의 운명이나 하늘의 소리를 전해준다는 것이 참으로 이런 일도 다 있구나 생각을 하게 된다.

어릴 적 나는 누구보다 가난한 시절을 보내고 살았지만 누구나 그렇게 사는 것이구나 생각을 하고 살았는데 어느 날 밥을 굶고 사는 것에 대해서만큼은 다시 생각을 하게 됐다.

물론 기도 중에 통곡을 하고 나도 모르게 눈물이 바가지처럼 쏟아지는 경우도 한두 번은 아니지만 밥을 먹지 못하고 가난한 어린시절을 보낸 적보다 어렵지는 않다.

내가 기도를 시작하고 이런 영적 세계를 접하고 물론 하늘의 원리를 알았지만 인간을 아는 것이 깨달음이라는 것을 알고 나서는 인간이 살아가는 방법을 터득했다.

나는 남자지만 누구보다 복받치는 설움과 기쁨을 동시에 맛보는 기회가 많은 사람 중에 한 사람이다. 지금 세상을 살다 힘든 사람이 있다면 그 길을 알려주고 서로 대화하고 상담하고 나도 한 가지 한 가지 배우고 그렇게 살아가고 있다. 그리고 민족과 나라를 생각하는 사람들로 하늘의 제자를 가르치고 있다.

물론 나는 배움이 없어 항상 소외감을 가졌지만 배움이 없는 것이 이제 와서는 하늘의 소리를 알게 한 것이라는 것을 깨닫고 하루하루를 소중하게 살아간다. 다시 말해 지나가는 바람과 피어나는 밭의 채소와 땅의 기운과 대화를 하며 살아가고 있다. 그래서 자연을 모르고 사는 사람들이 있다면 자연의 진리를 깨우쳐 주고 인간이 살아가는 법도를 알려주며, 항상 고난이 나를 발전시키는 최고의 무기라고 생각한다.

특히 제자들이 괴로워하거나 하늘의 소리를 거역할 때면 답답하기 그지없지만 하늘의 소리를 알지 못하는 것을 나무라지 않는다. 그 이유는 지금까지 살아온 것도 가진 것 없이 소외당하고 살아온 팔자였기에, 그러한 것을 나는 누구보다 그 처지를 알기에 이왕이면 제자들을 아끼고 많은 것을 가르쳐 주고, 알려주고 싶다.

영적 공부를 하는 제자가 깨달아 하늘과 합의가 되고 하늘과 하나가 될 때 내가 가르쳐 줄 것이 없을 때면 나는 기쁨과 안도의 눈물이 쏟아진다.

혼돈의 세계

지금은 혼돈의 세상이라고 할 수 있다. 많은 사람들이 혼돈의 세계를 이해하지 못하는데서 오는 혼돈의 세계도 있다. 우리는 혼돈의 세계를 지나가고 있다. 혼돈의 세계는 우리가 알고 있는 그런 세계가 아니다.

혼돈의 세계는 그야말로 바로 갈 수 있는 세계다. 혼돈의 세계를 이용한다면 우리가 살아가는데 많은 도움을 받을 수 있다.

혼돈의 세계라는 것은 지식보다는 지혜의 세계라고 하는 것이다. 인간이 생각하지 못하는 일들이 많이 생기고 있는 요즘 지혜로 풀지 못한다면 영원히 혼돈의 세계를 이해하지도 못하고 생명을 다할 수 있다.

혼돈의 세계는 우리에게 큰 교훈을 주고 있다. 밥을 먹어도 요즘은 음식가지 수가 수없이 많다. 그러므로 어느 음식을 먹느냐에 따라서 그 사람의 건강이 달라진다. 예전에는 사람들의 건강이 거기서 거기인데 많은 음식이 생기면서 음식의 혼돈 세계를 걷고 있다.

자기와 맞지 않는 음식을 먹으면 혼돈이 되서 병이 생기는 것이다. 우리는 여러 가지 혼돈의 세계에 맞추어 살아야한다. 그러나 지식으로만 생활을 하려고 하는 바람에 여러 가지 혼돈을 하고 있는 것이다. 음식에도 혼돈의 세계가 있듯이 여러 방면으로 혼돈의 세계가 있다는 것을 알고 살아야한다. 혼돈의 세계는 우리가 가장 빨리 알아야 하는 것이며 알지 못한다면 많은 것이 걸림돌이 될 것이다. 혼돈의 세계라는 것을 알고 실행을 못하기에 많은 고충을 받는 것이다. 혼돈의 세계를 이해하며 살고자 한다면 우선 영의 세계를 인정하고 이해

하려고 노력을 해야 한다.

그러나 지식을 많이 알고 있는 사람들일수록 영의 세계를 알고자 하지도 않고 부정을 하고 있는 실정이다. 그렇게 생각하는데서 이사회는 점점 망가지고 있는 것이다.

혼돈의 세계는 누구나 잘 살 수 있는 사회를 만드는 것이다.

혼돈의 세계를 알고 사는 우리들이 되자.

도시 이름으로 본 운명

우리나라는 세계적으로 가장 많은 종교가 몰릴 수밖에 없는 나라라고 할 수 있다. 왜냐하면 우리나라에서 앞으로 세계적인 지도자가 나올 수 있다는 말이 그 속에 담아 있다는 말이다. 그래서 한국이라는 단어 속에는 여러 가지 의미가 담겨 있다는 말이다.

첫째는 '하늘의 나라'라는 뜻이 담겨져 있다.

둘째는 '누구든지 머물 수 있다'는 뜻이 담겨져 있다.

셋째는 '물러설 수 없다'라는 내용도 담아 있다.

내용에서 알 수 있듯이 우리나라는 어느 나라보다도 하늘에서 선택을 한 나라라고 할 수 있다. 서울이라는 말은 '어느 것을 담아 놓는 곳'으로 해석이 된다. 그리고 청와대라는 뜻은 '먹구름을 걷히는 곳'이라고 할 수 있다. 대전이라는 뜻은 '선비'라는 뜻이 담겨져 있으며 울릉도라는 지명은 '잠을 잔다'라는 뜻이 담겨져 있다. 그리고 우리는 아직도 일본과 독도문제로 골치를 앓고 있는데 독도라는 뜻은 '경계선'이라는 뜻을 가지고 있다. 독도는 하늘에서 볼 때 '물개'라고 표현할 수 있다. 그러므로 독도는 고기가 많이 몰리는 곳으로 알 수 있다. 또한 일본 사람이 자기의 땅이라고 하는데 그 이유가 타당치 않으며 우리는 그 이유를 잘 모르기 때문에 지금까지 대립을 하고 있는 것이다.

하늘에서는 우리나라의 독도를 새끼손가락으로 표현하고 있다. 우리나라의 새끼손가락을 자기들 것이라고 하는데 그렇다면 한국도 자기들의 것이라고 우겨야 할 것이다. 그러므로 일본은 독도의 인격을 무시하고 터무니없는 말을 한 것이다.

분명히 독도는 우리나라의 손가락으로 표현할 수 있다. 그 이유는 우리나라의 위치를 보거나 또 어느 것을 보더라도 판단할 수 있다. 어찌 우리의 손가락을 자기의 것이라고 하는 것인지 모르겠다.

우리는 독도의 뜻을 잘 알고 일본으로부터 다시는 독도가 자기의 땅이라고 우기지 않게 말을 해야 할 것이다.

독도의 용왕은 이렇게 말을 한다. 독도는 우리나라의 용왕이 모여서 회의를 하는 곳이라고 어떻게 우리나라의 용왕이 다른 곳에 가서 회의를 할 수 있나 하고 말이다 이것을 볼 때 우리는 보이지 않는 곳에서도 독도가 우리의 땅이라고 할 수 있는데 이것을 모르고 말을 한다는 것은 남의 떡을 그냥 먹는 것과 똑같다는 말이다.

또한 독도에 있는 지관도사가 이렇게 말을 하고 있다. 배가 부른 일본이 배가 터지려고 딴소리를 하고 있다. 명쾌한 말이다. 독도의 지관도사는 일본을 김밥 같은 나라라고 말을 한다. 김밥이라는 뜻은 '금방 쉬어버린다'라는 뜻이다. 쉬기 전에 다른 것을 찾고 있는 것인데 일본 주위에 별다른 땅이 없기에 독도를 가지고 엉뚱한 말을 하고 있는 것이다.

이제 더 넓게 세계 지명으로 운명을 보면 이스라엘은 '빛을 잃어버린 나라', 이라크는 '자기보다 높은 게 없는' 뜻으로 해석 언제든지 전쟁을 일으킬 수 있는 기운을 가지고 있다.

영혼결혼식

사람에게는 두 가지의 결혼이 있다. 그러나 한가지의 결혼을 가지고 진짜 결혼이라고 하고 있다. 결혼의 의미를 진정으로 안다면 사람끼리 영혼으로 만나야 영원하다는 것을 안다.

사람끼리의 결혼은 쉽게 헤어질 수 있지만 영혼끼리의 결혼은 헤어지지 않는다. 영혼끼리 결혼을 한 후에 사람으로서 결혼을 한다면 그 결혼은 자신이 반대를 한다고 해도 헤어질 수 없다. 그래서 하늘에서는 영혼을 태워 결혼을 하는 것을 더 중요하게 생각한다. 가끔 우리는 죽은 사람을 영혼이나마 결혼을 시키는 경우를 볼 수 있다. 어떤 사람은 결혼을 하지 않고 사는 사람이 있는가하면 결혼을 하기도 전에 생을 다하는 경우가 있다.

지금도 우리들이 사는 사회는 결혼을 해서 살아야 하는 사람이 있는가 하면 결혼을 하지 않고 살아야 하는 팔자가 따로 있기에 결혼을 하지 않고 사는 사람의 특성은 어느 영혼과 결혼을 하고 살아야 된다는 것이다.

그래서 사람과 결혼을 하지 않고 어느 영혼과 결혼을 해서 사는 사람은 우선 마음이 넓어지며 욕심이 없어지고 많은 사람들에게 도움을 주고 살아야하는 것이다.

우리가 알듯이 스님이 결혼을 하지 않고 사는 것은 부처의 영혼과 결혼을 한 것이고, 신부는 마리아의 영혼과 결혼을 한 것이며 나 같은 사람은 단군의 기운과 결혼을 했다고 해도 과언이 아니다. 그래서 우리가 살아가는 사회는 영혼결혼식을 통해 많은 도움을 얻고 사는 것이다. 그래서 가끔 사람들은 결혼을 하지 않고 혼자 살 거야라고 하는 사람들은 어느 영혼을 통해 결혼을 해야 한다는 것을 자신이 자신에게 암시를 하는 것이다.

물론 사람으로서 결혼을 해서 사는 팔자가 되어야 편안하게 살 수 있는 것이지만 그렇지 않은 팔자도 있는 것이다. 그래서 결혼을 해 놓고도 행복하지 않은 사람들을 보면 영혼결혼식을 해야 하는데도 사람과 결혼을 했기 때문이라고 느끼는 사람들도 많다.

이제 우리는 영혼결혼식을 대강 알아보았다. 어떠한 기운이 있어 영혼결혼식을 해야 할 사람이 사람과 결혼을 하면 많은 고통과 괴로움이 따른다는 것을 알았다.

자신이 어느 영혼과 결혼을 해야 하는지부터가 가장 중요한 것을 알 수 있다.

피곤한 사람들

요즘 피곤한 사람들이 대부분이다. 물론 여러 가지 요인이 있겠지만 지금 하늘에서는 인간들에게 많은 기운을 주지 않고 있는 실정이다. 그러나 기운을 무조건 준다고 생각하는 사람들이 많은 편이다. 하늘은 인간이 원한다고 다주는 것은 아니다. 그 이유는 다 받을 수 있는 그릇이 없기 때문이란 것을 여러분들도 잘 알 것이다.

그러면 어떻게 피곤한 몸을 풀 수 있을까? 물론 하늘의 기운을 받는 것이 가장 좋은 것이라고 생각할 것이다. 하늘은 인간을 위해서 많은 노력을 해왔다. 40억년 가까이 해 온 것이다.

그러나 인간은 하늘에 해 준 것이 없다. 고작 감사합니다. 그 이후에는 무엇을 바라는 것뿐이었다. 더 이상 하늘에서는 아무에게나 능력을 주지 않는다. 다시 말하면 능력을 받으려면 하늘에 합격을 해야 한다. 하늘에 합격을 한다는 것은 쉬운 일은 아니다. 그 만큼 많은 노력을 해야 되는 것이고 노력을 한다고 해도 노력한 만큼 될 수 없는 것이 하늘의 법이다. 그렇다. 우리는 하늘의 법을 알아야한다. 그래야 우리가 살 수 있는 길이 열리는 것이다.

과연 하늘의 법을 알아 사는 사람이 얼마나 되는 것이 문제가 된다. 예전에는 인간을 하늘의 메시지를 전하는 도구로 많은 사람을 선택했다. 그러나 지금은 상황이 많이 달라졌다. 쉽게 말하면 예수나 공자나 부처, 그 외 성인이라고 하는 사람들을 하늘의 도구로 선택한 것이다. 요즘 세상은 이러한 능력자들이 나오기 힘이 드는 실정이다. 우선 하늘에서 어떠한 사람을 선택을 하지 않는데서 알 수 있다. 그래서 인간은 하늘에 선택에 되기를 기도하고 기다린다. 그러나 하늘에서는 모른 체 하고 있다. 이것이 가장 문제가 된다. 옛날에는 인간에게 영적인 능력을 많이 내려주었다. 그러나 그 내려준 영적 능력을 제대로 쓰지 못하기에 하늘에서 도로 가져가는 실정이다.

또 한 가지 이유는 지식만을 추구하는 세상이 되었기에 하늘에서 주는 지혜를 모르고 사는 것이 문제가 되며 하늘에서 인간에게 무엇을 원하는지 몰라서 그런 것이다. 과학이 발달되면 인간이 사는 것이 점점 행복할 것 같지만 그렇지 않다. 과학이 발전될수록 인간은 과학의 노예로 변하기에 점점 사는 것이 힘들어지는 것이다.

이제 사람이 피곤하지 않게 살려면 하늘의 뜻을 알아 그렇게 살아야한다. 점점 사람이 피곤해진다. 더 어려운 삶이 찾아오는 미래를 두려워하지 않고 있다. 그것은 하늘의 법을 모르기에….

요즘 찾아오는 사람들

참으로 안타까운 일이다. 여기저기 기를 한다거나 신명 이야기를 듣고 싶어 영적이 아닌 곳을 다니다가 정신적, 그리고 육체적, 물질적으로 손해를 보고 찾아오는 사람들이 부쩍 늘었다.

한편 내 입장으로서는 좋은 현상이지만 지금 우리 사회는 능력이 없는 사람들이 능력자라고 해놓고 많은 사람들에게 손해를 입히고 있다.

단학을 조금하고서 '힐링 센터'를 차려놓고 엉뚱한 일을 벌이는 사람들이 많다. 단을 조금 한 사람들은 자기체면에 걸려 자기가 하늘의 기운을 받은 것처럼 착각 속에서 많은 사람들을 울리고 있다. 그러나 그 교육을 받은 사람은 손해배상은커녕 여기저기 또 돌아다닌다. 우리의 현실이 그렇다. 영적 세계를 모르는 사람들이 판을 치고 있는 요즘 정신세계를 다른 때보다 많이 기웃거리는 것을 볼 수 있다.

다만 어떤 기운이 없는데도 무지한 사람들을 가지고 놀고 있는 실정이다. 하늘의 기운은 아무나 받을 수 없다는 것을 알아야한다. 욕심만 가지고는 하늘의 기운을 받을 수 없다.

기 수련이나 기(氣) 치료는 물론 많은 수련을 거쳐야 하는데 그렇지 않은 경우도 있다. 요즘 우리 사회는 정신적으로 고통을 받는 사람들이나 정신세계를 알고 싶어 하는 사람들이 많다. 하지만 길을 잘못 선택한다면 모두 무너진다. 자기 자신이 생각하는 것처럼 쉽게 능력을 받을 수 없다. 그것을 모르고는 항상 여기저기 정신세계 쪽을 헤매게 되는 것이다. 내가 본 사람 중에 이미 자기 자신도 모르게 깨우친 사람들도 많다. 또한 그러한 능력을 받을 수 없는 사람들이

다니고 있다. 조금만 이상하면 기(氣) 치료를 받고 싶어하거나 기공사가 되고 싶어 하는 사람들은 우선 자기를 의심해봐야 한다.

그리고 자기의 기운을 바로 일러주는 곳을 찾아가야 한다. 지금 단학을 조금하고도 선생이라는 칭호를 받는 사람들이 허다하다. 그런 곳에 가면 결국 내가 잘못 선택했구나 할 것이다. 이미 늦어 버린 것이다. 또 다른 곳으로 발길을 옮기지만 마찬가지다. 참으로 안타까운 일이다.

영의 세계를 알고자 한다면 수많은 세월이 필요하며 또 쉽게 하늘에서 능력을 주지 않는다. 영적인 스승을 잘 만나야 후회가 없다. 그러나 지금 우리 사회는 영적인 능력자도 아닌 사람들이 많다는 것을 알아야 함에도 불구하고 자기의 욕심으로 그 사람들은 그것을 이용하고 있는 실정이다.

단학은 기체조일 뿐이다. 그리고 기 수련은 천문이 열린 다음에 해야 별탈이 없는 것이며 어떠한 능력을 받을 수 있는 것이다. 찾아오는 사람들을 보면 지식으로 가득 차 있다. 기(氣) 치료나 기 수련은 지식으로 하는 것이 아니다. 그것을 모르고 지식으로 하는 곳을 찾아다니니 그 다음은 뻔하다.

여러분들도 이점을 고려해서 영적 세계를 가고자 하는 사람은 심사숙고하길 바란다.

영적 제자를 키우며

참으로 안타까운 일들이 많다. 인간으로서는 알 수 없는 세계를 알려하니 어디 쉽게 이루어지겠는가? 어떤 제자는 며칠 안 가서 우주의 기운을 느끼고 살아가는 경우가 있고, 또 어떠한 제자는 3년이 넘어가도 아무것도 느끼지 못하는 경우가 있다.

이럴 때면 제자를 키우며 안타까운 것을 느낀다. 왜 그럴까하고 스스로 생각을 해보면 우리가 공부하는 것은 책이 없고, 경험을 통해서 하는 것도 아니고, 그냥 무작정 하늘에서 내리는 말씀으로만 공부를 하는 것이기에 아무리 정신을 차리려고 해도 힘이 든다.

왜냐하면 하늘에서는 정신을 차리라고 해놓고 정신을 못 차리게 훼방을 놓기 때문이다. 그 이유는 강한 사람으로 만들기 위함 때문이다. 그래야만 어떠한 경우에도 참고 인내하며 살 수 있으니까 하늘에서는 그렇게 방법을 쓰게 되는 것이다. 그러니까 얼마나 힘든 공부를 하는 것인가?

오늘 100점이라면 내일 가면 어제가 0점이다. 그만큼 매일 새로운 공부를 하기에 자만심이 있다면 하늘에서 지금까지 공부한 것을 다 까맣게 아무것도 모르게 한다. 그때마다 제자들은 당황하게 되는 것이다.

우리가 하는 공부라는 것은 말로 할 수 없는 공부이기에 다시 말해 눈으로 보는 것이 아니라 보이지 않는 세계를 다루는 것이므로 알 수 없는 세계를 다룬다는 것은 자기를 버리지 않고서는 이룰 수 없는 경우이며 자기가 어떠한 경지에 올라섰다고 하더라도 자만하거나 이기주의로 나간다면 금방 하늘에서는 채찍질을 한다. 그러므로 하늘의 제자로서 살아간다는 것은 인간으로서는 참을 수 없는 수치와 많은 고통을 받은 뒤에 하늘에서는 그 능력을 내려주는 것이다.

하늘의 제자로서 살아간다는 것은 죽는 것보다 어려운 길이다. 그러나 이러한 세계를 접하지 않은 사람들은 어려움을 알 수 없지만 나를 버린다는 것이 얼마나 힘든 것인지 상상을 해볼 수는 있을 것이다. 제자를 키우면서 어렵게 되는 제자를 보면 내가 대신 하늘의 채찍질을 받고 싶을 때가 한두 번이 아니다.

제자를 키우며 과연 무엇을 위해 이렇게 어려운 공부를 해야 하는지 생각해 볼 때가 많다. 많은 사람들이 알아주지도 않고, 특히 손가락질을 하는 사람들도 있는 세상이라 하늘의 영적 공부는 더 힘들어진다. 그러나 하늘에서 내려준 사명이 있기에 자기 자신만 잘한다면 나라와 민족을 위해 많은 봉사를 할 수 있는 직업으로 승화할 수 있는 공부다.

어떤 제자는 시퍼렇게 멍이 들어있다. 그 이유는 하늘의 말을 듣지 않고 자기 스스로 어떠한 것을 생각할 때 벌을 내리는 것이다. 참으로 안타까운 일이다. 이것이 맞는가하면 또 다른 것이 맞고 또 이것이 맞는가하면 저것이 맞는, 도대체 사람의 머리를 바로 두지 않는 공부기에 조금이라도 멍하다면 하늘에서는 벌을 내리는 것이다. 하늘공부를 한다는 것은 인간으로서는 가장 힘든 과정을 가는 길이다. 물론 여러 가지 힘든 일이 많지만 그 중에서도 제일 힘들다고 본다. 그 이유는 어떠한 것을 시켜놓고 그 일을 해도, 또 하지 않아도 혼나는 공부가 우리가 하는 공부다. 그러니 어떻게 해야 바로 가는지를 알 수 없는 공부다. 그렇게 수많은 시험과 과정 속에 우주의 원리를 알게 되는 것이다.

그러므로 인간의 머리로는 할 수 없는 미지의 세계이므로 쉽게 생각하고 공부를 시작한다면 하늘의 도구로서 쓰기는커녕 탈락을 시키기에 참으로 힘든 공부라는 것을 알 수 있다.

많은 제자들이 찾아 오지만 자기를 버리지 않고 오기에 답답한 것을 느끼며 하늘의 공부는 우리가 알고 있는 상식은 필요 없고 오직 한 길이라는 마음을 가져야 한다는 것을 잊지 않아야한다.

그래야 그때부터 시작이자 마지막 공부가 되는 것이다.

인생살이로 본 우리의 세상

누가 잘 사는 것인가? 돈을 많이 갖고 사는 것이 진정 행복한가?

그렇지는 않다고 본다. 하지만 돈이 궁해 항상 걱정을 하는 사람들은 물론 돈으로 행복의 치수를 정할 것이다. 하지만 나는 이렇게 생각한다. 돈이 많아 잘 산다고 하는 것은 매우 잘못된 것이라고 생각한다. 누구나 잘 사는 것은 돈으로 따질 수 없다. 지금 우리 사회는 돈이면 다 되는 세상이다. 우리는 어떻게 하면 잘 살 수 있을까 하고 여러 가지로 생각을 많이 한다. 그러나 특별한 방법이 쉽게 나오지 않는다.

잘 사는 것은 돈으로 이루어지는 것이 아니라, 자신의 마음으로부터 오는 것이다. 사람은 만족을 하지 못하고 사는 것이 문제다. 어떠한 것이든지 만족하고 사는 방법을 알아야한다. 그것이 우리를 즐겁게 할 것이다. 어린아이 때는 잘 모르지만 어른이 되고 나서 자기 사고방식을 갖게 되는데 차라리 어린아이일 적에 사고방식이 세상을 살아갈 때는 훨씬 어떠한 판단에 막힘이 없을 것이다. 어른이 되면 아무래도 바라는 것도 많고 하고 싶은 것도 많은 것은 사실이나 여러 가지 형편으로 인해 하지 못하는 일이 많아진다. 그러므로 너무 생각을 많이 하게 되면 스스로 마음을 추스르지 못하는 경향이 많기에 이러한 점을 고려해서 살아가야한다.

자기 일이 풀리지 않는다고 고민하는 사람들은 우선 과거를 돌아봐야한다. 사람은 자신의 기본이나 준비가 미래를 좌우한다. 그러므로 기본이 되어있지 않고 일을 진행한다면 언제라도 낭패를 보기 쉬워진다.

언제나 하루에 3번 정도 크게 웃자. 저절로 마음이 편해진다.

전화번호와 차량번호로 본 운명

누구든지 태어날 때부터 아라비아 숫자를 선물 받는다. 태어날 때부터 년, 월, 일이라는 숫자를 받는다는 말이다.

어느 사람은 1자를 좋아하고, 어느 사람은 또 다른 숫자를 좋아한다. 그 사람에 따라 좋은 숫자가 있는 것이다.

우리는 자기의 생일을 보고 팔자를 간혹 보러간다. 어느 부인은 날짜에 맞추어 자식을 낳기도 한다. 물론 태어난 날이 어린아이에게 좋은 날이라면 좋겠지만 태어난 시와는 상관이 없다는 말이다.

자기 자신이 갖고 있는 숫자 중에 1자가 들어가 있는 것은 항상 불안의 요소를 갖고 있다는 것이며, 2자가 들어가 있다면 앞으로는 발전이 있다는 것으로 표현할 수 있다. 3자의 개념은 사람이 살아가는데 있어서 권리를 잃어버릴 수 있는 숫자이며, 4자가 들어가 있다면 이 숫자는 위험이 따라올 수 있다는 것으로 해석할 수 있다. 그리고 5자는 마음을 열 수 있는 숫자이며 6자는 멀어진다는 뜻이 들어있다는 것을 알 수 있다. 그래서 6자가 들어있는 사람은 항상 고독한 것을 알 수 있다. 사람들은 7자를 좋아한다. 7자에서 풍겨 나오는 내용은 밝다. 그리고 '시원하다'라는 분위기를 창출한다.

우리는 이렇게 숫자 하나로도 그 사람의 미래와 현재를 알 수 있는 것이다. 8자는 항상 중간을 나타낸다. 1에서 10까지 있다면 5가 중간이 아니라 8이 중간이라는 말이다. 그리고 9라는 숫자는 소홀히 하기 쉬운 숫자이며 사람들은 9자를 두려워하며 살아가는 것이다. 그래서 9자는 가장 우리들이 조심하며 또 9자를 어느 숫자보다도 귀중하게 생각하며 살아가야 된다. 9자가 지난 다음에는 그 사람의 미래가 어떠한지 결과가 나오기 때문이다.

여기에서 말한 것처럼 어느 숫자이건 그 숫자마다 뜻이 다 들어있다는 것을 알아야하며 또 숫자의 개념대로 잘 이용하며 살아간다면 숫자의 개념을 모르고 살아가는 사람보다 훨씬 좋은 일이 생기며 편하게 살아갈 수 있다.

숫자라는 개념은 하늘에서 이렇게 말한다. 그 사람의 기운을 나타내는데 있어서 가장 중요한 것이라고 우리는 누구든지 1등을 선호한다. 자식을 낳고 키워본 사람은 더욱더 그런 마음이 있을 것이다. 학교에서 1등 한 사람이 사회에서 1등 한다고 보장할 수는 없다. 그러나 우리는 1이라는 숫자의 강박관념을 자기도 모르는 사이에 머리속에 그려놓고 있다. 장남을 위주로 사는 세상, 남자를 위주로 사는 세상, 이런 세상은 이미 끝나 버린 지 오래다. 나는 6자를 좋아한다. 왜냐하면 6이라는 숫자는 나에게 많은 것을 가르쳐 주었기 때문이다. 6이라는 숫자는 사회를 살아가는데 있어서 냉정하게 판단할 수 있는 능력을 주기 때문이다.

그러나 항상 내가 말한 것처럼 숫자와 무관할 수도 있다는 말이다. 우리는 숫자를 가지고 한 평생을 살아가고 있다. 결혼할 나이도 숫자로 하고 사람이 세상을 뜨는 것도 숫자로 한다. 그래서 우리는 항상 숫자의 노예가 된다. 돈을 많이 갖고 있는 사람도 숫자가 많고 중국처럼 인구가 많은 나라도 숫자가 많다. 앞으로는 중국이 큰 강대국이 될 것이다. 그 만큼 숫자가 많기 때문이다. 전화번호와 차량번호로 본 운명을 쓰려니까 이런 글이 떠오른다.

'사람의 기운과 일치하는구나.'

다시 말해 내 자신이 원해서라기보다는 저절로 숫자가 생기게 되고 또 얼기설기 섞이기도 한다. 사람이 죄를 지으면 감방 안에서도 숫자가 지어진다. 차가 한 대 새로 만들어져도 새로운 숫자가 만들어진다. 우리나라에는 누구든지 알 수 있는 숫자가 있다. 119는 불조심과 응급할 때 쓰이고 있다. 112는 범죄 신고다. 이렇듯 숫자는 우리 주위를 항상 맴돌고 있다. 112는 위험을 나타내고 119는 진압을 나타낸다. 누구나 다 알고 있는 사실이다. 그러나 차량번호나 또 다른 전화번호도 그 하나하나 의미가 있다는 것을 알아야한다. 만약에 차량번호가 6789라고 하자. 이 뜻을 풀이한다면 가고 오는세상이 무섭지 않다 라는 뜻으로 해석을 할 수 있다. 만약에 전화번호가 4572라고 하자 4572는 항상 불안하고 근심이 있는 숫자로 풀이 할 수 있다.

숫자는 우리에게 미래를 예언해 주고 있는 것이다. 그래서 우리는 숫자 하나하나에도 다른 기운이 들어있고 또 다른 사람은 어느 숫자가 좋지만 또 어느 사람은 그 숫자가 좋지 않다는 결론도 얻을 수 있다. 자기 마음에 썩 내키지 않는 숫자는 불행을 가져올 수 있다. 전화번호와 차량번호로 본 운명론을 말하자면 여러 가지 천태만상이다.

결혼을 갓 한 신혼부부는 4949라는 숫자가 좋을 것이며 이혼하지 않으려고 하는 부부는 6666이라는 숫자가 좋을 것이며 식당을 하려고 하는 사람은 9292라는 숫자가 좋다. 그리고 우리에게 큰 운명론을 예시하고 있는 것이다. 그러나 이런 것이 어디 있냐 하고 생각하는 사람도 있을 텐데 절대 그렇지 않다. 정치가가 전화번호를 갖는다면 5252라는 숫자가 행운을 가져다준다. 만약에 국민회의의 전화번호를 만든다하면 3355라는 숫자가 어울릴 것이고 한나라당은 4545라는 숫자가 행운을 줄 것이다. 만약에 정치를 하는 사람이 차량번호를 갖는다 하면 9410이라는 숫자가 앞길을 열어 줄 것이다. 식당을 하는 사람의 차량번호는 5959라는 숫자가 좋다. 나는 숫자에 대해 많은 연구를 했는데 음양오행에서도 숫자로 모든 것을 관장하고 있다는 것을 알았다.

이렇듯 모든 것들이 숫자로 되어 있으니 우리는 1등 국민도 좋지만 남을 배려하고 사회에 봉사하고 나라를 생각하는 7676이라는 숫자를 가슴에 안고 살아가야 한다.

궁핍한 생활

정신이 가장 궁핍한 생활을 청산할 수 있다. 사람이 살아가는데 있어 가장 중요한 것이 있다면 사람마다 틀리겠지만 대부분 정신일 것이다. 올바른 사고방식을 갖고 산다면 궁핍하려고 해도 그 굴레를 가까이하지 않게 된다. 누구나 잘 살고 싶은 마음은 나와 같이 기도를 하며 살아가는 사람에게도 있다.

정신이 바로 서지 않으면 돈이 아무리 많아도 소용이 없으며 오히려 다른 사람을 못 살게 할 뿐이다. 그러므로 재물이 있다 해도 정신적으로 사고방식이 잘못 들어있다 하면 그것은 부자가 아니다.

흔히 마음이 부자가 되어야 된다는 말을 들어 왔을 것이다. 그렇다. 사람은 마음이 부자라야 모든 것이 좋아 보이고, 편안하게 보일 것이다.

이제 어떠한 것이 궁핍한 생활이라는 것을 바로 알고 살아야겠다. 인도 사람들은 거의 물질로는 궁핍하지만 정신적으로는 궁핍한 것이 아무것도 없는 삶을 산다.

어떤가? 우리나라는 아직도 정신세계는 너무 궁핍하지 않던가. 그래서 사람은 정신세계를 궁핍하게 하지 않아야 물질도 따라오고, 물질이 없다고 해도 고민을 하지 않게 된다.

우리나라는 다른 나라의 정신문화를 배워야한다.

악신과 참신과의 관계

소원이 없는 사람은 없을 것이다. 그 소원이 다 이루어지기란 그렇게 쉬운 일이 아닐 것이다.

다만 각자 열심히 살아가면 성공한다고 본다. 그러나 아무리 열심히 해도 효과를 보지 못하는 경우도 많을 것이다. 참신이 들어있는 정상적인 사람이라면 조금만 노력을 해도 하는 일이 잘 될 것이다.

그러나 악신이 몸에 있다면 나쁜 일이 겹치고, 아무리 노력 해도 힘들 것이다. 사람의 눈은 10점이다. 그리고 코는 20점이다. 입은 30점이다. 어디에 얼마만큼 잡신이 들어 있느냐에 따라서 성공을 하고, 또 실패를 하는지 알 수 있다.

사람의 마음은 50점이라 한다. 여기에서 알 수 있듯이 사람이 가장 점수를 받는 곳이 마음이라는 것을 알 수 있다. 그 점수를 잃어버리지 않고 살아야 성공을 할 수 있다는 말이다.

50점, 우리는 이 점수를 평생 가지고 살아가는 것이다. 악신과 참신은 이 점수를 서로 자기 것이라고 우기며 살아가는 것이다. 사람은 분명히 참신이 많아야 순하고 진실하게 살아갈 수 있을 것이다.

참신은 이런 것이다. 사람이 죽어서 하늘에 올라갔다가 다시 내려와 인간의 몸에 붙어 기거하는 것이고 악신은 이와 반대로 하늘에 올라가지 못하고, 하늘에 올려달라고 매달리고 살아가는 것이라고 보면 된다. 참신이 하는 일을 본다면 사람이 살아가는데 있어서 고통이 따르지 않는다는 것이다.

그러나 악신이 몸에 붙어 있다면 항상 고통이 따르는 것은 물론 여러 가지 죄를 짓는 매개체로 변한다는 것이다. 그래서 우리는 악신이 붙지 않게 하는 것은 물론 악신을 제거하고 살아야한다. 우리는 참신과 악신을 분별하지 못하고 살아가는 것이 문제다. 악신이 이기주의를 만들고, 악신이 사회악을 만드는 것을 알아야 바로 서는 나라, 바로 서는 자기 자신이 될 것이다.

참신은 우리에게 좋은 것을 주지만 참신을 잘못 이해한다면 가만히 앉아서 모든 것이 이루어진다고 착각할 수도 있다. 지금도 이북에서는 통일의 염원을 그릇되게 하고 있는데, 그것은 참신보다 악신이 많이 들어있기 때문이다.

우리들이 흔히 어느 신에게 빙의가 되거나 접신이 됐다고 하는 것을 보거나 듣고 왔다. 몸에 조상이 붙어 있다면, 그것은 결국 악신으로 변한다. 그러나 무속인들은 조상이 붙어있는 것을 좋게 인식하고 있는데, 절대로 잘못된 것이라고 본다. 그래서 우리는 악신과 참신과의 관계를 잘 알고 있어야만 살아가는데 많은 이득이 된다. 가령 악신이 많은 사람이 있다면 아무리 선하게 살아가려고 노력을 해도 살 수 없게 되고, 참신이 있다 하면 어느 누구도 착하다고 할 것이며 많은 사람들이 따라올 것이다. 그러므로 정치를 한다거나, 큰 사업을 한다면 참신이 많이 들어있지 않으면 절대로 성공을 못한다.

악신과 참신은 조상과 천신으로 구분할 수 있다. 사람 몸에 조상보다 천신이 많다면 더욱 큰일을 할 수 있는 사람이 되지만, 조상이 많이 들어있으면 항상 어렵게 일을 할 수밖에 없다. 아무리 천신이 많이 들어있다 해도 조상신이 한 명이라도 있으면 항상 마무리가 어렵다. 왜냐하면 천신이 하는 일을 조상신은 질투하기 때문이다.

바야흐로 21세기를 맞아 신에 대한 글을 쓰면서도 이런 글을 쓰지 않으면 안 돼나 하고 생각을 하며 쓴다. 그 이유는 신을 잘 모르고 사는 사람들이 많기에 신을 잘못알고 있다면 지구의 종말이니 멸망이니 하는 헛소리를 할 것이다.

우리는 자기 자신이 경험하지 못한 것을 남의 말만 듣거나 무조건 부정하는 것 때문에 자기 자신에게 많은 손해를 가져온다.

솔직히 말해서 우리나라의 신을 모시고 있거나 무속인들을 보면 조상으로 인해 많이 망가지고 있다. 그런대도 아직도 거짓말이나 능력도 없는 조상신을 모시고 있으니 한심한 일이다.

조상신을 잘못모시고 있다면 바로 모시는 마음의 자세가 필요하다. 흔히 답답하면 점을 보러가는 사람이 많은데 신을 모신 사람이 더 답답한 경우가 많다. 이것은 무속인이 손님보다 참신이 없다는 증거다. 손님보다 점을 치를 줄을 모른다면 그 일을 그만둬야 하는 것이 당연한데도 붙들고 있으니 누구에게 가서 자기의 운명을 볼 것인가?

악신과 참신과의 관계만 알아도 우리는 살아가는데 그렇게 큰 지장은 없을 것이다. 다만 악신으로 살아간다면 살아가는 것이 아무런 의미가 없다.

후회

그 당시에는 어떤 일이든 자신이 생각하기에는 당연하고 맞는 것 같지만, 세월이 흘러 다시 생각해보면 잘못된 것을 알게 된다. 그것이 우리네가 살아가는 방법일 것이다. 누구나 실수를 하고 누구나 모르는 것을 알고 싶어 하듯이 배우며 살아가는 우리들은 후회라는 말 속에 살아간다.

인간은 완벽하지 않기에 완벽을 추구하다가는 빈공간이 더 많아진다. 물론 조금이라도 실수를 하지 않으려고 노력하는 모습이 고귀할 뿐이다. 우리들은 성인의 모습과 하늘의 모습을 닮아 가려고 노력을 하며 살아가는 것은 사실이나 누구나 사람은 후회를 하며 살았을 것이다. 그러므로 실수는 우리들에게 많은 교훈을 안겨준다. 다만 실수와 자신의 무지는 다른 것이다. 자신의 실수는 감춰질 수 있으나 자신의 무지는 자기 자신도 용서하기 힘들 것이다.

인간이 산다는 것은 많은 경험 속에서 살아간다. 어떠한 경험이 없다면 인간은 아무것도 알지 못하고 살아간다. 그러나 경험을 많이 했다고 다 좋은 것은 아니다. 가끔 나는 이런 생각을 해본다. 어떠한 일이든 미리 안다면 얼마나 좋을까 하고….

하지만, 어떤 것을 안다고 편하지는 않다는 것까지 안다면 산다는 것이 무의미할 것이다.

그렇다. 인간은 다 알아도 고민이고 다 몰라도 고민이니 안다고 아는 체 하지 말고 모른다고 고개 숙이지 않는 것이 얼마나 중요한가? 실수가 없는 삶은 없다. 하지만 후회하지 않는 삶은 우리에게 많은 발전을 가져올 것이다.

내가 살고, 먹고 싶고, 입고 싶은 것

자기 자신이 좋아하는 곳이 있을 것이다. 그러나 그곳을 가지 못하는 경우가 있을 것이다. 먹고 싶은 것을 먹지 못하고, 입고 싶은 옷을 입지 못한다면 사람은 실의에 빠지게 되는 것이다. 자기가 생각했던 대로 어떠한 것이 이루어지지 않는다면 우리는 속상해하고 당황하거나 심지어 죽고 싶은 경우도 있을 것이다.

나는 누구보다도 많은 시간 속에 죽음을 많이 생각했다.그 이유는 하는 일마다 이루어 지지 않았기 때문이다.

그러나 지금은 다르다. 그 이유는 무엇이든지 마음을 비우고 살기 때문이다. 사람의 욕심은 자기 자신을 망치게 한다. 그러나 망치게 하는지도 모르고 일을 하기에 고통이 따르는 것이다.

또한 자기가 할 수 있는 일인데도 남에게 넘기는 경우가 있다. 우리가 하는 일이 인류를 원한다고 치자 그것은 큰 것이 아니다. 자기 자신이 열심히 어느 분야에서 열심히 하는 것이다. 어차피 부자와 가난뱅이는 하늘에서 만든다.

남이 부자라고 나도 부자가 될 수 없다. 부자기 되기 위해서는 부자의 기운을 받고 살아야한다. 나도 부자의 기운을 받고 태어나지 못했다. 그저 하루 세 끼 먹는 것으로 만족을 하며 살아가야할 팔자다. 물론 내 팔자를 알기까지는 40년 이상 걸렸다. 세월이 내 팔자를 알려 주는 것이다.

어느 사람은 돈을, 어느 사람은 명예를, 어느 사람은 또 다른 것에 최고가 되거나 환상적인 삶을 갖고자 하는 이가 있다.

누구나 할 수 없기에 따라가다가 멈추는 사람도 있을 것이다. 또한 정상으로 가는 경우도 있다. 정상으로 가는 사람은 거기까지 올라 올 때까지 많은 시련이 있고, 많은 노력이 따르고, 고생을 하게 된다. 그러나 정상을 가지 못한 사람들은 도중에서 포기를 하거나 갈 수 없는 길을 떠나는 것이다.

지금도 가지 못할 길을 가지는 않았는지 갈 수 있는데도 가지 않았는지 생각해 보라. 자기 자신은 자기가 가장 잘 안다. 그러나 자기를 잘 모르기에 실수를 하고 괴로운 일 닥치는 것이다.

누구나 대학교를 다녀와야 성공을 한다고 생각하는 사람들도 있다. 그러나 대학교를 나오지 않아도 자기 일에 열심히 해서 성공을 하는 사람들도 많다. 자기가 무엇을 해야 하는지부터 알아야 세상 살기가 쉬워지고 인정을 받는 사람이 된다.

과연 자기 자신을 위해 무엇을 했는가? 우리는 우리의 몸을 생각하지 않고 머리로만 하려고 한다. 몸으로 할 수 있는 일도 세상엔 많다. 우리는 과학으로 인해 많은 것을 잃어버리고 있다. 무엇이든 과학으로 이루어지는 것은 아니다. 과학으로 인해 손해를 볼 수 있는 경우가 많다는 것을 알아야한다. 어차피 과학은 사람의 머리에서 나오는 것이기에 과학이 잘못을 하게 할 수도 있는 것이다. 그러나 우리는 어느 것이 옳다면 맹신을 하게 되는 경우가 있는데 아주 잘못된 일이다.

살고, 먹고, 입고 싶은 것을 하고 싶을 때 할 수 있다면 얼마나 좋을까? 누구나 다 할 수 없는 것이 문제일 것이다. 인간은 살고 입고 먹는 것이 인간의 모든 것이 아닐 것이다. 좋은 곳에 살고, 맛있는 것 먹고, 좋은 옷을 입는 것에 너무 빠지지 않는 것이 잘 살 수 있는 일이다.

없는 것이 가장 편할 때가 있다. 너무 갖고 살지 말자. 너무 없이 살지도 말자. 그냥 쓸 만큼만 갖도록 노력하자. 누구나 잘 사는 방법일 것이다.

잘난 사람, 못난 사람

잘난 사람의 수준은 어디이고, 못난 사람의 수준은 어디인가? 우리가 살아가는 동안 잘나고 싶은 마음이 누구에게나 있을 것이다.

하지만 잘났다는 것이 그렇게 행복한 것은 아닐 것이다.

내가 생각하는 잘난 모습은 돈이 많은 것도 공부를 많이 한 사람도 아니다. 그러나 요즘 사회에서는 키가 크고 돈이 많고 직업이 괜찮은 사람을 잘났다고 한다.

무엇을 타고나야 잘난 것인가? 우리가 알고 있는 잘난 것이란 잘못 알고 있는 것이 문제일 것이다. 잘난 모습은 무에서 유를 창조하거나 어떠한 역경이라도 이겨 낼 수 있는 마음자세가 잘난 것이다. 하지만 세상이 그런 것이 잘난 것이 아니라고 느껴지게 한다. 그것이 문제다. 어느 부모나 자기 자식이 잘나기를 원하고 있다. 공부를 잘하고 시집 장가를 잘 가는 것이 부모님들의 바램이다. 시집 잘 가고 장가 잘 가는 사람만이 잘난 것은 아니다. 우리는 사람의 세계를 잘 모르고 있다.

결혼을 하고 잘사는 사람을 볼 때 우리는 부러워한다. 나 역시 그렇게 생각하고 세상을 살아왔다 그러나 요즘은 생각이 바뀌고 있다. 물론 세상을 살아갈 때 물질이 어느 정도 필요하겠지만 자기 분에 넘치면 걱정이 생기게 된다. 과연 우리는 얼마간의 돈을 벌기 위해 살아가는 것일까?

수억을 번다면 그것이 잘난 사람일까? 공부를 잘하면 그것이 잘난 사람일까? 잘 생겼다고 하면 그것이 잘난 사람일까? 키가 크다고 잘난 사람일까?

살아가는 데는 어느 정도 인기는 있겠지만 결코 잘난 것은 아니다. 정말로 잘난 것은 자기를 낮추고 남을 생각하고 즐거운 마음으로 상대방의 걱정을 내 걱정이라고 생각하고 살아가는 것이다. 이제 우리는 잘난 것에 너무 귀를 기울이지 않아야한다. 사람은 누구나 똑같다. 똑같이 행복을 누릴 권리가 있다. 다만 얼마나 못났느냐가 잘난 것을 평가한다. 그러므로 잘난 사람이나 못난 사람이나 같다. 잘난 사람이 못난 사람으로 변할 수 있고 못난 사람이 잘난 사람으로 변할 수 있다.

잘나기 위해 살지 말고 못나기 위해 살아라. 그것이 잘 나기 위한 것이다.

한 가지 조상과 민족을 생각하는 마음이 있어야 잘난 것이다.

이 시대가 요구하는 사람

이 시대가 요구하는 사람은 잘난 사람이 아니라, 우리 민족을 생각하는 사람이라고 생각한다. 지금 우리가 사는 세상은 우리가 미래를 확실히 모르기에 더욱더 민족을 생각하는 마음을 가진 사람들이 많기를 기원하고 있다.

그렇다면 이 시대에 필요한 사람은 어떤 사람인가?

지식으로 가득 찬 사람, 돈 많은 사람, 넓은 집을 가진 사람, 물론 그런 사람들은 아니라고 여러분도 생각을 할 것이다.

그렇다면 어떤 사람인가? 넓게 보면 세계를 생각하고 인류를 생각하지 않아도 우리 주위에 있는 사람들을 생각하고 사랑하는 사람일 것이다.

그래서 그런지 사람의 지식으로 살아가기 어려운 세상이 점점 오고 있다. 지금 우리의 세상은 나만을 생각하는 시대다. 남을 눌러야 내가 산다는 생각을 가지고 사는 것이 분명하다. 남을 눌러야 대학교를 가고 남을 눌러야 취직을 하는 세상, 과연 어떤 세상을 만들려고 남들하고 경쟁을 해야 하는가? 물론 사람이 살아가려면 남과의 경쟁이 필요하지만….

같은 민족끼리 너무하다는 생각이 요즘에 들어와서는 더욱더 그렇다. 어느 사람은 태어나면서부터 갖은 부유를 차지하고 어느 사람은 아무리 노력을 해도 내 집 하나 갖지 못하고 평생을 지내는 사람들을 주위에서 많이 볼 수 있다.

누구나 잘 사는 나라를 만든다고 떠들고 있지만 말대로 된다는 법이 없다. 서로 노력을 해야 하는데 우리 민족은 어떠한 사람을 뽑아

놓고도 뽑힌 사람을 믿지 못하고 있다. 같이 노력을 해야 발전이 있는데 한 사람으로 발전을 기대하는데서 많은 시련이 오는 것이다.

같이 더불어 노력을 해도 힘든 세상인데 너무 한 사람한테 짐을 지어주기에 사는 것이 힘들어 지는 것이다. 또한 전문성이 없는 사람들이 자기와 상관이 없는 일을 하고 있기에 우리나라가 힘이 없는 것이다.

어떠한 일이든지 전문성이 있다. 전문성을 가지고 있어야 우리 민족이 제대로 살아갈 수 있다. 다시 말해 우리 민족이 무엇을 요구하는가를 알고 나서 일을 해야 할 것이다.

이 시대가 요구하는 사람이 이런 사람이 아닌가 생각한다. 누구나 이 시대가 요구하는 사람이 되어야한다. 그래야 우리가 갈 길을 제대로 갈 수 있다.

세상에서 제일 무서운 것은

너무도 쉬운 이야기지만 세상에서 제일 무서운 것은 외로움이다. 물론 외로움을 경험하지 못한 사람은 실감을 하지 못할 것이다. 특히 신을 모시거나 지금도 산에서 기도를 하는 사람들은 저절로 경험을 하게 된다. 다만 외로움을 경험하지 못한다면 많은 것을 알 수가 없다는 사실도 알 수 있다.

이제 많은 사람들은 외로움에 대해 중요함을 느끼고 알고 살아야만 자기가 아닌 다른 사람의 심정을 알 수 있을 것이다. 특히 지금 우리 사회는 노인을 소외시키는 경우가 허다한데 외로움과 그리움으로 망가지고 있는 실정이다.

과학이 발전함에 따라 더욱더 많은 사람들이 외로움을 더 잘 알 수 있다. 그렇다. 우리는 외로움을 경험한 사람과 경험하지 못한 사람들을 보면 무엇인가 서로 다른 생각을 가지고 있다는 사실을 알 수 있다. 그래서 세상에서 제일 무서운 것은 우리가 알고 있는 핵이 아니라 외로움으로 서로 대화할 수 없는 상태일 것이다.

지금 우리 사회는 외로움을 호소하는 사람들이 주위에 너무도 많다. 그러나 우리 사회는 외로움을 호소하는 사람들을 외면하는 경우가 많기에 서로 믿음을 갖지 못하고 특히 노인들은 치매에 걸리기 쉽다.

이제 우리 사회에서는 서로 공유하고 많은 것을 서로 나누는 세계로 발전을 해야 하겠다. 외로운 사람이 없는 사회가 된다면 우리가 바라는 것들이 저절로 이루어 질 것이다.

제7장

수행으로 가는 길

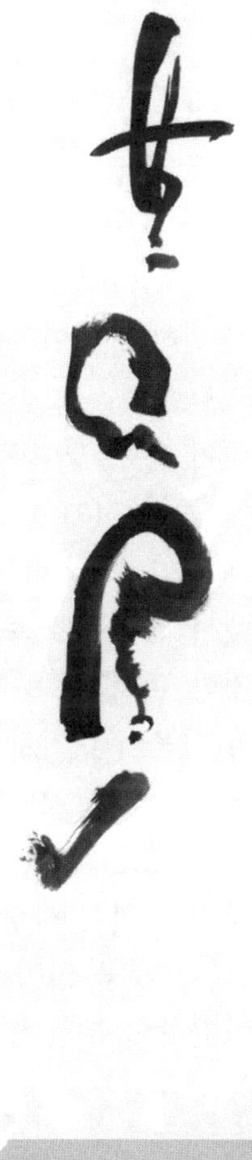

지금까지 여러 종류의 글을 실어 많은 사람들이 읽고 난 뒤 수행 목적의 글을 올려달라는 부탁으로 수행의 지침서를 이렇게 글로 표현하게 되었다.

우선 수행은 자기 자신의 내면과 우주와의 연결을 목적으로 수행을 하게 되어 있으며, 그 결과는 자신과 타인을 위해 봉사하는 마음이 가득 채워져 있을 때 할 수 있는 것이다. 그러므로 인간이 알 수 없는 무한한 세계를 알아가는 하나의 우주와의 최면이며 우주의 말과 글을 알고부터는 저절로 눈에 보이지 않는 곳까지 알 수 있게 되고, 인간의 세계가 복잡한 것 같지만 가장 단순하다 라는 것까지 알았을 때를 겪게 된다.

그래서 수행은 누구나 갈 수 있는 길이나 아무나 할 수 없는 길이라는 것쯤은 알고 시작을 해야 한다. 때문에 우선 수행을 하려거든 여러분도 알고 있듯이 지금까지 하고 있는 일을 다 놓고 시작을 해야 하는데 자신이 시작을 주선하는 것이 아니라 하늘에서 선택을 했을 때만이 이루어지는 것이다.

물론 자신의 수행은 자신이 하는 것이다 라고 반문을 할 수 있지만 그것은 제대로 알지 못하는 무지에서 오는 것이다. 인간의 머리는 우주와의 연결을 했을 때만이 무엇인가 이루어지는 것이며, 알지 못했던 것을 깨달음을 통해서 알게 되므로 인간이 깨닫는다는 것은 자신의 노력도 물론 있겠지만 절대적으로 우주의 기운을 받지 못한다면 남에게 오해와 비난이 더욱더 나아가 공부를 많이 해서 교수가 된 사람들의 수준밖에는 알 수 없는 것이다.

요즘 사람들은 교수만 보면 모든 것을 놓고 긍정을 하는 경우가 많은데 물론 당연한 것이라고 느끼는 사람들이 많겠지만 수행과 교수의 책 한권은 상관이 없다는 것을 알아야한다. 지금 우리가 사는 사회는 영성을 저버리고 인간이 공부한 수준으로 평가를 하기에 잘

못하면 교수가 써 놓은 책을 보고 수행을 한다면 오히려 많은 것에 고통을 받게 된다.

그래서 수행을 한다는 것은 하늘의 책을 읽고 쓰고 해야 함은 물론이고, 그때마다 엄청난 것을 발견하기에 얼마나 인간이 쓴 책이 시시하고 잘못된 것이 많은가를 알 수 있게 된다. 그러므로 수행을 한다고 하는 사람들의 잘못됨이 많은 사람들에게 전해져 올바른 수행을 잘못하게 되는 경우도 있는 것이며, 자신의 수행은 자신의 방법이 있겠으나 결국은 우주의 기운을 아는 것이니 지름길로 가는 것이 수행을 하는데 있어 가장 확실한 방법인데 그 지름길은 인간의 머리로 가는 것이 아니라 기운을 통해 가는 것이니만큼 하루하루가 자신이 몰랐던 세계를 걸어가게 된다. 그래서 지금 많은 사람들이 기(氣)나 기공, 기치료, 내면세계라고 말은 하지만 잘못된 책이나 환경, 그리고 잘못된 욕심과 배워온 것이 오히려 자신을 방해하는 요인이 된다.

언제부터인가 사람들은 깨달음을 위해 자신을 버리고 고행의 길로 들어서기 시작했다. 물론 대부분은 어려움이 있을 때 시작을 하는데, 여기에서 문제가 생기는 것이다. 자신의 모든 것이 망가지지 않았을 때 시작을 한다면 많은 시간을 허비하지 않는데도 그것을 모르기에 인간은 더욱 강함을 원하는 하늘의 노예가 되는 경우가 허다하다.

또한 사람마다 기운을 통해 공부나 수련을 하는 것이므로 어떤 사람이 깨달음을 터득했다고 하더라도 그 삶을 따라갈 필요가 없는데도 지금 수행하는 사람들을 보면 거의 체계적으로 학교에서 공부하듯이 따라하는데, 매우 잘못된 것이라는 사실을 알아야만 진정 수행의 길로 갈 수 있다.

많은 수행의 길이 있지만 하늘의 선택과 내 자신의 선택이 하나가 됐을 때 어느 것이든지 쉽게 풀 수 있는 열쇠가 되며, 하늘과의 문답을 시작하고 나서 어떠한 수행을 시작하는 것이다. 그러나 요즘 수행을 하는 사람들은 자신의 잣대로 수행을 한다. 그러므로 많은 시간을 버려도 언제나 그 자리에 서게 마련이다.

어떠한 사람이 산에서 10년간을 기도하고 수행하고 다 아는 것처럼 하고 산에서 내려와 나에게 찾아 온 적이 있다. 자신의 영역도 모르고 자신이 모든 것이 끝났다고 생각하는 경우를 보고 잘못됨을 이틀 동안 말을 해도 듣지 않던 사람이 지금은 우주의 기운을 제대로 받아 하늘공부를 하고 있다. 그렇다! 자신이 다 된 것 같지만 알 수 없는 것이 수행이며 영적 공부다. 결국 수행을 하는 사람들은 영성으로 가는 것이므로 영의 세계를 알아야 어떠한 것이든지 할 수 있는 것이며, 영의 세계를 알아야 시작을 할 수 있다는 것도 알게 되고 머리가 숙여진다.

신에게 절을 하는 사람들, 그리고 신을 다루는 것과 어떠한 것이 틀리는가? 물론 엄청난 차이가 나며 그 차이는 말로나 글로서는 표현할 수 없는 것이며 경험을 하지 않고서는 알지 못하는 것이다.

그러므로 신을 모시는 것이 아니라 신을 다루는 경지, 아니면 인간과 동등한 관계로 유지한다는 것은 그야말로 뼈를 깎아야 알 수 있게 한다. 인간은 무척 강하지만 신에게는 무척 약한 면을 보여 주고 있는데, 신들은 그런 약한 면을 고스란히 이용을 한다.

이렇게 볼 때 신을 모시는 것과 신을 다루는 것은 입으로 할 수 없는 엄청난 차이를 알 수 있으며 우주의 기운과 합의가 되고 수행에 입문이 된다는 것은 그 자체가 인간으로서는 참기 힘든 어떠한 정신을 만들기 위한 것이다. 그러므로 쉽게 생각하는 수행은 아무리 좋은 것이라 할지라도 시작조차 하지 않는 것이 바람직하다. 그 이유는 여러분도 잘 알겠지만 어떠한 능력이 있다고 해도 그 능력은 영적 세계에서는 쓸모없는 능력이기에 오히려 수행을 하지 않는 사람들보다 훨씬 수준이 없는 것이다.

그래서 수행의 목적은 내 자신이 세우는 것이 아니라 하늘에서 세워주어야 하는 것이며 자신이 수행의 목적을 세우는 것은 자신만 위하는 결과를 오게 하며 남을 위해 수행을 해야 정작 깨달음의 맛이라도 볼 수 있는 것이다. 글만 그럴 듯하게 짜깁기해서 만들어 놓은 것을 보고 그것이 다인 양 설친다면 그 수행은 이미 할 필요가 없다.

그래서 수행은 하나를 알게 하면 인간이 백 가지 천 가지를 알게 하며 그렇지 않고서는 짧은 생을 생각할 때 죽고 나서도 못하는 많은 시간이 걸린다. 그래서 많은 일을 하려고 마음을 먹어도 한마디도 못하고 생을 마감한다.

그래서 요즘의 하늘공부 수행은 짧은 시간에 깨우쳐 주기에 많은 사람들이 많은 시간을 허비하지 않고 하는 수행을 선호하게 되며 지금까지 우리나라에서 가르친다는 선생들은 깨우치지 못했기에 얕은 차원의 수행만을 가르쳐 주고 있는 실정이다.

그렇기 때문에 올바로 수행을 한다는 것은 바른 선생을 만나든가, 하늘의 소리를 듣고 공부하는 것이다. 하지만 인간은 하늘의 음성을 자신의 귀로는 듣지 못하기에 많은 시행착오를 가져오며 마음의 귀나 눈으로 알아들어야 한다는 것을 뒤늦게 알게 된다.

요컨대 수련을 한다는 것은 내면이 할 때 제대로 할 수 있는 것이다. 자신이 수련을 한다고 생각을 한다면 아무리 수행을 한다고 해도 진전이 없으며 그러한 수련은 오히려 자신을 망가지게 하는 것이며 교만하게 하고, 기만하게 하며 우주의 원리를 알지 못하여 자신이 공부한 것을 남에게 알려 준다면 배운 사람들이 식상해 할 것이다. 그래서 수련이나 수행의 결과론은 우주의 원리를 아는 것처럼 어떠한 영을 통하지 않고서는 수행의 의미를 알 수 없다. 그리고 하늘의 제자가 되기 위해서는 뼈를 깎는 고통을 알지 못하고는 크게 의미를 모르게 되며, 언젠가는 자신의 수행이 잘못 됐다는 것을 느끼게 되는데, 그때는 이미 늦어 버린 결과를 알게 된다.

이제 여러분은 수행의 방법과 수행하는 마음의 자세가 얼마나 중요한가를 알았을 것이다. 수행의 시초는 자신이 한 것 같지만 얼마간 수행을 하다보면 자신의 생각으로 수행을 시작했다는 것을 잃어버리게 된다. 다만 수행은 자신을 우선 찾아야 수행의 기반이 될 수 있으며 자신을 찾지 못하고서는 수행을 할 필요가 없다. 그래야 자신의 길을 알고 나서 상대방, 즉 남의 인생길이나 기를 읽어 내릴 수 있기에 당연히 자신의 기운을 알고 수행해야 제대로 하는 것이라는 것을 스스로 알 수 있다.

그렇다. 수행은 아무나 할 수는 없지만 누구나 할 수 있는 것이며 인내와 강한 마음이 있어야하며 인간이 알 수 없는 영적 세계를 달려가는 것이니 만큼 항상 자만하지 않아야 할 수 있는 것이며, 수행을 하다보면 자신이 무엇을 해야 하는 사람이라는 것을 아는 만큼 남에게 보여 줄 수 있는 것이다. 그래서 영적 세계의 수행은 자신과는 상관이 없이 내면세계를 통해 하는 것이니 만큼 사회의 학습은 공부하는데 아무런 의미를 주지 못하며 또 의미를 가질 필요가 없다.

이제 수행의 지침서로 지금 잘못 가는 국내의 수련이나 수행법이 올바른 수행법으로 바뀌기를 바라며 남을 가르치기 위해서는 우선 자신을 알아야 한다는 것을 반성하며 올바른 수행을 터득해야 한다.

이제 이 정도면 수행이라는 것은 어떤 것이라고 여러분이 느꼈을 것이다. 그렇다. 수행은 다른 마음을 가지고 한다면 그것은 수행이 이미 아니다.

여러 수행이 있지만 기를 하늘에서 내린다는 것은 그만큼 우주와의 채널이 가능할 때 이루어지는 것이다. 그러므로 우선 우주와의 안테나가 자신의 머리위에 항상 있어야한다. 물론 어렵다고 생각할지는 모르지만 수행법을 알고 나면 너무 쉬운 것이 우주와의 채널이다. 하늘공부를 하면 쉽게 안테나가 항상 바뀌면서 어떠한 메시지를 내리고 또 전파된다. 이제 여러분들은 우주의 기운을 찾기를 원하면 원한만큼 해줄 것이다.

다만 하늘의 검증을 통과해야만 일어나는 현상이다. 항상 말했듯이 수행의 목적은 자신의 발전도 있어야 하겠지만 자신 내면에 있는 또 다른 자신이 하늘과의 대화를 통하여 이루어지는 것이니 만큼 자만하거나 교만해서는 발전이 없으며 다른 세계로 타락을 할 수도 있다.

이렇게 볼 때 수행이라는 것은 대강 자신과 상관없이 이루어지는 것이 70%, 자신의 노력이 30%라는 것쯤은 알 것이다. 그러나 여태까지 해온 수행은 어떠한가? 자신이 100%로 한다고 생각을 가지고 하지 않았던가 하며 한번쯤은 생각을 해보아야한다.

여러분이 얼마만큼 영적 세계를 이해할 것인가부터가 문제가 된다. 그래서 이 글을 쓰면서도 여러분에게 이왕이면 알기 쉽게 써나가려고 한다. 여러분들은 여러 계층의 사람들로 구성되어 있다. 마찬가지로 영적 세계는 여러 계층으로 분류할 수 있다. 그러므로 한 가지를 알았다고 다 아는 것이 아니므로 아무리 깨달음을 얻었다고 그것을 표현할 필요는 없다. 그 이유는 깨달은 것 이외에 또 깨달아야 할 것이 남아있기 때문이다. 많은 제자들에게 우주의 원리공부를 가르치다 보면 여러 사람의 형태를 볼 수 있으며 마음공부가 아직 되어 있지 않았다면 마음부터 다스려야 흔히 말하는 신을 다스릴 수 있다. 다만, 신을 다스린다는 것은 자기 자신의 죽음도 불사해야 하는데 그렇게 하는 사람들은 드물다. 그러므로 해안이 열리려면 어떠한 것도 참아야하며 인내해야 된다는 사실도 마음에 담아두어야 한다.

물론 어떤 분은 인간이 신을 어떻게 다룰 수 있냐고 반론을 제기할 수 있다. 이해는 가나 자신이 어떠한 경지를 가보지 않고는 그 어떠한 세계를 알 수 없는 것이며 사실 신을 다루는 경지는 말이나 글이 필요 없다. 하지만 인간세계에 적응을 하려다보면 모두 표현은 할 수는 없지만 어느 정도 인간이 알 수 있는 언어로 표현할 수 있다. 다만 하늘의 언어가 인간은 24자로 구성되었다 하면 36만 자로 구성이 되었기에 그 뜻을 인간의 언어로 구성하기에는 너무 힘든 것은 사실이다. 그러나 어느 정도의 깨달음을 터득한다면 그런 것쯤은 상관할 필요가 없으며 행동으로 보여줄 수 있기 때문에 인간의 무한한 능력 상상할 수 없는 경지에 올라 초월적인, 즉 시간과 공간을 뛰어 넘는 생활을 하게 되는 것이다.

그러므로 인간의 수준은 아무것도 아니나 영적 세계를 알고 나면 인간의 수준은 신을 넘는 수준으로 변하게 되며 마음먹은 대로 어떠한 일이든지 할 수 있으며 대신 하늘에서 원하는 것만이 실행할 수 있는 것만이 할 수 있다는 문제가 있다.

그래서 신을 다스린다는 것은 인간으로서 충분히 넘어갈 수 있는 단계이므로 의심할 여지가 없는 것이다. 그러한 능력을 갖고 있으면 천기를 그 자리에서 내려 빙의된 정신병이나 인간이 풀 수 없는 여러 가지 고민이나 알고 싶어 하는 문제를 쉽게 답을 내려 인간의 길흉화복을 이끌어가게 할 수 있다. 어떤 제자는 3일 만에 도통을 하는 제자도 있지만 3년간 하늘공부를 하고도 탈락의 고배를 맞아야 하는 제자도 있다. 그러므로 지금도 산에서 기도를 하는 사람들을 보면 안타깝기 일쑤다. 왜냐하면 어떠한 영적 세계를 설명해 줘도 자기의 잣대로 우주의 원리를 이해 못하는 것을 볼 때 측은하기 그지없다.

수행의 어려움과 인간이 얼마만큼 수행의 경지를 올라갈 수 있는지를 알았다. 그렇다. 신을 모시는 차원으로 수행을 하지 않고 신을 다루는 경지를 위해 기도나 수행을 하는 것이 물론 어렵지만 그렇게 하지 않으면 항상 신의 노예로 살아야 하므로 힘이 드는 것은 물론, 많은 사람들에게 실수는 물론, 자신이 살아가면서 신의 노리게 감으로 살아갈 수밖에 없다는 사실을 감당해야 한다. 언젠가 여러분도 수행을 하다보면 나 같은 생각을 가질 때가 있을 것이다.

그때가 되기를 기원하며 항상 수행을 할 때는 항상 다음 수행이 있다는 것을 명심해야 할 것이다. 그리고 하늘과의 대화가 자신의 능력을 키워갈 수 있는 최고의 무기라는 것을 잊지 않아야 한다. 깨달음이라는 것은 이제 시작이라는 생각을 가지고 정진한다면 여러분도 언젠가는 나 같은 영역의 영적 차원을 이해하며 넘어서서 살아갈 수 있을 것이다. 어느 정도 수행의 길을 서술했지만 많은 사람이 이 글을 읽고 조금이라도 도(道)나 기(氣), 영(靈)의 그리고 신(神)의 세계를 이해하는 지침서가 되었으면 한다.

그러면 흔히 박사들이 말하는 인간의 뇌는 과연 어떻게 보여지는가 물론 과학을 하는 사람들이 영의 세계를 다 이해는 못한다고 하더라도 공부를 많이 한 박사들은 자신이 책으로는 공부할 것이 없다는 답을 갖게 될 때 고도의 영이라는 것에 접할 수 있게 된다.

이미 말했듯이 수행은 그 값을 따로 말할 수 없으며 그 나름대로 값을 가지고 있다. 그래서 우리가 말하는 수행은 꼭 산에 가서 절에 가서 교회를 가서 수행한다는 마음의 자세를 버리기 전에는 껍데기로 하는 수행만을 터득하게 되며 어디서든지 자연과 하는 수행이 올바른 수행이라는 것도 스스로 기운을 통하여 깨닫게 된다. 그러므로 수행의 길은 멀고도 멀지만 어떠한 경지를 지나게 되면 기도조차 할 필요가 없이 신과 인간과의 관계를 연결해 주며 그 자신도 신과 인간과의 동격이나 신을 다루게 되는 경지를 알 수 있게 된다.

항상 수행은 연결하는 것이며 그 과정이 한 가지라도 빠진다면 그 다음은 아무것도 알 수 없고 지금까지 해온 것이 무의미하게 된다. 그래서 수행을 제대로 해온 사람은 하늘의 힘을 저절로 느끼기에 감동하며 오묘함을 느끼는 동시에 우주의 섭리를 알게 되어 하늘을 따라가지 않는다면 아무 일도 할 수 없다는 것을 알게 된다. 인간의 영적 한계, 그리고 인간이 할 수 있는 수준, 여러 가지 수행을 통해 알 수 있는 것을 글로 표현했지만 영적으로 이해해야 하는 글이므로 평범한 사람들이 읽는다면 오해를 할 수 있는 부분도 있지만 마음을 열고 읽는다면 경험과 체험을 통해 우주의 기운을 받아가며 쓰는 글이므로 여러 도반들의 생각을 조금 더 넓히는 곳에 신경을 쓰고 있다.

그렇다. 수행은 어떠한 체계가 있는 것은 분명한데 체험과 경험을 통하지 않은 사람들의 글로 인해 많은 부분들이 오염되고 왜곡되어 지금까지 잘못 전달되어지는 부류가 있어 또한 안타까울 뿐이다.

이제 우리가 가야하는 수행은 온 인류와 나 자신이 같이 한 마음을 만드는 것이라고 생각한다면 그 수행은 올바른 수행이 될 것이라는 확신을 갖게 한다.

영의 세계는 수행에 있어 필수적인 것이 되며, 영의 세계를 운운하지 않고서는 과학도 알 수 없는 것이며, 대체의학도 할 수 없다. 그러므로 우주의 비밀을 인간의 머리로 하다가는 언젠가는 그것 때문에 멸망이 온다고 할 수 있다. 이제 세상을 보는 마음의 눈이라는 것에 대해 어떻게 보여주는가를 써 간다.

마음의 눈을 보기 위해서는 어떠한 마음의 경지를 읽을 줄 알아야 하는데 그 이치는 영적 세계만을 통하여 알 수 있다는 것이다. 그러므로 영적 세계를 무시한다면 그것은 이미 마음의 눈으로 어떠한 것을 판단하는 차원으로 갈 수가 없다. 그래서 하는 얘긴데 연예인이나 예술가들은 마음의 눈을 가지고 태어나야 실제로 그 속에서 활기를 띨 수 있는 것이다.

그렇듯이 어떠한 일이든지 마음의 눈을 떠야 일을 크게 넓게 갈 수 있다. 그래서 이 사회에서 리더로 갈 수 있는 것이다.

하늘에서는 여러 가지 경험과 체험을 통하여 인간에게 많은 것을 주려고 노력하는데, 인간의 머리로 받아줄 수 없는 고로 영이란 것을 알게 하여 인간의 머리를 멍하게 하여 하늘의 원리를 알려주는 것이다. 여기에는 많은 지식이 필요 없으며 지식이 많다면 오히려 자신의 아집으로 영의 세계를 알지 못하게 되며 인간이 살아가며 어디서 왔다가 어디로 가는지도 모르고 생을 마감하게 되는 것이다. 그렇듯이 영의 세계를 접하다보면 자신이 공부를 하는 것이 아니라 내면의 세계와 우주의 어떠한 세계가 서로 교신을 통하여 알려주는 것이며, 그 수준마다의 보호령과 수호령이 따라다니며 길을 안내하고 스스로 공부하는 것이다. 다시 말해 인간의 머리로 공부하는 것이 아니라 어떠한 기운이 들어와서 들어온 어떤 수준의 영이 공부를 하기에 나 자신은 고차원적인 정신을 갖게 되고 항상 머리가 맑고 밝아지는 것이다. 그러므로 깨어있다는 말이 더욱 어울릴 것이다.

이제 이것을 볼 때 사람이 노력을 해서 되는 세계가 있는가하면 영이 알아서 공부를 시키는 경우가 있는 것이다. 사람은 형식을 중요시하지만 수많은 영은 형식을 중요시 하지 않고 자유자재로 넘어가는 것 이것이 서로 틀린 점이며, 말 그대로 열리게 되는 것이다. 언젠가 제자들을 가르치는 데도 내 자신이 가르치는 아니라, 어떠한 영이 그 사람의 수준에 맞게 스스로 가르치는 것이라는 것을 알게 되었다. 그렇다. 학교에서 공부하는 것은 선생 자신이 공부를 가르치지만 수행의 길은 인간이 가르치는 것이 아니라는 것을 알아야 그때부터 영적 공부가 시작되는 것이다.

그래서 무한한 수행의 세계는 공부를 하면 할수록 모르는 것이 더욱 많아지며 차원이 올라갈수록 인간과의 생활이 어려워지다가 어느 정도 수준의 공부가 마치면 다시 사회에 복원을 시키는 영이 들어와 그 과정을 마스트하게 하는 것이다. 그러므로 이 과정은 말로 표현하기는 어려우나 이렇게나마 어필하니 시원하다. 이제 여러분은 어느 정도 이해를 해도 영의 세계, 신의 세계, 수행의 세계를 조금은 알 수 있게 됐다. 다만 경험을 하지 않은 것이 문제가 되는 것이다.

세상에는 도(道) 아닌 것이 없으며 항상 말했듯이 꼭 산에 가서 수행을 하는 것만이 능사가 아니며, 사회를 어떻게 적응을 하며 살아가는 것도 도(道)라고 할 수 있다. 또한 수행으로 가는 길이라는 제목으로 글을 쓰면서 아쉬움이 있는 건 사실이다. 왜냐하면 수행이라고 하면 어떤 스님이나 산에 토굴 속에서 하는 것으로 생각하는 사람들에게는 어울리지 않는 제목이지만 우리가 가야하는 모든 것이 수행이므로 그렇게 이해를 해준다면 좋은 글이 될 것이다. 물론 내 자신의 손으로 컴퓨터를 치지만 영적으로 쓴다는 사실이 즐거울 따름이다.

인간이 가지고 있는 습관과 지금까지 알고 있던 상식이 얼마나 잘못되었는가를 여러분도 스스로 알아야 할 것이며 아직도 마음의 문을 열지 못한다면 그것은 자신의 문제며 어떠한 바람도 없고 삶의 의미를 모르는 사람이라고 생각이 된다. 이제껏 여러분들이 아는 것과 모르는 것을 생각하며 살아온 적이 많을 것이다. 그러나 이제부터라도 옳은 것과 그른 것을 너무 생각하지 않는 것이 좋다.

그 이유는 자신의 사고방식이 다 좋고, 다 나쁘고가 없으니 만약 자신이 좋아하는 어떤 행위가 다른 사람에게는 나쁘게 평가 받을 수 있기 때문이다. 그러므로 인간의 잣대는 언젠가 변한다 라는 것도 긍정하고 하늘의 오묘한 섭리를 이해하는 것이 살아가는데 많은 도움이 될 것이다. 그리고 요즘 대체의학을 하는 의사 분들 그리고 기공을 하시는 분들 중에 기본을 모르고 시연이나 치유를 한다고 하는 경우를 많이 볼 수 있는데 많은 시행착오를 겪을 것이다. 그러므로 우주의 기운을 체계적으로 바로 알고 시행에 옮긴다면 누구나 할 것 없이 긍정을 하며 그 치유는 저절로 될 것이다.

치유의 문제가 어떠한 기운으로 이어져 치유가 되는가를 접하려고 한다. 우선 환자의 상태를 보기 전에 자신의 상태를 읽을 줄 알아야 한다. 자신도 알지 못하면서 다른 환자의 상태를 읽을 수 없으므로 자신의 영적 능력을 체크 하는 것이 좋다. 그 이유는 아는 분도 계시겠지만 자신보다 높은 영을 가진 사람은 치유를 할 수 없을 뿐 아니라 오히려 자신의 기만 뺏길 뿐이다.

이점을 고려한다면 항상 치유가 가능할 것이다. 다시 말하면 운동을 해서 기 치유를 한다는 것은 단시간은 할 수 있을지 모르겠지만 탁한 기운이 들어오면 자신의 기운으로는 감당하기 힘들기에 우주의 기운이 환자만 보면 저절로 내려와 치유해야 올바른 치유, 또 자신의 힘을 빌리지 않고 우주의 힘을 빌어 할 수 있는 것이다.

이에 기공사나 기 치료사나 같은 맥락이나, 단 틀린 점이 있다면 기공사는 자신의 운동으로 벌어지는 현상이 담겨져 있는 것이고, 기 치료사는 어느 신적인 것이 내면에 담겨져 있는 것이다. 물론 눈으로는 기의 흐름을 알 수는 없지만 느낌으로 알 수 있는 경지가 되어야 막힌 혈을 편하게 뚫을 수 있다.

요즘은 기를 측정하는 사람들이 많은데 참으로 딱한 것이다. 기는 기계로 측정할 수 없는 어떤 것이 들어 있기에 혹 기를 측정한다고 하면 그것은 하늘에서나 판단을 할 수 있는 것이다. 물론 어떠한 세계를 모르는 사람에게는 기 측정을 할 수 있다고 생각할지 몰라도 어느 한 수준을 넘게 되면 그 생각이 잘못되었구나 하고 생각이 들 때가 있을 것이다.

그래서 영적 공부를 제대로 하는 사람들은 말이 필요 없고 흐름대로 하며 행동으로 옮겨 가는 것이다. 그야말로 기의 흐름을 알고 하는 것이 하늘과 합의가 되었다고 느껴질 때 일어나는 현상이다.

그래서 많은 제자들을 가르쳐 봤지만 어느 사람은 며칠 내로 합의가 되는가 하면 어느 사람은 수많은 시간이 흘러도 합의가 되지 않는 경우도 있는데 그 이유는 하늘을 너무 무서워하거나 하늘을 쉽게 생각하기 때문에 일어나는 현상이다.

그러므로 영적 공부를 하려면 많은 신들을 부릴 줄 알아야한다. 우리가 흔히 말하는 그러한 신이 아니라 하늘의 영을 말하는 것이다. 수많은 방법과 수많은 기본이 있는 수행은 꼭 어떻다고 할 수는 없다. 한가지로 만족을 하는 사람은 그럴 수도 있겠지만, 수행은 수 억 가지의 바닥에 깔려 있는 어떠한 것이 있기에 그것을 알지 못한다면 수행의 기본도 알지 못하고 수행을 많이 한 것처럼 느끼기 때문이다. 특히 하늘의 법을 안다는 것은 수많은 시험을 통하여 이루어지는 것이니 만큼 그 많은 시험을 거쳐야만 어떠한 것을 느끼고 알 수 있으며, 어느 한 사람의 수행을 따라 배울 수도 없는 것이다.

쉽게 말하면 수행은 기운을 통해서 하는 것이니 만큼 자신의 기운이 어떻게 형성이 되어 있느냐에 따라 공부하는 격이 틀리게 되고 어떠한 단계를 넘었다고 해도 다른 단계가 끊임없이 있으며 항상 영적 수행은 다 되었나 싶은가 하면 다른 단계가 또 있다. 그러므로 수행은 끝이 없으며 항상 시작일 뿐이다 라고 하는 것이다. 그래서 수행을 잘하는 사람들을 보면 교만하지 않고 이기주의가 아니며 자기 것만 옳다고 말을 하지 않는다.

다시 말해 많은 수행을 통해 우주의 원리를 터득한 사람은 종교를 초월하면 시간과 공간의 제약도 받지 않는다는 말을 실감하게 되며 그러한 사실을 저절로 믿게 되며 알게 되는 것이다. 그래서 수행을 제대로 한 사람은 어느 것이라도 이해하고 긍정하는 마음이 있어 대화하기는 쉬우나 상대방의 말을 들어준다는 게 고통이다.

현재 우리나라에서 마음 수련을 하는 곳이 여기저기 많지만 혼으로 마음 수련을 하는 데는 한 곳도 없다. 마음 수련하는 자체도 욕심이기에 저절로 마음 수련을 하는 것이 마음 수련이다.

우주의 원리를 조금이나마 알고 난 뒤에는 나태할 수 있으나 그것은 나태한 것이 아니라, 그동안의 고생을 조금 하늘에서 쉬는 시간을 줄 뿐이다. 이제 수행의 길을 잘 알고 시작을 한다면 하나의 오차도 없이 빠르게 갈 수 있다는 것을 알았을 것이다.

하다보면 저절로 깨달음이 오는 것이며 깨달으려고 한다면 오히려 깨달을 수 있는 기회가 오지 않을 뿐 아니라 자신의 욕심이 앞에 서서 지금까지 공부한 것까지 송두리째 잃어버리게 된다. 그러므로 영적 수행은 0.00000000.1초에도 많은 것을 알 수 있는 것이며 하늘에서 한 가지를 가르쳐도 한 번에 수백 가지를 알 수 있게 된다.

영적 현상을 글로 표현한다는 것은 어떠한 것을 표현하는 것보다 힘이 든다. 그 이유는 말로 표현할 것이 있고 행동과 스스로 경험을 하게 해서 이해를 도와야 알 수 있는 것이 많기에 글로 쓰기에는 많은 무리가 따른다.

이제 영적 세계의 각각의 색깔을 찾는 방법을 말하려고 한다. 어떠한 단계를 알다보면 사람 몸에서 느끼는 어떠한 빛깔을 볼 수 있는데, 흔히 그것을 '오라'라고 표현한다. 그러므로 어떠한 영적 세계를 아는 사람만이 알 수 있는 것이다.

사람의 몸은 하루에 600번의 기가 바뀌는 현상이 있다. 다시 말해 사람은 하루 24시간에 600번의 기운이 서로 바뀌는 현상이 있기에 사람의 마음을 종잡을 수 없는 것이 이러한 현상이 있기 때문이다. 그래서 수행으로 가는 길은 정상이 없다. 항상 바뀌므로 정상이라고 한다고 하면 또 그 위에 다른 차원이 있기에 지금 자신의 상태를 정상이라고 할 수 없는 것이다. 그리고 어느 7차원에 도달하면 1가지 공부를 한 것도 2가지, 3가지, 10가지, 20가지 공부를 한번에 할 수도 있으며 그야말로 혜안이 열린다는 말을 하게 되는데, 1가지를 수 만 가지로 표현하는 능력을 갖게 되는데 그야말로 막히는 것이 없는 상태가 되는 것이다.

언제나 수행은 지금 수행을 한다고 해서 눈으로 보이는 것이 아니라 어느 정도 시간이 흐른 뒤에 수행의 정도를 알게 되며 자신이 알지 못했던 많은 세계를 알게 되는 것이다.

한편으로는 아주 어려움도 있지만 어느 정도의 차원으로 올라간다면 수행보다 더 쉬운 것이 없다. 모든 행동 하나하나 하는 것이 수행에서 나온 행동이므로 수행을 한 사람과 수행을 하지 않는 사람의 차이를 알 수 있게 되는 것이다. 그러나 지금 여러분들은 수행을 아주 어렵거나 영적 세계를 너무 신비롭게 생각하는 사람들이 있는데 수행은 인간이 살아가는데 있어 많은 도움을 얻을 수 있는 지혜다.

그래서 수행을 하게 되면 사람이 열려있게 되고 그렇게 되면 생각만 해도 어떠한 것이 이루어지는 경우가 실제로 일어나는 것이다.

이제 인간이 하는 공부와 영적 세계의 공부한 것을 서로 합의가 되게 한다면 그 이상 더 좋은 공부는 없다고 본다.

지금 우리가 사는 세계는 영성으로 가지 않는다면 발전이 없다는 것을 여러분이라도 깨닫는다면 영성으로 가는 것이 당연하다는 것을 느낀다.

수행과 영성은 확연히 틀린 점이 있지만 수행을 한다는 것은 결국 영성을 찾아가는 길이다. 특히 요즘 사람들이 하는 단전호흡은 까다로운 방식으로 수련을 하지만 잘못된 것을 알고도 배우고 가르친다.

다시 말해 영성을 찾기 위한 수련은 뒤에 두고 육체로만 하는 수행을 하다보니 운동으로 발전이 되고, 정신으로 해야 하는 수련을 수행법이 아닌 운동법으로 하기에 발전이 없어 목이 말라 하는 사람들이 주위에 많이 볼 수 있다. 그래서 이 사이트, 저 사이트를 돌아다니며 어떠한 것이 더 좋은 것이 없나 하고 찾아다니는데 거의 거기서 거기라는 것을 스스로 느낄 것이다. 수행시 어떤 한계에 다다르면 영적 능력이 없이 가르치는 선생조차도 어떠한 단계 위를 몰라 손을 놓게 되는 실정이다. 아직도 많은 사람들은 미심쩍어 의심을 하는 경우가 있는 것을 알게 한다.

그렇다. 수행은 한 치의 오차도 없어야 하는 것은 물론이고 의심과 미움, 그리고 긍정 없이는 수행을 할 수 없다는 것을 깨달아야 내 것으로 만들 수 있다는 것을 그제야 터득하게 한다. 이 글들은 어디서 발췌한 것이 아니며 경험을 통해 하늘에서 내려오는 대로 적고 있는 중이지만 이것조차도 의심을 하는 수련인이 있다면 높은 차원 경지를 가고 싶어도 갈 수 없을 것이다. 어느 정도 수행의 방법을 안 것만으로도 누구나 쉽게 수행을 할 수 있지만 과다한 욕심으로 인한 자신의 수행을 망치게 할 수 있다.

또한 요즘은 방송에서 요가나 위빠사나, 쿤달리니, 차크라 등등 여러 가지를 보여 주고 있는데 과연 어떠한 사람들이 그것을 보고 많은 것을 배울지 의문이 가며 결국 모든 것은 깨달음으로 가는 것이며 깨달음의 기초가 되는 것이다. 특히 요가를 오래 하다보면 우주의 기운이 연결이 되어 깨달은 것이 무엇인가를 알 수 있으며 깨달음이란 이제 시작일 뿐이라는 말이 저절로 나온다.

그래서 하는 말인데 깨달으려고 공부를 하는 사람들이 많지만 누구나 깨닫지 못한 이유는 인간은 이미 깨달았지만 내면 속에 있는 것을 밖으로 토해내지 않아 그런 것이다. 이것을 볼 때 인간의 무한한 잠재 능력을 알 수 있게 되며 결국 수행이라는 것은 자신에게 있는 무한한 잠재된 능력을 밖으로 표출하는 것이다. 그러므로 깨달은 것은 이미 누구나 되어 있는 것이며 그 속에 있는 잠재된 것을 어떻게 세상에 표현하느냐에 따라 깨달음의 수치를 알 수 있다.

언제나 말을 하지만 우리나라 사람들이 깨달았다면 믿지 못하고 다른 나라 사람들이 깨달았다면 믿는 풍토부터 바뀌어야한다. 단, 깨달은 사람을 알 수 있는 것도 자신이 깨달았을 때 알 수 있는 것이니만큼 남을 함부로 평가를 해서는 안 된다.

이제 우리의 수행과 정신세계가 가는 길이 우리 민족의 자긍심을 살리는 기가 되고 우리 민족의 건강과 나아갈 길을 잘 알고 산다면 어느 나라보다 깨달은 사람들이 많이 나올 것이며 정신적으로 부강한 나라가 될 것이다. 이미 깨달은 사람들로 인해 우리가 가야할 길이 무엇인가를 알 수 있다.

항상 미래를 생각하는 사람들은 현재를 미래라고 생각하는 것도 수행하는 사람으로는 옳은 방법이라고 생각한다. 무한한 깨달음이 있기에 어느 것을 깨달아도 또 깨달음이 기다리고 있다. 그 이유는 인간이 살다가 가는 인생은 자기 몸에 있는 어떠한 기운을 10~15% 밖에는 쓰고 가지 못하는 것이 있기에, 인간의 잠재력은 무궁무진하다고 볼 수 있다. 이것을 볼 때 인간은 하나하나 깨우쳐 가는 것이지 한번에 깨달을 수는 없는 것이다. 다시 말해 수행은 어느 것

하나 빠짐없이 경험을 할 때 깨달을 수 있는 것이며 그것이 올바른 수행이 될 것이다. 그래서 인간이 태어나서 미리 갖고 온 것을 참 자아를 통해 알 수 있으므로 참 자아를 찾기 위해 인간은 어느 누구나 수행을 하는 것이다.

내가 깨달음의 강의를 가끔 하는데 이러한 질문을 가지고 온 사람을 만났다. 수행을 하면 더 오래 사냐고 물어온 적이 있는데, 물론 인간은 많은 수행을 통해 생명연장을 할 수는 있다. 다만 육체는 영원히 살지는 못하지만 영혼은 영원하다고 말한 적이 있는데, 수행을 할 때의 고통이라든가 그 기쁨은 오래 사는 것보다 더 값진 것이다.

그럼 수행을 하는 목적은 무엇인가? 물론 나 자신을 위해 하는 것이 당연하나, 나 자신을 위주로 하는 수행도 좋겠지만 인류를 위해 하는 수행이 훨씬 자신을 감동하게 하는 경우가 많다.

시간과 공간을 초월하는 수행을 하다보면 인간이 온전한 신으로 변하는 것을 느끼게 되며 인간은 신이다 라는 말을 저절로 입을 통해 나오기도 한다. 물론 어려운 관문을 통해야만 느끼는 것이지만, 수행의 길을 제대로 간다면 머지않아 쉽게 알 수 있다. 우주의 비밀을 알고 싶어 하는 수행은 그만큼 어려움이 있고 수많은 시험이 있다는 것을 여러분도 수행을 해보았다면 알 수 있다.

수행을 하다 보면 제자리인 경우를 느끼게 되는데 그때 많은 사람들은 답답한 것을 느끼고 무엇인지 헷갈릴 경우가 많은데 그때마다 흔히 말하는 영성이 있어야 해결의 실마리를 찾게 되는 것이다. 수련을 통해서 알 수 있는 것이 있고, 자신도 모르게 알 수 있는 것도 있다. 그 뜻은 어느 정도 수행을 하다보면 자신도 모르게 단학을 한 사람은 어느 기운을 통해 단춤을 추게 하고, 호흡을 중요시 공부한 사람은 인체의 균형을 터득할 수 있게 되고, 무술을 한 사람은 내면의 기공세계가 중요하다는 것을 느끼게 된다. 그래서 수행은 물론 자신이 시작을 한 것 같지만 내면이 같이 어울려야 할 수 있다는 것을 알게 되면 그 순간부터는 내면과 우주와의 연결을 통해 이루어지는 것을 스스로 느끼게 된다.

때가 있다고 사람들은 이야기한다. 물론 사람은 때를 기다려야 한다. 하지만 영성으로 가는 길은 때가 없다. 항상 때가 있는 것이다. 다시 말하면 어느 정도의 깨달음이 있을 때 영적으로 한 단계 한 단계 올라간다. 이 때가 때인 것이다. 그래서 사람들의 생각이 때를 놓치는 경우가 많은 것이다. 때는 항상 있다고 생각해야 한다. 나 자신이 어떠한 것을 해 놓았을 때 항상 때라는 것을 잊지 말아야 한다.

과학으로 깨달음을 증명하는 사람들이 있다. 물론 주관적이 아니라 객관적이어야 한다고 하는데 깨달음은 과학적으로 할 수는 없다. 그것을 알고도 굳이 한다면 말리지는 않겠지만, 어떻게 깨달음의 수치를 과학으로 평가를 할 수 있는가? 그것은 인간의 잣대며 얼마나 깨달음을 포용하고 있느냐에 따라가는 것이다.

요즘은 박사들이 공부할 것이 없어 명상이나 여러 수련을 통해 깨달음의 실체를 자기 자신이 느낀 대로 평가를 하고 있는 실정이다. 그러므로 정작 깨달음을 경험하지 않고는 느낄 수 없는 어느 맞지도 않는 여러 글을 써놓은 것이다. 또한 그것을 보고 배우는 한심한 현상을 볼 수 있다. 그렇다. 혼자 경험을 했기에 타인이 알아주지 않고 긍정을 하지 못하는 세계가 영적 세계란 것을 여러분도 잘 알 것이다. 이해하기에는 많은 시간이 필요하고 또한 객관적이 아니라고 무시당하는 경우도 가끔 있다.

우리가 알고 있는 수행은 우리가 알고 있는 어느 것보다 무한한 것이 있다는 것을 잘은 몰라도 있다는 것은 여러분도 짐작은 할 것이다. 다만 하늘의 선택이 없기에 그 길을 가고 싶어도 갈 수 없는 것이다. 그러나 자신의 지식으로 과학적으로 깨달음을 추구한다면 오히려 깨달은 사람들에게 많은 잘못을 하는 것이다. 수많은 시간 속에서 역경을 이겨내고 어떠한 깨달음으로 살아가는 사람들에게 많은 누를 끼치는 것이며 그것은 하늘을 배반하는 것이다. 그 자체가 자신에게 최면이 걸려 말하는 결과라고 보면 된다.

수행은 책이 없고, 말이 없고, 수행은 자신도 모르게 스스로 되어야 어느 한 경지를 올라가는 것이며, 자기 내면의 도움으로 일어나는 행동이다. 깨닫고 나면 말이 필요 없다. 그러한 의사를 소통한다는 것은 무지한 사람들에게 돌멩이를 던지는 것과 같은 말이다.

이제 여러 가지의 수행을 통한 글을 남기지만 글로서는 표현할 수 없는 아쉬움을 느끼며 타인에게 전달하는 과정이 이렇게 어렵다 라는 것도 느끼며 누가 알아주든 몰라주든 그냥 그렇게 행동으로 살아가는 것이 또한 수행이다. 수련을 하다보면 내 자신이 원하든 원하지 않든 어떤 기운에 이끌리어 수련을 하게 되는데 이때가 가장 중요한 시기다. 왜냐하면 본인과 같이 똑같이 느낀 사람이 그 상태를 알려준다면 좋은데 그 답을 얻지 못하고 수련을 하면 아주 답답할 것이며 잘못하다가는 어느 것에 빙의가 되어 오히려 수련을 하다가 자신의 몸을 망치게 되는 경우가 많다. 그래서 요즘 기 수련을 하다가 몸이 저절로 망가져 기 수련을 하지 않을 때보다 몸이 불편한 사람들이 허다하다. 그것을 알려고 여기저기 다니다가 믿음을 갖지 못하고 오히려 수련은 하지 못하고 어떠한 술에 빠지기 쉽고 그런 사람들이 요즘 우리 주위에 많이 볼 수 있다 다시 말해 자신도 잘 모르면서 가르치는 사람들이 여기저기 많이 있다.

그래서 많은 사람들이 어디서 수련을 해야 할지 모르는 경우도 있는 것이다. 그래서 수행은 어떠한 원리를 알고 나서 해야지 무작정 한다면 할수록 답답한 것이며, 우주와의 채널이 제대로 연결이 되어야 남을 가르치는 능력이 생기는 것이며 운동을 통해 배운 것을 남에게 가르친다면 그것은 자신이 가르치면서도 어딘가 모르게 허전하니 제대로 우주의 기운을 느끼고 남에게도 우주의 기운을 연결할 줄 알아야 비로소 수련이라는 것을 느끼게 되면 알게 되는 것이며, 그렇지 않고는 항상 제자리 걸음이다.

이렇게 볼 때 수련을 아무렇게나 쉽게 생각한다면 할 수 없는 것이며 우선 자신의 생각이 많이 들어간다면, 그 수련을 아무리 오랜 세월을 한다고 해도 거기서 거기가 되며. 자신이 30%, 어떠한 영적인 것이 70%로 수련을 해야 올바른 수련이 되는 것이다.

또한 수련을 잘못 이해해 무조건 수련만 하면 된다고 생각하는데 그렇지 않다. 만약 수련을 통해서 누구든지 그 능력을 가질 수 있다면 좋겠지만 그렇지 않아서 능력을 가진 사람들을 흉내만 낼 수밖에 없는 상황이 된다. 항상 수련을 하는 사람은 마음가짐을 바로 갖고 해야 하며 욕심이 있다면 언젠가는 지금까지 해왔던 그 능력도 없어지는 것이며 잘못하다가는 폐인이 되기 쉽다.

이렇다면 수행이란 우리가 알고 있는 상식을 벗어나서부터 시작을 해야 한다고 하는 것을 이미 알았을 것이다. 다만 수행은 자신의 내면의 세계가 바로 서 있을 때 시작을 할 수 있다. 그것은 인간이 알지 못하는 순간에 일어나는 현상이 자신을 깨달음의 길로 인도한다는 것을 인지할 수 있다. 그러므로 수행의 길은 누구나 할 수 있는 것이나 아무나 기회가 주어지지 않는 것이다. 자신이 하려고 해도 내면이 거부를 한다면 할 수 없는 것이며 또한 수행의 참을 알지 못한다. 그래도 요즘 많은 사람들이 수행수행 하지만 정작 올바른 수행법을 알지 못하여 헤매게 되는 것이며 올바른 수행을 못하는 것이다.

물론 수행이 잘못됐어도 수행이다. 다만 다른 사람들에게 올바로 알려줄 수 없는 것이다. 수행은 내면의 세계가 미리 가서 보고 알려주는 것이며 수행은 먼저 겁을 먹어도 안 되고 어떠한 것을 미리 바란다면 수행의 참을 알 수 없고 엉뚱한 길로 간다. 이제 우리는 수행의 기법을 조금씩 그리고 기본을 터득하여 올바른 사회를 만들기 위해 해야 한다는 기본상식을 배웠다.

한 가지 여러분들이 알아야 할 사항은 자신이 모른다고 어떠한 것을 그냥 지나치지 않아야 된다는 사실이다. 자신이 아는 상식을 가지고 수행은 이렇다 저렇다 규정을 짓지 않아야 하는데 지금의 현실은 그렇지 못하다.

그렇다면 수행은 어떠한 사람들이 해야 할 것인가?

우선 수행을 하려는 사람은 마음의 병을 갖고 있는 사람들이 시작해야 한다. 마음의 병을 치유하는 데는 수행만큼 좋은 약은 없다. 그래서 자신의 마음의 병을 치유하고 나서부터 깨달음의 길로 갈 수 있다. 자신의 마음의 병을 치유하지 못한다면 그것은 수행이 아니다.

이 글을 읽고 어떠한 사람들은 많은 공부가 된다고 하는 사람도 있고, 어떠한 사람들은 있을 수 없는 말이다 하는 사람들도 있을 것이다. 물론 이해가 안 되는 것도 많을 것이나 이 글은 맨 처음에도 말을 했듯이 순수하게 경험을 통한 수행의 길을 말하는 것이며 수행은 사람마다 정도의 차이나 기운의 차이나 여러 가지 상황이 벌어질 수 있으며 똑같은 수행은 없다.

그러므로 내가 수행하는 법은 100% 따라하지 않는 것이 수행일 것이다. 인간은 준비하는 자세가 중요하다. 준비를 하지 않고 어떤 것을 얻으려고 하는 경우가 많다. 또한 판단이 부족해 어떤 것이 옳은 줄 모르는 때는 지켜보는 것이 좋다. 그러나 자신이 모르면서도 남의 말을 함부로 하는 경향이 없지 않아 있지만 그것도 하나의 수행으로 볼 수 있다.

이제 나는 여러분들에게 조금이나마 나의 경험을 진솔하게 읽어갈 수 있도록 함께 하고 싶은 심정으로 글을 쓴다. 이제 하늘에서 천기를 받아 영성으로 수행할 때는 한 가지 한 가지 어떠한 기운을 가지고 수행을 해야 많은 발전이 있는지를 알리고 싶다.

여러 가지 수행하는 방법 중에 나름대로 자신과 가장 어울리는 수행법을 찾는 것이 우선이며 어려운 것을 선택하기 보다는 쉬운 것부터, 급하게 마음을 갖지 말고 하루에 하나라도 완벽하게 한다는 마음을 가지고 해야 한다.

인간에게는 누구에게나 많은 능력이 있지만 그것을 빼내서 쓰지 못하는 경우가 허다하며 요즘은 그것을 꺼내려고 하는 사람들이 많다. 그래서 내면의 세계가 열려 있거나 대화를 내면과 하는 사람들은 어딘가 모르게 기본이 잘 되어있다.

다만 긍정적인 것도 좋지만 판단을 잘해 긍정을 하는 것이 자신의 발전을 위해 좋은 것은 사실이나 그 과정에는 많은 오해를 안게 된다. 그러므로 수행은 우리에게 많은 지혜를 안겨줄 뿐 아니라 자신도 모르게 점점 마음을 넓혀가는 것을 느끼게 되며 알 수 없는 어떠한 것을 스스로 알게 되고 내면과 합의가 되면 마음먹은 대로 하고자 하는 일이 잘 된다는 것을 알게 되며 또 그렇게 하는 것이 무엇보다 깨달음이 무엇인가를 적나라하게 행동으로 표현 할 수 있다. 어쨌든 수행은 해본 사람만이 느낀다는 사실을 알 수 있으며 아직까지 어떠한 수준에 가지 못했다는 것을 자신을 통해서 알 수 있으며 상대방의 기운을 읽을 수 있는 능력이 생긴다.

자신을 알고 나야 남의 기운을 알듯이 수행은 자신의 마음의 개발이라는 것을 잊지 않아야하며 남에게 보여주는 수행보다 내면과의 합을 위해 정진하는 것이 가장 수행의 진보적인 방법이다.

다만 어떠한 경험을 하지 못한 사람은 어떠한 사실을 부정할 수도 있다. 그러나 그것을 똑같이 경험을 한다면 비로소 깨닫는 것이며 흔히 말하는 깨닫는 것이 그렇게 어려운 것은 아니다. 항상 말했듯이 자신의 수행은 누가 따라서 할 수 없기에 자신의 수행법만이 자신에게는 가장 올바른 방법이라는 것을 알고 남을 흉내 내는 일은 없어야 하며, 수행의 기본을 항상 머리 속에 그리지 말고 마음속으로 그려야 마음의 눈을 만드는 것이다. 우리가 보이는 것이 잘 보이면 일이 쉽다는 것을 알고 산다. 그 뜻은 마음의 눈으로 잘 볼 수 있어야 된다는 말이며 마음의 눈으로 세상을 읽는다면 그것이야말로 깨달음이다. 다만 많이 깨닫고 적게 깨닫는 차이지 누구나 깨달으며 살아가는 것이다. 그 사람마다의 기운이 말해 주는 것이지 특별하게 깨달은 사람을 특별하게 보는 것도 좋은 것은 아니다.

수행으로 가는 길을 쓰며 많은 공부를 하게 되었다. 다시 말해 자신의 수련을 다시 한번 점검을 해봄으로써 많은 것을 느낄 수 있게 되었다. 수행은 다시 또 다시, 같은 것을 여러 번 반복을 통해서 배우는 것이 자신의 수행에 많은 도움을 준다는 것을 알 수 있다.

인간은 처음부터 모르기에 많은 시행착오를 거쳐 정점에 오르게 되며, 그 많은 시행착오가 자신의 발전에 밑거름이 된다는 것을 깨닫게 된다. 또한 자신이 가지고 있는 습관이나 알고 있는 지식이 수행하는데 어떠한 것을 차단하는데 쓰여지기에 도움은 별로 되지 않는다.

오늘도 많은 제자양성을 하면서도 안타까운 것을 많이 느낀다. 자신이 가지고 있는 고정관념으로 인해 공부를 하다가도 수행의 길을 가지 못하고 도중하차하는 제자들을 많이 본다.

무조건 하는 수행이 많은 도움을 주기는 하나 체계적으로 하는 수행도 어떠한 수행의 도움을 얻을 수 있지만 어차피 수행은 영적인 면을 통해서 하는 길이 가장 짧은 시간을 요하며, 능력 또한 자신이 느낄 정도로 빠르게 단계가 올라갈 수 있는 것을 알 수 있다. 수행으로 가는 길은 인간의 머리로는 셀 수 없는 기하학 숫자의 세계로 알 수 있는 것이며 하늘의 세계를 알고자 함은 인간의 욕망으로 변해 궁금증으로 오는 것이다. 그러므로 인간은 인간의 머리를 가끔 싫어하는 것이다. 다른 머리를 만들어서 다른 사람보다도 좋은 세상을 만들려고 하는 것이며 다만 잘못 머리를 개조한다면 엉뚱한 일이 벌어진다.

인간의 머리로 하는 수행과 어느 영적으로 하는 수행은 판이하게 다른 면을 알게 된다. 인간으로 하는 머리는 욕심을 갖게 하고 영적으로 하는 머리는 모든 것을 버리게 하는 것이 특징이다. 모든 것을 버려야 그 자리에 가득 채울 수 있기 때문이다. 이렇게 볼 때 어떠한 수행을 하느냐에 따라 인간의 머리가 변해 지는 것이다.

인간이 알지 못하는 사이에도 이 우주에는 수많은 현상이 일어난다. 그러나 알지 못하여 느끼지 못하고 부정을 하거나 없다고 한다. 그렇다 그 하나하나 부정이든 관심이든 긍정이든 수행이다. 어떠한 수행을 하고 살아 왔는지에 따라 그 사람마다의 인격이 형성되는 것이며 다른 인격으로 살아가게 되는 것이다.

이렇게 볼 때 인간은 자연 환경이 얼마나 무서운가를 알아야 한다. 흔히 수행은 자연과 함께 해야 한다고 하는데 인간은 자연의 아름다움을 말하고 있다. 그런 것이 아니다. 자연의 고통을 배워 가고 따라가고 인식하고 그 고귀함을 자신이 점점 승화시켜 자신의 것으로 만드는 단계일 뿐이다.

그 자체가 수행의 길이며 깨달음의 길로 인도하는 것이다. 그래서 수행은 자연과 함께 해야 한다고 하는 것이며 자연이 없이는 수행의 맛을 알지 못한다. 특히 병에 들은 환자가 자연의 기운을 받아 병을 고치는 경우가 많은데 흔히 지금 우리가 말하는 기로서 병을 고치는 원리를 알게 하는 것이다. 그러므로 수행은 자연의 원리를 알아야 제대로 활용을 할 수 있는 것이며, 자연의 원리를 알지 못하고는 수행의 원리를 아무리 안다고 해도 아는 것이 아니다.

그래서 마지막 수행은 자연의 순리를 따라서 하는 수행, 자연스럽게 이끌리어 하는 수행, 자신과의 내면이 함께 하는 수행이 되어야 바른 수행을 했다고 자신도 느끼게 된다.

그렇다. 수행으로 가는 길은 원칙적인 것은 없다. 다만 흘러 갈뿐이다. 그러나 요즘 사람들은 원칙을 좋아 하기에 원칙을 세우고 원칙을 따라간다. 다만 따라가지 못하는 사람은 도태되고 있다. 그러나 원칙에서 조금 따라 잡지 못한다고 따라 잡지 못하는 사람을 무시해서는 안 된다. 왜냐하면 원칙을 모르고 사는 사람들에게는 원칙을 지킬 수가 없다. 그러므로 어떠한 것이 맞는가는 사실 알 수 없다.

다만 인간세계에서 원하는 윤리와 도덕을 위해서 산다면 원칙은 필요 없다. 수행을 잘하고 못하는 것은 아무것도 아니다. 어떻게 배운 것을 시행하느냐에 따라서 달라질 것이다.

우선 깨달음이 있는 사람은 깨달음을 말하지 않을 것이며, 깨달음을 이해하는 사람은 깨달음 가지고 따지지 않을 것이며, 깨닫는 것 가지고 이상하게 평가하지는 않을 것이다. 다만 깨달음을 추구하기 위해 노력하는 사람들은 깨달음의 노이로제에 걸려 깨달음의 길을 잃어버릴 것이다.

수행은 꼭 깨달음을 위해 하는 것이 아니다. 자신의 내면을 닦고 알고자 하는 것이다. 그러다 보면 깨달음이 무엇인지 알게 되는 것이다. 그렇다. 깨달음은 별거 아니다 라는 것을 알 때 비로소 수행이 시작되는 것이다. 꼭 외국을 가고 좋은 선생이 있어야 하는 것이 아니다. 자신의 내면이 선생이고 하늘이 선생이며 인간으로서는 선생이 없다. 다만 다른 것을 모른다면 그렇게 해서라도 해야 한다. 그 이유는 자신의 모든 것을 알려주는 것은 하늘밖에는 없기 때문이며 만약 수행의 선생이 하늘이 아니라면 수행을 할 수 없다.

그러므로 인간의 수행을 도와주는 영적 선생은 하늘이거나 자기 자신이다. 그러므로 수행은 스스로 저절로 하는 것이 가장 좋은 방법이며 그렇게 해야만 자신이 수행을 하는 목적을 알게 되며, 또한 목적을 이루기 위해 노력과 헌신을 하게 된다.

수행은 잠을 자면서도 할 수 있어야 한다. 흔히 '깨어있다'라는 말을 쓰는데, 그 뜻은 잠을 자면서도 내면이 공부를 스스로 하기에 그러한 수행을 깨어있다 라고 하는 것이다. 그래서 수행은 자신의 내면이 깨어있을 때 발전이 있는 것이며, 보이지 않는 곳에서 하는 것이 가장 올바른 수행 가장 깊은 수행이라고 알게 된다. 물론 이러한 뜻도 모르는 초보자들은 보이는 것에서부터 수행을 시작해야 함은 물론 높은 수행만 바라보다가는 시작도 못하는 수행이 될 것이다. 흔히 수행을 사람들은 시작을 모르기에 방황을 하게 된다.

시작을 모른다고 무엇이 잘못된 것은 없다. 하지만 시작은 그만큼 중요하기에 조심스럽게 시작하는 것이 좋다. 두 말 없이 수행을 하는 것인데 수행은 말이 없는 것인데 하고 생각하게 된다. 수행은 방법도 방식도 어떤 체제도 없는 것인데 어떤 법을 찾고 있는 어리석은 우리네들 한참 수행을 하고나면 이러한 질문을 스스로에게 할 것이다. 방법이 없거늘 왜 이렇게 방법을 찾아 헤매었는지 시작과 끝이 없거늘 어찌 그것을 모르는지 하는 내 가슴의 질타가 내 자신을 새롭게 준비하게 만든다.

그렇다. 이제 어떻게 준비하는가를 알아야 수행의 시작을 아는 것인데, 같은 도반을 찾고 좋은 사람만 찾고 진실 된 사람만 찾으니 진정 내게 질문을 던져줄 이를 찾지 못해 답을 구하지 못하고 머뭇머뭇 하게 된다. 진정한 구도자가 되기 위해서는 방법론이 없어야 하는지를 진작 알았다면, 지금 이 자리가 아니고 앞서 있을 텐데 그 의심이라는 잣대가 내 앞길을 막는데 그것이 유죄가 아니고 무엇인가. 스스로 죄를 짓고 그것도 모르고 수행을 한다고 하니 올바른 수행의 맛을 어떻게 보고 느끼겠는가? 남들이 해놓은 수행을 내 것으로도 만들지 못하고 어찌 수행의 본질을 알 수 있단 말인가?

그렇다. 우리가 사는 이 시간도 수행의 줄은 이어져야한다. 그러므로 수행의 시작은 끝을 보기위한 것이 아니라 이어져가는 것을 즐기고 있는 것이다.

인간적으로 하는 수행을 마치면 저절로 영적 수행을 경험하게 되며, 수행의 진미를 알게 되고 오늘 수행이 내일은 오늘의 수행 경지는 아무것도 아니었다는 것을 알게 하며, 하루하루 수행의 형상이 자신도 모르게 떠오르며 수행의 목적을 이제야 비로소 수행이라는 것이 무엇인가를 터득하게 된다. 그래서 지금까지 해 온 수행이 얼마나 잘못되었나를 스스로 평가하며 수행에 필요한 정보를 내면으로부터 알게 되고 보게 된다. 그래서 진정한 수행의 멋을 알게 된다.

얼마나 수행을 해야 깨달음을 얻을 수 있는 것일까? 이런 질문은 많은 이들이 화두를 갖기에 충분하게 집착을 주고 있다.

수행을 겉으로 보는 사람과 속으로 느끼는 삶은 그야말로 상상을 초월하는 세계가 있다. 충분히 알고 말하는 것과 그냥 겉으로 아는 것은 확연히 차이가 나지만 내면을 모르기에 그 차이를 알지 못하는 사람들이 있다. 물론 수련을 하지 않고는 알 수 없지만 수련도 필요 없어야 깨달을 수 있는 것이다. 다만 수련이다. 생각을 하는 마음이 섞여 있다면 그 역시 수행을 알 수 없다.

수행을 하는 사람들은 수행이라고 생각을 할 수 있는 시간과 공간을 허락하지 않는 것이 특색이며, 수행은 수행이라기보다 자기의 내면을 자기도 모르는 사이에 해야 올바른 수행이라는 것을 깨닫게 되는데 그것이 올바른 수행이며 말로는 알 수 없고, 말로 표현을 한다고 해도 듣는 사람의 수준으로 인해 다르게 변하는 것이 수행이며 깨달음이다. 인간의 습관도 수행이요 내면의 것을 알아가는 것도 수행이다. 수행이 아닌 것이 없듯이 수행을 이해하는 수준으로 인해 수행의 참의미를 알 수 있게 되며, 교만과 이기심 그 사람의 기운으로 인해 천차만별 달라질 수 있는 것이다.

아는 것과 모르는 것은 차이가 없다. 지금알고 있는 것이 잘못알고 있다면 그것은 아는 것이 아닌데 그것을 가지고 놓지 않는데서 수행을 망치게 되며, 그러므로 수행을 꼭 잘 하려고 하는데서 큰 모순이 있는 것이다.

누가 영적인 것을 갈구하는가? 옛날은 가난하거나 특별한 사람이 하는 것이지만 요즘은 누구나 영성으로 가야 한다는 것을 느끼고 따라가고 개척하고 자신의 발전은 영적으로 순수하게 달려가야 좋다는 것을 이제 많은 사람들이 기쁨을 준다는 것을 저절로 알게 됐다.

순간적으로 실수를 하면 아무것도 할 수 없는 세상이 되어버렸다. 성공의 열쇠는 어디 있는가? 그것은 영적으로 어떠한 것을 알아야 하늘에서 열쇠를 쥐고 있다는 것을 파악할 수 있다.

우주의 기운을 알고 나는 언제나 즐거운 것은 아니다. 그 이유는 세상이 답답하기에 조금이라도 이러한 글을 쓰지 않는다면 심장병이 걸려 나를 주체하지 못한다.

미리 가본다는 것은 단 한번이라도 남보다 실수를 하지 않고 어떠한 것을 중요하게 생각을 할 수 있어서 좋은 것이다. 그렇다. 영성은 인간의 두뇌를 10배, 1,000배 이상 활성화를 시키며 재창조를 할 수 있는 두뇌를 저절로 생성하게 한다. 순간이라는 말이 있는데 영성은 순간의 일억 분의 1보다 빠른 것을 뜻한다. 이제 여러분들은 영성의 힘을 느끼지 않고서는 세상 살 맛이 없을 것이다. 그 이유는, 먼저 가보지 않고서는 모를 것이나 하늘은 하늘을 알고자 하는 사람에게 하늘을 보여준다는 논리를 자연스럽게 받아 들여야 한다.

우주를 안다고 다 아는 것은 아니지만 자신을 안다고 다 아는 것이 아니지만 알지 못하고 세상을 산다면 즐거움이 덜할 것이며 자신이 멈추고 있다는 사실을 알게 된다. 여러분들은 살아가면서 자신을 점검해 보았는가? 요즘은 자신의 모든 것을 스스로 점검을 하지 않는다면 도태 되어서 앞으로 나갈 수 없다. 특히 영성으로 간다는 것은 자신을 돌아보고 나서야 어떠한 것이든지 우주에 묻고 답하는 것을 하게 된다.

그래서 우주의 기운을 알고 사는 것이 얼마나 행복을 주는가를 터득하며 자신이 스스로 행복이 무엇인가를 알게 된다. 그래서 영성으로 가는 수행을 한다면 어떠한 것이든 두려울 것이 없고 우주에서 풀어주니 얼굴이 밝아진다.

이것이 수행이며, 이것이 인간을 강하게 하며, 머리를 수많은 컴퓨터로 만들어 가는 것이다. 지금 나는 머리에 있는 컴퓨터가 60억

개가 된다. 여러분도 영성으로 컴퓨터를 하늘에서 상품으로 받는 기회가 있길….

정말 깨닫고 싶은 마음이 많은 이들을 수렁에 빠뜨린다. 깨달음을 위해서 자신의 모든 것을 버리고 그 어려운 길을 선택하거나 할 일이 없어 그냥 도의 길로 떠나는 사람, 그리고 어느 종교를 핑계 삼아 아무 소용이 없는 길로 가는 사람 등 여러 분류의 수행을 우리는 주위 사람들로 인해 알고 있다. 특히 20년 전부터 우리나라는 단전호흡을 많은 사람들이 알고 나서 더욱더 수행의 길에 관심이 많다. 물론 제대로 하는 수행이라면 누가 막겠는가? 잘못 알고 있는 수행의 방법으로 인해 많은 지식인들이 수행의 길을 잘못 가고 있는 것이다. 눈으로 보이지 않기에 어떤 것이 올바른 수행이라는 것을 모르고 시작한 많은 이들이 요즘 방황을 하고 있다. 잘못된 것을 알면서도 어느 단체는 많은 사람만 꼬이는데 신경을 쓰고 있다. 그래서 어떤 이들은 어디 단체나 어떻게 수행을 해야 할지를 모르는 경우가 많다.

그렇다. 수행의 목적과 방법을 알기 위해서는 하늘을 알아야 하는데 평범한 사람들이 어떻게 알 수가 있겠는가. 그래서 깨달음을 얻은 사람이나 좋은 명상센터나 기 수련센터를 찾아가는 것이다.

이제 여러분들은 자신이 깨우치지 못했기에 깨달음이 무엇인지도 모르면서 그냥 자신의 느낌으로 판단을 하기에 많은 시행착오를 한다. 이제 수행이라는 화두가 무엇인지 잘은 몰라도 여러분들은 나의 수행법을 거울삼아 조금이라도 긍정을 한다면 앞으로의 수행은 조금이라도 발전이 되고 그대로 행한다면 언젠가는 하늘의 문이 열릴 것이다. 깨달음은 참는 것에 승부를 거는 것이다. 깨달음은 무엇을 아는 것이 아니라, 아는 것을 참아가는 것이다. 수행을 하면서 나는 많은 참음을 알았고 배웠다.

무조건 수행, 수행 하지만 수행은 어떠한 것을 알려고 하는 것이 아니라, 아는 것으로 인해 참음을 배우는 것이다. 그러나 많은 이들은 어떠한가? 알고자 하는 것이 깨달음이라고 하지 않던가? 그래서 깨닫지도 못한 사람들이 깨달았다하더라도 깨달음이 무엇인지 모르는 사람들은 지식이 많은 사람을 깨달은 것으로 착각을 하게 되는 것이다.

사실 나는 깨달은 사람이다. 그러나 그것을 자랑하고자 말하는 것이 아니다. 깨달았다고 하더라도 달라진 것은 아무것도 없다. 만약 "깨달아서 무엇이 달라졌습니까?"하고 물어 온다면 여유가 생겼다고 할 것이다.

그 이유는 급한 것이 없지만 급하며 이해가 안 될 것 같지만 이해를 하게 되며 모를 것 같지만 저절로 아는 것이라고 할 것이다.

이제 여러분들은 깨달은 이의 행동과 말과 글을 읽고 있는 것이다. 그러나 깨달음이라는 것을 모르는 사람들이기에 내가 하는 말이 이상하게 보이고 다르게 보이고 이해가 안 되는 것도 있을 것이다. 그것은 여러분들의 마음이 잘못 되어있다고 생각이 된다면 그것이 깨달음이다.

그렇다. 깨달음이라는 것은 그렇게 거창한 것이 아니라, 남보다 참고 남보다 근심이 많은 사람이다. 근심이 많다는 것은 어떠한 결과를 위해 달려가는 것이다.

내가 쓴 글이 여러분의 수행에 많은 도움이 되지는 않더라도 기본이 되는 것이라면 얼마나 좋을까 하는 생각이다. 나는 깨달았지만 혼자 깨닫는다고 세상이 바뀌는 것이 아니기에 깨닫지 못한 사람들을 깨닫게 하는 것이 나의 사명이다. 언젠가는 여러분들도 깨달음의 진실을 바로 아는 날이 있었으면 하는 마음으로 지금도 글을 쓰고 있다.

깨달음은 암 덩어리다. 아니 암 덩어리가 되어야 한다. 그 이유는 온몸으로 보여주어야 하는 것이다. 그렇지 않고서는 깨달았다고 수행을 했다고 할 수 없는 것이다. 감기같이 간단한 것으로 깨달았다고 하면 그것은 많은 착오를 갖고 오는 것이다. 그래서 깨달음은 어떠한 병이든지 알고 있고 경험을 하는 것이다. 여러분이 알고 있는 환자로서 아는 것이 아니라 영적으로 알고 있는 것이다. 경험을 하지 않아도 영적으로 느낀다면 병에 걸려 힘든 것처럼 알게 되는 것이다.

인간의 수행은 한계가 있는 것은 사실이나 영적으로 수행을 하는 것과 사람으로서의 공부를 하는 것은 차원이 다른 것이며 어떻게 공부하든 수행은 수행이지만 두 가지의 차이는 그야말로 하늘과 땅의 차이다. 그래서 수행은 크게 두 가지로 볼 수 있는 것이다. 내가 억지로 수행을 하는 것과 하늘이 저절로 공부를 가르치는 것과는 인간이 이해할 수 없는 영성의 세계가 펼쳐지는 것이다.

그럼, 여러분들은 어떻게 수행을 하는 것이 올바르고, 어떻게 수행을 하는 것이 자신을 위해 좋은 것인지를 알고 하는 것이 수행을 할 때 많은 도움이 될 것이다. 물론 수행을 할 때는 혼자 하는 것도 좋지만 많은 고통이 따르며 하늘을 스승으로 한다면 쉬우나 인간을 스승으로 생각하고 한다면 공부가 잘 안 될 것이다.

그 이유는 사람이 공부를 가르친다면 이해하기가 어렵지만 하늘에서 직접 가르쳐 준다면 이해가 쉽다. 하지만 하늘은 시험을 하기에 그 시험이 무엇인지를 알아야 하는 것이 문제가 되며 인간이 스승으로 가르쳐 주는 것은 서로 오해가 많은 것이 수행을 할 때 문제가 된다. 어려운 이야기를 쓴 것 같지만 여러분이 경험을 한다면 아주 쉬운 수행일 것이다. 보통사람이 깨우치는 것이다. 깨달음은 특별하지 않다. 깨달음은 가까이 언제나 있고 깨달음은 암 덩어리와 같다.

언젠가는 누구나 하늘의 기운을 받아들여 긍정하고 하늘과 하나가 되어 살아가기를 비는 마음이다. 사람들은 자신이 좋지 않다고 생각하는 것을 무조건 이상하다. 나쁘다 이렇게 평가하는 경우가 있는데 막상 자신이 그러한 사람이라면 어떻게 생각을 하겠는가?

이렇듯이 영의 세계는 보이지 않기에 오해 소지가 많아서 눈으로 보는 것, 그것이 맞는 것이라 생각하는 사람들에게는 참으로 힘든 것이 영의 세계며 수행의 길이다. 자신의 직업을 가졌듯이 어떠한 직업을 가졌든 긍정을 하는 것이 도리다.

수행을 하면서도 나는 과연 어떠한 사람들이 이러한 수행의 방법과 내가 수행을 한 것이 거짓이 아닌가? 하는 것에 항상 긴장을 하게 된다. 경험을 하지 않은 것과 경험을 한 것에 차이며 세상에는 눈으로 보이지 않은 것이 많은데도 무조건 무시하거나 부정을 하는 사람들로 인해 어떠한 길을 가는 사람들에게 생각을 많이 하게 한다.

진정 자신이 경험을 하지 않았다면 그런 것도 있구나 하고 격려를 하거나 알려고 노력을 해야 하는데도 그러한 생각은 뒷전이고 미리 그것은 아니다 라고 생각을 하는 바람에 자신의 발전을 멈추게 한다.

영의 세계를 긍정해 달라고 하는 것은 아니다. 모르는 사람들에게는 생소하게 들리는 것은 당연하나 자신이 경험을 하면서도 의심을 하는 사람들이 있으니 그것이 가장 문제가 된다. 바르게 공부를 한 사람까지도 바라보는 눈이 별로 좋게 인식을 하지 않는 사회이기에 수행을 한 사람들은 언제나 테스트를 당하는 것은 당연하나 무시를 당하는 것은 참을 수 없는 울화가 치밀 때가 있는데 수행을 하는 사람이라 그렇게 한다면 사람들은 수행을 하는 사람이 그러면 되겠느냐고 하며 눈살을 찌푸릴 것이다. 하지만 답답해도 그렇게 할 수밖에 없다.

언젠가는 수행의 참맛을 세상 사람들이 알고 나야 이렇게 걸어온 길의 의미를 알 것이며 수행을 시작 한다면 더 바랄 것이 없다. 오늘도 수행을 한답시고 잘못된 수행법을 가지고 수행을 하는 사람들이 우리 주위에는 많은데 수행의 본심을 알고 한다면 좋을 것이다.

내가 살아갈 수 있는 이유가 무엇인가를 물어 온다면 당당하게 수련 때문이라고 할 수 있다. 그 이유는 나는 어릴 때부터 여러 가지 잔병과 함께 결핵성 늑막염이라는 병에 걸려 이 병원, 저 병원 다녀도 낫지 않고, 돈은 없고 해서 결국 산으로 강으로 바다로 다녔다.

결국 나중에 생각을 해보니 하늘에서 나를 수련하도록 이렇게 만든 것이었다. 그래서 나는 지금 이렇게 깨달은 이유는 내가 잘해서라기보다 수행의 방법을 하늘에서 가르쳐 줘서 하나도 두려움이 없이 살아간다. 무엇보다도 수행이라는 것이 나를 이렇게 건강하게 만든 것이 이렇게 수행의 길을 연재하게 된 것이다. 지금도 수행의 방법을 몰라 헤매는 사람들을 볼 때 내가 수행을 한 것을 알려주고 싶은 마음에 글을 쓰는 것이다.

지금 우리 사회에 일어나는 모든 일들이 수행인데 수행이 따로 있는 줄 아는데 수행은 결국 따로 있는 것이 아니라 자신과 맞게 하는 것이 수행이지 더 좋은 방법의 수행을 찾는다는 것은 다른 길을 찾아가는 것과 같은 것이며 제대로 수행을 하지 못한다.

그래서 수행을 어떻게 하는지 모르고 다른 방향으로 간다면 안타깝다. 하지만 수행의 방법을 알려준다고 해도 싫어하는 사람들을 보면 이제는 알 것 같다. 탁한 기운이 그 사람을 막는 것이지 사람이 나빠서 그런 것이 아니라 내면이 잘못되어서 그런 것이라는 것을 알았다. 그러므로 수행을 한다고 마음을 먹었다면 우선 탁한 기운을 자신의 마음에서 빼내어야 한다. 그러고 나서 수행을 한다면 수행에서부터 수행이 아니라 탁한 기운을 빼낸 것으로부터 수행은 저절로 되어가는 것이다.

휴! 할 때가 많은 것이 수행이다. 오늘은 제자들이 마니산의 정상을 향해 올라가기 시작했다. 물론 처음 올라가는 제자도 있었지만, 자주 올라가서 천제를 지내던 제자도 있다.

우리나라에서는 유독 기가 제일 좋은 곳으로 알려졌으며 나는 기도와 수행을 통해 이미 마니산의 기를 알고 있지만 제자들은 이제 스스로 마니산의 기운을 느끼고 있다. 단군할아버지가 천제를 지내던 마니산이 나에게는 고향 같은 곳이다. 특히 단군할아버지의 계시로 천기를 받아 지금 이렇게 제자들을 양성하고 한국의 정신적 지도자를 키우고 있다.

홍익인간 이화세계의 목적을 두고 영적인 공부를 하면서 제자들은 자신보다 나라와 민족을 위하는 마음을 키우고 있다.

홍익인간이라는 것은 물론 한문을 해석하면 널리 이롭게 하라는 뜻으로 알고 있지만 영적으로 해석을 하면 하늘의 뜻을 알아 영성으로 누구나 하늘의 뜻을 스스로 펼쳐 이롭게 하며 사는 것이다. 이화세계는 지혜롭게 지식과 함께 세상을 펼치는 뜻이 담겨있다.

이제 여러분들은 우리나라가 왜 이렇게 발전이 없는지 알아야 한다. 특히 북한과의 문제는 풀어가야 하는데 단군으로 통일을 하지 않는다면 우리의 목적은 이루어지지 않는다. 우리 조상을 잘 모시는 일이 우리가 잘 사는 길이라고 믿고 따라가지 않는다면 우리가 갈 길은 뻔하다.

하늘에 효를 하고 부모에 효하는 것이 수행의 한 방법일 수도 있다. 나는 수행을 하면서 많은 것을 터득하고 신비한 것을 느끼고 있지만 가장 수행을 하면서 느낀 것은 조상이 도와주고 하늘이 도와주어야 발전과 정진이 있을 수 있으며 스스로 자신이 영성으로 갈 수 있다는 것을 알았다.

이제 수행의 목적을 알고 나니 사람이 살아가는 방법이 이렇게 쉬운데도 방법을 몰라 길을 모르는 사람들이 많다는 것에 나는 많은 것을 가르쳐 주고 싶다. 우리의 조상을 모르고 우리는 무엇을 원하는가?

이제라도 늦지 않다. 단군할아버지는 종교가 될 수 없고 조상일 뿐이다. 우리 조상의 얼과 조상이 남겨준 우리의 땅과 민족정신을 배우고 나가는데 이왕 수행을 하려거든 우리 것을 하는 것이 가장 빠른 것이라는 것을 알고 우리 것을 알아야 우리나라가 세계를 지배하는 정신세계의 방향을 잡아가는데 선두주자가 될 것이다.

젊음은 수행을 재촉하지만, 그때는 혈기만 있는 것이지 수행이라는 것을 알지 못한다. 하지만 젊은 시절이 있었기에 이제 어떠한 것이 두렵지 않다. 그것은 젊은 시절의 고통이 깨달음의 맛을 이제 시작하는 것이다. 수행이라는 단어조차 필요 없게 될 때 비로소 수행의 길을 알 수 있다.

또한 자기 자신이 무엇 때문에 수행을 했는지까지 답을 얻을 수 있다. 항상 무엇인가에 이끌리어 달려온 것이 이것이었구나 한다. 안다는 것은 어딘가 모르게 허무하다는 것을 안다. 모른다는 것이 얼마나 자신의 수행을 도와주는지 알 수도 있다.

미래를 예언한다든가 독심술, 명상등과 같은 것들이 그 자체로 수행의 목적은 아니다. 다만 모르는 이를 위해서 필요한 것이다. 그러므로 수행은 무엇을 알고자 하는 것이 아니라, 모르는 이를 위한 선택이라고 할 수 있다. 물론 경험을 하지 못한 이들에게는 이해가 가지 않는 터무니없는 것 같지만 수행의 길은 나를 찾는 것도 있지만 그것보다 우주의 원리, 다시 말해 인간의 원리, 깨달음의 원리, 마지막으로는 허무의 원리를 터득하는 과정이다.

모르는 이를 위해 공부를 한 것이 얼마나 소중한지를 아는 것이 깨달음이다. 물론 깨달음의 경지는 깨달음을 얻은 뒤부터 판단을 하지만, 지금부터가 항상 중요하다는 것을 알게 되며, 어떻게 보면 수행의 경지는 자신의 마음의 요동을 말해 주는 것이며, 이해보다도 그 속에 들어가는 것이 무엇인지 알게 해 주는 것을 경험하게 한다.

그렇다. 수행의 목적은 수행을 하기 전에 답이 있지만 인간의 두뇌로는 알 수 없기에 어느 경지에 올라가면 수학의 이론을 덧붙이게 된다. 로그, 탄젠트, 코사인 이런 단어를 알게 되는데 하늘은 수학으로 교묘하게 엮여져 있다는 것을 알게 된다.

인간을 풀이할 때 날짜를 중요시 하는 것은 하늘의 수리영역을 풀이하는 것이다. 그래서 수행의 종점까지조차도 점수로 결정하는 것이다. 요즘은 많은 제자들이 하루에도 이틀에도 깨우치곤 한다. 누가 이런 사실을 믿겠는가? 아무리 도가 높아도 이해가 가지 않는 부분이 많다. 이제 많은 사람들이 우주의 원리를 알고 깨달음을 알고 살지 않는다면 힘든 세상을 살아야 한다는 것이 더욱 피부로 느껴온다.

수행으로 가는 길에 대해 글을 쓰며, 아쉬운 부분이 많다는 것을 더욱 느낀다. 아무리 좋은 글 솜씨로 쓰려고 해도 하늘에서 내리는 대로 쓰기에 수행을 바르게 한 분들은 이해가 갈 것이다.

이제 수행을 시키는 사람의 입장으로 글을 쓰다보니 내 위주로 쓴 글이 많은 것 같지만 모두 여러분의 글이라는 것을 염두하고 글을 읽는다면 수행의 길은 끝이 없다 라는 것을 스스로 느낄 것이다.

결국 수행은 특별한 것이 아니라 하늘의 뜻대로 살아가는 것인데 하늘의 뜻이 거창한 줄 알고 살아가는 사람들이 많은데 결코 그렇지 않다는 것을 알리고 싶다. 다시 말해 깨닫는 것은 하늘의 뜻대로 살아가는 것이다.

이제 조그만 의문이 걷히고, 수행의 길을 쓰는 시간이 아깝게 느껴진다. 이해를 하는 사람들이 많았으면 하는 바람으로 쓰는데, 아직도 우리나라의 영적 수준은 3이기에 7인 미국을 이길 수가 없다는 것이 안타깝고 또한 영적 수준이 5인 일본 또한 어떻게 상대를 해야 하는가를 고민 중이다. 우리 민족이 바른 수행을 해서 세계 대열에 든다는 것은 멀게 느껴지지는 않지만 이대로 우리 민족이 바르게, 수행을 못한다면 하는 아쉬움이 있다.

홍익인간 이화세계의 사상을 알리고 국조 단군의 사상이 가장 위대하다는 것을 알리는 것이야말로 우리가 해야 할 일이다 라고 깨우칠 때 우리 민족의 미래는 밝게 피어날 것이다.

이제 수행의 길 막을 내리려고 한다. 지금까지 글을 읽어주신 여러분들은 애국자라 생각을 하게 됐다. 부디 수행을 잘해 여러분들도 단군사상을 펼치는데 한 몫을 하자.

제8장

천기를 받아 공부하는 방법

사실 천기를 내려 공부하는 방법이라는 것은 없다. 그 이유는 그때그때마다 다른 방법으로 천기를 내리고 공부를 해야만 하기 때문이다. 그러나 사람들이 이론이라도 알아야 어떠한 것을 느낄 수 있을 것이니 글로나마 표현을 해본다.

천기를 내리려면 우선 하늘에서 천기를 내려줄 수 있는 기운을 받은 사람이 내릴 수 있는 것이며 내 자신만 내리는 것이 아니라 하늘의 능력을 받은 사람은 누구나 할 수 있는 것이다.

우선 어떤 이의 내면을 읽을 수 있어야 천기를 내릴 수 있으며 그때 하늘의 기운을 순간적으로 받아 내리는 것인데 이때 천기를 내리는 사람과 마음이 하나가 됐을 때 더욱 강렬한 기운을 받게 되며 천기를 내려받는 사람의 머리는 아무 생각도 없는 상태가 된다. 자신도 모르게 인간이 알지도 못하는 언어가 나오며, 그 다음의 행위는 정말로 상상할 수도 없는 상태가 된다. 천기를 받고 난 다음에는 나의 생각이 없어지며, 머리가 복잡하지 않고 맑아지는 것을 알게 된다. 그래서 병마에 시달렸던 사람에게는 병이 씻은 듯이 낫는 경우가 있고 영적으로 살아야 하는 사람들은 새로운 삶을 시작하게 된다.

하늘의 기운을 받았다 하더라도 인간의 도리를 하지 않는다면 하늘에서는 다시 걷어가며 그러한 경우를 당하지 않으려면 항상 하늘의 소리를 듣고 살아야 한다.

우선 학생으로 본다면 어린아이부터 공부를 시작하게 되는데 이때부터 자신도 모르게 어떠한 세계를 접하게 되는 것이다.

이제 유치원 공부는 어느 것인가를 말하려한다. 하늘은 땅에 있는 것과 같이 모든 것이 공유하고 있다. 다시 말하면 하늘에서 먼저 있는 것이 땅에 있게 되는 것이다. 말과 글을 알아야 하는 공부를 시작하는 것이며, 자신도 모르는 하늘의 언어와 글을 쓰게 되는데 인간이 알 수 없는 언어와 글이다. 하지만 자꾸 글을 써내려 가다보면 글이 수만 가지의 형태로 변하는 것을 볼 수 있으며 점점 어려워진다는 것을 알 수 있다. 또한 글을 쓰면 쓴 만큼 언어가 틀려지는데 이러한 공부는 나중에 많은 지혜를 터득하는 공부를 미리 하는 것이다. 인간이 말을 하고 글을 배우는 이치와 같다.

하늘의 글과 말을 하고나면 어떠한 행동으로 옮겨지는데 저절로 마음으로 많은 것을 느끼게 되고, 결국 이러한 영적 공부가 인간들에게 얼마나 도움이 되는지 알게 한다. 우리가 쓰는 말과 글이 있듯이 영들이 쓰는 언어와 글을 알아야 영의 세계를 알 수 있는 것이며 초등학교를 입학하게 되는데 앞으로 그러한 과정을 세밀하게 연재하려고 한다.

이제 여러분들은 영성으로 공부하는 과정을 자세히 글로 읽을 것이다. 물론 나도 기대가 된다. 하늘의 세계는 아주 오묘하기에 어떤 글이 쓰여질지 나도 모르기에 새삼 즐거움이 생긴다.

그렇다. 영성으로 가는 공부는 즐거움이 없이는 갈 수 없는 공부기에 즐거움이 없이는 엄청나게 힘들게 공부하기에 즐거움을 갖고 하는 것이 가장 우선이다. 영성으로 가는 공부를 하고자 할 때는 시간을 초월하고 공간을 초월하는 공부라는 것을 항상 염두에 두고 교과서적인 공부가 아니기에 공부의 순서는 없다. 자신이 어떻게 하느냐에 따라 개인별로 알아서 하늘에서 공부를 시키는 것이다. 물론 여러분들이 알다시피 사람의 기운이 틀린 것처럼 공부를 가르치는 것도 차원이 틀리기에 그것마저도 알아서 영성공부를 하게 만든다. 그러므로 하늘의 공부를 한다는 것은 고정관념이 없어야 더 높은 차원으로 갈 수 있다는 것을 명심해야 한다. 다만 영성공부를 하기 위해서는 인간적인 생각은 버려야 쉽게 영성공부를 할 수 있다는 것이다.

처음으로 공부를 하거나 어떤 공부를 해도 머리에 들어오지 않던 사람도 영성공부에 재미를 붙이고 공부한다면 엄청난 지혜를 하늘에서 받을 것이다. 예전에 성인들이 공부하던 방법으로 공부를 하기에 기존에 학교나 어느 강의실에서 듣던 공부가 아니라는 것을 알고 시작 하는 것이 좋다.

나는 여러분들이 어떻게 하면 지혜롭게 살 수 있을까 하는 마음으로 글을 쓰기로 했다. 가령 영적인 것이 가장 인간적이라는 것을 터득하는 순간까지 한눈을 팔지 않고 공부한다면 자신의 평화와 변화를 스스로 느낄 것이다.

자, 영적인 궁금증 그리고, 하늘에서 내리는 영적 공부의 프로그램을 읽어본다면 인간이 얼마나 잘못 살고 있는가를 알게 될 것이다. 요즘 깨달음으로 가고자 하는 사람들이 많은데 사회가 요구하는 흐름이 있기에 일어나는 현상이다. 천기를 받아 공부를 하면 아주 쉬운 방법으로 깨달음의 길을 스스로 찾아갈 수 있다. 그 이유는 자신은 가만히 있어도 우주의 기운이 알아서 자신의 내면과 텔레파시를 통해 스스로 자신들이 알아서 공부를 하기에 인간은 거기에 따라 주기만 하면 되는 것이다. 그러나 자신의 생각이 들어간다면 영적 공부를 할 수 없다. 천기를 받는 문제는 천기를 받은 사람이 천기를 쉽게 내려줄 수 는 있는데, 하늘의 명령이 없다면 할 수 없는 것이다.

그래서 천기를 내린다는 의미부터 알아야 천기를 받고 천기를 내려 줄 수 있는 것이다. 천기를 받은 다음부터는 자신과 관계없이 저절로 지혜의 문이 열리고 있다는 사실을 스스로 감지하게 된다. 단, 현재 느끼지 못한다고 공부를 하지 않는 것은 아니라는 사실이다. 이러한 것을 인식하지 않는다면, 영적 공부는 제로가 되는 것이다.

천기를 받아 공부를 하려 하는 사람들은 우선 자신의 몸에 받을 수 있는 자세가 되어 있을 때 이루어진다는 것을 알아야한다. 그래야 자신이 남들에게 천문을 열어줄 수 있다는 진리를 알 수 있는 것이다. 하늘의 글과 하늘의 말을 한다는 것은 이미 우주의 기운을 받을 수 있는 자격이 주어지는 것이며 시간과 공간을 초월하여 10년 공부를 해야 하는 것도 단 몇 초에 알 수 있게 된다.

그렇다. 하늘의 공부를 하기 위해서는 우선 하늘이 무엇을 원하는

지를 알고 나서 하는 것이 공부하기가 쉽다.

여러 명의 제자에게 영적 공부를 가르치다 보면, 어떤 제자는 하루에 수많은 것을 한번에 알 수 있는데 비해 어떤 제자는 3년이 지나도 발전이 없는 제자도 있다. 여기서 볼 때, 영적으로 가는 것이 얼마나 중요한가를 알게 한다. 다시 말해 자신이 공부를 한다고 한 것이 얼마나 잘못으로 변하는지를 알게 하는 것이다. 모든 것을 자신의 영에 맡긴다면 된다는 것을 깨달아야 그때서부터 영성공부는 시작하게 되는 것이다. 그러나 많은 사람들이 영성으로 가지 못하는 이유는 우선 믿음이 없고 하늘을 믿지 못하는 데서부터 온다는 것을 알아야한다. 다시 말해, 하늘의 문을 열지도 못하면서 자신이 마치 하늘인 것처럼 착각함으로 인해 많은 시간만 허비한다.

이제 천기를 받아 공부를 한다면 지금까지 해왔던 습관은 모두 버려야한다. 그러나 그 습관을 버리지 못하는데서 다음 단계를 올라가지 못하는 것이다. 그래서 천신들의 노여움을 받게 되는 것이다. 하늘의 말과 글을 알고부터는 저절로 해석을 하는 신명이 따로 있어 자신은 가만히 어떠한 것을 알려고 하지 않아도 그냥 어떠한 단어가 떠오르거나, 행동으로 이어진다. 그러므로 영적으로 공부한 사람하고 지식만 가득 메운 사람하고는 현저하게 생각하는 것이 틀리게 되는 것이다.

결국 영적으로 사람이 산다면 가장 인간적으로 산다는 것을 알지 못하기에 엉뚱하게 사는 것이다.

어떠한 일이든지 영적으로 산다면 많은 것이 좋아지며 발전하게 되는 것이다. 그러므로 요즘은 영적인 삶을 추구하는 사람들이 많이 생긴다. 그러나 중간에서 하늘의 시험이 있기에 그것을 모르고 공부를 한다면 인간이 참을 수 없는 수모와 역경을 이기기가 어렵다. 인간으로는 상식밖에 있는 것이나 경험을 하게 되면 인간 안에 있는 것이라고 느끼게 되는 공부가 천기를 받아 공부를 하는 것이다.

처음에는 천기가 무엇인지 모르는 것이 당연하다. 그 이유는 천기를 받았는지, 받지 않았는지조차도 모르게 하는 것이 하늘이기 때문이다. 그래서 당연히 멍할 때가 많은 것이다. 그러나 그것을 모르고 오히려 잘못되었나 하고 의심을 하게까지 하는 것이기에 얼마나 하늘은 계산적인 것인가?

인간의 머리로는 할 수 없는 수많은 계산속에 영성공부는 이루어지는 것이다. 로그가 나오고 탄젠트가 나오고 코사인이 나오는 깊은 계산을 공부하며 느끼게 되는 것이다. 인간은 어디서나 숫자로 어떤 것을 대변하는데, 그것은 하늘이 숫자로 구성이 되어 있기 때문이며 인간은 마음속에 저절로 숫자를 계산하는 기운이 들어 있기에 그렇게 하늘을 표현하고 있는 것이다. 이것보다 더 높은 차원으로 갈 때는 정말로 종잡을 수 없을 만큼 머리의 회전이 상상할 수 없을 만큼 돌아간다. 쉽게 말해 인간이 한 가지를 말하면 영성으로는 수 만 가지로 표현할 수 있는 것이다.

그렇다. 이러한 세상을 맞보지 못한 사람들은 마치 이상한 눈으로 볼 수 있을 만큼 넓은 세계를 가는 것이다. 사람의 머리는 상상할 수 없을 만큼 많은 것을 담을 수 있는 그릇이다. 물론 우뇌로 더 많이 담을 수 있다. 그러나 지식을 많이 갖고 있는 사람들은 좌뇌로만 활동을 많이 하기에 우뇌의 작용이 둔해져 마음이 좁아지는 것이다.

한때는 나도 영적인 공부를 할 때는 이것인지 저것인지 모를 때가 많았다. 이것이 영적 공부의 기본이다. 하늘은 그렇게 인간의 머리를 하늘의 머리로 만들려고 수많은 체험을 하게 하는 것이다.

잘 따라 간다면 어떠한 것이든지 답을 찾을 수 있는 것이 지금 내가 하는 공부인 것이다. 자연과 같이 하는 공부기에 지루하지 않고, 서로 경쟁을 하지 않고 각자 공부하는 것이기에 못하거나 잘하거나에 치중하지 않는다.

다만 잘하지 못할 때는 모든 신명들이 공부를 하지 않는다. 이때 머리가 어지러운 것이다. 이런 경험을 할 때는 무슨 말을 해도 이해하지 못하는데 이것을 볼 때 인간이 얼마나 인내심이 있어야 하늘을 알 수 있는 것인지를 알게 된다. 조금이라도 한 눈을 파는 것을 신명들은 이해하지 못한다. 그래서 천기를 받아 공부한다고 하더라도 인간의 머리로 공부를 하려고 했다가는 큰 코를 다치게 되는 것이다.

다시 말해 영의 공부를 할 때는 어느 것 하나라도 사람으로서 공부를 하려고 했다가는 지금까지 공부했던 것까지도 하늘에서 빼앗아 간다. 참으로 난감해지는 경우가 많다. 그렇다고 공부를 중단한 다는 것은 인간으로서 어떠한 곳에서도 쓸모가 없는 바보가 된다. 이것을 볼 때 하늘에서 선택을 해서 공부를 시킬 때는 어느 것이나 공부를 시키는 것이므로 어떤 것도 따져서는 안 되며, 어떠한 변명도 공부하는 데 있어서는 안 되며, 혹 그렇게 핑계를 된다면 공부하기가 매우 어려워진다. 그렇게 어려운 것이 하늘의 공부구나 하고 깨우칠 때 영적 공부가 되는 것이다. 그래서 영적 공부를 하기 위해서는 하늘의 말을 그대로 듣는 것이 당연한 것이며 대신 어떤 수준이 되면 테스트를 통해 자신의 생각도 어느 정도 할 수 있게 된다. 그러나 테스트가 어떤 것인지 알아야 승급이 되어서 발전을 할 수 있는 것이다. 이렇게 볼 때 한 계단 한 계단 올라가는 것이 인간의 목을 조르는 것보다 어렵게 느껴진다.

하지만 어느 정도의 시점이 지난다면 편안해지는 것과 영성으로 가는 것이 어떤 것인가를 알게 되는 것이다. 그러나 아무리 영적으로 공부를 한다고 하더라도 인간의 생각이 필요하다. 다만 인간의 생각이 하늘의 생각으로 변할 때 필요한 것이다. 이제 여러분들은 천기를 받아 공부를 한다고 했지만 자신의 능력으로는 천도는 물론이고, 어떠한 사람을 교화하지 못한다면 그것은 공부를 했다고 해도 공부한 것이 아니다. 물론 자신만 고치면 된다고 하지만 남을 교화시키지 못한다면 자신도 변화가 없는 것이다. 그러므로 자신을 알기 위해서는 얼마나 많은 사람들을 교화시키고 사는지를 생각을 해보라.

영적인 공부를 한 뒤 전보다 교만한지 아니면 전보다 많은 생각이 바뀌며 사는지 누구를 원망하는 마음이 많이 사라지고 있는지를 느껴야한다.

영적으로 공부를 한다는 것은 알다시피 무궁한 공부를 하는 것이다. 이제 여러분들은 한 계단 한 계단 느낌을 받으면서 공부를 할 수 있다. 그러나 당장 느끼지 못하기에, 공부할 때는 무엇인지 모르고 덤덤할 것이다. 그러나 시간이 흐를수록 자신의 능력을 상대방을 통하여 알 수 있다. 이제 천기를 받아 공부를 한다는 것이 어떠한 공부구나 하고 조금 알기 시작할 때다.

제일 중요한 시기다. 이때는 하늘에서 여러 가지로 시험을 하거나 공부를 가르치지 않을 때가 있다. 인간이 어떻게 행동을 하느냐에 따라 인간이 참을 수 없을 만큼 힘든 생활을 하게 한다. 다시 말해 많은 것을 착각하게 하는 것이다. 그것도 모르고 행동을 하다가는 자신도 모르게 영적인 것이 인간적으로 변하기에 자신도 모르게 영의 세계와는 담을 쌓게 되고 영적인 것이 아닌데도 영적으로 착각을 하게 되는 시기다. 어떤 말을 해도 긍정이 안 되는 시기고 자신의 입으로 나오거나 자신의 생각만 옳다고 하는 시기이니만큼 정말 조심을 해야 할 때다.

영성공부는 항상 함정이 있기에 정신을 바로 갖지 않는다면, 많은 착오를 일으킨다. 조금 어떠한 것을 알았다고 까불다가는 오히려 하늘을 건드리는 형국으로 변해 하늘에서 공부를 시키지 않는다. 그래서 영적 공부가 혼자 공부할 수 있는 것도 하늘이 도와주기에 이루어진다는 것을 알게 한다. 다른 공부와 틀리다는 사실을 알고 나서 영적 공부는 속도를 붙이게 되며 지금까지 1시간 공부를 했다고 하면 이제부터는 3초, 5초 사이에 알게 된다.

자꾸 시간이 단축이 되며 한 가지가 열 가지, 더 이상을 변하게 된다. 그래서 점점 종합적인 공부로 변하는 것이다. 지금까지 공부한 것은 이제 공부하기 위한 단계를 달려 온 것이라고 생각하면 이해가 될 것이다.

인간의 한계를 넘어서 공부하는 것이니만큼 힘은 드나 힘이 드는 만큼 무한한 것을 느끼게 되니 할수록 흥미를 느끼게 된다. 어느 것 하나 공부가 아닌 것이 없다고 느낄 때 드디어 영계의 모습을 알게 된다. 그래서 어떠한 상황이 오더라도 쉽게 영계와 영적인 대화를 할 수 있는 것이다. 정녕 영통이라는 것을 스스로 감지할 때가 스스로 오는 것이다. 그러므로 천기를 받아 영성공부를 한다는 것은 하늘의 계시로 이루어진다는 것을 알고 해야 하는 공부이므로 현재 한국에선 이러한 공부를 하는 곳은 한 곳도 없다. 그래서 많은 사람들은 자신이 스스로 공부를 한다고 하는데 아무런 능력을 가지지 못하는 것이다. 많은 제자들을 가르치지만 자신의 생각만 가지고 하는 제자도 많은데 공부를 차라리 안 하는 것이 좋은 것이다.

그러나 그 시간이 지나면 자신도 모르게 영의 세계가 어떻게 돌아가는지를 알게 되는데 이 때가 하늘에서는 시험을 한없이 주는 기회다. 그 시험을 이기고 나면 차츰 두려워 진다. 너무 많은 것을 알게 하기에 감당을 못하는 경우가 한두 번이 아니다.

이제 여러분들은 영성으로 가는 것이 얼마나 힘이 든다는 것을 알아차렸을 것이다. 그러나 그것만으로는 부족하다. 알다시피 영성공부는 끝이 없는 공부이기에 지금 알았다고 해도 지금까지 공부한 것은 기본도 안 되는 공부라는 것을 알게 된다.

지금 우리나라에서 영을 안다고 도를 닦았다고 하는 사람들의 기운을 읽어보면 아직도 입문을 하지 않는 사람들이 허다하다. 하늘의 문을 열지 않고는 할 수 없는 공부를 공부한다고 하면 할 때는 열심히 해도 남는 것이 없으며 영성공부는 아무 것도 공부한 것이 없는 것 같아도 필요할 때마다 나타나기에 신비스럽기까지 하다.

그렇다. 수많은 세월을 통해서 공부해야 하는 것이 당연하지만 하늘에서는 잠깐 사이에 하늘의 필요에 의해서 듬뿍 내려주는 경우도 있는 것이다. 그러한 방법으로 공부한다면 수많은 것을 한순간에 터득할 수도 있는 것이다.

이제 여러분은 하늘의 대학교를 알아야 자유자재로 공부하는 방법을 스스로 정할 수 있는 것인데 그때가 되면 모든 것이 한눈에 알 수 있는 경지가 된다. 그때가 되어야 비로소 영성공부라는 것을 어떤 것이라는 것을 알게 되는데, 이러한 시기는 교만하기 쉬우니 많은 것을 조심해야 한다. 이제 여러분들은 천기라는 단어를 볼 때 너무 가까워졌기에 그 단어를 잊어버리는 경우가 많을 것이다 처음이나 가는 과정이나 천기를 받은 사람은 영원히 천기를 이용해서 살아가야 한다.

그러다보면 자신도 모르게 천기를 이용해 많은 것을 운용하게 되는데 운용을 하지 못하면 천기를 받아 공부를 했다고 할지라도 공부한 것이 아니다. 그러므로 천기를 받아 공부를 하는 도반들은 하늘의 소리를 바로 듣고 좋은 말이든 나쁜 말이든 두 가지다 받아들일 줄 알아야한다. 그래서 천기를 받아 공부를 하는 사람들의 특권을 누리게 되는 것이다. 하늘의 공부를 한다는 것은 하늘의 소리를 전달해주는 전달자가 되는 것이므로 함부로 행동을 하거나 자기 위주로 행한다면 자신이 하는 일이 하늘에서 하는 것 같아 자아도취가 되기도 한다.

그러므로 하늘의 공부를 한다고 하는 사람들은 우선 인간의 도리를 지켜야하며, 자연의 순리를 이해하고 따라가야 한다. 그래야 쉽게 하늘을 이해하고 다른 사람에게 올바른 하늘을 알려줄 수 있다. 이제 여러분들은 조그만 차원을 넘어 공부하고 있지만 아직도 많은 것을 알아야하기에 쉽게 만족을 하지 않는 것이 공부의 기본이다. 신명을 다해 공부를 한다고는 하지만 그렇게 하지 않는 경우도 있다. 그러나 그 자체를 모르고 공부하는 경우가 많은데 그것을 알아야 진전이 있을 것이며 올바른 공부가 될 것이다.

언젠가 여러분들도 영의 세계를 지배하게 될 것이다. 그러므로 한 가지라도 공부를 소홀히 한다면 하늘에서 알려주듯이 어느 순간에 사용을 못하게 한다는 것도 절실히 느껴야 한다. 그렇지 않고서는 한순간에 좌절을 할 것이다.

이러한 것들을 읽고나면 섬뜩할 것이나 이것이 하늘에서 기를 운용하는 방법 중에 한 가지다. 그러므로 인간을 통해 하늘은 많은 것을 요구하고 있는 것이다. 그러므로 하늘공부를 하는 사람들에게는 조금이라도 여유를 갖지 못하게 하고 있다. 다시 말해서 하늘의 제자가 된다면 어느 하나도 실수를 범한다는 것은 용납이 안 된다.

어떠한 체계가 있는 것은 아니지만 하늘은 우리들에게 많은 것을 주고 있으므로 바라는 것이 있는 것이다. 받기만 하고 줄 수 없다는 것은 하늘의 공부를 하지 않은 것과 같은 것이기에 어떠한 일이 있든지 하늘의 소리는 항상 나의 귀에 들리게 하는 것이니 항상 의식을 갖고 행동을 해야 할 것이다.

인간이 어떠한 생각을 하는지 하늘은 미리 안다. 그 이유는 그렇게 만들어 놓고 하는 경우가 대부분이기에 그것을 따라주지 못한다면 하늘의 공부는 어렵게 되는 것이다. 나는 어떠한 경우가 온다하더라도 제자들에게 좀더 나은 생활을 영위하라고 많은 것을 더욱더 가르치고 싶다.

그러나 따라오지 못하는 제자들을 보면 한 가지 문제가 있다고 본다. 그것은 자신을 속이는 공부를 하기에 생기는 경우다. 이제 나는 영적인 삶을 산지 10년이 됐지만 아직도 하늘이 요구하는 것을 다 모르고 있다. 그런데 하물며 이제 시작하는 제자들은 얼마나 어렵겠는가? 하는 생각을 수시로 한다.

그렇다. 사람이 영적인 삶을 산다는 것은 어떠한 생각도 없어야 되는데 그리 쉽게 영적인 삶을 할 수 있겠는가? 나는 그러한 것도 너그럽게 이해를 하고 싶다. 그러나 하늘에서 용납을 못할 때는 안타까울 뿐이다. 더군다나 인간에게 많은 능력을 내리는 하늘은 우리보다 더 심사숙고 할 것이다. 그렇게 서로 어려운 것은 사실이나 제대로 한다면 더 이상 공부라고 생각을 하지 않을 때가 올 것이다. 그 때가 되어야 진정한 영성공부의 참을 알게 되고 그것을 이용할 수 있게 많은 기운들이 도움을 줄 것이며 도움을 청하지 않아도 스스로 하게 된다는 것을 느낄 것이다.

현재를 즐거워하는 사람들도 있고 미래를 바라보고 사는 사람들도 있다. 하늘은 현재나 미래 두 가지 다 바라보고 사는 것을 원칙으로 한다. 그러나 사람들은 현실에 만족을 못하면 미래를 따라가게 되는데 현재가 미래를 설득한다는 사실을 알고 공부를 해야 한다. 현재 나는 여러 가지 공부순서를 생각해 볼 때 영적 공부는 순서도 없고 자신의 인간성과 환경, 그리고 자신의 순발력이 얼마나 있느냐에 따라서 많은 것이 틀려진다는 것을 알았다.

그래서 많은 채찍질을 하는 것이다. 물론 하늘의 공부를 한다는 것은 어떠한 공부보다 어렵지만 그 어려운 것을 넘어선다는 것은 하늘의 별을 딴다는 것보다 더 큰 보람을 느끼게 되는 것이다 그 이유는 인간이 해서는 도저히 이루어지지 않은 것도 하늘의 힘을 조금만 빌려도 이루어지기 때문이다.

이제 여러분들도 하늘의 힘을 나눠주는 역할을 해야 할 때다. 많은 공부가 될수록 많은 곳에 자신의 영향력을 발휘해야 하늘은 즐거워 할 것이다. 이제 거의 공부가 된 것도 있겠지만 오히려 공부가 안됐다고 생각하는 것들이 잘되고 있는 경우도 있는 것이다. 그래서 하늘의 공부는 당장은 몰라도 어느 시점에 가면 알다시피 다 알고 있었던 것처럼 표현을 하는 것이며 어느 순간만 잘해도 하늘은 후한 점수를 준다는 것도 알게 될 것이다.

그렇다. 인간이 모르는 것이 하늘의 소리로 안다는 것은 모두 큰 복을 받은 것이나 자신이 모른다고 짜증을 내거나 공부를 게을리 한다면 지금까지 공부한 것도 모르게 된 것이다. 그러나 하늘은 모르게 하지는 않게 하고, 다른 답을 내려주는 데 사람은 그것이 옳은 줄 알고 행동을 하게 된다.

이때 많은 것을 공부는 하겠지만 많은 오해와 불신, 내가 과연 이 길을 가야 할지, 가지 않아야 할지 갈등을 주게 한다. 이때를 잘 넘긴다면 그 다음부터는 영성공부란 너무 쉬운 것이라고 생각을 하게 하며 또한 영성공부의 묘미를 스스로 느끼게 된다.

다만 지금까지 공부를 등한시했다면 많은 아쉬움을 알게 하는 때다. 여러분들은 영적으로 산다는 것에 얼마나 관심이 있었는지는 자신의 공부를 통하여 스스로 체크를 하게 될 것이고, 그때그때마다 많은 것을 배우게 될 것이며 영성공부의 중요함을 느끼게 될 것이다. 그러므로 영성공부는 하면 할수록 어렵지만 다시 한번 강조하는데 어느 정도 성과가 있을 때부터는 더없이 쉬워지는 공부가 영성공부라는 것을 깨닫게 되는데 이것이 깨달음이다.

이 정도까지 안다면 공부는 하늘에서 스스로 하게 할 것이다. 스스로 문답을 하게 하는 것도 이때부터 하게 되는 것이다.

그러므로 하늘의 공부는 체험을 통해서 아는 것과 그렇지 않은 경우가 있다. 그런데 말이 필요 없는 것이라고 하지만 어떤 것을 알고 난후에 이러한 뜻을 이해하는 것이며 인간이 알 수 없는 어떠한 세계를 안다는 것이 이렇게 힘이 든다는 것을 알았을 때 어떠한 것을 알게 되는 것이다.

인간의 생각은 언제나 자신을 막을 때가 있다는 사실을 자신이 알고 느낄 때 사람은 성장을 하는 것이다. 이제 여러분들은 많은 것을 알고 있는지 많은 것을 버리고 사는지를 파악해라. 그때부터 파악을 한다는 것이 자신의 마음으로 돌려놓을 것이다.

항상 긴장을 하지만 긴장을 하지 않을 때가 올 때, 그때 비로소 하늘의 소리를 감지하게 되는 것이고, 인간이 알 수 없는 한 차원을 알아가는 것이고, 수많은 차원을 알고 나야 이제 영이란 것을 알게 되어 스스로 운용을 해야 할 때라는 것을 느끼게 된다.

이제 나는 여러분들에게 가르칠 것이 없다고 말을 할 때가 올 것이다. 그때는 자신이 스스로 세상을 읽어가는 때이다. 그러나 읽어가지 못하고 항상 제자리에 있다면 자신도 모르게 많은 것을 놓치게 되며 발전이 없는 것이다.

한 가지 한 가지 터득을 하다보면 공부를 할 때 아마 답답하지 않은 사람이 없을 것이다. 답답함이 없이 공부를 할 경우 영성으로 갈 때 오히려 더 많은 것이 막을 것이다. 그러나 공부를 하는 사람들은 그것도 모르고 공부를 하니 정말로 어떻게 이것보다 더 쉬운 방법으로 공부를 할 수 있을까 나 스스로 문답을 해본다.

그러나 그 해답은 여러분들이 찾아야 할 것이다. 오늘도 하늘은 우리에게 따뜻한 것을 주지 않고 있다고 생각을 하고 있는데, 그 자체가 공부를 잘못했다는 생각부터 해야 할 것이다.

따라서 하늘은 손에 꼭 쥐어주지 않는다. 무엇인가 화면처럼 지나간다고 하면 착각이다. 다시 말해 화면보다 더 선명하게 보여준다. 하지만 그만큼 어떤 것을 공부한 다음에 일어나는 현상이지, 공부를 하지 않고 어떠한 것을 보려한다면 많은 실망을 하게 될 것이다.

그러므로 하늘을 상대하는 공부는 인간이 보여주는 데서 하늘을 알 수 있는 것이지 하늘이 보여주는 것은 아니다. 그만큼 수많은 고행을 통하여 깨닫게 하는 것이 하늘의 뜻이다. 그러나 그것을 이해하지 못하고서는 자신을 보여 줄 수 없기에 하늘을 오히려 원망을 하게 되는 경우가 허다하다.

이미 하늘은 달려오게 만들었으며 달려온 길은 인간이 알아서 판단을 하는 것이다. 이제 여러분들은 하나 알고 있는 것으로 모든 것을 알고 있는 것처럼 느끼고 있는 실정이며, 잘못을 하다가는 자신보다 남을 더 그르치게 되는 것이며, 자신이 스스로 착각을 하는 시기이다. 그러므로 영성공부는 자신이 책임을 질줄 알아야 한다.

언젠가는 이러한 시기를 이해하며 '그랬었구나'를 확실히 알게 된다. 인정사정 볼 수 없다는 얘기가 저절로 나오는데 하늘은 그렇게 호되게 한 사람을 깨우치게 하기 위하여 모든 자연을 동원하는 것이다. 그래서 그 자연을 통하여 하늘의 진리를 알고 가는 것이 깨달음이며 깨우침이다. 다만 이러한 것도 참지 못하고 공부를 한다면 진리는커녕 자신의 아집과 교만이 앞을 가리게 되며 그 자체도 모르게 되는 것이다. 여러분들은 수많은 과제가 앞에 있다는 사실을 알아야 한다. 그래야 하늘과 진정 통하고 우주를 알 수 있는 것이다.

이제 우주의 이야기를 하려고 한다. 무조건 우주는 신비한 것이 아니다. 인간이 살아가야 하는데 어떻게 도움을 주고 어떤 현상이 일어나는지를 알 것이다.

흔히 사람들은 우주 이야기를 한다. 그러나 우주의 실체를 알고 하는 것이 아니라, 듣는 것으로 알고 있는 것이다. 그러므로 우주를 잘 알지 못하고 있다. 나도 역시 우주에 대해서는 아는 것이 없다. 하지만 영을 통해서는 알 수 있다는 것을 알았다. 가지 않았고, 보지 않았다고 모르는 것은 아니라는 사실을 알았다.

여러분들은 우주의 조화를 한 가지 한 가지 터득해 갈 것이다. 다만 하늘공부를 통해서만 가능하다는 것을 잊지 않아야 할 것이다. 물론 위성을 쏘거나 박사들이 연구하는 것은 아니지만 우주의 내면을 읽을 수 있다.

여러분들은 어느 정도의 영적 교육을 통해서 많은 것을 알았을 것이다. 그러나 지금까지 공부한 것은 아무것도 아니라는 것을 느낄 때 우주의 기운을 알게 되는데, 참으로 놀라운 현상을 체험하게 될 것이다. 저절로 무엇인가를 생각만 해도.이루어지는 경우를 볼 것이다.

영의 세계를 공부한다는 것은 우주의 기운을 느끼고 그 기운을 전달하는데 의미를 두고 있다. 물론 하늘만 알아도 큰 수준이지만 우주를 알고 나면 하늘의 공부는 기초라는 것을 알 수 있다.

우주의 기운을 어떻게 표현하느냐에 따라서 세상이 어떻게 바뀌어 지는지를 알게 된다. 여러분들은 어떠한 이야기를 하더라도 이해를 할 것이다. 하늘과 우주의 관계를 이해하는 데는 많은 시간이 소비된다. 여러분들은 이제까지 알고 있는 것들이 자기 자신에게 그렇게 크나큰 능력을 준다는 것을 느끼지 못했을 것이다. 지금 갖고 있는 어떠한 능력을 능력이라고 생각한다면 그 위의 차원으로 접근을 못할 것이다. 그러므로 천기를 받아 공부를 한다는 것은 시작부터가 항상 다시 시작한다는 것부터 알아야한다.

그러나 인간의 머리는 어떠한가. 인간의 머리로 재는 경우가 많기에 자신이 스스로 올라가려고 하는 마음이 있는 것이다. 여기에서 많은 것을 깨우쳤다고 해도 지금까지 공부한 것을 모두 망가지게 한다.

그렇다. 우주의 원리는 차근차근 하나라도 빠지지 않게 공부를 해가는 사람에게 통하며 어마어마한 것을 알 수 있게 한다. 이제 여러분들은 하루하루가 달라진다는 것을 느끼게 되며 하루가 몇 시간, 몇 분, 몇 초로 단축이 된다는 것도 알 수 있다. 그러므로 한시라도 조그만 것을 잊어버린다면 우주를 알 수 없는 것이며 안다고 한다면 그 자체가 자신에게 큰 아픔을 안겨줄 것이다

언젠가 여러분들은 어떠한 것들을 너무 많이 볼 것이다. 다만 보는 것에 따라 느낌이 틀리듯이 공부한 만큼 아는 만큼 알 수 있다는 것을 알 수 있을 것이다. 그때를 위해서 공부 하는 것은 아니지만 언젠가는 그때가 올 것이다.

다만 어떠한 것을 위해서 공부를 한다면 그때부터는 공부가 안될 것이나 사람들은 때를 기다리는 습관이 있다. 그것은 인간의 본래 모습이요, 인간이 갖고 있는 것들 중에 가장 큰 것이다. 이러한 것을

쉽게 버릴 때 다른 세계를 접할 수 있다는 것을 알게 된다. 그러므로 인간이 안다는 것은 한계가 어디까지 인지는 몰라도 어떠한 때가 되면 자신의 능력을 알 수 있는 것이다.

천기를 받아 공부하는 방법은 이제 말을 하지 않아도 알 수 있어야 하는 단계이며 하늘에서 선택을 한 만큼 인간이 자신을 하늘에 맡긴 만큼 알게 한다. 그래서 이제는 인간의 머리가 필요 없는 온전한 단계가 되는 것이다. 스스로 신명들이 하는 것이며 인간의 생각은 뒤로 하는 것이 올바르게 공부하는 방법이라고 터득을 하는 단계다.

천기를 받아 공부를 하다보면 하기 싫고 어려운 고비가 수시로 찾아오지만 어떠한 단계가 지나면 항상 사는 것이 공부라는 것을 알게 한다. 이것이 우주라는 것이며 우주의 세계를 저절로 알게 하는 것이다. 이때가 오면 얼마만큼 힘이 들었나 생각을 하게 되며 지금까지 공부한 것이 정말로 아무것도 아니라는 것을 알 수 있다.

오늘은 또 어떠한 것을 알 수 있을까 하는 기대에 시작을 한다. 이제 하늘의 소리를 전달할 때가 온 것이다. 어느 정도 공부를 한 뒤에는 자신을 보여주는 것이 아니라 자신의 내면 아니면 하늘의 소리를 전달하는 전달자가 된다. 그 동안은 하늘의 소리를 자신만의 공부로 만드는 공부지만 지금부터는 내면의 소리를 전달하기에 더욱더 조심을 하게 될 것이다.

천기를 받아 공부를 하는 것은 이제 그 소명이 무엇인가를 깨닫기에 이제부터는 누군가가 하지 않으면 안 되는 여러 가지 봉사의 길로 안내가 되는 것이다. 내가 아니면 안 된다 라는 강박 관념이 들어와서 세상의 어두운 곳을 환하게 비추는 빛의 역할을 강요하게 되는 것이다. 그만큼 수많은 공부를 통한 뒤에 하늘에서는 인간에게 하늘의 능력으로 많은 것을 보여주기에 인간이 생각지도 못했던 일을 경험하게 되면 꿈같은 일들이 실현되기도 하고 남들이 믿지 못할 만큼 불가사의한 일들이 일어나기 시작한다.

다만 하늘을 안다는 사람에게만 실현되기에 힘이 들 때도 있지만 그러한 것도 하늘에서 알아서 한다. 우리는 흔히 운명과 숙명을 말하는데 숙명으로 책임감을 알아야 할 때다.

결과를 보기 위해 사람들은 여러 가지 행위를 하는데 하늘은 결과보다도 다시 시작을 요구한다. 어느덧 여러분들도 많은 기운을 통하여 공부를 한 것처럼 계속 하늘은 여러분의 공부를 도와줄 것이다.

이제 결과를 알기 위해서 사는 사람들과 시작을 위해서 인간들에게 공부를 알려주는 것은 서로 판이하게 틀리다는 것을 알게 한다. 결국 공부를 하기 위해 수단과 방법을 가리지 않고 여기까지 도달했지만 다시 시작이라는 터널을 들어간다.

천기를 받아 공부하는 방법을 쓰면서 다시 한번 느끼는 것이지만 하늘은 스스로 돕는 자를 돕는다 라고 말하듯이 이제 여러분들은 지금까지의 고생을 이제는 고생이 아니라고 느낄 때 느낀 만큼 깨우치게 된다. 영들은 우리들에게 많은 것을 알려준다는 사실과 인간이 모르는 수많은 것이 많다는 것을 하늘과 영계에서 보여준 것처럼 우리 역시 누군가에게 보여줌으로서 자신의 공부의 수준을 알 수 있는 것이다. 하지만 공부를 한다고 물질이 내 마음대로 오는 것은 아니다. 그 또한 큰 숙제로 남는 것이다. 이제 공부하는 제자들이나 영의 세계를 들어온 여러분들은 스스로 많은 것을 터득할 것이다. 그만큼 하늘은 인간에게 어떠한 것을 보여주기 위해 노력을 한다는 것을 알아야 한다. 그러므로 인간이 자연을 순리를 따라 간다면 살아가는데 큰 무리는 없을 것이다.

수 차례 체험을 통하여 우리는 천기란 무엇인가를 터득하게 된다. 물론 많은 체험이 필요하지만 그 체험도 하늘에 맡겨야 한다. 그러한 마음이 없다면 어떠한 공부를 한다고 해도 아무런 소용이 없다 내가 영성공부를 한다고 할 때는 이미 하늘에서 나를 선택하고 있었다는 것을 알게 하며 내 자신이 하늘의 능력을 내려 받았기에 하늘의 종으로 살아야 한다는 마음을 갖게 한다. 그만큼 하늘은 이미 인간들에게 주었기에 그 사실만 갖고도 인간이 할 수 없는 큰일을 할 수 있는 것이다. 천기를 받아 공부하는 여러분들은 자포자기, 실망 그 외 여러 가지 고통이 뒤따를 것이다. 그것이 깨달음으로 가는 길이다. 하나같이 하는 일이 잘 된다면 인간은 노력을 하지 않을 것이기 때문이다. 인간에게 하늘은 노력을 해야 자신의 일을 할 수 있도록 만들어놓은 것이다. 이제 인간의 존엄성이 어디서부터 나온 것인지 여러분들은 알 것이다. 하늘로부터 받은 것이기에 하늘로 다시 돌려놔야 하는 것이다. 그러므로 영적인 공부를 한다는 것은 인간이 받은 것을 다시 돌려주기 위한 것이다.

천기를 받아 공부를 하는 여러분들은 공부를 하다가 답답할 때가 한두 번이 아닐 것이다. 그 답답함을 풀어가고 참고 견디는 것이 천기를 받아 공부하는 방법 중에 한가지다. 어떤 일들이 잘 된다면 누구나 쉽게 세상을 살아가려고 할 것이다. 그러나 노력이 없이는 어느 것 하나 하늘에서는 쉽게 알려주지 않는다. 다만 보고 있을 뿐이다. 그렇다. 자신을 보는 것이 깨달음이다.

지금 우리나라의 사태는 참으로 분통이 터지는 사람들로 꽉 찼다. 조그만 어린아이들도 우리나라의 미래를 희미하게 생각을 하고 대학생들은 취직을 걱정하고 있다. 다시 말해 서로 자신만을 위해서 생각을 할뿐이지 나라를 걱정하는 마음으로 하는 것은 아닌 것이다. 그러므로 각자 자신의 이득이 없더라도 나라가 잘된다면 어떠한 행동을 해야 하는 것인데 그 본성을 찾지 못하는 데서 이러한 현상이 있는 것이다.

그래서 지금 우리나라는 깨닫지 못한 사람들로 인해 나라가 잘못되어 가는 것이다. 인간이 깨달아 간다면 용서가 되는 일도 그렇지 않다면 용서가 안 되는 일이다.

이제 깨달음으로 가는 여러분들은 물론 힘이 들겠지만 상대방을 이해하는 포용력을 갖고 있어야한다. 그렇지 않고서는 어느 것을 알 알다고 해도 아무런 소용이 없는 것이다. 천기를 받아 공부를 한다는 것은 누구나 알듯이 어려움을 극복하는 지혜를 갖는 것이다. 이제 지식으로 하는 행동이 멈출 때가 영성세계로 가는 시작이다. 우주의 기운을 알아야 어떤 것도 알 수 있는 것이 영적인 공부라는 것을 여러분들은 말을 하지 않아도 알 것이다.

천기를 받아 공부를 하다보면 인간들이 하는 언어는 필요 없게 되며 행동으로 옮기는 작업만 남은 것이다. 그래서 영적으로 공부를 한다는 것은 결국 말로 표현하지 않아도 알아야 모든 것을 안다는 것이다. 부부가 말을 하지 않아도 눈만 보거나 느낌으로 아는 것처럼 그러한 표현을 하는 것도 영적으로 느낀다는 것이다. 그러므로 맨 처음에 공부를 한 것처럼 영적 공부는 왜 그렇게 공부를 했는지를 저절로 알 때가 되어야 그때서야 공부의 효력을 알 수 있는 것이다.

천기를 받아 공부를 하는 방법은 무수히 많다. 그러므로 딱 어떻게 공부를 해야 한다는 것은 없지만 우주의 기운을 연결해서 해야 한다는 것을 알아야만 할 수 있다는 것을 공부를 하면 할수록 느끼게 되면 어떠한 단계를 터득하는 것이다. 곧 수많은 단계가 자신의 영적 수준을 올리게 되는 것이며 그 단계 하나하나를 소홀히 한다면 다음 단계가 얼마나 힘든가를 알게 한다. 그래서 영적 공부는 아무리 공부를 많이 했다고 해도 다음 단계가 기다리고 있다는 사실을 인식해야한다.

그러므로 영적 공부라는 것이 인간에 있어서 가장 어려운 공부이며 또한 가장 쉬운 공부라는 것이다. 이제 여러분들은 제각기 자신의 수련을 통해 얻은 여러 가지 영적 수준을 스스로 점검할 수 있어야 한다. 그래야 자신을 안다는 것은 남을 측정할 수 있기에 가장 중요한 것이며 자신을 알지 못한다면 그러한 공부는 아무 곳에도 활용을 할 수 없기에 다시 시작해야 한다.

그만큼 어려움과 쉬움을 느끼고, 이 두 가지를 터득할 때 우주의 기운을 운용할 수 있는 것이다. 이제 여러분들은 어느 정도 가까이 온 것은 사실이나, 현재 그것 가지고 겸허하지 못한다면 더 높은 경지로 가기는 어려울 것이다.

하늘이 무엇을 요구하는지를 알아야 할 때가 왔다. 공부를 하다 보면 생각이 바뀌고 어떠한 것이든지 혜안이 열리게 되어 있기 때문에 보지 않아도 알 수 있고, 듣지 않아도 알 수 있는 여러 가지의 능력을 스스로 알게 하는 공부가 이렇게 천기를 받아 하는 공부라는 것을 알 수 있다. 물론 누구나 공부를 할 수는 있지만 굳이 천기를 받아야만 할 수 있다는 것을 알 때에 드디어 공부의 시작을 알게 한다. 그러므로 천기라는 것은 인간에게 말로만 느끼는 것이 아니라 몸으로 느끼게 하는 공부라는 것을 알게 한다. 그러므로 책으로 공부를 한 사람하고 직접 천기를 받아 공부를 한 사람하고는 그야말로 그때서부터 하늘과 땅 차이라는 것을 알 수 있다. 다만 어느 정도의 단계에 올라가면 그러한 차이도 느껴지지 않는다. 그때 공부가 제대로 된 공부일 것이다. 그러나 그때까지 공부를 한다면 정말로 뼈를 깎는 공부를 하게 되는 것이다. 그러나 그렇게 공부하는 제자들은 보기 힘들다.

이제 그 순간을 맛보기에 어느 정도 영성으로 갈 수 있는 단계가 오는 것이며, 이제야 조금 하늘의 세계가 인간에게 어떠한 것을 원하는지를 알 수 있다.

이때부터 영의 세계는 내 자신이 요구를 하지 않아도 알아서 도와준다. 다시 말해, 인간이 요구를 하지 않아도 알아서 한다는 뜻이다. 이렇게 되면 천기란 것이 인간에게 얼마나 중요한 것인가를 몸으로 느끼게 되는 것이다.

인간의 머리로는 생각을 하지 않아야 할 것이 이렇게 많구나 하고 느끼게 되며 인간이 알고 있는 여러 가지 지식이나 상식은 그렇게 몰라도 살아갈 수 있다는 것도 터득하게 되는 것이다. 물론 인간이 태어나 평범하게 사는 것을 원하나 하늘에서 원하는 것이 무엇인가를 안 다음에는 모든 것이 같다는 것을 알 수 있다. 이제 여러분들은 천기를 받아 공부를 진실되게 했는지 안했는지를 알 수 있으며, 그 동안의 공부는 내게 아무것도 아니라는 것도 알게 된다. 그러나 이것까지도 인간적으로 판단을 하게 된다면, 아무리 공부를 한다고 하여도 그것은 하늘의 공부가 아닌 것이다.

이제 여러분들은 천기를 받아 공부하는 방법을 스스로 알고 또 터득하고 있을 것이다. 다만 얼마나 착실하게 공부를 했는지는 이제 알 것이며 누가 알아주지 않아도 해야 한다는 것도 느꼈을 것이다.

그렇다. 천기를 받아 공부를 하는 사람들에게는 자신도 이해하기 힘든 일을 겪은 뒤에 알게 되는 어떠한 것을 이미 알고 있었던 사실이라고 느낄 것이다. 다른 곳에서 깨우치는 것이 아니라, 자신의 몸에 이미 하늘에서 전달되어진 이미지를 통하여 얻게 되는 것이다.

그리고 나면 이제부터는 자신이 이미지를 만드는 것이며 이미지를 만드는 순간에 하늘이 도움을 줄 것이다. 이제 여러분들은 자신이 이미지를 만드는 순간, 더 많은 것을 깨닫게 될 것이다. 아무리 깨우쳐도 남아 있다는 사실을 알 때 인간은 드디어 깨우침의 세계를 이해하는 것이다.

천기를 받아 공부를 한다는 것은 이미 자신의 몸이 빙의가 되어 있다는 것을 비로소 알 때 공부가 시작되는 것이며 쉬워질 것이다. 결국 자신의 공부는 자신의 공부가 아니라 남을 위한 공부라는 것을 알아야 한다. 특히 이러한 공부는 스스로 표현하기가 너무 힘들 것이다. 경험을 통해서만 하는 공부이기에 함부로 표현을 하는 것을 하늘에서는 용납을 하지 않을 것이다. 자신이 마음먹은 대로 세상이 돌아간다면 얼마나 좋을까? 그렇지 않기에 사람들은 여러 가지로 방황을 하거나 고심을 한다. 그러나 영적으로 공부를 하는 사람은 고심을 한다는 것이 사치일 뿐이다. 그 이유는 자신을 위해 기도하는 것이 아니라, 상대를 위해 기도하는 것인 만큼 고심을 하지 않아도 되는 것이다.

이제까지 천기를 받아 공부하는 방법을 여러 가지로 표현하였지만 마지막으로 일러두자면 주어진 대로 살아가는 것이 가장 현명한 방법이라는 것을 알았을 것이다.

그렇다. 이미 사람들은 천기를 받아 살아왔고 또한 지금도 하늘에서는 천기를 내리고 있다. 다만 살아가다가 그 기운이 잘못 흘러갔거나 해서 자신의 운명대로 살아가지 못하는 것이다. 그래서 천기를 받아 공부한다는 것은 자신을 알아가는 것이기에 그 어떠한 것도 다른 사람은 알지 못한다. 다시 말해 그러한 공부를 한 다음에는 자신도 모르게 영안이 열려 어떠한 것이든 영적으로 보이기에 모든 것이 편안해지는 것이다. 편안해진다는 것은 이해를 한다는 것이다. 이제 영안이 열리는 것을 알고 나서는 어떠한 것이라도 이해는 하지만 답답함이 있을 것이다. 그래서 깨달음이라는 것은 답답해 하는 사람들에게 영적으로 풀어주는 것이며 가만히 있어도 알게 되고, 우주의 원리를 보게 된다. 모든 행동 하나하나가 우주의 원리로부터 나오기에 어떠한 것을 대치할 필요도 없다.

이제 공부를 얼마동안 했기에 여러분들은 하늘의 원리를 터득한 것이다. 다만 높고 낮음은 있을 것이나 하늘에서 보기에는 높고 낮음이 없다는 것도 조금 공부를 하다보면 터득할 것이다.

부디 여러분들은 깨달음을 알고 나면 많은 이들에게 깨달음을 주는 사명이 있음을 알기 바란다. 준비란 것이 얼마나 중요한지 느낄 것이다. 세상이 돌아 갈 수 있게 하는 것은 하늘에서 많은 준비가 있어야한다. 그렇듯이 공부를 하는 것은 성공을 위해서 하는 것이 아니라 과정이 중요하다는 것을 깨우치라고 있는 것이다.

언젠가 영적 공부를 해온 사람에게는 인간으로서의 차원을 훨씬 넘어 서게 되는데 그 차원을 이용하지 못한다면 소용이 없듯이 하늘에서는 제자를 키워놓고 실망을 할 것이다. 내가 공부를 해서 남을 위해 봉사한다는 것이 얼마나 힘이 든다는 것을 알 때 사람은 비로소 깨닫게 되는 것이며 그 속에서 보람을 찾을 뿐이다. 그러므로 너무 허무맹랑한 것을 원해서는 안 되는 것이다.

이왕이면 인간들에게 조금이라도 도움을 줄 수 있는 공부가 되어 있어야 한다. 아무리 도가 높아도 인간들에게 도움을 주지 못한다면 그것은 도가 아닌 것이다. 지금 우리는 누가 뭐라고 해도 넘어가야 할 길이 있는 것이다. 그러나 그 선을 넘어가기는 어려운 것이다. 그럼 어떻게 넘어가야 하는가? 그것은 인간으로서는 할 수 없으므로 하늘에 맡기는 일이다. 결국 영적인 삶과 공부는 무엇이든 하늘에 맡겨야 한다는 것을 아는 것이다. 이제 왜 하늘에 맡겨야 하는지 알았을 때 비로소 하늘은 자신을 알게 할 것이다. 그러므로 쉽사리 입문을 하였다고 능력이 저절로 생기는 것은 아니다. 하늘의 능력을 자신의 능력으로 바꿔게 할 수는 없다.

우리는 하늘을 전당포라고 생각하고 조금씩 꺼내 써야 할 것이다.

주어진 일을 한다는 것은 가장 기쁨이다. 지금 세상에는 일자리가 없어서 놀고 있는 사람이 허다하다. 물론 하늘을 잘 알지 못해도 살아가는 경우도 많다. 다만 하늘을 알고 산다는 것은 가장 큰 기쁨이다. 누가 알아주지 않아도 하늘에서만 알아준다 해도 더없는 행복이다.

하늘에는 많은 영과 신들이 존재한다. 그것을 어떻게 이용하는가가 문제일 것이다. 영성으로 공부를 하지 않은 사람에게는 도저히 알 수 없고 그 영들을 다룰 수는 없는 것이다. 그러므로 영성공부는 결국 어떠한 신들도 무릎을 꿇게 하는 것이다. 나도 지금까지 공부를 한다고 해왔지만 아직도 아는 것보다 모르는 것이 많다는 것을 느낀다.

다시 말해 깨달았다고 다 아는 것은 아니다. 어느 부분을 아는 것이지 전부를 알 수 는 없는 것이다. 그러나 요즘 사람들은 어찌 그런가? 조금 알면 다 아는 것처럼 말을 하는데 그것은 이미 깨닫기를 원하지 않는 사람이다. 신을 다루고 영을 다룬다는 것은 하늘에서나 있을 법 하지만 충분히 사람도 할 수 있는 것이다. 알다시피 하늘에서 원하면 할 수 있는 것이다. 부디 여러분들도 신을 다스리는 차원의 공부를 할 수 있었으면 좋겠다.

다만 그렇게 하기 위해서는 모든 신에게 머리를 숙일 줄 아는 마음이 있어야 한다는 것을 잊지 않아야 할 것이다. 천기를 받는다는 것은 나를 버리는 일이며, 천기를 받는다는 것은 나를 찾아가는 것이며 천기를 받는다는 것은 나를 위하는 것보다 인류를 위해서 하는 행위라고 본다. 누구나 깨달을 수 있다는 진리를 통하여 자신의 내면을 밝게 키워가기 바란다.

이것이야말로 진정한 마음공부가 될 수 있을 것이다. 어떻게 보면 영적으로 사람이 산다는 것은 많은 것들이 필요하지 않다. 그러나 지금은 세대가 변해서 물질이 필요한 시대다. 하늘에서 능력을 받았다고 하더라도 여러 가지로 자신이 답답할 때가 더 많다. 그렇다. 하늘은 물질을 주는 것이 아니기 때문이다.

하늘에서 내린 능력을 어떻게 쓰느냐에 따라서 자신의 생활이 바뀌는 것이다. 다만 욕심을 내거나 하늘의 뜻대로 살지 않는다면 그 공부는 헛한 것이며 그 능력을 하늘에서는 막아버린다. 하늘의 공부는 순간 잘못을 한다면 모두 사라지게 되는 것이다. 영성공부를 하고 아는 만큼 자신의 능력을 펼쳐야 한다. 아무리 공부를 했다고 하더라도 자신만 알고 있다면 그것은 공부가 아닌 것이다. 단 한번이라도 흐트러진 마음을 갖는다면 하늘은 어떠한 것도 내려주지 않는다. 그러한 것을 대수롭지 않게 생각한다면 힘이 들 것이며 항상 영적으로 생각을 하고 산다면 어려운 것도 쉽게 해결을 할 수 있다. 요즘은 영의 세계라는 것을 모르고 사는 사람도 많다. 그것을 이해하게 하는 것이 공부를 하는 이유다.

공부를 하는 이유를 알고 나야 그때서야 깨우치는 것이다. 여러분들은 어떻게 생각하는가? 하늘에서 내리는 글들이 마음에 와닿는가? 아는 만큼 아는 체를 해야 그것이 진리인 것이다. 진리는 자신이 만들어 가는 것이며 누구나 공유할 수 있는 진리야말로 영성공부를 한 보람을 느낄 것이다.

한편 아직도 인간적으로 하는 것이 없는가를 생각하고 산다면 그 자체가 영성으로 간다는 것을 알아야한다. 다시 말해 영성공부는 따로 있는 것이 아닌 것이다. 나라는 인간을 뒤로 하고 하늘을 내세우는 공부라는 것을 알아야한다.

나는 무엇을 깨달았다고 한 만큼 아는 것이 없구나 생각이 든다. 그 이유는 내 생각으로는 알 수 없는 영의 세계의 글을 끊임없이 써내려 간다는 자체가 우선 그렇고, 또 한 가지가 있다면 인간의 마음을 다루는 것이 영을 다루는 것이라는 것을 다시 한번 알게 한 글이었다.

사람은 알지 못하고 하는 행동과 알고 나서 하는 행동이 있다면 알고 하는 것이 물론 맞다고 할 수 있지만 전적으로 그렇지는 않다는 것을 알아야 한다. 영적으로 하는 공부는 아무것도 몰라야 공부가 된다는 사실을 이 글에서 밝히고 싶은 이야기다. 요즘 무수히 기에 대한 공부를 많이 하지만, 다른 책을 읽고 외워서 하는 것이 대부분인데 그것은 자신의 희망을 망가지게 하는 것이다.

영적 공부는 그러한 공부가 아니다. 그러나 그렇게 배우는 사람들이 허다한 세상이니 그러한 것도 모르고 영성공부가 아닌 것을 영성공부라 생각을 하며 다닌다면 시간만 허비하고 껍데기로 살아가는 비참한 생활을 할 것이다. 인간이 살아가는데 가장 중요하다고 생각하는 것이 있다면 나는 이렇게 생각을 한다. 솔직하고 노력을 해야 한다고….

자신의 노력은 뒷전이고 바라기만 한다면 그 끝은 뻔하다. 나는 영적이 무엇인지도 몰랐던 사람이다. 지금은 영의 세계를 다루고 있다. 우주 만물은 모르더라도 자신을 아는 공부를 권하고 싶다.

이제 천기를 받아 공부를 하고는 있지만 무엇인지 모르고 공부하는데 사실은 모르는 것이 당연하고 세월이 말해 줄 것이다. 하늘의 시험은 영원하다. 그만큼, 공부를 열심히 한다면 하늘은 영원히 우리에게 많은 것을 보여줄 것이다. 오직 믿음을 가지고 산다는 것이 얼마나 편안한가를 느끼고, 어떠한 것도 포용할 수 있고, 이해하고, 받아들이고, 종교를 떠나서 잘못 가는 이가 있다면 안내를 해주는 안내자가 되어야 할 것이다. 그것이 천기를 받아 공부하는 마지막 과제인 것이다.

부디 이러한 책자가 나오면 열심히 하늘을 따라가는 법을 깨우치기 바란다.

제9장

깨달음으로 가는 영성공부

-초등학교과정부터 대학과정

초등학교 수준의 영적 세계

영의 세계는 그야말로 무한대이기에 어떻게 표현을 해야 잘 하는 것인지조차 모를 때가 한두 번이 아니다. 영의 세계는 평범한 사람이 알기에는 너무도 광범위한 것이기에 잘못한다면 시작하는 것부터 잘못됨을 모르고 살아갈 수 있다.

영의 세계는 보이지 않는 것이기에 함부로 말할 수도 없고, 또한 누가 믿어주지도 않는 것이다. 그러나 나는 지금까지 영의 세계를 통해 인생을 배우고 인간이 가야할 길을 알게 되었다.

심오하고 오묘하고 이해할 수 없는 것이 영의 세계며, 인간의 지식으로는 다룰 수 없는 내면세계를 영의 세계라고 할 수 있다.

초등학교 정도의 영의 세계라는 것은 무당보다 약간 높은 경지를 말하며 명상이니 도를 닦는 사람들보면 아직도 초등학교 수준을 넘지 못하는 단계를 하고 있는 것이다. 다시 말해 초등학교 수준의 영의 세계는 영의 세계라고 할 수는 없는 것이다.

그러나 영의 세계를 잘 모르기에 초등학교 수준을 가지고 영의 세계를 다 아는 것처럼 최고라고 하며 착각 속에 살아가고 있는 사람들이 무수하다.

이제 걸음마로 시작하는 영의 세계를 다 끝난 것처럼 행동을 하는 사람들이 남의 사주를 보고 앉아있는 형국이다. 그것도 모르고 사람들은 잘 맞추니 대단하니 하는데 어느 한 사람의 점을 보기 위해서는 8시간이 걸린다.

그러나 요즘 세상에 점을 보는 사람들은 길어야 한 시간정도 사주를 푸는 형국이다. 그러므로 어느 한 사람의 과거는 알 수 있을지 몰라도 미래를 알 수 없다는 것이다. 적어도 어느 사람의 미래를 알기 위해서는 고등학교 수준의 영의 세계를 접해야한다. 우리나라 사람들 중에 고등학교 수준의 영을 터득하고 살아가는 사람들이 몇 되지 않는다. 어떤 수준을 논하려고 하는 것이 아니라, 그만큼 영의 세계를 모르고 어떤 일을 한다면 항상 답답하고 막힘이 있을 것이다.

나는 처음 초등학교 수준의 공부를 하기 위해 20년이라는 세월을 보냈다. 그래서 겨우 초등학교 수준의 영의 세계를 터득하게 된 것이다. 물론 빨리 터득할 수도 있지만 영의 세계는 1년이 걸릴지 100년이 걸릴지 모르는 것이 영의 세계다. 사람들은 부처가 깨달은 것을 보고 무조건 부처를 향해 달려가는데 그것보다 높은 단계가 있다는 것을 알아야한다. 그 단계를 쫓아가다보면 부처보다 높은 경지를 알 수 없고, 또한 부처보다 높은 경지를 올라간다 해도 누가 알아주지 않는 것이 가장 걸림돌이 된다.

누군가가 깨닫기를 결심하고 공부를 한다면 이렇게 말을 해주고 싶다. 깨달음은 깨닫기 위해 공부를 한다면 그 깨달음은 욕심으로 승화하기 때문에 절대로 깨달음을 할 수가 없다. 그리고 깨달음을 터득하였다 하더라도 그 깨달음을 누구에게 전수하거나 알려주지 못한다면 그 깨달음은 아무것도 아니다. 그러기에 깨달았다고 해도 깨달음은 항상 음으로 남는 것이다.

그리고 세월이 흐르고 뒷날에야 그 사람이 깨달았던 사람이구나 하고 세상 사람들이 훗날에 알 수 있는 것이다. 어느 순간에 깨달았다고 하더라도 깨달음을 터득한 사람들이 많기 전에는 자기 자신의 깨달음의 수준을 알 수가 없다. 어느 정도 수준이 있는 사람들이 있다면 어울릴 수가 있으나 그렇지 않다면 깨달음은 쓸모가 없을 수도 있다. 그리고 영을 공부한다는 것은 어느 개인을 위해 기도하는 것이 아니라 민족과 나라, 넓게는 세계를 위해서 하는 공부라고 할 수 있다.

초등학교 수준의 영을 높이는 단계

자기 자신을 버려야 자신을 알 수 있다고 하는 말이 처음에는 귀에 들리지 않을 수도 있으나 어느 정도 영의 세계를 접하다가 보면 그 말이 무슨 말인지를 알 수 있다.

영의 세계를 접한다는 것은 어떻게 보면 인간이 가장 하기 힘든 공부로 가는 것이다. 책이 없는 것, 시간과 공간이 필요 없는 것, 그리고 자기의 노력과는 별개로 어떤 것을 알 수 있다는 것이다.

그러나 자기 자신이 공부한다고 생각하면 영의 세계는 다다를 수 없다. 그 이유는 영적인 공부는 자기 자신이 하는 것 같지만 자신의 몸에 있는 어떠한 영이 하늘과 닿아서 하는 것이기에 자기하고는 거의 별개인 것이라고 보면 된다. 그때부터 그런 것이 되어야 영의 세계를 접할 수 있고 신을 다룰 수 있는 것이다. 신을 다루지 않고 신의 노름에 따라가다 보면 아주 잘못되는 경우가 있다. 물론 신의 노름에 따라가고 싶은 사람은 없을 것이다. 따라가는 것도 모르고 시작을 하기 때문이다. 그리고 신을 따라가는 공부를 하는 사람은 영원히 신을 다스리지 못하고 신을 따라가는 공부만 하게 되는 것이다.

이것이 초등학교 과정이다. 그래서 초등학교 과정은 누구나 할 수 있어도 중학교, 고등학교 과정은 아무나 할 수 없는 것이다.

중학교 과정을 시작하려면 우선 많은 과정이 필요하다. 중학교 과정 중에 가장 하기 힘든 과정이 있다면 어떤 것을 시켜놓고 그 일을 하거나 또 하지 않아도 다 틀린 답으로 가르쳐 준다. 그도 그럴 것이 하나의 오차라도 있으면 안 되는 공부이기에 아무나 중학교 과정을 접하기란 하늘의 별따기다.

기도를 많이 한다고 해서 하늘에서 큰 능력을 주는 것은 아니다. 그러나 기도는 필수적으로 해야 하는 것이다. 기도가 질문과 답으로 이어지는 매개체이기 때문이다. 그리고 어느 영과의 대화를 할 수 있기 때문이다. 다시 말해 자기 몸에 있는 영의 수준이 얼마인가에 따라서 공부의 수준이 틀려지며 상상도 못하는 세계로 진입하게 된다. 그러므로 영의 세계를 하는 사람은 중학교 과정을 지나야 영의 세계란 어떤 것인가 맛을 이제 알게 되는 것이다.

중학교 과정도 지나지 않고 영의 세계를 알려고 한다면 오히려 빙의로 고생만할 뿐이다. 그러므로 영의 세계란 사람들이 생각하는 것처럼 호락호락할 수 있는 것이 아니며 단계가 올라가면 올라갈수록 아주 힘든 시험을 받게 된다.

어떻게 보면 무당들이 신을 받지 않고 살다가 몸이 아프거나 재산을 잃어버리는데 이것보다는 약 1,000배의 고통을 받게 되는 것이다. 그러나 경험을 하지 않고서는 누구에게나 말을 할 수 없는 것이다. 또한 남의 말을 들어서는 이해하기 힘든 것이다.

그리고 영의 세계를 접하고 싶어 하는 사람들이 고쳐야 할 것이 있다. 우선 남이 써놓은 글을 읽을 필요가 없다. 글을 읽으면 읽을수록 영적으로 맑아야 할 머리가 어두운 그림자가 낀 것처럼 맑지 못하다. 그렇게 되면 영의 세계를 접하지 못하고 자기가 읽은 책의 상식으로 접하려고 하니 점점 어려워진다. 그리고 남의 말을 들은 것으로 영의 세계를 접하는 것은 접한다고 하더라도 순간일 뿐이다. 그 순간이 지나면 멍청해진다. 그래서 영의 세계를 가고 싶다면 이 땅에서 일어나는 일을 우선 접고 살아야한다. 그래야 영의 세계를 누구보다 쉽게 접근을 할 수 있다.

또한 영의 세계를 접하고자 할 때는 하늘의 시험에 합격이 되어야 접할 수 있다. 제대로 하늘의 기운을 배우고 익히며 자동서기나 자기가 생각지도 않는 말이 저절로 나오기 시작한다.

초등학교 수준의 영을 높이기 위한 것

이제 중학교 과정의 영적 수준을 말하고 싶다. 영적 수준을 말하기에 앞서 영을 이해하기 위해서는 긍정이 많이 필요하다. 긍정을 하지 않는 사람은 읽을 필요가 없다. 왜냐하면 하나도 인생을 살아가는데 도움이 안 되기 때문이다.

중학교 수준의 영을 이해한다면 아마 여러분은 어느 사람들보다 일찍 성공하고 판단력이 생길 것이다. 나는 현재 여러분에게 내가 어떤 것을 내세워 보이려고 한다는 것이 아니라는 것을 알고 글을 읽어 주길 바라는 마음이다.

나는 대학원교수를 가르치는 강사의 수준을 갖고 있다. 그러나 이것도 아무것도 아니다. 영적으로 하는 공부는 끝이 없고 지금이 최고라 생각하면 어제의 영의 높이는 아무것도 아니다. 나는 하늘을 알고부터 사람이 살아가는 것이 하늘의 계시를 받고 사는 사람과 그렇지 않는 사람과의 차이를 너무도 잘 알고 있다. 처음에는 나도 초등학교 수준의 영을 갖고 잘난 체를 많이 한 사람 중에 한 사람이다. 또한 영의 세계는 보이지 않는 세계이기에 초등학교 수준이나 대학원강사를 가르치는 수준이나 그냥은 알 수가 없다.

내가 무엇을 말하려는지 알 수 있을 것이다. 중학교 수준의 영이 되면 우선 상대방을 읽을 줄 안다. 이 말은 상대방의 눈만 보아도 그 사람의 성격과 마음을 읽어 내린다는 말이다. 이 한 가지만 터득해도 세상을 살아갈 때 아주 편해진다. 그리고 중학교 수준의 영이 되면 이해심이 많이 생기며 세상을 바라볼 때 사람들이 나이와 상관없이 다 어려 보이고 밑으로 보인다. 그렇다고 그렇게 사람을 상대하다가는 망신을 당하는 것이며 중학교 수준의 영이 되면 스님, 목사, 신부와 같은 레벨의 영을 알고 있는 것이다.

그래서 중학교 수준의 영을 가진 사람들이 이 사회에서는 무엇을 아는 것처럼 여러 가지 종교를 만들어 사고를 많이 치게 되는 것이다. 잘못하면 중학교 수준의 영에서 머물러 버리는 것이다. 우리나라 성직자라고 하는 사람들이 거의 중학교 수준으로 여기에 해당되는 사람들이 가장 많은 편이다. 또한 중학교 수준의 영을 갖고 있는 사람들의 말을 듣고 어떤 일을 한다면 처음에는 잘 되는 것 같으나 잘못 하다가는 나중에는 점점 잘못되고 있다는 것을 알게 된다.

그래서 영이라는 것은 한이 없고 수치도 없고 그 이상을 말하기란 쉬운 일이 아니며 아무리 영이 높다하더라도 많은 사람들에게 도움을 주지 못한다면 그 영을 갖고 있지 않은 사람보다 못한 것이다.

전자에도 말했듯이 중학교 수준의 영은 책을 통해서 얻는 것이 아니며 스스로 얻은 것도 아니며 하늘이 감동을 할 때 내려주는 신호일 뿐이다. 다시 말하면 중학교 이상의 영을 받으려면 하늘이 감동을 하기 전에는 절대로 가질 수 없고 느낄 수 없고 생각조차 못하는 것이다. 그러므로 영은 욕심을 내도 안 되는 것이며 바라서 되는 것도 아니다. 영의 세계는 인간이 모르는 것을 하늘에서 가르쳐 주기 위해 조화로서 인간에게 계시를 해주는 것이다. 사람들은 신비하게 생각을 하면서도 이상하게 생각을 하는 경우가 있다. 그래서 여기서 많은 문제가 된다.

여러분은 이제 영의 세계로 안내를 할 수 있도록 훈련이 된 것이다. 단 이 글을 읽고 인정을 하거나 이해를 한다면 너무도 쉬운 영의 세계를 접할 수 있을 것이다. 그러나 자기도 모르게 거부한다면 이 글을 더 이상 읽을 필요조차 없다.

영으로 보는 명상의 세계

흔히 명상하면 어렵게 생각을 하거나 아무것도 모르는 상태에서 명상을 하고 있는 실정이다.

물론 자기 나름대로 명상을 하는 방법이 있겠으나 명상은 자기 치유를 하는 것에 가장 큰 목적을 두고 궁극적으로는 깨우침을 하려고 하는 마음을 갖게 된다. 다만 깨우침을 통해 어떠한 것을 더 많이 안다면 아무런 무리가 따르지 않겠지만 깨우치지 못한 상태로 영원히 간다면 그 명상은 올바로 갈 수가 없다.

어느 정도 영의 세계를 접목 할줄 알아야 명상을 할 수 있고 또한 명상의 묘미를 얻을 수 있는 것이다. 그렇게 하다보면 하늘의 계시나 어느 신의 계시를 받아서 운용을 할 수 있다. 그러나 잘못 명상을 하게 되면 자기도 모르는 사이에 자기의 기운이 바뀌어 고생을 하는 경우가 있다.

그래서 명상을 하기 위해서는 중학교 정도의 영적 훈련이나 어떠한 기도가 이루어질 때 하는 것이 명상의 세계를 이해하는데 도움이 될 것이다. 중학교 수준의 영의 세계만 알아도 앉아서 명상을 하지 않아도 명상은 저절로 될 수 있다. 꼭 앉아서 하는 명상이 명상은 아니다. 명상은 자면서도 명상을 할 수도 있고, 음식을 먹으면서도 명상을 할 수 있고, 학생이라면 공부를 하면서도 명상을 할 수 있는 것이다.

지금은 여러 각 나라의 명상 하시는 분을 초빙해서 수련을 하고 있다. 그러나 우리가 가장 빨리 이해가 가고 우리에게 도움을 줄 수 있는 것은 우리 민족에 맞는 명상이라고 본다. 무조건 외국 것을 좋아해서는 안 된다는 말이다. 그러나 외국 것을 다 부정해서도 안 되는 것이다.

책으로 나온 명상 책을 보고 그대로 따라하는 사람들이 많은데 매우 잘못된 것이다. 자기의 체질이나 연령, 그리고 남자인지 여자인지에 따라서 명상을 하거나 기를 받아야지 무조건 한다면 실수가 따르며 아무리 명상을 오래 한다고 해도 그것은 남의 것을 베끼는 것에 불과하며 사람마다 기운이 서로 다르기에 자기에 맞는 수련을 하는 것이 가장 현명한 방법이다.

요즘은 명상이나 기를 조금 했다고 하는 사람들이 많이 알려주고 또 기를 준다고 하는데 순간으로는 그것이 이루어질지는 몰라도 영원히 가지는 않는다. 그러므로 영의 세계를 알고 나서 명상을 하거나 단전호흡을 한다면 여러 가지로 빠를 수 있으며 스승이 필요 없이 저절로 테마가 읽어지며 그 순서대로 할 수 있다.

여기서는 간단하게 여러분들에게 영적으로 하는 명상법을 알려주고 싶다.

우선 명상을 하기 전에 내 자신은 없다고 생각을 해야 한다. 내 자신이 있다면 그 명상은 아무리 해도 발전이 없는 명상이 될 것이다.

그래서 '명상은 잘못하면 본전도 없다'라는 말이 있는 것이다. '하늘에서는 명상을 자기 내면과 하늘과의 육체적, 정신적으로 나누어 대화를 하는 것이다'라고 표현을 한다.

이렇게 볼 때 자기의 몸과 자기의 정신이 하늘과 일치가 되거나 합의가 들어설 때 비로소 명상을 시작하는 것이다. 또한 명상을 제대로 하는 사람들은 먼 훗날을 예시도 하고 머리가 맑아져 무엇이든 긍정을 하고 하는 일이 즐거워진다. 그렇지 않은 경우는 욕심이 앞서 올바른 명상을 할 수 없는 것이며 아무리 많은 시간을 통해 명상을 한다 해도 그것은 시간낭비이며 육체적 고통이 따른다.

내가 겪은 명상을 여러분께 말한다면 우선 명상은 마음의 자세가 있어야한다. 다시 말해 들뜬 기분이거나 술을 마시고 한다거나 한다면 그 명상은 여러분들도 알고 있듯이 아무것도 느끼지 못한다.

명상을 하면 사람마다 다르겠지만 오묘한 느낌을 받는다. 머리에서, 손에서 아니면 심장 쪽에서, 이렇게 여러 가지로 느낌을 받는데 거의 손으로부터 가장 빨리 오는 것을 느낄 것이다. 올바른 명상은 마음으로부터 느낌이 있어야 올바른 명상법이라고 할 수 있다.

누구든지 할 수 있는 것이 명상이며 누구든지 명상을 하다보면 하늘과 문답을 할 수도 있다. 그러나 오랫동안 명상을 하고도 하늘과 응답을 받지 않고 있는 사람들은 명상수련을 잘못하고 있는 것이다.

영의 세계를 알고자하면 명상부터 시작을 하는데 사실은 영의 세계부터 알아야 명상과 기, 그리고 신과의 대화를 할 수 있다. 여러분들이 명상으로 하늘과 통하여 신과 대화를 할 수 있다면 세상을 다 얻은 것과 같은 느낌일 것이다.

부디 자기의 아집을 버리고 항상 배운다는 모습을 갖고 있는 것이 올바른 명상법이라는 것을 잊지 말고 열심히 한 계단 한 계단 올라서야한다.

명상은 하루아침에 되는 것은 절대 아니다. 수천, 수억 번 시행착오 끝에 자기와 맞는 명상법이 나온다는 것을 잊지 않았으면 한다.

초등학교에서 고등학교의 영을?

사람이 공부하기위한 초등, 중등, 고등학교가 있듯이 하늘에도 영의 세계를 가기위한 단계가 있다. 아마 여러분들에게는 생소하게 들릴지는 모르겠으나 우리가 살아가면서 알아야 할 것이 너무도 많은데 그냥 스쳐가거나 잃어버리고 살아가고 있다는 것이 사실이다. 영의 세계는 어느 사람의 수준을 맞추기 위해서는 10년 이상이 걸린다.

다만 영의 세계를 이해하는 사람에게는 1초도 걸리지 않는 묘한 것도 있다. 이제 고등학교 수준의 영을 다루어본다. 고등학교 수준의 영을 다룬다는 것은 우선 기도가 필요 없다.

기도가 필요 없다는 말이 의아하게 들릴지는 몰라도, 수준의 차이가 고등학교 수준의 영적 수준에서 확실하게 느낄 수 있으며 고등학교 수준의 영의 세계야 말로 이제 겨우 시작하는 영의 세계인 것이다. 하늘에 무엇을 물어보지 않아도 답을 얻을 수 있는 과정이며 저절로 하늘에서 알아서 해주는 과정이라고 보면 된다. 그러므로 한치의 오차가 있을 수 없는 단계이며, 함부로 입을 열 수 없는 단계라고 보면 된다.

고등학교 수준의 영의 세계를 접하기 위해서는 우선 어떠한 영을 접하는가에 따라서 그 차이를 알 수 있다. 고교 수준의 영의 세계는 하늘의 글을 쓰고 하늘의 말을 하게 된다. 다시 말해 하늘의 공부에 입문을 하게 되는 수준이라고 보면 될 것이다. 함부로 말할 수 없는 것이 영의 세계라고 하지만 이 수준은 말이 필요 없는 수준이라고 보면 된다. 자동서기로 글을 받아 영적으로 해석을 하는 단계이기도 하다. 그리고 가장 견디기 힘든 시험이 많은 시간이다. 하늘은 누구에게나 시험을 하고 있다. 그러나 그것을 느끼지 못하고 살아가기에 현실 속에서는 영의 세계를 긍정하기 어려운 것이다.

영의 세계는 가깝게는 조상으로부터 멀게는 우주로부터 오는 메시지로부터 시작이 된다. 고등학교 수준의 영의 세계는 우주로부터 오는 메시지를 해석하고 집필을 할 수 있는 단계라고 볼 수 있다. 그래서 우주의 메시지를 가지고 책을 쓰는 사람은 이미 고등학교 수준이 되어있다고 볼 수 있다.

단 고등학교 수준의 영의 세계는 가장 힘든 과정이기에 여기서부터 점점 어려워진다는 것을 느낄 수 있다. 그래서 세계적으로 영적으로 권위가 있는 사람 중에 고등학교 수준만 가지고 일생을 보낸 사람들도 있다.

고등학교 수준의 영의 세계는 엄청난 세계라는 것을 여러분이 알아야한다. 세계적으로 고교 수준의 영의 세계를 접한 사람들이 손에 꼽을 정도다.

부처가 영적으로 대학원을 졸업을 한 상태로 일생을 마감했다고 보면 쉽게 이해가 될 것이다. 여기서 한 가지 알아 두어야 할 것은 영의 세계는 그 차원이 세분화는 되어있지는 않았지만 단계가 있다는 것을 알아야 영의 세계로 접근을 할 수 있다.

중학교 수준의 영의 세계에서 고교수준의 과정으로 올라가려면 적어도 5년 이상 걸린다. 그것도 5년을 하늘과 대화를 하고 응답을 받고 하는 사람이 될까 말까 하는 단계다.

고등학교 수준의 영의 세계

스님이 참선을 한다. 그 이유는 책과는 상관없이 더 높은 경지를 향해서 하는 것이다. 어떤 이는 책을 많이 보라고 하는데, 그것은 자기 것을 찾을 수 없다는 말이다. 어떤 경지에 가면 책은 필요 없게 된다.

그러나 책으로만 터득한 영의 세계는 헷갈리게 될 것이며 여러 가지 영이 왔다 갔다 하기 때문에 어떤 면으로는 많은 손해를 본다. 책을 읽지 않았다면 자기의 영이 맑아 바른 것을 알 수도 있었지만 사회에 나와 있는 책은 조그만 양서는 될 수가 있겠지만, 자기 자신에게는 영원한 답을 줄 수는 없을 것이다.

그래서 결국 불경을 읽고 다른 책을 접했던 스님들은 가끔 회의를 느낀다. 발전이 없기 때문이다. 책이 주는 만족은 100%가 될 수 없다. 그래서 100%의 만족을 얻기 위해서는 자기와의 싸움에서 이기는 것이다. 자기를 이겨야 모든 것을 안을 수 있고, 이해를 할 수 있고, 또한 어느 것을 답하든지 막힘이 없는 것이다. 그래서 공부를 많이 한 사람일수록 어느 선에 가면 책을 가장 미워하게 된다. 그 이유는 겪어보지 못한 사람은 모를 것이다.

누구나 많은 것을 알고 싶어 한다. 그러나 자기가 겪은 것이 가장 정확한 답이다. 우리가 살아가면서 막힘이 있을 것이다. 나 역시 영을 가지고 있다고 하더라도 답답할 때가 있다. 그러므로 사람이 아무리 안다 해도 다 알 수 없다는 것을 알아야한다. 그것도 모르고 사람들은 다 아는 것처럼 세상을 살아가는 사람들이 너무도 많다.

특히 재판을 하는 과정에서 죄도 없는 사람들을 형을 내려 무고한 사람들이 많이 당하고 있다. 그러므로 자기가 공부한 것이 남을 죽일 수도 있는 것이다. 그러나 그것을 모르고 살아가고 있다. 얼마나 답답한 일인가. 그 사람이 지식공부를 하지 않았다면 엉뚱한 사람을 죽이지는 않았을 것이다.

정치를 하는 사람들도 적어도 고등학교 수준의 영을 가지고 정치를 한다면 그 나라는 잘살 수 있을 것이다. 그러나 공부를 한 사람들은 영을 무조건 무시하는 형국이니 영의 세계를 접할 수 있는 기회는 그렇게 많지 않다. 그러므로 나라가 망가지는 것도 모르고 자기 욕심만 채우게 되는 것이다. 고등학교 수준의 영을 가진 사람들이 사는 세계는 항상 죄가 없는 세상이며 군인도 경찰도 필요 없다. 자기가 자기를 스스로 자제하고 나쁜 짓이나 남을 무시 하는 것이 없을 것이다. 남을 생각하는 마음이 스스로 생길 것이며 항상 세상을 위해 살 것이다.

그래서 앞으로의 세상은 고등학교 수준의 영을 가진 사람들이 많이 나와야한다. 그래야 세상이 밝아지고 누구나 잘 살 수 있는 세상이 될 것이다. 그럼 고등학교 수준의 영의 세계는 어떻게 판단할 수 있을까?

고등학교 수준의 영의 세계는 많은 시험을 겪어야 한다. 어느 정도 겪어야 하는가 하면, 하늘에서 어떤 것을 하라 했다고 가정을 하자. 그러면 그 일을 해도 그 일을 하지 않아도 두 가지다 하늘은 혼을 내는 실정이다. 그러므로 어떤 것이 최소한 해야 할 것인지 알아야 된다.

어떤 일을 해도, 하지 않아도 혼나는 하늘의 시험을 360번 정도 이겨야한다. 그러므로 얼마나 참을성이 있어야 고등학교 수준의 영의 세계를 접하는지 알 수 있을 것이다. 그래서 이 시험에 이기기까지는 많은 시련이 있다. 그 시련을 이기지 못하고서는 세상을 밝게 할 수 있는 능력을 하늘에서 주지 않는 것이다. 그러므로 하늘에서는 인정을 하지 않는 사람들이 큰일을 하려고 하니 그것은 욕심이 앞서 일을 하기도 전에 많은 병패와 나쁜 일이 겹치게 되는 것이다.

또한 고등학교 수준의 능력을 주려고 해도 그 내용을 알 수 없어 인간이 그냥 지나치거나 무시를 하는데서 오는 현상이다. 꼭 산에 가서 도를 닦는 것은 아니다. 또한 참선만이 다가 아니다. 우선 자기의 마음을 다스린 다음에 어떠한 길을 가야할 것이다. 그래야 어떠한 것이 이루어져도 이루어지는 것이다.

이제 세상을 밝게 가는 길은 누구나 고등학교 수준의 길을 가는 것이다. 물론 어려운 길이고 하기 힘들다하더라도 다른 사람에게 피해를 주지 않고 바르게 살 수 있다면 그 어려운 길도 마다하지 않고 간다면 그 사람은 깨우친 사람이 될 것이다. 그냥 평범하게 사는 것이 좋은 것이지만 사람이 이 세상에 왔다면 한 가지라도 좋은 일을 하고 간다면 얼마나 좋은 일인가!

영의 세계는 언제나 즐겁게 할 수는 없는 것이나 공부를 하다보면 하늘의 오묘함에 사람은 무릎을 저절로 끓게 된다. 그리고 고등학교 수준의 영은 아무나 오는 것이 아니며 하늘에서 선택된 자만이 공부를 할 수 있는 것이며, 자기 자신이 아무리 열심히 한다고 해도 하늘에서 합격을 시켜주지 않는다면 할 수 없는 것이다.

하늘에서 고등학교 수준의 영의 세계를 알려준다는 것만 해도 선택을 받은 것이다.

고등학교 수준의 영의 세계를 졸업하면

고교 수준의 영의 세계를 접하고 졸업을 하게 되면 상상도 못하는 세계가 눈과 마음과 정신을 즐겁게, 환하게 하며 무엇이든 편한 것을 맛보며, 느끼며, 미래를 바라보는 눈이 생기게 된다.

그래서 인간이 겪어보지 못하는 세계를 이제부터 알 수 있는 것이다. 다시 말해 고교 수준의 영을 접하며 느낀 것들이 이제 어떤 것인가를 알게 되는 과정이 펼쳐지는 것이다. 그래서 영의 세계는 공부할 때는 잘 몰라도 그 시간이 지나면 알 수가 있다.

고교를 졸업하는 영의 세계는 사람이 이해하지 못하는 세계라고 할 수 있다. 그러므로 불가에서 말하는 천안통, 육신통 그 외 여러 가지가 하나씩 열리고 염력의 세계가 열리게 되는 것이다. 이제야 영의 세계를 제대로 입문하게 되는 것이다.

이제 하늘에서 능력을 주기위해 많은 신명들이 나서는 시간이다. 지금까지는 여러 가지 시험을 통해 사람의 마음과 하늘을 얼마나 담을 수 있나 테스트한 것이라면 이제 겨우 영의 세계를 맛보게 되는 순간이 눈앞에 있는 것이다. 이제부터는 사람이 공부를 하려고 해서 공부 하는 것이 아니라, 저절로 공부를 하게 되는 것이다. 다시 말해 몸에 있는 신명이 알아서 공부를 하는 단계이니만큼 어떤 것을 일부러 하려고 한다 해도 아무런 소용이 없으며 하늘의 신명 세계를 저절로 알 수 있게 되며 사소한 것에는 신경을 쓰지 않고 자기보다 저절로 남을 생각하는 마음이 생기는 과정이다.

이제 신명 세계를 여행하게 되면 자기 자신이 어디서 오고 어떻게 살아가야 하며 어떠한 것에 신경을 쓰고 살아가야하는지 자기가 누구인지를 알 수 있는 단계다. 이제껏 공부를 한 것은 자기를 알고자 하는 공부였다면 이제부터는 여러 가지 자연의 조화, 그리고 어떠한 것이든지 들여다볼 수 있는 능력을 갖게 되는 것이다.

사람의 마음도 읽어보고 어느 사물의 성질도 알 수 있으며 드디어 하늘과 대화를 할 수 있는 자격이 있는 것이다. 하늘의 대학은 많은 (천신)신명들이 회의를 해서 입학을 시킨다고 보면 된다. 하늘은 까다로운 것이 많기에 한 가지라도 모자라는 것이 있다면 대학교의 영적 세계를 공부할 수 없게 된다. 그러므로 대학교의 수준의 영을 공부 한다는 것은 자기가 하기 싫어도 저절로 되는 과정이므로 지금까지 공부한 것과는 판이하게 다른 것을 알 수 있다.

우선 대학교 과정은 말로 표현하기 힘든 것이 많고 더욱 글로 표현하기란 매우 까다로운 것이다. 혹 '글로 표현을 해주세요'하면 그 글은 하늘의 문자로 내려온 것을 한국어로 해석을 해서 나타내야 하므로 어떠한 상식이나 지식으로는 알 수 없는 것이 있다. 그러므로 영적 세계를 아무리 이해하고 공부를 한 사람일지라도 대학 수준의 영적 세계를 이해하기란 말 그대로 하늘의 별을 따기보다 힘든 것이다.

이제 하늘의 별과 해와 그리고 그 어떠한 것과도 대화를 할 수 있는 자격증을 따기 위한 공부가 시작된 것이라고 보면 된다. 사람이 깨우친다는 것은 깨우치기 전에는 잘 모르지만 깨우치고 나면 세상 모든 것이 나를 위해 있구나 하고 더욱 삶의 중요함을 느끼게 된다. 나를 위주로 많은 것들이 왜 존재하는지 알 수 있다. 대학교 과정의 영을 공부한다는 것은 공부라기보다 우주의 원리를 배워간다고 생각하면 되는 것이다. 모든 근원을 알 수 있고, 자연과 더불어 사는 방법을 터득하게 되는 것이 깨우침인 것이다.

사람이 공부를 할 때는 24자, 28자 가지고 공부를 하지만 이제 하늘의 영적 세계를 입문하는 순간부터는 하늘의 120,000자부터 터득을 하게 되는 것이다. 그러니 사람이 배우는 24, 28가지(훈민

정음) 글자 가지고는 하늘을 이해할 수 없다는 것을 알게 된다. 하늘의 그렇게 많은 단어를 알고부터 하늘의 오묘함을 알게 되고 그 모든 것을 터득하는 것이 쉽지 않다는 것을 스스로 느끼게 되며 어떠한 것이든지 너그럽게 이해할 수 있는 것이다.

우선 하늘의 문자를 이해할 수 있어야 하늘의 원리를 알 수 있게 되며 사람의 머리를 컴퓨터 한대라고 생각하면 이제부터 컴퓨터 한대 한대를 자기 머리에 집어넣는 일이라고 생각하면 쉽게 이해가 된다. 그리고 만약 대학교 수준의 영을 졸업할 때 쯤 되면 컴퓨터가 천대 이상으로 자기의 머리가 변해 있다는 것을 스스로 느끼게 된다.

그 다음에는 자기가 마음먹은 대로 새로운 컴퓨터를 자기머리에 내장할 수 있는 능력이 스스로 생기게 되는 것이며 만대, 억대까지 이때부터는 깨우쳤구나 하는 생각이 스스로 생활 속에서 알 수 있게 되는 것이다.

그래서 깨우친다는 것은 결국 대학교 수준의 영의 세계를 접해야 한다고 말할 수 있다. 여기서 한 가지 알아두어야 할 것은 우리가 인도 사람들이 깨우쳤다고 알고 있는 사람들 중에 대학교 수준의 영을 공부하다가 멈춘 사람들이 많다는 것을 알아야 하는데 자기 자신이 그 수준을 모르기에 남들이 깨우친 사람이라고 말을 하면 자기 자신이 모르면서 깨우쳤다고 생각하게 되는 것이다. 한 가지 덧붙인다면 부처는 대학원 수준의 영적 세계를 졸업한 수준이라고 보면 된다. 그러나 대학원 수준의 공부 가지고는 알 수가 없는 것이 또 있다는 것도 알아야 한다. 다시 말하자면 대학원 강사의 입장이 되어야 하늘의 모든 것을 해독할 수 있는 깨우침이라고 보면 되는 것이다.

그래서 깨우침은 하늘의 모든 것을 해독하는 능력이 얼마나 있는가에 따라서 깨우침의 차원을 나눌 수 있는 것이다.

신나는 대학 수준의 영의 세상

대학교를 들어가는 영의 수준은 감히 상상도 못하는 일들이 너무도 많다. 다만 한순간을 놓치면 영원히 헤매게 된다. 용서라는 것이 없다. 한순간을 놓치면 다른 것을 알지 못하고 알려고 해도 그이상은 하늘에서 답을 주기는커녕 지금까지 한 공부마저 잊혀지게 된다. 그러므로 한순간 한순간이 얼마나 중요한가를 깨우치게 되는 것이다.

인간의 한계는 과연 어디까지인가 라고 놀라움을 알게 되는 단계가 대학교 수준의 영의 세계라는 것을 깨우치게 된다. 이제 영의 세계를 접한 것에 대해 감사를 느끼며 이루어 헤아리지 못하는 우주의 신비한 세계를 알게 되며 사람이 살아가면서 얼마나 모르고 살아가는 것이 있나하고 자기의 생각을 접게 되는 순간이다. 영적으로 사람이 산다면 불편함이 없을 것이나 누구나 영적 세계를 가고 있다면 편할 것이다. 다만 인간은 누구나 영적 세계를 경험할 수 없기에 영의 세계를 접한 사람들은 소외를 받고 살 수도 있는 것이다.

우선 영의 세계를 입문한다는 것은 자기 마음대로 할 수 없다는 것을 알게 되는 순간이 대학교 수준의 영이라는 것이며 누가 뭐라고 해도 흥미를 느낄 수 있고, 밥을 먹지 않아도 배가 부르며 즐거운 일이 생기지 않아도 저절로 즐거워지는 것이 바로 영의 세계라는 것을 알게 된다.

이제 대학 수준의 영을 접하는 방법에 대해 그리고 그 영의 세계를 알게 된 뒤부터의 과정을 쓰려한다. 하늘에서 영을 받기위해서는 이제부터 시작을 하는 것이다. 고교 수준의 것과는 판이하게 다르다고 말했듯이 잠을 잘 때도 저절로 나와는 상관없이 공부를 할 수 있는 것이며 감히 하늘의 명령을 거부할 수 없음을 알게 된다. 아무것도 모를 때는 거부도 하고 따라가기도 하지만 이 순간의 모든 영적 공부는 무조건 따라 가야한다. 대신 잘못된 것은 하늘에서는 절대로 시키지 않으며 자제할 수 있는 능력이 생기며 어떠한 것이든지 미리 예지할 수 있기에 실수를 범하지 않게 되는 범위를 깨닫게 된다.

대학 수준의 영은 최고의 영의 세계를 알기위한 또 하나의 단계이며 이 단계는 예를 들어 밥을 한달을 굶어도 공부를 할 수 있도록 할 수 있는 단계다. 인간이 밥을 한달 먹지 않는다면 큰일이 벌어지나 영의 세계를 공부한다면 아무런 일이 생기지 않고 끈기와 인내의 최고점을 찾게 된다. 하늘에서 내려주는 것을 영적으로 잘 받아서 글을 쓰고 읽고 해석을 해야 비로소 하늘에 입문을 하게 되는 것이다.

그리고 나면 저절로 글을 쓰지 않아도 말을 하지 않아도 어떠한 순간이나 느낌을 스스로 점검을 하고 어떠한 것이든지 하늘의 지혜로 판단을 하며 다른 사람들에게 바른길을 가르쳐 줄 수 있고 교회에서 말하는 신유의 은사를 받게 되는 것이다. 어쩌면 자기 자신을 의심할 정도로 많은 것을 알 수 있고 능력을 하늘에서 부여받는 단계며 이 세상을 좀더 아름답고 잘사는 세상을 만들려고 노력을 한다. 어느 것에도 편견을 갖지도 않으며 어떠한 것도 포용을 할 수 있는 단계가 되며, 신과의 대화를 인간과의 대화보다 많이 하며 신과의 대화가 인간과의 대화보다 쉽고 수월하며 인간이 접하지 못하는 세상을 논의하게 된다.

그러므로 깊고 넓은 마음을 저절로 갖게 되는 것이다. 더욱더 자연을 사랑하게 되고 어떠한 것이든 아끼는 마음이 생기며 지혜로 문제해결을 할 수 있는 단계라고 볼 수 있다.

대학교 수준의 영을 갖게 되면 스스로 공부를 하지 않아도 저절로 우주의 법칙을 알 수 있기에 사소한 것에 목숨을 걸지는 않는다. 다시 말해 사람이 결혼을 하면 집 그리고 돈이나 우리가 알고 있는 상식과 지식 같은 것에는 신경을 쓰지 않게 된다. 그러므로 사람이 살아가면서 갖고, 먹고, 취득하고 싶은 욕망이 거꾸로 누구에게 주고, 이해하고, 용서하고 싶은 마음으로 바뀌는 것이다.

아마 옛 성인들이 사셨던 모습에서 알 수 있는 생활 방식이라고 보면 된다. 이제 대학교 수준의 영의 세계를 접하는 모습을 그려보았다. 다음은 대학원 수준의 영의 세계를 말하려고 한다.

사람은 자기생각이 모두 자기의 생각이라고 할 때가 많은데 대학원 수준의 영을 공부하다 보면 그것이 아니라는 것을 깨우치게 되며 밑으로는 어린 아이의 영을 대학원 수준의 영이라고 할 수 있고 위로는 하늘이라고 말할 수 있다. 그 이유는 티 하나 없고 맑은 영을 가리켜 대학원 수준의 영이라고 할 수 있기 때문이다

제10장
하늘에서 내린 시

추 억

가슴을 열고 하늘을 보라
우리가 살아온 계절이 지나간다
바로 보는 세상이야 말로
슬픈 계절이 오지 않는다
정상을 향해가는 우리의 인생은
계절이 지나가야만 알 수 있다
산이 높아서 물이 깊은 것이 아니라 물이 깊어야 산이 높다.
(네가 하는 일이 크다고 네가 큰 것이 아니라 네가 커야 하는 일이
크다는 교훈이다)

세상의 벗

멀리 보이는 것은 내가 아니요
가까이 보이는 것도 내가 아니요
둘이 서있는 세상
서로 멀리 떨어져 있다면
멀리 보이는 것은 당신이요
가까이 보이는 것도 당신이요
마음이 가까워지면
멀리 있는 사람도 가까이 있지요
마음이 멀어지면
가까이 있는 사람도 멀어지지요
세상 사람들아
멀리 있는 사람도 가까이 있을 수 있도록
마음을 가까이 하라.

영 광

숲이 우리를 부른다
숨소리가 들리듯이
내 마음이 설레어 숲을 찾는다
물을 찾아 가는 사람
나무 찾아 가는 사람
새를 찾아 가는 사람
정을 찾아 가는 사람
이미 말라버린 우리들의 정
숲이 우리를 부르듯이
사람들의 마음이 정으로 쌓여
내 마음을 설레게 하여 불러준다면
이 세상 다하도록 그리워하지 않고 살아 갈 텐데
무엇이 부족하여 우리네 숨소리(=대화)는 같지 않은가.

초연

구름이 내 마음을 흩어 놓았는지
오고 가는 사람들이 모을 수 없네
바람은 내 마음을 알지 못하여
멋대로 부는데
초상난 집안은 눈물이 없네
길거리에 소나무가 영원하듯이
우리네 마음이 영원하다면
항상 깨끗하고 푸르게 될 텐데
어찌 나무만도 못한 인간이 되었는가
겉으로 보지 말고 속을 들여다보면
속이 겉인지 겉이 속인지
분별이 안가는 세상
오늘도 저 소나무는 푸르름을 간직하고 있는데
사람의 마음은 항상 낙엽이라네.

허 공

삶이 내 마음을 읽었는지
나를 구속하네
슬픔도 절망도 먼 길을 떠나길 바랄진대
어찌 내 마음은 삶 속에 빼앗기고 말았나
세월이 나를 버리지 않기로 약속을 했는데
내가 먼저 그 약속을 잊어버리니
내 삶은 세월에 쫓겨 나가버렸네
내 인생은 쪼개졌지만 세월은 쪼개지지 않았네
해를 보고 달을 보면
내 인생을 뭉치게 할까 생각했는데
하늘에서 내 마음을 조금 더 융자해 준다면
이자는 못 갚아도 원금대로 살텐데
과연 하늘은 융자를 해줄런지

숙 면

온전한 것을 만들려 하니 새벽닭이 울기 시작했네
옆집 부엌에선 밥 짓는 소리
뒷집 부엌에선 된장 끓이는 냄새
어떠한 사연이 있다 해도
아침은 변함이 없네
코골다 일어나고
잠꼬대하다 일어나니
내 머리는 바위가 되네
땅과 하늘은 오묘하기도 하지
밤이면 눕게 하고 아침이면 뜨게 하네
이러한 큰 힘이 어디서 나오는지
내가 큰 힘을 빌리려 하네
잠을 완강히 뿌리치고 일어나는 것이 하늘을 빌리는 것인지
그렇다면 하늘이 내 마음이 될 텐데
아침밥과 된장찌개가 하늘이라네.

갈 무 리

어디서 왔는가 시작도 없이
어디로 가는가 끝도 없이
용기가 없어서 날아가지 못하는가
배짱이 부족해서 숨고 있는가
누군가 내 인생을 흐르는 강물이라 하지 않았던가
흐르는 강물은 바다가 되는데
내 인생은 왜 호수로 남아 있는가
철이 없어 가버린 인생
호수가 원망스럽다
어찌 내 인생은 바다로 보내지지 않았는가
다시 태어나면 바다부터 만들고 시작해야지

품 새

조각달이 외로운 줄 미처 몰랐네
둥근 달이 내 마음을 흔드는 줄 미처 몰랐네
여울지는 저녁노을 산 넘어 갈 때
강 건너 불빛은 하나 둘 켜지는데
내 조국 내 강산 기운이 나네
아침에 뜨던 해가 약속을 했네
풀과 나무와 사람과 약속을 했다네
나무도 사인하고 풀도 사인하고 사람도 사인했는데
풀과 나무는 자기 기운을 갖고 있는데
사람은 어디로 기운을 빼앗겼는가
절망이 조각달이라면
아침에 뜨는 해와의 약속이 희망일 텐데
사람의 기운은 나무가 뺏어갔나
풀이 뺏어갔나
거짓 없이 살아야 풀과 나무가 될 텐데.
(겸손, 성실하게 어기지 말고 살아라)

종 점

떠나는 길은 원래 가기로 약속이 되었는가
설마 어긋나는 길이 아니라면 좋을 텐데
가보지 못한 곳을 가고 싶어도
정해져 있는 길이기에
한숨을 쉬네
처마 밑에 제비는 때가 되면
떠나는데
오는 길로 가는 걸까
사람의 인생도 오던 길로 가는 걸까
어차피 정해져 있다면
다른 길은 생각지도 않을 텐데
무심한 하늘을 원망도 해보지만
이미 달려온 길이기에 돌아갈 수 없네
끝이 보인다면 다시 시작할 텐데
그래서 나는 오늘도 끝을 찾으려 하네.

갈 대

내 마음은 쓰러지지 않네
동그란 동전을 바라보면 마음만 흔들리네
사랑을 동전으로 만드는 걸까
아니면 흔들리는 마음으로 만드는 걸까
도와주는 사람 없이 희망을 바라보니
아까운 시간이 흘러가네
언제 처량한 신세를 모면하나
왔다 갔다 흔들리는 갈대처럼
다시 제자리에 있다면 좋으련만
내 인생사 갈대와 친하지 않아서
그렇게 못 되었네
이제 흔들리는 갈대와 친구가 되려하네.

제11장

신을 다스리는 과정

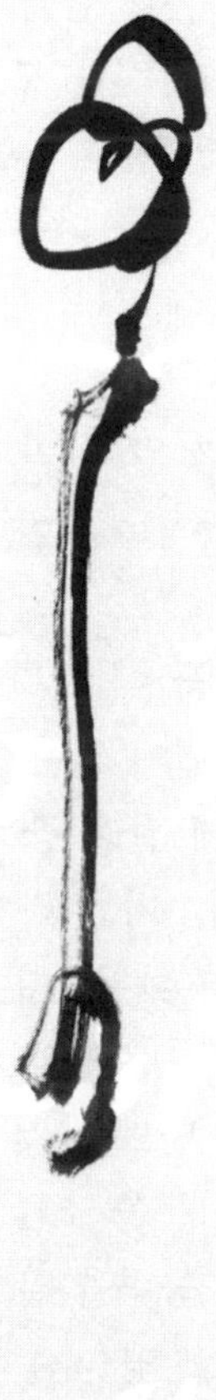

신을 다루는 과정은 참으로 어려운 과정이나 어느 차원을 지나서는 가능한 것이다. 다만 신을 다루기 위해서는 자신이 신의 대장이 되거나 신의 대장에게 위임을 받고 할 수 있는데, 신을 다루기 위해서는 우선 하늘에 자신이 입적이 되어야함은 물론 여러 가지 수행을 통해 참는 과정 속에서 이루어지는 것이며 자신이 경험한 것이 지금 당장은 몰라도 세월이 흐른 뒤에는 이런 것이구나 하고 자신이 알 수 있는 것이다.

그러나 사람들은 신을 모시는 것도 어렵다고 하는데 과연 신을 다룰 수 있을까 하고 의아해 하는 사람들이 많다. 그렇지만 지금 내가 하는 일은 신을 다루는 일이지 신을 모시거나 신에 조롱을 받고 사는 것이 아니기에 과감하게 말할 수 있는 것이다. 신을 모시는 것은 아무나 할 수 있는 것이지만, 신을 다루는 것은 누구나 할 수는 있어도 아무나 할 수 없다는 말이다. 신을 모시는 것과 신을 다루는 것은 말 그대로 하늘과 땅 차이다.

사람이 신을 다루게 되는 것은 두 가지라고 말을 할 수 있는데 하나는 하나님의 계시로 이루어지는 것이며 또 하나는 직접 몸으로 와서 명령을 하는 것이다.

이 두 가지가 어렵지만 지금 이 시간에도 하늘의 공부를 하는 사람들은 가능하며, 그렇게 어렵지 않은 공부다. 다만 하늘에서 내려주지 않는데도 자신의 최면에 걸려 공부를 한다면 이미 할 수 없는 것이며 엉뚱한 길로 가는 경우가 된다.

인간이 신을 다룬다면 살기 쉬워진다. 그렇다고 신이 원하는 것을 무작정 반대 하지는 않는다. 다시 말해 인간적으로와 신적으로가 합의를 하여 살아가는 방법을 만드는 것이다. 이제 여러분들은 신을 어떻게 다스리느냐에 대한 의문을 조금씩 풀어갈 것이다. 언젠가 제자들도 신을 다스릴 수 있는 능력을 알게 되는데, 그것은 한 인간으로서는 어려운 것이지만 어느 영을 통해서는 가능한 것을 알게 된다. 그러한 수준의 한계를 알지 못하고서는 전혀 알 수 없는 것이다.

이제 제자들을 위한 영적 공부를 그 한계와 그 내면의 세계를 펼쳐 본다. 전혀 경험이나 체험이 없이는 알 수 없는 것이기에 항상 영성으로 공부를 하지 않는다면 감히 할 수 없는 일이며 가능성이 희박한 일이다. 만약에 제자 중에 신을 다스릴 수 있는 능력까지 공부를 했다면 그것은 참으로 대단한 일이며, 그 만큼 엄청난 고생과 시련을 이긴 것이기에 박수를 보내야 함은 물론 제자들이 본을 받아야 할 것이다.

나는 어떠한 공부인지를 모르고 여기까지 공부를 해왔지만 제자들은 어떠한 공부인지를 알고 시작을 하기에 어쩌면 나보다 영의 능력을 갖기가 어려울 것이다. 그것을 인간적으로 공부를 많이 하기에 영적으로 해야 할 일을 인간적으로 하다가는 성공의 비율이 아주 희박하기 때문이다. 그러므로 영성으로 간다는 생각을 항상 잊지 말 것을 당부하고 싶고 지금은 어려우나 언젠가는 신을 다룰 수 있는 능력이 있다는 것을 알고 공부를 해야 할 것이다.

이제 인간이 영성으로 가야만 신을 다룰 수 있다는 사실을 알고 시작해야지 무조건 신을 다룬다는 생각을 가지고 한다면 어쩔 수 없이 아무 능력도 없이 포기하거나 능력이 없는데도 능력이 있는 것처럼 행동을 하게 된다.

신을 다스리는 과정에 대한 글을 쓰며 느낀 점이 나름대로 많다. 그 이유는 과연 내가 어떻게 신을 다룬다는 말을 하고 있으며 할 수 있는지 하늘의 신비함을 알게 한다.

사실 나는 평범하게 사는 것을 원칙으로 사는 사람이었지만 살아온 과정을 보면 사람으로서는 살 수 없는 많은 과정을 거치고 보니 내가 이렇게 변해 있는 것을 알았다.

어떻게 보면 신을 다루는 능력, 다시 말해 영을 다룰 수 있는 능력으로 살 수 있게 하늘에서 만들어 놓은 것이다. 그러므로 신을 다루는 단계가 따로 있는 것이 아니라 하늘의 선택을 받고 나야 하는 것이라는 것을 알았다.

이렇게 볼 때 내가 깨닫거나 내가 신을 다루는 것이 아니라 내면이 이렇게 됐을 때 이루어지는 것이라고 할 수 있다.

그것은 물론 내면이 하늘과 대화를 통해 영적으로 통하는 것을 말하지만 그렇게 되기까지가 어려운 과정이 있는 것이다. 인간으로서는 인내의 최고치가 형성이 될 때 신을 다루는 경지가 되는 것이다. 다만 신을 다루는 경지가 될 때까지는 그러한 차원조차 알 수가 없는 것이 문제며 그때까지 많은 시험과 알 수없는 것이 영의 세계이기에 막상 신을 다룰 때가 되서야 어떻게 하늘에서 영적 공부를 시켰는지를 알 수 있게 한다.

그러므로 신을 다루는 경지는 그 앞 1초전에 몰랐던 것이 그 후에는 무궁무진한 세계를 접하는 것이다. 그렇다. 신을 다루는 과정은 1억분의 1초가 무서운 줄 알아야 한다. 그 이유는 사람의 몸의 기운은 그것보다 훨씬 빠른 속도로 바뀌기에 그러한 시간을 소홀히 한다면 지금까지 공부를 한다고 했는데도 아무런 효력이 없다. 산에서 기도를 하든, 집에서 하든 같은 것인데도 그것을 모르고 산만 고집을 하거나 어느 경문만을 고집한다면 그 사람은 깨우칠 수 없을 뿐 아니라 자기 자신이 스스로 답답한 것을 느낄 것이다. 그러므로 어떠한 고정 관념이나 남이 해 놓은 것을 흉내만 내다 끝이 날 수도 있으므로 신을 다룬다는 것에 대한 마음을 다시 고쳐 해야 한다. 그렇지 않으면 언젠가는 쓰라린 일이 많이 펼쳐질 것이다.

이제 여러분들은 신을 다룬다는 것이 얼마나 많은 수련과 경지가 필요한가를 확실하게 알았을 것이다. 무작정 신을 다룬다 라고 말을 했다가는 많은 신들에게 폭탄을 맞은 것처럼 찢겨지고 아무런 것도 알지 못하고 마는 것이다.

신을 다루는 목적은 사람이 신을 다루는 경지가 된다면 어떠한 일이 터졌을 때 신들이 알아서 스스로 일을 해결하는 것이다. 다시 말해 신에게 부탁을 하지 않아도 해결할 수 있는 것만 신들이 미리 알아서 한다. 때문에 신을 다룬다는 경지는 잠을 자면서도 신을 부를 수도 있고 특히 항상 보디가드를 하는 신이 있는 것이 특색이며, 사람이 궁금해 하는 것을 미리 해결해주니 신을 모시는 것과 신을 다루는 것과의 차이가 실감이 난다. 이왕이면 신의 밥을 먹고 산다면 신을 다루는 사람이 되어야 모든 것이 쉽다는 것을 여러분도 이제 알았을 것이나 쉬운 것이 아니라는 것도 알았을 것이다. 그만큼 하늘의 용서와 결단 그리고 인내가 눈으로 보이게 해야 한다.

어떠한 사람이 신을 어떻게 다룰 수 있느냐고 반문을 할 수도 있다. 그것은 참으로 어리석은 질문이다. 하늘에서는 사람에게 신을 다스리라고 명령을 이미 하신 것이나 사람들은 신을 모시고 있는 것이 예의가 있는 것처럼 보이려는 데서 많은 착오를 일으킨다. 물론 신을 다룬다는 것은 어떠한 능력이 있어야 하지만 능력이란 다른 것이 아니라 하늘과 합의가 된 상태를 말하는 것이다.

다시 말해 하늘과 합의가 되면 합의가 된 사람을 통해 하늘의 일을 할 수 있게 하는 것이다. 물론 과학자도 우리가 알고 있는 어떠한 특별한 직업을 가진 사람들에게도 하늘은 기회를 준 것이다. 다만 그것을 모르고 살아가는 사람들이 있기에 기회를 놓치거나 지금 그러한 일을 하면서도 자신이 하는 줄 알고 착각을 하기에 하늘의 능력이 감춰지는 것이다.

특히 제자들은 여러 층의 제자가 있는데 하늘의 제자야말로 사람들이 원하는 제자지 조상신을 모시거나 어떠한 신을 모시는 사람이 아닐 것이다. 이제 제자들은 수많은 텔레파시와 파장 그리고 채널을 통해 하늘의 소리를 전해 주는 것인데, 그야말로 하늘의 소리를 전해주는 일이야 말로 사람이 살아가는데 최고의 직업이 아닌가 생각을 하게 된다.

그러나 하늘에서 어떠한 기운을 통해 내려주지만 한 가지 일을 잘 못한다면 그때부터 하늘과의 통신은 두절되는 것이며 우주의 기운을 알지도 못한 채 탈락을 하는 경우가 종종 있다.

신을 다루는 과정은 자신의 목숨을 열개라도 감수할 수 있는 마음의 자세가 있을 때 하늘에서 내려주는 메시지며 그러한 마음이 없다면 하늘에서는 시험으로만 끝내는 경우도 허다하다. 물론 하늘의 언어를 구사할줄 알아야 신을 다룬다 하지만 많은 사람들이 그 자체를 부인하거나 모르고 있으니 신을 다룰 수 없는 것이다. 그러므로 많은 사람들은 어떻게 해서 이러한 신을 다룰 수 있는 공부를 했는지 궁금할 것이다. 하늘의 소리는 기본이 12만 자라 했는데 결국 통하면 36만 자를 알 수 있고 그 속에서 인간들이 연구하는 가림토 문자가 있다는 것을 알게 되는 것이다. 흔히 하늘의 문자를 모르고 인간이 할 수 없는 것을 억지로 연구를 하고 있는데 하늘의 천문을 36만 자를 안다면 어떤 것이든지 다 알 수 있고 영적으로 천부경을 해석하게 된다. 혹 이 책을 읽고 세상에 처음 나온 가림토 문자를 연구하는 분들이 본다면 많은 도움이 될 것이다. 그래서 가림토 문자를 알면 이해를 할 수 있고 쉽게 풀어 갈 수 있다.

그 내면이 공부를 해서 신을 다루는 경지가 된다고 해도 인간적인 생각을 한번이라도 한다면 신을 다루는 경지는 끝나버리고 다시 신을 모시는 상태로 돌아가기 때문에 살아가기가 힘이 들며 신을 모시는 상태는 신을 다루는 상태보다 어렵다는 것을 알게 하며 이왕 깨우치려면 신을 다루는 쪽으로 깨우쳐 살아가는 것이 훨씬 사는 보람을 느낄 것이다.

영의 세계는 안다고 해도 알 수 없고 표현하기가 힘든 관계로 사람들에게 안내를 한다는 것은 그렇게 쉬운 일은 아니지만 신을 다루는 상태는 말이 필요 없이 행동으로 보여준다. 하지만 행동을 이해하지 못하는 사람 앞에서 보여준다는 그것은 자신이 우스운 사람으로 볼 것이다. 물론 하늘의 언어를 구사할줄 알아야 신을 다룬다 하지만 많은 사람들이 그 자체를 부인하거나 모르고 있으니 신을 다룰 수 없는 것이다.

신을 다루는 차원은 인간으로서는 생각조차 할 수 없는 단계라고 미리 생각을 하고 있기에 이루어지지 않는 것이며, 그러한 차원을 모르기에 부정을 하거나 무시를 하는 경우도 있는 것이다.

이제 여러분들은 신의 경지가 무엇인가를 알게 되며 신을 통해 사람이 알아야 할 것이 무엇인가를 알게 된다. 신을 다루는 것이 신을 모시는 것과는 물론 다룰 수가 있을 것이나 영적인 공부를 해보면 알 수 있는 것이다. 다만 신을 모시는 공부는 자기 자신이 공부를 하지만 신을 다루는 공부는 자신이 공부를 하는 것이 아니라 내면이 알아서 하는데서 틀린 것이다.

신을 다스리는 과정은 과감한 마음을 갖지 않고서는 신을 다룰 수는 없지만 영적으로 많은 도움을 하늘에서 받는다면 신을 다룬다는 것은 우리가 밥을 먹는 것과 마찬가지로 일상생활로 알 수 있는 것이다. 언젠가는 많은 사람들이 신을 다루는 세계가 올 것이다. 신을 다뤄야 인간이 살아가는데 어떤 것이든 쉽게 갈 수 있는 것이다. 이제 우리단군을 모시고 기도를 하는 제자들은 누구나 신을 다루는 경지가 될 것이다. 또 그렇게 해야 많은 종교가 난립하는 것을 막을 수 있는 것이다.

신의 세계는 높은 영을 다루지 않고서는 어떠한 것도 이길 수 없는 것이며 이해를 할 수 없는 것이다. 그러므로 어떠한 종교를 갖는 신은 어디서나 있는 것이며 신을 부정하고서는 하늘을 알 수 없는 것이며 신의 세계는 명확한 것을 좋아하고 우유부단한 것을 싫어한다. 신의 공부를 한다는 것은 엄격하지 않으면 할 수 없는 것이다. 그러므로 순간 한순간이라도 놓치거나 게을리 한다면 할 수 없는 것이다. 신의 세계는 무한하기 때문에 어떠한 것을 알았다고 하더라도 그것은 항상 시작일 뿐이며 다음단계가 있는 것을 명심하고 처세를 해야 할 것이며 지금은 지금의 차원으로 다 아는 것 같지만 또 다른 세계를 접하게 되면 자신이 행동을 한 것이 얼마나 잘못되어 있는가를 알게 된다. 그러므로 신을 다루는 경지는 영의 세계를 완전히 알지 못하고서는 할 수 없는 것이며 평범한 사람으로서는 상상도 할 수 없는 것이기에 이해가 안 되는 것이 많다. 다만 자신이 경험을 통해서만 아는 것이 안타까울 뿐이다. 또한 제자들이 그냥 쉽게 하늘의 소리를 전해주려고 한다면 그것은 하늘의 소리를 알지 못하고 전해 주는 것이며 하늘과 대화를 하지 못한다면 자신의 소리를 전해주는 형국이 되며 우리가 알 수 없는 영적 세계를 모독 하는 것밖에 될 수 없는 것이다. 또한 인간의 몸으로 보여주는 하늘의 소리이기에 사람들의 귀로 듣기는 어려운 것이며, 그 또한 들려주는 사람도 힘이 드는 것이다.

초등학교부터 대학원교수가 될 때까지는 많은 과정을 치른다. 사람이 사는 사회에서도 대학원을 졸업한다는 것은 많은 세월과 과정이 있듯이 하늘의 대학원 과정은 뼈를 깍듯이 어려운 과정이 있다.

물론 평범한 사람도 영을 이용해서 삶을 유지 한다면 남보다 나은 삶을 영위할 것이다. 그러나 그렇게 쉬운 과정이 아니기에 중간에 포기를 하는 경우가 많다. 영을 다스리기 까지는 수많은 관문이 있는데 어떠한 것이든지 차원이 있듯이 초등학교 수준의 공부를 한사람이 신을 다룰 수는 없는 것이다.

적어도 대학교 수준의 영성공부를 해야 신을 다루고 영을 다루는 경지가 된다. 하지만 앞에서도 언급했듯이 신을 다룬다는 것은 쉬운 것이 아니기에 영을 다루는 하늘의 대학교를 들어가기가 너무 어려운 고비가 많다. 그 이유는 하늘에서는 시험을 통해 사람마다의 자질을 엄격하게 따지기에 합격하기란 그야말로 하늘의 별 따기다. 그러므로 신을 다루는 경지는 무당이 신을 모시는 경지라면 무당의 수

천 배의 공부가 없다면 할 수 없는 것이며 어느 차원마다 자신을 많은 신들이 괴롭히게 되고, 그 이유는 강하게 만들어 주기위해 그런 것인데 그것을 참지 못한다면 무당의 수준도 되지 못하고 탈락을 하게 되는 것이다.

그래서 7차원, 9차원 경지를 가야 신을 다룬다는 말이 나온다. 흔히 3차원이나 4차원을 가지고서는 신을 다룬다고 말할 수 없는 것이며 인간이 참는 한계를 하늘에서는 다 써먹어 마음을 하늘로 완전히 바꿔놓는다.

어려운 점이 많이 있지만 하늘에서 하라는 대로만 한다면 신을 다루는 것은 문제가 되지 않지만 신을 다루기 위해서는 하늘의 천신들에게 합격을 받아야 자신의 몸속에 좌정을 하기에 까다롭기 그지없다. 또한 하늘에서는 신을 다루는 사람을 만들기 위해서는 0.1초도 가만히 놔두는 법이 없다. 그래야 정신을 차리고 하기에 그만큼 신을 다루는 한 사람을 만들기 위해서는 하늘에서는 항상 초점을 흐리게 하지 않고 있다.

사람이 일을 한다는 것은 그 몸에 있는 어떠한 기운이 있어야 한다. 그러나 사람들은 무조건 자신의 생각만 가지고 살아가는 경우가 있는데 그렇지 않다는 것을 알아야 한다. 그만큼 자신의 기운을 알아야 어느 정도 살아가는데 많은 도움을 준다. 다시 말해 자신과 내면의 세계가 잘되어 있는 사람들을 보면 무엇이든 하려고 한다면 이루어지지만 그렇지 않고 사람의 머리로 생각을 한다면 이루어지지 않는다는 것을 안다면 하는 일이 저절로 될 것이다.

그러므로 사람이 일을 한다는 것은 신을 다스려야 쉽다. 그렇게 하기위해서는 많은 인내가 필요한 것이며 인내가 신을 이기는 무기가 되며 사람이 알기 전에 신이 그의 명령을 따라 행동을 하게 된다.

그러나 신의 세계를 모르니 신을 다룬다는 것을 알지 못하는 것뿐이다. 이제 성공을 한 사람들을 보면 그만큼 인내를 하고 살아왔던 것이다. 그 내용이 신을 다루기 위한 과정이다.

우리 같은 직업을 가진 사람이 아닐지라도 신을 이기고 다루고 사는 사람들이 세상에는 너무도 많다. 그래서 사람은 성공을 한 사람을 동경 하게 되고 존경하게 되고 그를 보며 목표로 사는 경우가 많은 것이며 성인을 따라가고 성인의 생을 닮아가려고 노력을 하는 것이다. 정말로 미치지 않으면 안 되는 과정과 많은 공부가 신을 다루는 경지다. 우리는 가끔 얕은 신명이 들어있어 정신병원을 가는 것을 본다. 그러나 높은 신명이 들어있는 사람은 그 이상으로 고통을 받는다. 그러므로 높은 신명을 가지고 있는 사람은 우선 어떠한 물건을 보더라도 깊게 보기에 더 고통을 받는 것을 볼 수 있다.

신을 다루는 과정은 말로 표현을 하지 못한다고 한다. 그것이 사실이지만 그 사실을 인정하지 않는 사람들도 많을 것이다. 이제 신의 경지도 높은데 신을 다룬다는 것은 어떻게 말로 표현을 하느냐는 말은 이 글속에는 필요 없을 것이다.

나는 누구보다 많은 사람들을 만났지만 영의 세계를 인정하는 사람 보다 인정을 하지 못하는 사람이 많다는 것을 안다. 그러므로 신을 다룬다고 자랑할 것도 아니며 신을 모르는 사람들에게 나를 표현한다는 것은 더욱 어려운 것이다.

우리나라는 신을 무시하는 나라다. 그 이유는 보이지 않는 세계를 인정하지 않는 것이다. 과학으로 풀 수 없는 여러 가지 불가사의한 것들을 과학으로 풀 수 없다고 인정을 하지 않고 있다.

신을 다루고 산다는 것은 결국 내 마음을 다스린다는 말이다. 내 마음을 다스린다는 말은 신을 다스린다는 말과 같은 맥락으로 볼 수 있다. 자신의 마음을 다스리지 못한다면 상대방의 마음을 다스릴 수 없기에 신을 다루는 경지가 없다면 세상은 바뀌지 않고 항상 힘든 생활을 하게 된다.

이러한 것을 볼 때 우리는 신을 다룬다는 말이 자신의 마음을 다스리고 나서 해야 한다는 것을 알아야 한다. 조금 안다고 말을 하는 것은 그것은 자신을 망치게 하는 지름길이며, 다 알지 못하고 말을 한다면 그 사람은 발전이 없을 것이다.

다른 것은 아니다. 신을 다룬다는 것은 조상신과 잡신의 무리를 다스린다는 이야기지 하나님을 말하는 것은 아니다. 잘못하면 사람들은 하나님으로 착각을 해서 자신이 하나님이라고 하는 사람도 많다. 그것은 잡신으로 인해 잘못 이해하는 것이며 그러한 상태로 살아가는 사람들이 많아 지금도 기도터에는 그러한 사람들이 신의 세계를 어지럽히고 있다. 그래서 잘못 기도를 하거나 기도터를 정한다면 오히려 신을 다루기는커녕 잡신으로 인해 많은 시간과 곤란한 사건들이 발생 하게 된다.

신을 다루는 과정은 어떠한 경지를 알고 난 후에 느낀다고 말했듯이 자신이 그렇게 될 것이라고 생각하는데서 많은 착오를 가져오게 되는데 그 경지는 자신도 모르는 사이에 이루어지는 것이며 인간이 하고 싶다고 해서 할 수 있는 경지는 아니며 또한 그렇게 된다고 해도 많은 시험이 도사리고 있기에 한눈을 잠시 팔다가는 이루어졌던 능력도 하루아침에 하늘에서 다시 빼앗아 버린다. 단 한번 하늘을 믿는다면 어느 정도의 기간으로 신을 다스릴 수 있는 경지가 되며, 스스로 즐거움과 항상 바쁘게 영의 세계 영성으로 살아갈 수 있는 것이며 그야말로 돈이 없어도, 배가 고파도, 누가 싫은 소리를 한다고 해도 받아들일 수 있는 마음이 생긴다. 그러므로 신의 영역을 아는 것과 신의 영역을 침범 한다는 것은 다르며 오직 하늘의 음성을 듣고 살아간다면 세상이 넓고 밝아질 것이다. 언젠가 제자들이 드디어 신을 다루는 경지에 올랐을 때는 자신도 모르게 말을 하는 것이 어떠한 것을 보아도 판단이 서슴없이 나오는 것을 보았을 때 나는 인간의 인내를 보게 되는 경우가 있다.

신을 다루는 경지까지 올 때는 수많은 착오와 고통이 있지만 그것을 통과하고 하늘의 선택을 완전히 소화하는 과정이기에 자신은 없고 무조건 신명으로 공부를 하기에 사회와 적응하기가 어려운 부분이 있다. 어쨌든 신을 다루는 과정은 인간에게 있어 가장 큰 축복을 받은 것이다. 다만 축복을 받은 것을 혼자 갖고 있지 않고, 많은 사람들에게 하늘의 소리를 전해주는 것에 목적이 있다.

하늘의 소리를 잘못 전해준다면 자신의 느낌도 없이 어느새 자신의 능력을 하늘에서 걷어간다. 말로는 표현하는 것이 어색하지만 신을 다루는 과정은 그야말로 눈빛부터가 틀려지며 행동 하나하나가 조심성이 있으며 과거에 살던 여러 가지 습관이나 고정관념은 어디론가 사라진다.

이것을 볼 때 사람은 마음을 다스린다는 것이 얼마나 소중하고 행복한가하는 것을 스스로 느끼게 된다. 이제 신을 다루는 경지는 자신의 마음을 다루는 과정이라는 것을 대변을 하게 된다.

특히 많은 사람들에게 유익한 자문을 하려면 하늘의 자문을 받아서 전해주는 것이 으뜸이라는 것을 알았을 것이다. 부디 누구나 하늘의 소리를 마음으로 담아 살아가는 사람들이 많았으면 한다. 그러므로 일생을 살아가면서 사람은 신과 같이 동반을 한다는 것을 알고 산다면 이미 그 사람은 성공을 눈앞에 두고 있다는 것을 느낀다. 사람의 성공은 어떻게 보면 어느 순간에 되는 경우가 많은데 그것은 하늘의 덕을 받았기 때문이다.

인간이 산다는 것은 어떻게 보면 힘든 과정만 생각을 하는데 그렇지 않다. 하늘을 바라보고 긍정을 한다면 70%는 갖고 사는 것이므로 누구보다 하는 일과 살아가는 것이 행복하다.

축복을 받고 사는 것은 우리주위에 항상 있다. 그것을 찾고자 한다면 가까운 곳에 있다는 것을 우선 알아야 한다. 하지만 마음자락이 바로서지 않는다면 이룰 수 없는 것이다. 깨달음이란 것은 알다시피 인간이 살아가는 방법을 터득하는 것이지 그렇게 대단한 것은 아니다.

이제 여러분들은 신을 다루는 과정을 여러 면을 느끼고 공부를 해왔다. 하지만 아직도 모르는 것이 많을 것이나 모르는 것이 있어야 사람은 살아가는 것이라고 생각을 한다. 누구나 깨우침을 싫어하는 사람은 없을 것이나 깨우친다고 특별하게 달라 보이는 것은 없다. 하지만 평범한 사람들은 깨달은 사람을 보고 다르게 보는 것에서부터 자신의 깨달음을 놓는 경우가 있는 것이다. 깨달음은 자신이 변하려고 하는 것보다 다른 사람들을 변하게 하기위해서 있는 것이다.

정신으로 가난한 사람, 물질로 가난한 사람, 몸으로 건강하지 못한 사람 여러 계층의 사람들을 인도하고 이해하고 길을 안내하고 더불어 사는 것이다. 그러나 깨달음이나 신을 다루는 것이 특별하게 다르다고 생각한다면 매우 어리석은 것이나 그것조차 모르고 깨달으려고, 신을 다스리려고 한다면 하늘에서는 절대로 그런 사람에게는 큰 능력을 주지 않을뿐더러 자신이 얼마나 잘못 사는가를 알게 된다. 그런 시간이 흘러야 신을 다루는 영역이 펼쳐지는 것이다. 어쩌면 신을 다루는 것이란 신과 같이 살아가는 것을 말 하는 것과 같은 말이 될 수도 있지만, 신을 다루는 것은 인간의 마음을 신이 너무 잘 알아 호흡을 해주는 경우를 말하는 것이다.

요사이 당분간 글을 올리지 못했다. 그 이유는 신의 존재를 알기 위해 신을 모시고 사는 국가를 방문하고 영의 세계를 좀더 깊게 관찰하고 공부하기 위해 갔다 왔다. 신은 많은 사람들에게 위안을 주는 것은 물론 인간들의 마음을 교만과 이기주의로부터 좋은 마음을 갖게 한다.

우리 민족은 토속신앙을 가진 나라지만 지금 우리의 세대는 토속신앙을 잃어버리고 살아가고 있는 것이 현실이다. 물론 옛것을 너무 고수해서도 안 되겠지만, 어느 정도는 옛것을 되살리는 것도 우리 민족이 살아가는데 많은 도움이 된다는 것도 알아야한다.

디지털 시대에 고리타분하게 신을 말하고 민속신앙을 말 하는 것은 우리가 지금 살아가는 것 모두 토속신앙으로 내려온 역사로 인해 살아간다는 것을 잊어서는 안 된다고 생각하기에 우리의 문화는 우리의 문화대로 이어가야 한다고 생각한다.

우선 신이라는 존재를 더욱 잘 알기 위해 신의 세계로 들어갔다. 참으로 희한한 것을 알게 되었다. 옛날 고대의 왕족들은 누구나 할 것 없이 신에게 감사하는 마음을 가지고 살아왔다는 것을 알게 되었고 그대로 이어져온 것이 그 나라의 역사라고 해도 과언이 아니다.

그러나 우리나라의 역사는 어떠한가. 토속적인 우리의 문화는 어디로 가고 남의 나라의 문물을 받아들이므로 우리나라의 역사는 좋은 것으로 발전하는 것은 없고 거의 나쁜 것들만 많이 받아들이게 되었다. 신을 잘 모시고 사는 나라들은 그만큼 자신의 나라에 자존심을 많이 내세우는데 그렇지 않은 나라들의 사는 모습은 그렇지 않다는 것을 알게 되었다. 이제 우리나라도 우리의 역사와 문화, 말로만 지키는 나라가 아니고 행동으로 옮기는 나라가 되어야 된다.

신을 다스리는 과정을 느낀 점이 있다면 모든 사람이 신을 다스릴 수 있는 때가 온다면 우리가 살고 있는 사회는 그야말로 어떠한 것도 싸움으로 이어지지 않고 서로 양보하고 서로 이해하는 사회가 될 것이며 사람들의 표정이 모두 웃음으로 변할 것이다.

신을 다루지 못하므로 사람들은 항상 자신의 고집을 세우게 되며 신의 구속으로 인해 많은 사고가 난다. 그러므로 신을 다룬다는 것은 얼마나 좋은 사회로 가는 것인가를 알게 된다. 다시 말해 신을 다스리면 병에 걸리지 않을 것이며, 웬만한 일은 참을 수 있고, 흥분도 없으며, 남을 배려하게 된다. 신을 다루는 경지는 어떻게 보면 자신 내면을 다루는 것과 같은 것이기에 어려운 것은 아니나 자신의 내면을 볼 수 있어야 가능할 수 있는 것이다. 자신의 내면을 볼 수 없다면 평화는 올 수 없을 것이며 홍익인간을 할 수 없다. 그러므로 신을 다루며 산다면 얼마나 밝은 사회로 변하는지 척도를 잴 수 없을 만큼 발전이 될 것이다. 역으로 말한다면 사람은 잘살기를 원하는 만큼 신을 다룬다면 원하는 대로 변할 것이며, 사람이 살아가는데 얼마나 중요한가를 알게 되며 나의 중심을 잡을 수 있게 되는 것이다.

신을 다루는 사회는 잘 사는 사회, 신을 다루지 못하고 신을 모시는 사람들은 편하기는 하나 오기와 자신의 고집, 그리고 어떠한 행위가 자연스럽지 못하며 어떠한 규칙에 자신의 행복을 잃어갈 것이다. 신을 다루는 경지는 우리가 어렵게만 생각하는데서 신을 다루는 경지를 모르는 것이며 잠깐 눈을 돌린다면 신에 구속이 되거나 신을 다루는 것이나 같을 수 있다. 신을 다루는 경지가 인간이 살아가는데 있어 편안함을 주는 것이니 누구나 신을 다루는 경지를 알게 하고 싶다.

이러한 현실을 이해하지 못하는 사람들로 인해 사회는 많은 분열이 오는 것이다. 그래서 지금 우리나라는 여러 가지 비리가 여기저기서 일어나는 것이며 인간이 알 수 없는 일이 벌어진다. 그래서 미래를 잘 살기 위해서는 신들이 무엇을 하고 있는가를 알아야 하며 사람이 무엇을 하고 있는지 감시하는 신들을 오히려 사람이 감시하며 살아야 한다는 것을 알아야한다. 특히 자신의 신을 다룰 수 있다는 것은 이 사회의 발전을 의미하는 것이며, 신에 억눌려 사는 것은 발전이 없다는 것을 알아야 한다. 영적 공부를 하는 사람들은 항상 신의 영역을 침범하는 기운이 들어 있어야 하며, 신의 영역을 침범할 수 없다면 오히려 신들이 사람들의 마음과 몸을 통해 항상 침범을 하는 것이다.

그래서 신을 다스리는 과정은 신을 무시하는 과정이 아니라 신과의 교류를 통해 사회의 발전을 가져오는데 중점을 두는 것이며 신과의 교류는 우리가 사는데 많은 교훈을 주고 있다. 신을 다루는 것은 인간이 살아가는데 가장 편한 삶이며 꼭 그렇게 살아야한다. 그렇게 하기위해서 사람은 기도를 하고 고백을 하고 살아가는 것이다.

그러한 마음을 가질 때 하늘에서는 신을 다룰 수 있는 능력을 주는 것이며 사람의 몸을 쳐다만 봐도 건강하게 할 수 있는 것이다. 그러므로 신이 우리에게 주는 것은 상상을 초월하는 것들이 무수히 있다. 많은 제자들을 볼 때 모두 어렵게 살아왔고 어려운 일들이 아직도 많은 것은 사실이다.

이제 영성공부를 하고나서 남보다 잘살려고 하는 것보다 남을 위해 무엇을 할 것인가부터 생각을 하게 되는데 제자들의 생활은 자기자신보다 남을 위해 일하는 사명을 갖고 태어난 것이다. 살아온 것도 남을 위해 살아온 것이며 살아갈 것도 남을 위해 살아가야 한다. 자신의 시간이나 자신의 재산은 없는 것이다. 이것이 더불어 사는 것이며 제자들이 사는 방법이다.

신을 다루는 과정의 영적 공부는 자신을 완전히 버리지 않으면 안 된다는 것을 한순간도 잊으면 안 된다. 그렇지 않으면 순간에 모든 영들은 나가 버리기고, 많은 고통과 함께 자신의 능력이 사라지기에 이점을 항상 머리 속에 넣고 살아야한다. 이것을 잠시 잊고 있다가는 하늘에서는 불호령이 떨어진다. 내 정신을 차릴 수 없도록 하늘에서는 완전히 정신병자처럼 만들어 버린다. 사람은 정신을 차려야 사는 것이기에 특히 영적 공부는 언제라도 신명을 놓친다면 아무런 일을 할 수 없다.

음식을 먹을 때도 우선 신명부터 생각을 해야 하며 어떠한 일이든지 항상 물어보고 생활을 해야 한다. 그렇지 않을 경우에는 어느 정도 영적 공부를 하고 난 뒤에는 묻지 않아도 저절로 신명들이 알아서 어떠한 것이든지 행동을 옮긴다.

어떠한 차원의 공부를 하는지 신명을 불러서 충분히 알 수 있듯이 자신의 공부가 어디까지 됐는지 알고자 한다면 신명을 불러서 그 차원을 물어본다면 알 수 있다. 특히 신을 다루는 공부를 할 때는 신명이 수시로 바뀌기에 정신을 차리지 않고서는 알 수 없다.

언제 신명이 바뀌는지 신명이 제대로 들어있는지를 알아야한다. 우리들은 신의 세계를 몰랐을 때는 신들에게 인사를 잘하는 것이 좋은 것으로만 알고 살아 왔다. 그러나 신의 세계와 영의 세계를 접하고 나면 다른 세계를 볼 수 있다. 다시 말해 차원을 말하자면 신들이 노는 세계는 제일 약한 차원이므로 신들에게 잘해봐야 아무런 응답이 필요 없고, 또 있다고 해도 도움이 될 수가 없다. 그러므로 신들에게 맹신을 하거나 신들에게 기대어 산다면 사람은 항상 발전이 없고, 습관으로 인해 고정관념이 생기므로 다른 것을 생각할 수 있는 겨를이 생기지 않는 것이며 다른 세계를 볼 수 없으므로 항상 답답할 뿐이다.

내가 만난 사람들은 대부분 신들에게 아부하거나 기대어 사는 사람들을 많이 만나왔지만 하나같이 하나밖에 모르는 것을 알았다. 그것만 넘어서면 더 큰 영적 세계를 알 수 있는데도 자신이 그것을 놓치는 것이 많이 있다. 그래서 정신세계를 다루는 사람들조차도 그것을 모르고 살아가는 경우가 허다한 것이며 다른 사람에게 그것을 전수 한다고 하면 또한 그 사람도 경지를 다다를 수 없는 경우가 오는 것이다. 신을 다루지 않고서는 자신이 최고다 할 수 없는 것이며 신을 다룬다고 하더라도 또 다른 차원이 기다리고 있다.

이제 여러분들은 신의 세계와 영성으로 간다는 것이 어느 법으로 행해진다는 것쯤은 알았을 것이다. 그러나 신들은 자신보다 사람이 올라선다는 것에 많은 방해공작을 벌이며, 그 공작에 대부분 영적 공부를 하는 사람들이 당하는 것이며 거기에서 살아남는다면 신을 다루는 능력을 하늘에서 주는 것이다. 그래서 사람들은 그렇게 시험을 당하는 것이다.

신을 다스리는 과정을 쓰며 '아는 것이 병이다'라는 것이 무엇인지 알게 되었다.

인간이 안다면 얼마나 알 수 있는 것일까? 하늘은 인간을 다 합쳐 놓은 것으로도 안 되는 것이다. 물론 그 이상이 되지만 그 정도만 가지고도 인간이 하늘보다 아는 것이 얼마나 되는지를 알 수 있게 되는 것이며, 결국 인간이 살아가는 방법 중에 하늘의 원리를 알고 산다는 것이 훌륭하다는 것을 느끼게 한다. 인간은 결국 진리를 위해서 살아가는 것이며 인간이 진리를 알기 위해서는 하늘의 원리를 알고 나서 알게 되는 것이며, 인간이 하늘의 원리를 알고 난 다음에는 진리라는 것은 일상생활 하는 것마다 진리를 살아가게 되는 것이니 만큼 진리를 따로 분간하지 않아도 되는 것이다.

결국 인간이 살아가는 것은 진리를 알고자 살아가는 것이며 그렇게 하기 위해서는 그 무엇보다 책임을 질 줄 아는 사고방식을 갖는 것이 중요하며 어떠한 것이라도 등한시해서는 안 된다.

이제 여러분들은 진리를 위해서 어떻게 살아가야 하는지를 알았을 것이며 안다고 해도 실천으로 옮긴다는 것이 얼마나 어려운지를 알았을 것이다. 하늘은 우리들에게 항상 진리를 가르쳐주려고 해도 받으려는 마음의 자세가 모자라서 진리를 알려주지 않는 것이다.

신을 다스리는 과정은 어떻게 영성공부를 하느냐를 궁금해 하는 사람들이 준비해야 하는 것이 있는데, 인간으로서는 이해하지 못하는 것까지 이해할 수 있어야 한다는 것이다. 쉽게 이해할 수 없는 것이기에 자신의 생각으로 이해를 한다는 것은 있을 수 없는 일이며 인간의 머리로 이해를 한다는 것은 불가능한 일이다. 자신의 내면이 제대로 인식을 했을 때만 이루어지는 것이므로 언제 되었는지 조차 모르게 되며 언제 공부가 끝나기 시작했는지를 알 수 없다. 그래서 신을 다스리는 경지가 된다는 것은 인간으로서는 모르는 사이에 영적으로 이루어 질 때 이루어지는 것이며 자신도 모르는 사이에 하늘의 소리를 듣게 되는 것이며 자신이 그러한 능력이 없는 줄 알고 행동을 하는 경우가 허다하다.

영의 세계를 안다는 것은 자신이 알려고 한다면 힘이 들듯이 그대로 신명들이 하는 대로 진행을 하면 되는 것이므로 자신의 생각을 버려야 하는 것이다.

지금 이 사회에서 깨달음을 얻기 위해 여러 가지 공부를 하는 사람들이 많은데 그것은 많은 사람들이 깨달음을 가지지 않고서는 사회를 살아가기 힘이 든다는 생각이 들어 있기에 그러한 생각이 있는 것이며 하늘에서는 깨닫기 위해서는 하는 일을 다 닫아둘 때 많은 공부를 하는 것이며 하늘에서 능력을 자신도 모르는 사이에 시간이 지나면 지날수록 알 수 있는 것이다. 그러한 능력이 있다는 것을 알 때는 이미 많은 시련을 준 것이며 많은 노력을 내면이 한 것이며 인간도 따라서 행동을 했기에 많은 고생이 따르는 것이다.

신을 다루는 경지는 알다시피 하고 싶어서 하는 것이 아니라는 것을 그 단계에 갔을 때만 알 수 있는 것이며 누구에게 전달한다고 해도 경험이 없이는 오히려 그 말을 듣는 사람들이 많은 오해를 불러올 수 있는 경우도 있다. 지금도 깨우친다고 여러 방면으로 공부를 하는 사람들을 보면 우선 자신의 마음부터 열어야 한다는 것을 명심해야한다.

이제 신을 다스리기 위해서는 어떠한 것부터 해야 하는지를 알고자한다.

우선 신의 언어 영계의 언어를 알아야한다. 인간의 두뇌로는 알 수 없는 영계의 언어와 글을 알아야 신을 다룰 줄 알 수 있는 것이다. 신을 통한 메시지를 받기 위해서는 인간이 알 수 없는 아주 먼 옛날 인간이 살고 있지 않을 때부터 영계에서 통하는 문자를 알아야 한다. 인간의 두뇌는 알 수 없는 것이기에 많은 사람들은 그 존재를 알 수 없는 것이며 어떻게 영계와 통해야 하는지도 모르는 것이다.

그러나 전 세계에 영계의 언어와 글을 쓰는 사람들이 많을 것이다. 그것은 자신이 알고자 해서 아는 것이 아니고 어느 순간 선택을 받아서 하는 행동이기에 처음에는 이상한 사람으로 보일지는 모르나 시간이 흐르면 흐를수록 영의 능력을 알게 되는 것이며 부정을 할 수 없게 된다. 그래서 영을 통해야만 어떤 사물이 아닌 다른 것도 이해를 하고 해석을 하는 것이다. 이것을 볼 때 인간의 머리로 무엇을 가르친다고 하는 것은 영의 세계를 논하는 것이 아니라 지식으로만 하는 것이기에 그 능력은 뻔한 것이며 영을 모르는 사람들은 영을 하는 것이 위험하다고 하는 경우도 있다. 그것은 영의 세계를 모르기에 나오는 행동이니 거기에 동요할 필요조차 없는 것이다.

특히 노벨상을 탄 사람들의 특이한 점은 인간의 머리로는 상상할 수 없을 만큼 이론을 내세우는데 그것이 영계를 통해서 이루어진 것이라고 보면 되는 것이며 인간의 머리로는 어느 정도 따라갈 수 있으나 영적인 면으로 돌아갈 때는 이해가 되지 않는 부분이니 이해하려고 하는 자체가 이상한 것이다.

그러기에 내가 키우는 제자들은 내가 가르치는 것이 아니라 나는 길을 열어줄 뿐이고 영계에서 알려주는 것이며 내려주는 것이다. 그래서 나는 가끔 사후세계를 갔다 올 수 있고 또 가는 것이다. 그래서 예전에 죽은 많은 사람들과 대화를 하고, 하늘에서 내려올 때가 있는데 그것은 나의 의식이 갔다가 오는 것이며 서로의 교신을 통해 인간의 머리로 전달을 해주는 것이다.

정신을 통해서 오는 메시지를 전달하는 행위를 우리는 내림이나 대화 아니면 통신이라고 말할 수 있는 것이다. 그래서 고도의 통신이 됐을 때 많은 것을 알게 되고 깨달음으로 이어지는 것이다. 그래서 깨달은 이들은 이러한 경로를 통해서 깨닫게 되는 것이니 인간의 머리로 깨달으려고 한다면 장난이라고 밖에 볼 수 없다. 이제 정신세계라는 뜻을 풀어보면 그것은 영의 세계를 말하는 것이니 만큼 영의 세계를 부정하고서는 정신세계를 논할 수 없는 것이다.

영을 통하다가 보면 내 의지와는 상관이 없이 사후세계를 경험하게 되는데 어느 누구와도 대화를 하며 내가 원하는 사람과도 대화를 통해 많은 지혜를 얻을 수 있음은 물론 죽은 사람과의 대화가 생생하게 들리며 남들에게도 대화 내용을 직접 들려줄 수 있게 된다. 그러므로 영의 차원이 깊어질수록 사후세계를 경험하게 되며 우리가 살고 있는 사회에서 일어나는 일보다 상상할 수 없는 세계가 펼쳐진다.

이제 여러분들은 여러 체험을 통해 영적 세계의 묘미를 알게 되고 어떤 것이 인간세계를 조종하고 있는지를 알게 된다.

영들을 다루고 산다면 인간은 항상 걱정이 없어지며 욕심이라는 단어조차 알 필요 없이 살아갈 수 있으며 영적으로 일어나는 모든 현상은 쉽게 해결을 할 수 있다. 그래서 병원에서 알지 못하는 여러 가지 병을 영적으로 고치게 되며 인간의 머리로 해결할 수 없는 여러 가지 문제를 쉽게 풀어갈 수 있는 것이다. 대신 그 정도의 영의 차원으로 가기 위해서는 자신의 노력도 필요 하겠지만 영들의 도움이 필요하다. 이제 여러분들은 영들의 생활을 알게 되며 인간이 살아가는 것보다 바쁘게 살아가는 영들을 보게 되는 것이며, 인간이 스스로 살아가는 것이 아니라는 것을 느끼게 되며, 어떠한 것이든지 소홀히 보는 눈이 없어지며, 마음의 눈으로 변하여 항상 어떠한 것이든지 중요하게 생각하는 습관이 저절로 생긴다. 영의 세계를 알지 못하고는 인간이 풀지 못하는 것을 풀 수 없다는 것을 알게 하며, 또 그렇게 살아가야 되겠다는 마음까지 영들의 세계가 알려주는 것이다.

이미 여러분들은 영의 세계를 접하고 살아온 것인데 그것을 모르고 살아가고 있다. 그래서 사람은 영의 세계를 안다고 하면 이상하게 보는 눈이 많은데 그것은 자신의 영이 밝지 못한 것을 깨닫지 못한데서 오는 무지라는 것을 모르고 있는 것이다.

나는 많은 수련을 한 사람으로 여러분들에게 많은 것을 알려주고 싶은 마음으로 살아가지만 오히려 오해를 많이 받고 있는 사람이다. 이제 여러분들은 어떠한 것이든지 배우는 입장에서 살아간다면 얼마나 행복한 시간을 하게 된다는 것을 알게 된다.

나 혼자만 알아서는 알 수 없는 것이기에 글로 나마 여러분들에게 알려주고 싶은 마음을 하늘에서 내려주는 대로 써 내려 갈 것이다. 내가 알고 있는 상식은 아마 이글을 써내려가며 별로 도움이 안 될 것이며 그 오묘한 하늘의 세계로 여러분들을 안내하는 마음으로 잘 못하는 컴퓨터로 하늘의 메시지를 받아가는 것이며 그것을 들려주는 것뿐이다.

하늘의 세계는 항상 변하는 것을 알려주는 것이며 인간이 알지 못하는 지혜를 내려주는 저장고인 것이다. 그러므로 봄, 여름, 가을, 겨울 계절과 관계없이 아무 때나 수시로 응답을 해주는 것이다. 하늘의 영계에서 내려주는 메시지는 한 순간이 중요한 것이며 조금이라도 한눈을 팔게 되면 아무것도 알 수 없게 만드는 것이다. 하지만 하늘의 원리를 순응할 때 인간이 알 수 없는 무한한 세상을 느끼게 되며, 인간의 마음이 하늘이 된 것처럼 모든 것을 긍정으로 알게 하며 순리대로 살아가는 것이 얼마나 좋은가를 터득하게 된다.

이제 하늘이 무엇을 하는 곳이며 하늘이 우리에게 주는 것이 무엇이며 인간이 어떻게 살아가야 하는지를 알 수 있을 것이다. 많은 영들이 나 자신을 위해 일을 한다는 것을 알게 됐다. 이러한 과정을 나 혼자로서는 감당 할 수 없음을 나는 알고 있다. 하늘의 도움으로는 인간이 원하는 것을 할 수 있다는 것을 알게 됐다. 누구나 할 수 있는 말이지만 '하늘', 그러나 사람의 마음을 통한 하늘은 많은 종류로 불려지고 있다. 수행을 하는 사람들에게는 하늘을 알고자 하는 마음이 다른 사람들보다는 많을 것이나 그것이 착각을 일으키는 경우가 많다. 기를 하는 사람들이 하는 수행이나 사회에서 평범하게 살아가는 것이나 다름이 없다.

어떻게 하면 수행의 길을 빨리 갈 수 있을까하고 고민을 하는 사람들이 많을 것이다. 하늘에서만 주는 것을 받아 공부를 한다면 절대로 더 큰 것을 알지 못하듯이 자신의 머리도 어느 정도 돌아가야 신을 다룰 수 있는 과정을 쉽게 갈 수 있다. 다시 말해 하늘에만 의지 하지 말고 자신의 신명을 통하여 하늘의 순리를 알아야만 신을 다룰 수 있는 것이며 인간의 두뇌는 고도로 발달을 할 수 있게 되는 것이다.

인간은 자신의 두뇌를 알 수 없지만 하늘에서는 미리 감지해 두고 있다. 그러므로 하늘의 소리를 듣고 행한다면 무엇이든 이루게 할 수 있는 엄청난 파워를 가지게 되는 것이며 그야말로 하늘이 원하고 인간이 원하는 것이 서로 공유하게 되서 원하는 일들이 이루어지는 것이다. 정녕 하늘의 소리를 듣지 않고서는 알 수없는 오묘한 세계를 알 수 없듯이 하늘의 소리로 신을 다루어야만 신들이 그 말을 듣고 행하는 것이다. 이제 여러분들은 많은 영적 여행을 통하여 하늘이 원하는 것이 무엇인가를 알게 됐다.

하늘은 인간에게 큰 것을 원하지 않는다. 우리가 알고 있는 상식을 원하는 것이다. 그러나 하늘이 원하는 모든 것을 수행하려면 1초라도 하늘의 소라를 놓쳐서는 안 된다. 나는 영적으로 수행을 하면서 많은 것을 알았지만 이것만이 모든 것이 아니라는 것을 깊이 깨달아 가고 있다. 그러므로 하늘의 공부는 하면 할수록 어려운 고비가 항상 기다리고 있다는 것을 알고 있다. 지금 많은 사람들이 깨달음으로 가고자 하는 것은 아마 이러한 묘미를 느끼고 싶어 한다고 생각이 되며 어떠한 경지가 되면 잠을 자도 공부가 저절로 되며 자신의 생각이 없어도 하늘의 소리는 항상 몸으로 전달을 하게 되는 것이다. 하늘의 소리는 행동으로 옮기는 것을 말하는 것이며, 항상 깨어나게 하는 것이다. 대주천이니 소주천이니 하는 것은 몸의 기운을 통일 시킨다는 뜻으로 해석을 한다면 가장 맞는 말이다.

많은 사람들이 기, 그리고 기공 요가에 심취되어 있지만 제대로 가르치는 곳이 없다는 것이 문제다. 하늘의 원리를 알고 어떠한 것을 알려줘야 되는데 그 이치를 모르고 가르치니 한순간에 배우는 학생은 도망을 가게 되는 것인데도 학생만을 나무라는 선생들이 많은 편이다. 그렇다면 어떻게 영적 세계를 배워야 하는가?

우선 영적 세계로 가기 위해서는 자신의 지식을 내세우지 않는 것이 첫째 과제인데도 불구하고 지식을 자랑하며 공부를 하는 방법에서부터 힘들어지는 것이다.

신을 다스리는 글을 읽어본 사람들은 알겠지만 영의 세계를 모르고 읽는다면 읽어도 아무런 소용이 없는 글이라는 것을 알 것이다. 그렇다. 영적으로 읽을 수 없는 위치라면 읽어도 본인에게는 어지럽기만 하고 답답하기만 할 것이다. 그러나 영적으로 읽는다면 지금까지 공부한 것이 바로 한 것인지 잘못인지를 알게 되니 그지없이 좋은 글로 평가를 할 것이다. 나는 평가를 받으려고 글을 쓰는 것은 아니다. 누가 하늘의 글을 자신의 잣대로 평가를 할 수 있단 말인가? 참으로 힘든 일이다. 다만 인정을 하고 평가를 한다면 충분히 이해가 되지만 그렇지 않고서는 한 문장도 당사자에게는 도움이 안 될 것이다. 하지만 지금 우리나라의 영적 수준은 많은 수준으로 발돋움을 하고 있기에 많은 분들이 이글을 읽고 감명을 받을 것이다.

요즘에는 "나도 신을 다스리는 사람이 되겠소" 하는 사람들이 많이 찾아오고 있는데 우선 자신의 마음을 다스리지 못한다면 아예 꿈을 깨라고 말을 하곤 한다.

물론 아무나 신을 다스릴 수는 있겠지만, 누구나 신을 다스릴 수는 없다. 이 글을 쓰지 않아도, 이 글을 읽지 않아도 되는 신명이 들어 있어야 할 수 있는 것이다.

이제 여러분들도 신을 다스린다는 것에 많은 내용을 읽었기에 더 이상은 말할 필요를 느끼지 않는다. 많은 분들이 단군을 모시고 기도를 하고 민족을 생각하고 나라를 걱정 하는 분들이 많은 것으로 나는 알고 있다.

물론 천기를 받아 기도를 한다면 더욱 더 나라 발전을 하는데 도움이 되겠지만, 현재 기도를 한다거나 도를 닦는 분들의 내면을 들여다보면 절대로 나라를 위해서 일을 하는 것도 아니면서 자기 최면에 걸려 명예나 자신을 내세우는 일에만 열중하고 있다. 자신이 모든 것을 움직일 수 있다고 착각하고 있다. 이런 것을 볼 때 다시 한번 신을 다스리는 것이 우리가 살아가는데 얼마나 중요한 것인가를 알게 한다. 도를 닦거나 기를 수련하거나 기 치유를 하려면 하늘의 답을 가지고 해야 한다는 것을 다시 한번 말하고 싶다.

이러한 말을 하는 데는 이유가 있다. 요즘 나를 찾아오는 사람들이 무척 많다. 찾아오는 이유는 대략 이렇다. 자신의 길을 알고 싶어서 아니면 빙의가 되서, 아니면 단군공부를 하고 싶어서, 천기를 받고 싶어서 이러저러한 이유로 찾아온다. 하나 같이 자신의 욕심을 가지고 올뿐이다. 자신의 욕심을 가지고 하늘을 알고 싶어 왔지만 하늘은 그러한 마음을 가지고 온 사람들은 기운을 바꿔주지 않는다. 찾아 온 사람들은 그냥 자신의 기운을 바꿔주기를 원한다. 자신의, 기운을 모르고 있기에 당연 한 것이지만 하늘은 그것까지 배려를 하지 않는다.

그러므로 신을 다루는 것이란 참으로 힘든 것이다. 하지만 신을 다룬다는 것은 하늘을 대변하는 것이니 하늘의 선택이 중요한 것을 다시 한번 여러분들에게 말하고 싶다. 이제 우리나라에도 많은 사람들이 하늘의 선택을 받아 신을 다루는 분들이 많이 있었으면 한다.

이제 여러분들은 여러분들이 공부한 내용을 가지고도 영을 다룰 수 있다는 사실을 스스로 인지할 때 지금까지 해온 공부가 아무것도 아니라는 것을 알게 된다. 그 이유는 지금까지는 자동차로 비유하면 스틱이지만 이제부터는 자동이라는 것을 느끼게 되는 것이다. 한 가지를 알면 수만 가지가 동시에 느껴지며, 알게 된다.

이제부터는 영계의 모든 것을 하나하나 풀어가게 된다. 여태까지의 공부는 하늘에서 준대로 하면 되었지만 스스로 하는 공부가 더 많다는 것을 알게 되면 저절로 마음이 편해지고 화가 나지 않고 어떠한 것이든지 긍정적으로 사고하고 행동하게 되며 자신의 마음이 하늘의 마음으로 변하기에 어떤 것을 알려고 하지 않아도 알게 되는 단계인 것이다. 그래서 지금까지의 공부가 어떻게 진행되었는지 알게 되는 것이다. 하늘의 말과 종이 위에 자신의 키와 같은 용량의 천서를 쓰며 공부한 것이 한번에 풀리는 것이다.

이제 여러분들은 공부를 하는 것인지 하지 않는 것인지가 필요하지 않다. 그냥 가만히 있어도 어떠한 일을 하고 있어도 신명들이 알아서 한다. 이 얼마나 좋은가. 나는 아무것도 몰라도 하늘의 소리를 많은 사람들에게 들려줄 수 있다는 것이…. 이것을 바로 세상의 모든 것을 얻었다고 하는 것이다.

물론 물질세계의 공부가 아니라 물질이 많이 들어오는 것은 아니라 들어온 것처럼 느끼게 하기에 얼마나 오묘한가. 과연 여러분들은 이러한 과정을 잘 지내오고 있는지 궁금하다 하늘은 여러분들을 항상 감시하고 있다. 감시한다는 말은 구속이 아니라 도움을 주고 싶어 한다는 뜻이다. 오른쪽 뇌를 잘 쓴다는 말이 저절로 나올 것이며 지식보다 지혜가 앞장을 서서 살아가는데 많은 도움을 주게 되는 것이다. 그러므로 커가는 어린아이들이 이러한 하늘의 원리를 알고 살아간다면 우리나라는 머지않아 세계 최고의 나라가 될 것이며 선진국이 될 것이다. 이제 영성으로 가야 신을 다룬다는 것도 알게 될 것이다.

나는 하늘의 점검을 수도 없이 받아왔던 사람이다. 다시 말해 점검이 있다는 사실조차 몰랐던 때가 있었다. 그러나 이제 그러한 것을 알고 나니 내가 영적으로 공부한 것은 하늘의 힘이 아니었다면 상상도 못 했을 거라고 생각을 한다.

그래서 하는 얘긴데 하늘의 소리를 전해주는 것은 하늘의 소리를 알아야 하는 것이기에 하늘의 소리를 알고자 한다면 수많은 점검이 끝난 뒤에 할 수 있는 것이다 그렇지 않고 조그만 공부를 가지고 다른 사람을 점검 한다면 자신이 더 답답함을 느낄 것이다. 그 이유는 말을 안 해도 알듯이 점검을 해도 풀어줄 수 있는 어떠한 방법을 알지 못하기에 그럴 것이다. 그래서 나는 이렇게 생각을 한다. 지금 많은 것을 배우러 다니는 사람들이 많은데 그 사람의 마음을 충족시키지 못한다. 왜 그런 것일까? 그것은 하늘의 소리를 알지 못하기에 일어나는 현상이다.

그 현상을 알기위해서는 하늘의 점검이 어떠한 것인지부터 알아야 한다. 점검을 받지 않는 사람들이 선생이라고 하며 교육을 하기에 배우는 사람이나 가르치는 사람이나 채널은 같을지는 몰라도 점점 거꾸로 간다는 것을 알아야한다.

여러분들에게 하늘의 소리가 무엇인지 알려줬지만 하늘의 소리를 제대로 알았다면 하늘의 소리는 인간이 살아가는데 필요한 다양한 양념이라는 것을 알았을 것이다. 그래서 공부를 한사람은 인간이 살아가는데 하늘의 소리를 대변하기에 대행업소가 되는 것이다. 그러나 대행업소가 무조건 쉬운 줄 알고 차린다면 얼마 안 가 힘들어진다. 하늘의 소리를 대변한다면, 대변할 수 있는 하늘에서 주는 자격증을 받고 해야 할 것이며 받을 때까지는 하늘에 항상 머리를 숙일 줄 알아야한다.

가만히 지나보면 영적 세계는 순수해야만 알 수 있는 세계라는 것을 새삼 말하고 싶다. 어린아이가 도화지에 아무렇게나 그리는 그림을 본적이 있을 것이다. 그것이 영적 세계인 것이다. 그만큼 순수해야만 그릴 수 있는 것이다. 다만 그러한 세계를 알지 못한 것에 우리는 아주 가까운 세계를 외면하게 되는 것이며 또 다른 것만 찾으려 하는데서 깨닫지 못하는 것이다.

항상 변함을 추구 하는 것이 모순은 아니지만 깨닫지 않고서는 모순으로 생각할 수밖에 없는 것이 영의 세계며 그 영적 세계의 변화를 자신이 직접 체험을 통하지 않고서는 어떠한 글을 읽는다고 해도 내면을 제대로 알 수 없을 것이다. 그렇게 오묘한 것을 사람들은 환상으로만 생각을 한다. 때문에 인간은 영적 세계와 멀어지게 되는 것이며 우리와는 생각이 다르다고 생각 하는 데서부터 거리가 생기는 것이다. 나도 모르게 영의 세계를 접하고 나서는 세상의 모든 것이 나의 마음먹는 대로 되어가는 것을 느낀다.

영의 세계를 접하고 나면 마음의 동요가 없어지며 순수한 것만 마음으로 들어오며 순수한 것만이 마음에 들어오며 자리를 잡게 된다. 저절로 글이 써지며 천상의 말이 자신도 모르게 나오게 되는 것이다. 신을 다루기 위해서는 신과 대화를 통하지 않고서는 알 수 없기에 나는 나도 모르게 오래전에 세상을 떠난 사람들과 대화를 한다. 이것이 영계를 통하지 않고서는 알 수 없는 현상이라고 말할 수 있는 것이다.

지나간 세월을 보면 나는 극히 평범한 사람이었는데 지금은 영의 세계를 다루고 있다. 말 그대로 신을 다루는 남자인 것이다. 어떻게 이렇게 됐는지도 모르게 된 것처럼 하늘이 하는 일은 아무도 모르는 것이다. 다만 하늘의 소리를 마음에 담고 나서부터는 알 수 있는 것이다.

어떠한 영을 다루지 않고선 인간은 언제나 신의 종이 될 수밖에 없다. 그래서 인간은 신을 다루어야 하는 것이다. 그래야 인간이 마음먹은 대로 무엇이든 할 수 있다. 그러나 인간이 신을 모시려 하는 마음은 이미 몸속에 잠재해 있기에 그 선을 넘지 못하고 있다.

신을 다스리는 과정을 쓰며 나는 많은 것을 느꼈다. 과연 우리인간이 아는 것이 무엇이고 모르는 것이 무엇인가를 알게 되었다는 것이다. 이제 많은 경험을 통해 내가 한 것은 내가 하는 것이 아니라는 것을 알게 됐다. 인간의 지식으로 선을 하거나 단을 한다면 한계가 있다는 것을 알게 됐다. 그러나 인간은 아직도 영적 세계를 자신의 지식으로 하려고 하는 데에서부터 신을 다스리는 차원에 올라서지 못하는 것이다.

이제 여러분들은 영적 세계를 입문하게 된 동기가 어떠한 이유였던지 어떠한 기운이 연결을 해주고 있다는 것이다. 하늘의 소리를 듣고자 한다면 내면의 소리를 알아야하며 내면의 소리는 하늘의 소리를 통하지 않고는 나오지 않는다.

이것을 볼 때 여러분들은 경험을 하지 않았기에 우선 의심부터 하는 것이다. 그렇게 하는 것이 하늘이다. 하늘은 하늘을 쉽게 인정을 하게 하지 않는다. 그것이 하늘이다. 쉽게 하늘을 안다면 누구라도 그냥 깨우칠 것이다. 그러나 하늘을 그렇게 쉽게 하지 않는 것이 인간이 살아가는데 배울 점이다.

신을 다스리는 과정을 쓰며 이 글을 읽는 순간도 여러분들이 의심을 하고 있다면 그것부터 자연스럽게 버려라. 그렇게 한다면 여러분들은 이미 하늘의 소리를 들을 수 있는 것이다. 다만 하늘에서 많은 점검을 한 뒤에 하늘을 알 수 있는 어떠한 파장을 안겨 줄 것이다. 아주 쉬운 말이 있다. 호랑이를 잡으려면 호랑이 굴을 가듯이 하늘을 알고자 한다면 하늘로 내 혼을 맡기면 되는 것이다.

제12장
사람을 영으로 보는 방법

이제 여러분들은 사람의 기운을 보는 방법에 대해서 배우게 된다.

우선 사람의 기운을 보려면 염력이나 영적으로 그림이 떠오르는 수준까지 갔을 때 전화 목소리만 들어도 알 수 있는 경지가 되는 것이다. 다시 말해 물체를 보지 않아도 그 기운을 읽을 줄 알아야 사람의 내면을 볼 수 있는 것이다. 그러므로 사람을 본다는 것은 우주의 원리를 알고 나야 쉽게 볼 수 있는 것이다.

여러분들은 어느 정도 하늘의 소리를 들을 줄 알고 시작을 해야 한다는 것을 알았으니 그 수준에 맞게 볼 수 있는 것이다. 단, 수준이 안 되는 사람이 본다는 것은 깊은 곳을 볼 수 없고 하늘에서 정리를 해주지 않으므로 진땀이 날것이다. 그러므로 평소 공부를 할 때 영적으로 해야 한다는 것을 느낄 것이다. 사람을 본다는 것은 조그만 우주를 보는 것이므로 쉽게 판단해서는 안 되는 것이며 오히려 잘못 본 것은 어느 한 인생을 망치게 하는 경우도 있는 것이다.

천기를 받아 사람을 본다는 것은 우주와의 합일이 되어야 한다는 것을 명심하라. 하늘의 힘을 빌려 한다는 것은 그리 쉬운 일은 아니다. 그러나 하늘과 내가 합의가 된다면 하늘이 내가 될 수 있는 것이다. 그러나 어떻게 하늘이 나라고 할 수 있을까. 그것은 내 자신이 하늘의 소리를 전달하는 데서 그렇게 할 수 있는 것이다. 그래서 어떤 기운을 읽어 내린다는 것은 식은 죽 먹기다.

다만 하늘과 같은 마음으로 보지 않을 때는 다른 곳으로 헤매게 되는 것이다. 그렇게까지 한다는 것은 내가 아무것도 모르더라도 저절로 되는 것이다. 그러므로 자신의 생각이 들어간다면 아무것도 제대로 읽을 수 없는 것이다.

이제 여러분 들은 이러한 차이를 알 것이다. 그러나 착각을 할 때가 많은 것이다. 하늘의 소리인 줄 알고 말을 함부로 하다가는 엉뚱한 곳으로 흘러가기 때문이다. 그러므로 여러 가지로 실수를 할 때 그것을 잡을 줄 알아야한다. 그러나 그것을 모르고 고집을 피운다면 하늘에서는 전혀 아무것도 알려주지 않고 저절로 좌절을 하게 한다.

하늘의 소리를 전한다는 것은 하늘이 그때그때마다 체크를 해야 한다. 내 자신이 무엇을 알고 알려 준다면 이미 그것은 맞는 것이라도 아무런 소용이 없는 것이며 하늘은 항상 돌변한다는 것을 알아야 한다.

아무런 생각이 떠오르지 않을 때는 글을 쓰며 읽어 간다면 저절로 영적인 글이나, 말이 해석이 될 것이다. 다만 어떠한 경지가 됐느냐에 따라서 해석을 하는 차이는 천태만상이다. 쉽게 해석을 할 것도 하루 종일 가도 떠오르지 않은 단어가 많을 것이다. 하늘의 소리를 전달하는 것은 하늘의 단어와 말을 확실히 알아야 한다. 단어를 모른다면 아무것도 모르는 것과 같다는 뜻이다. 그래서 하늘의 말과 글을 해독하지 못한다면 다시 시작을 해야 한다.

오늘도 많은 사람들은 자신의 미래가 궁금한 만큼 노력을 하고 산다. 다만 노력의 대가를 받는 사람이 있는가하면 노력의 대가도 없이 살아가는 사람들이 많은 것이 사실이다.

어떤 사람은 여러 가지로 풍족한데 그렇지 않은 사람이 많은 것은 무엇이 문제인줄 알아야 한다. 우선 자신의 길을 제대로 모르기에 오는 문제가 가장 크다. 그래서 사람을 볼 때는 뿌리부터 알아야 하는데 자신이 그 뿌리를 보지 못한다면 볼 수 없다는 사실을 직시해야한다. 자신의 생각이 들어가서는 안 되는 일이기에 무조건 자신을 뒤로 감춰야 한다.

신명을 불러서 하는 경우와 신명이 알아서 얘기를 하는 경우가 있다. 여러분들은 신명을 왜 다루어야 하는가를 이제 느끼게 되는 것이다. 신명이 알아서 해준다면 그것은 공부가 많이 된 것이며 신명을 일일이 불러서 한다는 것은 그만큼 공부가 모자라는 것이다. 신명을 일일이 불러서 한다는 것은 아직도 멀었다는 뜻이며, 사람을 본다는 것이 공부가 안되었다면 얼마나 힘이 드는 가를 터득하게 되는 것이다. 그러므로 스스로 체크하라.

그래서 아무리 열심히 영성공부를 했다고 하더라도 어떠한 것을 읽지 못한다면, 또 말 한마디도 영적으로 하지 못한다면 읽어주는 사람으로 자격이 없는 것이다. 사람마다의 기운이 틀린 것은 여러분들이 알 것이나 신명마다 어떤 일을 하는지도 알아야 하며 자신의 몸속에 어떠한 영들이 있는가를 알아야한다.

영적으로 본다는 것은 다른 사람의 몸속에 있는 영과 대화를 통해 알 수 있는 것이므로 부디 영과의 대화를 통하여 하늘과 통해야 한다는 것을 가슴으로 느끼고 그렇게 행동을 해야 할 것이다. 아직도 자신의 최면에 걸려 자신이 하늘인 냥 자신이 말하는 것이 하늘에서 내려주는 것처럼 자신에게 스스로 최면을 걸어 아무것도 못하는 경우가 있다. 지금 우리나라에서 기를 하거나 어떤 기운을 읽는 사람들의 대부분의 경우다. 그런 사람들을 찾아가는 사람들이 대부분이기에 정확하게 답을 주지 않는다면 그 사람은 길을 항상 헤맨다. 그런 사람들에게 하늘에서 진정 내려주는 말을 해야 하는 것이다. 그러므로 이런 것을 모르고 하다가는 언젠가는 허망할 것이다.

지금도 제자 중에는 대부분 그렇게 하고 있다. 그렇다. 사람을 읽는다는 것은 전부를 읽는 것과 마찬가지인 것이다. 그러므로 모든 것을 알아야 사람을 읽는 것이다. 세상에서 제일 무서운 것이 있다면 그것은 사람이다. 내가 제일먼저 사람을 볼 때는 두려움으로 가득 찼다. 물론 그것도 하늘에서 가득 차게 한 것이다.

공부할 때는 두려움을 줄 것이다 라고 생각을 한다면 안 된다. 언제 어떻게 하늘은 자신들에게 주문을 할지 모른다.

무슨 이야기인가? 그것은 나처럼 똑같은 공부가 아니라는 것을 우선 알아야 한다는 것이다.

사람을 영적으로 볼 때도 여러 가지 형태로 보기에 고정관념으로 본다면 하기 힘든 것이 사람을 보는 것이다. 이제 사람을 보는 방법에 대해 말하고는 있지만 결국 이것도 공부라는 것을 잊지 말아야한다. 물론 따로 보는 방법이 꼭 이것이라고 말할 수는 없는 것이지만, 이것만은 지키는 것이 좋기에 글을 쓰는 것이다.

우선 내 생각을 갖고 있는지가 가장 중요한 것이며, 물론 공부가 많이 되어 있다면 따로 다른 생각은 필요 없다.

또 하나 중요한 것이 있다면 신을 다루는 상태가 되어야 읽을 수 있는 것이며 지금까지 공부한 것이 신을 모시는 것이냐 아니면 신을 다스리는 경지의 공부를 했느냐에 따라 많은 것들이 달라질 것이다.

또한 신을 다루는 과정이 없었다면 신을 다루는 과정을 다시 시작을 해야 할 것이며 쉽게 생각을 해서는 안 될 것이다.

사람을 본다는 것은 말과 같이 쉬운 것이 아니고 모든 것을 투자해야한다. 다시 말한다면 여러 가지 잡다한 생각을 해서는 안 되는 것이며 한곳만 몰두해야 하는 것이다.

한 곳으로 모는 것이 한 가지 공부의 방법이다. 이제 여러분이 한 곳으로 영이 되어 있다고 하더라도 그것을 잘 다루는 것이 어려울 것이나 지금까지 공부를 생각해본다면 다시 살아날 것이다. 바로 영적인 공부는 이런 것이로구나 하고 생각을 할 때가 올 것이다.

이때 자신의 능력이 어느 정도인가를 알 것이며, 저절로 어렵다는 것을 느끼게 될 것이며, 공부를 얼마나 잘 했는가를 자신 스스로 알 것이며, 다음 공부는 어떤 식으로 해야 한다는 것을 스스로 느낄 것이다.

사람을 본다는 것은 수많은 영적 공부가 될 것이며 100사람 이상 보고나면 영의 세계를 더욱더 실감을 하게 되는 것이다. 혹 이 글을 읽고 무슨 글인가 하고 생각을 하는 사람들이 있다면 그것은 어떠한 단계를 밟지 않고 온 것이다. 인간의 머리로 이해를 한다는 것은 이해하려고 하면 할수록 모르는 것이기 때문이다.

이 글은 영적으로 이해를 하는 글이기에 인간의 머리로 이해를 한다는 것은 도저히 있을 수 없는 글이다. 그러므로 이 글을 이해할 수 있는 사람은 그만큼 영적으로 무엇인가 되어있다는 증거다. 그렇다 영적으로 볼 수 있는 것이 사람들은 인간적으로 보려고 하는 데서 힘이 들어가는 것이다. 자동으로 저절로 해야 하는 것이기에 말로 표현한다는 것은 사실은 무엇보다 어려운 것이다. 자신이 직접 어떠한 영적 공부를 했을 때 이해가 빨리 되는 것이다.

공부를 한 만큼 이해가 빠를 것이며 그 다음 공부도 저절로 되는 것이다. 그래서 영적으로 어떠한 것을 이해한다는 것은 깨닫지 못하고서는 할 수 없는 것이다. 인간의 머리가 어느 수준이라고 할 수는 없다. 그 이유는 인간의 머리는 하늘과 비유를 한다면 할 수 없는 것들이 많다. 그러나 하늘의 기운을 머리에 담거나 마음에 담는다면 하늘과 마찬가지로 머리가 돌아가는 것이다. 사람을 영으로 보지 않고서는 할 수 없는 것이며 배워서도 안 되는 것이다. 그리고 배워서 한다는 것은 이미 실패작이다.

지금도 이 글이 무엇을 말하려는지 이해가 안 간다면 그것은 영의 세계를 이해하지 못하는 것이며 이해를 한다고 하더라도 말하기 전에 미리 알아야 하거늘 남의 글을 읽고 이해를 한다는 것도 이미 늦은 것이다. 그 이유는 영은 우리에게 모든 것을 알려주고 있기에 자신의 영의 세계가 그곳에 미치지 못한다면 답은 내려오지 않고 멈출 뿐이다. 그러므로 사람을 영으로 본다는 것은 특이한 것은 없는 것이다. 무조건 자신의 생각이 얼마나 없느냐에 따라서 알 수 있는 무한한 것이 있는 것이다. 나는 그렇게 생각을 했다. 인간의 머리는 상상을 초월하면 할수록 머리가 맑아진다는 것, 배우지 않을수록 안다는 것이다.

항상 수비하는 자세가 공격인 것처럼 그렇게 처신을 하는 것이다. 영적으로 공부를 하고 나서는 인간으로서의 처신이 어려울 것이다.

어떤 것이 영적이고 어떤 것이 인간적인 것인지가 문제가 될 것이다. 그러므로 인간의 머리와 하늘의 소리가 하나가 된다는 것이 얼마나 힘이 드는지를 깨우칠 때 이루어지는 것이 있는 것이다.

사람을 본다는 것은 자신의 인내와 노력이 사람을 보는데 얼마나 쉽고 재미가 있는가를 알 수 있을 것이다. 사람의 마음은 수많은 거리가 있다. 그것을 보고 판단한다는 것은 수많은 과정이 있는 것이다. 그 과정이 자신의 능력을 정하는 것이며 사람을 보는 것은 아무것도 아닌 것처럼 쉬운 것이다 라고 느껴질 때, 그때부터가 영적으로 알 수 있는 모든 것을 스스로 깨우치는 시간이다.

우리가 알지 못하는 다른 세계가 있다는 것을 몸소 느끼지 않고서는 알 수 없듯이 지금도 경험을 통하지 않고 그냥 알려고 하다가는 자신의 힘은 아무데도 쓸 수 없는 것이 된다. 지금도 하늘에서는 자신도 모르게 스스로 영성공부를 하고 있다. 다만 그것을 아는 자만이 영성으로 사는 것이다.

인간은 영적인 문제를 풀기위해 무척 노력을 하고 산다. 다만 그것을 알지 못하기에 영적 문제는 부정을 하거나 관심을 두지 않고 살뿐이다. 결론적으로 인간은 영적으로 돌아갈 때 죽음을 두려워하지 않는다. 물질도 명예도 시시할 뿐이며, 다만 인간이 살아가며 꼭 필요한 것만 찾는 것이다. 인간이 살아가면서 가장 필요한 것이 무엇인가를 깨우칠 때 인간을 볼 수 있는 것이며 무엇을 안다고 아는 것이 아니며, 어떠한 것을 참고 인내했을 때 그 속을 알 수 있는 것이다.

인간은 무엇을 원하고 사는가? 물론 각자 각자의 생각이 틀리기에 꼭 이렇다고는 할 수 없지만 그래도 인간은 행복하기를 원한다. 자신의 내면이 안정이 될 때 인간은 행복으로 가는 것이며 겉으로 아무리 좋은 것이 눈앞에 펼쳐 진다고해도 내면의 긍정이 따라주지 않는다면 행복할 수 없는 것이다.

그래서 사람을 본다는 것은 결국 인간의 마음을 읽는 것이며 안정을 찾아주는 것이며 길을 안내하는 것이다. 인간의 마음은 알 수 없는 것이기에 그 마음을 알 수 있는 것은 오로지 영적으로만 알 수 있는 것이며 영적이야말로 인간들에게는 통용되는 것이 아니기에 무시당하고 있는 것이다. 인간의 생활은 영적으로는 충족이 될 수 없는 것이며 영적인 삶은 모든 것을 용서할 수 있는 것이며 같이 사는 세상을 영위하는 것이며 평화를 찾는 것이다. 결국 영적으로 사람을 본다는 것은 세상의 모든 것이 하나가 되기를 원하는 마음이 있을 때 알 수 있는 것이며 무엇이든 긍정할 수 있는 것이다.

사람을 보는 방법은 여러 가지가 있다. 신을 받아보는 방법과 역학으로 보는 것과 영적으로 보는 것과 이렇게 크게 분류를 할 수 있는데 영적으로 보는 것을 사람들은 잘 모르기에 답답할 때가 한두 번이 아니다. 이제 여러분들은 사람의 인생이나 길을 알려주기 위해서는 어떻게 해야 한다는 것을 알았을 것이다.

하늘의 제자는 그냥 만들어지는 것이 아니기에 항상 조심하고, 착하게 살고, 타에 모범이 되어야 하며, 마음은 항상 영성으로 가고 있어야한다.

이제 여러분들이 여러 가지로 고통과 힘든 공부를 한 뒤 무엇을 보여 주느냐가 아니고 어떻게 살아가는 것인가를 알아야 할 것이다.

나는 이렇게 생각을 한다. 능력도 중요한 것이지만, 어차피 하늘의 제자로 돌아왔다면 하늘의 마음을 닮아야 한다는 것이다. 그렇지 않고 손가락질을 받는 사람이 있다면 그 공부는 필요 없는 공부라는 것을 알아야 한다. 다시 말해 한번이라도 하늘에 잘못을 한다면 언젠가는 자신의 능력을 가져갈 것이니 부디 이 어려운 공부를 열심히 지켜야 할 것이다. 무엇을 보는 것보다 지켜가는 것이 하늘의 효를 하는 것이다. 하늘의 소리를 전해준다는 것은 정말 어려운 것이다.

알지도 못하면서 영을 다룬다는 것은 그만큼 어려워지는 것이다.

날마다 틀려지는 공부이기에 스스로 공부를 하지 않는다면 할 수 없는 것이며 인간으로서는 알 수 없는 것이기에 더욱 더 힘이 드는 것이나 자신의 마음을 바로 갖는다면 어느 공부보다 쉬운 것이 이러한 공부다.

일단은 내면을 읽어야 하지만 겉을 알아야 내면을 알 수 있듯이 겉을 알아야 하는데 이때 겉은 보이지 않고 내면만 보여야 하는 것이다. 내면이 보이지 않고 겉부터 보인다면 아직 공부가 부족한 것이며 언젠가는 내면이 보인 뒤 겉모습을 볼 수 있는 것이다. 내면을 본다는 것은 그만큼 하늘에 자신의 모든 것을 하늘에 맡겼을 때 일어날 수 있는 현상이기에 자신이 맡기지는 않고 어떠한 것을 안다는 것은 있을 수 없는 것이다. 이 글이 이해가 된다면 그만큼 공부가 된 것이다.

이제 여러분들은 하늘의 소리를 왜 들어야하는지를 알아야 한다. 하늘의 소리를 듣는다는 것은 세상의 모든 소리를 듣는 것과 같은 것이다.

인간은 좋은 것만 생각을 하고 살아야 하는데 자신의 처지가 그렇지 않다면 과연 그러한 생각을 하고 살 수있을까하고 생각을 하게 된다. 주어진 삶을 기쁘게 산다면 사람은 무엇이든 궁금하게 생각하지 않을 것이다. 그러므로 우리에게 찾아오는 대화 상대는 무엇인가 알고 싶어 오기에 그 고민을 풀어야 하는 능력이 필요 한 것이다. 인간이 살면서 어려운 일들이 있어야 사는 맛이 있는 것인데 그렇게 생각을 하지 않는데서 오는 여러 가지가 앞길을 막을 때가 있는 것이다. 그러한 것을 내면으로 알고 푸는 것이 영으로 사람을 보는 방법이다.

지금 세상을 긍정적으로 보는 사람은 얼굴이 항상 맑을 수밖에 없지만 그렇지 않다면 스트레스와 여러 가지 병으로 괴롭게 살아갈 것이다. 그것은 우선 마음을 다스리는 방법을 알려줘야 한다.

그렇다면 과연 마음을 다스리는 방법을 어떻게 알려줘야 하는가? 그것은 자신의 영이 상대방의 마음을 읽어가는 데서 가르침을 줄 수 있다. 그렇게 하기 위해서는 우선 상대방의 신명을 읽어 내려야한다. 사람은 신명으로 사는 것이니 만큼 신명을 읽어내려야 하는 것이다. 신명에는 여러 가지가 있지만 우선 여자인지 남자인지를 알아야 하며, 내면을 본다는 것은 이것을 기초로 해서 보는 것이며 인간이 인간을 안다는 것은 내면을 보고 아는 것이니 만큼 내면을 본다는 것은 얼마나 신기한 것인지 항상 느껴야 하는 것이다.

그래서 내면이 밝아지게 한다면 살아가는데 기쁨을 얻는 것이다. 보는 사람의 마음이 밝지 못하다면 절대로 읽어가지 못하는 것이다. 그러므로 사람을 읽어 내리지 말고 상대방의 내면이 알려줄 수 있도록 자신의 신명을 올려야 하는 것이다. 단계가 높을수록 쉽게 사람을 읽을 수 있는 것이며 상대방의 신명이 높다면 전혀 읽을 수 없는 것이다.

그렇다면 어떻게 상대방의 신명을 읽어 내리는 것인가? 그것은 자신의 신명이 상대방의 신명과 가까워야 할 것이다. 상대방의 신명이 너무 탁하다면 그것부터 바꿔야하는 기운이 있어야 하는 것이다. 그 이유는 탁한 것이 있다면 아무리 읽어준다고 해도 부정을 하게 되기 때문이다.

거의 비유법이나 대유법, 은유법으로 사람을 보는 경우가 많다. 그것은 자연을 통하여 많은 것을 배우고 나서야 할 수 있는 것이며 자연을 모르고서는 알 수 없는 것이다. 그래서 사람들은 자연을 무조건 좋아하는 것이다. 자연의 생태를 좋아하고 자연을 사랑하고 나서야 사람은 느끼게 되는 것이며 인간이 모르는 많은 것을 배우게 되는 것이다. 그래서 자연과 함께 기도를 하는 것이며 인간은 어차피 자연으로 돌아가기에 자연에 순응하는 방법을 배우게 되는 것이다. 그러므로 산에서 들에서 강에서 기도를 하고 많은 것을 얻게 되는 것이다.

이제 여러분들은 얼마나 자연과 친해 졌는가를 통하여 자신의 수준을 점검할 수 있는 것이다. 자연에 대한 고마움을 느낄 때 비로소 인간의 머리는 맑은 상태로 돌아가는 것이며 스스로 자신을 채찍질을 할 수 있는 것이다. 그리고 나야 영안이 열리는 것이며 그것을 통해야 상대방을 읽을 수 있는 것이다. 항상 기도하는 마음을 가져야 할 것이며 기도를 통하여 하늘과 응답을 해야 하며 하늘의 소리를 전해주는 것이 상대방을 읽어주는 것이다.

이제 여러분들은 자연을 순리가 얼마나 위대한가를 느껴야 할 것이다. 다만 착각 속에서 자신의 최면에 걸려 사람을 본다면 참으로 우스운 일들이 벌어질 것이다. 다시 말해 자신은 열심히 설명을 하지만 자신이 하는 것인지 누가 하는 것인지를 모르면 자신이 오히려 황당한 경우를 겪게 되는데, 그것은 자신이 공부를 잘못해서라기보다 어느 것을 원망하게 된다. 이제 여러분들이 사람을 본다는 것은 인간이 얼마나 간사하고 인간이 얼마나 약한지를 알게 한다. 또한 자신의 공부가 다됐다고 생각하는데서 많은 고독이 찾아드는 것인데 그 어떠한 것보다 외로운 것을 느끼게 된다. 다시 말해 외로움을 느낄 때 인간은 더욱 깨우치게 되는 것이다.

하늘의 섭리를 전달 한다는 것은 그만큼 하늘을 알아야 함은 물론 스스로 항상 공부를 해야 하는 것이며, 24시간 그 끈을 놓지 말아야 할 것이다. 다만 자신의 환경으로 인해 그렇게 하기까지가 너무 힘들 것이다.

그러나 그런 것을 경험해야 다른 사람의 마음을 경험할 수 있는 것이니 만큼 다 버리고 한다는 것은 다 알 수 있는 것이라는 것을 명심해야 한다. 나는 이렇게 생각을 한다. 아무 능력이 없는 사람들이 이사회에서 활동을 해 가지고, 이 나라를 이렇게 만들어 놓는다는 것에 영적인 곳을 찾아가 자신을 바로 알고 살아가라고 하고 싶은 마음이 가득 찬다. 다만 그런 사람들이 영의 세계를 어떻게 이해하느냐에 따라서 사회는 변해 가는 것인데, 아직도 우리나라는 영의 세계가 무시되는 만큼 영의 세계를 모르는 사람들로 인해 나라가 거꾸로 흘러가는 것이다.

인간을 본다는 것은 모든 것을 보는 것과 마찬가지로 생각을 하고 봐야 어떤 것을 알려줄 수 있는 것이며 인간이 본다는 것은 어려운 것이며 자신의 몸에 있는 영과 함께 봐야 한다는 것을 알아야한다.

여러 가지로 주의할 점이 있는데 한두 가지가 아니다. 자신이 알고 있는 것들이 돌연변이로 착각을 불러일으킬 때가 한두 번이 아니다. 다시 말해 영적으로 살면서 인간의 내면을 볼 수 있는 것이지 한 순간만 영적으로 산다면 오히려 그 행동은 자신의 잘못을 인정하지 않기에 내면을 읽을 수 있는 기회를 하늘에서는 주지 않는다. 그래서 제자들은 이때 많은 것을 알게 되는 것이며 이것을 모르고 사람을 읽어 내린다면 다 틀릴 것이다. 그 이유는 내 마음이 들어가기 때문이다.

하늘은 제자들에게 항상 많은 시험을 한다. 지금까지 공부한 것은 아무 것도 아니라는 것을 느낄 때 발전이 되는 것이며 공부할 것이 생기는 것이다. 이제 여러분들은 공부의 묘미를 잘 알아야 앞으로 나가는데 무궁한 능력을 받을 것이다.

지금까지 공부한 것은 나를 위한 공부였다면 지금부터 시작하는 공부는 남을 위해 공부하는 것이다. 내 자신의 공부가 있는가하면 나라와 민족을 위하는 공부가 있다. 하늘의 세계는 36길이 있는데 그 길을 다 걸어야 영통을 하게 되는 것이며 자유자제로 영을 다루게 되는 것이다. 영을 다룰 때가 되어야 비로소 내면을 제대로 보는 것이다. 언젠가는 제자들이 그러한 경지로 다다를 때가 있는데 그때 가봐야 지금까지 공부한 것이 왜 이러한 방법으로 했는지 스스로가 알 것이다.

다만 공부 할 때는 답을 얻으려고 하는 그 자체가 공부하는데 얼마나 방해가 되었는가를 알 것이며 어떠한 단계가 됐든지 그런 단계가 끝나야 이해가 되는 것이며 공부 할 때는 오히려 답답한 순간이 많은데 그때를 넘기면 저절로 공부가 되는 단계가 되거나 지금 공부하는 것이 재미있어진다.

물론 모르고 공부할 때는 지루하고 답답할 때도 있지만 이것이 아니면 다른 것도 생각을 하게 한다. 그때 그 시험을 이기는 것이 공부의 한계라는 것을 알게 되며 이기지 못한다면 어떤 소리를 해도 귀에 들어오지 않는 것이며 그것을 알고 나야 왜 그러한 공부했는지를 알 수 있으며 어떻게 하늘과 연결이 되었는지를 알 수 있는 것이다.

이제 여러분들은 자신이 누구인가를 알아야 남을 이해하고 볼 수 있다는 사실을 알게 되고 우주의 기운이 어떠한가를 올바로 느끼게 되는 것이다. 단 자신이 느끼지 못하듯이 지금 느끼지 못하는 사람을 보면 자신의 예전 모습을 생각할 때 답답할 것이다. 사람을 본다는 것은 얼마나 답답한가를 알아내는 것이다. 이제 여러분들은 내가 어떠한 메시지를 주고 있나를 알 것이다.

그러나 지금 읽는 글의 취지를 깨우치지 못한다면 아무것도 모르는 것이다. 자신이 이러한 것도 이해하지 못하면서 영적으로 공부를 했다는 것은 시간만 허비한 것이다. 다시 말해 영성으로 가지 못하고 제자리걸음을 하고 있다면 그조차 모르게 되는 것이며 자신이 공부를 한다고 해도 그 누가 인정을 하지 않을 것이다. 물론 인정을 받으려고 하지는 않았지만 남을 리드한다는 것은 느끼면서 해야 하는 공부다. 나는 이렇게 생각을 한다. 많은 고통을 받은 자만이 영의 세계를 인정하게 되는 것이다. 지금도 편안하게 공부하려고 하는 사람들이 있다면 그것부터 버리고 공부를 해야 한다는 뜻이다.

사람을 영으로 본다는 것은 여러 신명들의 기운이 몸에 있어야 하는 것이다. 그러나 이렇게 기초부터 모른다면 아무런 도움이 안 된다. 이제 여러분들은 하늘의 안테나를 새로 바꿔가야 한다. 안테나가 녹이 슬면 바꿔줘야 하는데 그 자체도 하늘에서 하는 것이다. 그래서 안테나가 얼마나 있고 얼마나 바꿔주는가에 따라서 채널이 된다. 그렇다. 결국 우주에서 자신에게 항상 기운을 내려 주어야 자신도 모르게 능력을 발휘하는 것이다.

여러분들은 어디까지 왔는지 항상 점검이 필요한 것이다. 단 공부를 제대로 하지 않는 사람은 점검도 필요 없는 것이며 자신은 열심히 했다고 하지만, 결국 공부를 잘했다면 점검도 필요 없는 것이나 점검을 당하는 사람으로 남지 말고 점검을 해주는 사람이 되어야 하므로 이런 영성공부를 하는 것이다. 그 수준에 이르기까지 많은 단계가 있는데 여러분들은 지금까지 해온 것으로 보아 조금만 더 깊게 공부하길 바란다.

세계의 인구로 볼 때 인간의 기운은 그 수대로 많은 기운이 있다는 것을 알 수 있다. 인간의 머리로는 다 기억할 수 없지만 하늘은 그것을 다 기억을 하고 관리를 한다. 그래서 하늘은 인간이 이길 수 없는 존재인 것이다. 인간의 머리로 담는 것은 담을수록 머리가 무거워지지만 하늘의 소리를 통해 우주의 기운으로 머리에 담는다는 것은 머리를 비우는 일이므로 인간이 하는 공부와 영들이 하는 공부는 틀린 것이다. 그래서 우리는 영의 힘을 빌려 공유 하는 것이다.

그러나 대부분 사람들은 어떤가? 채우려만하고 있지 않는가?

물론 인간이 살아가면서 기본적으로 해야 하는 일이 있지만 요즘 사람들은 너무 많은 것을 담으려 하니 사회가 복잡하고 병이 유행처럼 있는 것이다. 인간을 본다는 것은 내면을 보는 것이기에 그 사람이 어떻게 병이 생겼는지를 알 수 있는 것이다.

그래서 영적으로 오는 병은 영적으로 치유할 수 있는 것이다. 영적인 병은 내면의 세계를 모르고서는 알 수가 없는 것이며 그 또한 병을 고칠 수 없는 것이다. 그래서 고통을 받고 사는 사람들에게 많은 도움을 주기위해 영성으로 공부하는 면도 있는 것이다. 영성공부는 어떤 공부다 라고 단정을 지을 수는 없지만 종합적인 공부기에 한 가지만 알고 하는 공부가 아니므로 여러 가지 경험을 바탕으로 하지 않는다면 힘이 들어 해결을 할 수 없는 것이다.

그리고 하늘에서 주는 여러 가지 능력 중에 한 가지라도 받지 못한다면 항상 불안하고 하늘에 모든 것을 맡기지 못하는 상태가 와서 공부가 더뎌지는 것이다. 우선 말문이 터져야하며, 흔히 말하는 신유가 있어야하며, 먼 곳을 보는 천리통이나 천안통이 열리고 예언의 은사가 열려야 되며, 나쁜 것을 걷어주는 기운이 바로 있어야 천도를 할 수 있는 것이며, 그에 따라 나쁜 기운을 말로 해결을 하거나 글로 해결하는 능력을 갖출 수 있는 것이다. 이렇게 하늘의 은사를 내려받고 있다면 모든 것이 편할 것이며 마음먹은 대로 할 수 있는 것이다.

이렇게 자신의 능력이 하늘의 능력이라고 확실한 믿음을 하늘에서 줄때 그 사람은 말을 하거나 글을 쓰거나 하늘의 힘으로 할 수 있는 것이다. 하루하루 성실히 불만 없이 앞만 바라보고 공부한다면 자신의 능력이 인간을 읽는 데는 저절로 힘이 들어가지 않고 생각하는 대로 될 것이다. 그러나 욕심으로 공부한다면 그 능력은 하루에 몇 번이라도 없어지게 되는 것이다. 어차피 우리가 하는 공부는 하늘과 합의하에 하는 공부이며 비우는 공부이고 비워야 채우는 공부이기도 하다. 그래서 우선 자신이 하지 못하는 것을 자신의 생각으로 한다면 발전이 없을 뿐 아니라 오랫동안 제자리걸음으로 인하여 많은 공부를 놓치게 되는 것이다.

우리가 영적으로 사람을 본다는 것은 자신을 비우는 것부터 해야 한다는 것을 깨우쳤듯이 자신을 알지 못하고는 남을 알 수 없다는 것을 알고 나야 그때부터 신명을 읽어 가는 것이다. 그러나 가다가 하나라도 길이 어긋난다면 아무것도 아니라는 것을 남에게 알려주는 일이기에 한시라도 게으르게 공부를 한다면 올바른 길로 인도를 못할 것이다.

그렇다. 인간의 힘은 하나도 없는 것이다. 그러나 인간의 힘으로 한다고 생각한다면 그 순간부터 아무것도 보이지 않을 것이다. 그래서 이 공부는 어떤 것을 보지 않아도 알 수 있어야 하는 공부다. 지금자신의 처지를 비관하거나 하늘을 혹 인간을 원망한다면 될 수 없는 공부기에 항상 하늘이 옆에 있다는 것을 알아야한다. 그래서 인간으로서는 풀 수 없고 해결 할 수 없는 일들을 해결해 가는 것이다. 사람을 영으로 보는 방법을 알려고 노력한다면 그것은 그만큼 하늘의 힘을 빌려야 한다는 것을 터득할 때 된다는 것도 알아야한다.

이제 여러분들은 하루가 다르게 변해갈 것이다. 다만 노력이 없이는….

이제 여러분들에게 천도하는 방법에 대해 말하려고 한다.

사람의 몸속에는 여러 신명이 있는데, 몸에는 주장신이 있는데 그것은 사람의 성격을 나타내고 있는 성격의 신명이고, 특히 숨어있는 신명들이 무수히 많은 경우와 신명이 나와 모든 것을 해결하는 경우가 있다.

이것을 볼 때, 사람은 모든 신명들이 나와서 인간들에게 도움을 줄때만 필요한 것이나 필요 없이 신명들이 많다면 몸이 아프거나 살아갈 때 힘이 드는 것이다. 사람이 죽을 때만 천도를 하는 것이 아니라 사람 속에 있는 잡신을 보낼 때도 천도를 해야 하는 것이며 특히 천도가 되지 않는 조상이 있다면 후손들이 살아가기 힘든 것이다.

이제 여러분들은 이런 것을 알고 나야 영적인 공부가 어떤 것인지를 알게 된다. 지금까지 공부를 하나도 빠짐없이 제대로 했다면 쉽게 천도를 할 수 있지만 그렇게 쉽게 할 수는 없는 것이다. 그러나 조금만 정신을 차리고 공부한다면 천도하는 것이나 공부하는 것이 같은 것이라는 것을 알 수 있을 것이다. 그래서 천도를 한다는 것은 모든 신명을 다 알아야 한다는 것이다.

신을 다스릴 때만 천도가 빨리 이루어지는 것이며 그렇지 않다면 천도가 되지 않을 것이다. 다시 말해 천도는 인간의 생각으로 하는 것이 아니라 하늘에서 모든 것을 기획할 때 할 수 있는 것이다. 하나라도 모른다면 할 수 없는 것이기에 많은 기도와 영성공부를 통하여 할 수 있는 것이다. 그래야 자세한 것을 알 수 있는 것이다.

이제 여러분들이 천도를 할 수 있는 경지가 올 텐데 그때가 되면 영안이 다 열릴 것이다. 영안이 다 열리지 않고서는 천도를 할 수 없는 것이다. 그러므로 영성으로 공부를 한다는 것은 어느 것에 대하여 풀어주고 기운을 바꾸는 역할을 하게 되는 것이다. 이 때가 되면 하늘에서는 제자들에게 하늘의 문을 활짝 열어 능력을 크게 주는 것이며 지금까지의 노력을 치하하는 뜻에서 많은 손님을 보내주게 되는데, 이때 한사람이라도 인간적으로 사람을 본다면 다시는 천도할 수 있는 능력을 주지 않는다.

결국 천도를 할 줄 알아야 영적인 공부를 제대로 하는 것이다. 부디 여러분들도 천도를 할 수 있는 능력을 하늘에서 받기를 기원한다. 그래서 여러분들이 나라에 도움이 되는 제자로 커가기를 바란다. 항상 사람은 자연의 조화로 인하여 환경과 기운이 바뀌는 공간에서 살아간다는 것을 알아야한다. 그러므로 역학으로 사람을 본다면 그것은 오히려 낭패를 가져온다는 것을 공부를 통하여 완전히 알았을 때 하늘의 바른 소리를 들려줄 수 있다는 것을 알아야 한다.

이제 천기를 받아 어느 정도 공부를 한 사람이라면 직감적으로 다른 사람보다 느낌이 틀리게 된다. 한 가지를 보더라도 실수하지 않고 살아가는 방법을 알게 되면 그렇게 되어야 어떠한 소리나 행동을 자유롭게 하면 이해심이 많아지게 되는 것이다.

나라의 흥망성쇠는 하늘이 하는 것이니 만큼 하늘을 알아야 모든 것을 알 수 있다는 진리를 터득할 때 그 나라와 그 민족은 바로 서게 되는 것이다. 개인 개인이 나라고 개인이 한나라의 민족을 대표하는 사람이 되어야한다. 그러나 요즘 사람들은 그러한 생각이 없이 세상을 살아가는 데 그러한 것을 알려주는 사람이 되어야 진정한 제자가 되는 길이며 또 그렇게 하는 것이 당연한 것이다. 아무리 영적 공부를 많이 했다고 하더라도 인간의 도리를 모른다면 그것은 영성으로 가는 길이 아니라 오히려 다른 사람에게 피해를 주는 것과 마찬가지라는 것을 알아야 한다.

이제 영성공부를 통해서 인간이 어떻게 살아가야 한다는 것은 쉽게 알았을 것이다. 인간은 더불어 살긴 살지만 입으로만 그렇게 하는 사람이 세상에는 얼마든지 있다. 제자로서 행동으로 옮기지 못한다면 어떻게 제자라고 할 수가 있겠는가? 행동으로 실천을 하는 것이 영적으로 사는 것이다. 개인을 보는 것보다 나라를 걱정하고 민족을 걱정하는 것이 영성으로 가는 것이다. 항상 그러한 마음을 갖고 있다는 것은 하늘과 같이 있다는 뜻이며 그렇게 되어야만 승리를 하는 것이다. 그래서 사람을 본다는 것은 내면을 보는 것이기에 마음의 눈이 열리지 않고서는 읽을 수 없다는 것을 알았을 것이다.

이제 여러분들은 자신의 눈을 마음으로 읽을 수 있게 만들어 놓았는지 알았을 것이다. 이제 마음의 눈이 무엇인지 알았을 것이다. 다만 눈이 한 개가 아니라 마음의 문이 열리고 볼 수 있다면 눈은 수만 개가 있다는 것을 알았을 것이다. 이제 여러분들은 많은 공부 속에 아는 만큼 아는 것이 아니라, 아는 만큼 모르는 것이라는 것을 알 수 있는 것이다. 인간은 아는 만큼 살아가지만 영은 모르는 만큼 살아가는 것이다.

이제 진정으로 영성으로 왜 살아가야 하는지를 알 것이다. 자신의 수준은 자신의 수준이 아니라 영적으로 할 때만 알 수 있다는 것을 터득했을 것이다. 그래서 영성으로 가야만 풀어지며 풀어지게 할 수 있다는 것을 알았을 것이다. 인간의 머리로 하는 것이 아니라 영혼으로 하는 공부가 어느 정도 알게 된다면 어느 것이든 저절로 알 수 있다는 것도 알았을 것이다. 이제 영성으로 공부하는 것이 숫자에 관계가 없이 기하학적으로 열려간다는 것을 터득하게 되는 것이다. 어느 정도 공부가 된다면 그때부터 중심을 알게 되고 양면을 알 수 있는 것이다. 그래서 항상 중심에서 사물을 보아야 제대로 평가를 할 수 있는 것이다. 또한 이러한 공부는 영을 재판하는 재판관이 되어야 하는 공부기에 한 치라도 공부를 게을리 하거나 영성으로 가지 않는다면 아무것도 남지 않는다는 것을 스스로 알 수 있게 하는 공부다.

자! 이제 여러분들은 얼마나 공부가 되었는가를 스스로 측정을 하면서 공부를 해야 할 것이다. 그만큼 자신을 평가하고 측정을 할 수 있을 때 상대방을 읽어 내리는 것이다. 이제 영적으로 사는 것이 얼마나 소중하다는 것을 많은 사람들에게 펼쳐 나가야 한다. 하늘의 언어를 알아야 인간세계의 마음을 읽을 수 있다는 것을 잊어서는 안 된다. 그러므로 인간세계의 글을 읽고 쓰는 것이 아니라 하늘 세계의 글을 알아야 한다는 것이다. 그래서 하늘의 글을 알아야 모든 것을 풀 수 있다는 것이다.

그래서 여러분도 알다시피 하늘의 소리를 한다는 것은 하늘의 언어를 내리는 것이다. 하늘의 언어는 기본글자가 120,000자를 알아야 기본이 되는 것처럼 최소한 이글을 해독할 수 있을 때 알 수 있는 것이다.

지금 공부를 했다면 우선 해독을 할 수 있는지를 알아야 하며, 어떠한 것도 영적으로 해독을 하려면 적어도 360,000자를 알아야 할 수 있는 것이다.

그래서 자기 자신이 얼마나 해독을 할 수 있는지를 알아야 할 것이다. 스스로 하늘의 소리를 할 수 있다는 것은 우선 기본의 단어를 소화 했을 때 알 수 있는 것이다. 그러므로 항상 자신이 얼마나 됐는가를 점검해야 할 것이다.

항상 공부는 진행을 하고 있는 것이다. 그러나 그것을 눈치 채지 못하고 공부한다는 것은 자신의 경지를 알 수 없을 것이다. 이렇게 공부를 하고나야 상대방의 기운을 읽어내는 데 저절로 되는 것이다. 다시 말해 자신이 말을 하는 것이 아니라 영적으로 할 수 있다는 것이다. 그래야 바로 볼 수 있는 것이다.

가장 중요한 것은 자신의 영보다 높은 영을 볼 수 없다는 것을 깨달아야 하는 것이다. 무조건 다 볼 수 없는 것이다. 물론 자신의 영적 수준이 높이 올라가 있다면 문제가 없는 것이지만 그렇지 않다면 많은 실패가 온다. 영을 공부해서 영적으로 무엇을 보지 않고 인간적으로 한다면 아무런 효험이 없으며 어떠한 것도 풀 수 없기에 하늘과 같이 하지 않는다면 오히려 사기꾼이란 소리를 듣게 되는 것이니만큼 항상 자신을 살필 줄 알아야 하는 것이다. 여기서 한마디 해줄 것이 있다면 여러분들은 무당의 수준이 아니라 무당들의 할머니나 할아버지가 되는 격이니 수준 높은 영의 소리를 해야 할 것이다.

지금 우리 사회는 간단한 것을 좋아하거나 지저분한 일들을 하기 싫어한다. 남이 하기 싫어하는 일은 하지 않는 것이 요즘 사람들의 생각이다. 우리가 공부하는 이유는 남들이 하기 싫어서 하는 일들을 아무 소리 없이 하는 것이다.

누구나 편하게 잘 살기를 원하지만 특히 하늘의 공부를 하는 사람들에게는 돈이 필요하다. 하지만 하늘에서는 우리 같은 제자들에게는 돈하고는 상관이 없게 영성공부를 시킨다. 돈이 필요할 때가 있다면 얼마나 좋을까 하고 생각을 할 때가 많다.

우리는 남들과 같이 잘 먹고 잘 사는 것을 원하는 것보다 남들이 잘 되기를 기도하고 살아가야 하는 사명을 가졌기에 그 일을 제대로 하는 것이 우리의 보람이다. 그래서 영성으로 공부를 하는 사람에게는 인간적으로 생각을 하는 것을 하늘에서는 허락하지 않는다. 과연 인간의 한계는 어디까지인지 몰라도 인간의 한계까지 가야 하늘에서는 조금마한 것을 내려주는 것이다. 이제 여러분들도 어렵다고 하지 말고 자신이 얼마나 노력을 하고 있는지부터 알아야한다.

이제 여러분들은 인간의 존엄성을 바로 알아야 한다. 잘 살든 못 살든 그러한 것을 가지고 사람을 평가해서는 안 되는 것이다. 배웠든 배우지 않았든 편견을 둔다면 그것은 영성공부를 하지 않은 것이다. 어떠한 종교를 믿든 어차피 하늘에서 내린 말씀이니 어느 하나라도 소홀히 해서는 안 된다. 우리의 공부의 목적은 누구든지 더불어 산다는 사명을 전파하는 것이며, 영적으로 풀지 못하는 것을 하늘의 소리를 통하여 전파한다는 것을 잊지 않아야한다. 우리 민족이 가야할 길에 리더가 되어야 하는 것이다.

사람을 영으로 본다는 것은 자신이 보는 것이 아니라, 하늘에서 보는 것이다. 무엇을 알고자 한다면 오히려 영적 공부는 자신의 마음이 나오기에 오히려 공부가 멈추게 되는 경우가 많다. 다시 말해 자신이 하늘의 공부를 하는 것 같지만 그렇지 않은 경우도 있다는 것이다.

그렇듯이 공부가 아직 안 된 제자에게는 시험을 하기에 자신도 모르게 그것이 정답인줄 알고 그렇게 행동을 하게 되는데 그러한 것을 놓치지 말고 묻고 답하기를 해야 하는 것이다.

잘못하면 거짓으로 답을 주기에, 자기도 모르는 사이에 엉뚱한 길로 가는 경우가 허다하다. 그러므로 영성공부는 한시라도 정신을 차려야 한다. 자신의 마음으로 인해서 새로 공부를 시작해야 하는 경우도 있는 것이다.

그래서 아무리 공부를 많이 했다고 하더라도 올라간 만큼 공부가 까다로워지며 하늘의 시험이 상상도 못하게 일어나는 것이다.

하늘의 소리는 언제 내려오는 지도 모르게 자신에게 많은 것을 요구한다. 하지만 제자가 이것을 모른다면 먼저도 말했듯이 제자리걸음을 하게 되는 것이다.

공부하는 수준이 어느 정도가 되면 하늘에서는 무서운 시험을 하게 된다. 다시 말하면 제자가 어떻게 일을 처리하나까지 시험을 하기에 자신이 한 것이 옳은 것 같지만 오히려 엉뚱한 판단으로 인해 힘들어한다.

이제 이러한 것도 여러분들이 판단을 할 수 있어야 하므로 그때까지 하늘에서 어느 정도의 수준으로 올려 주는 것이다. 이러한 판단을 스스로 할 수 있다면 하늘에서는 더 이상 시험을 하지 않지만 아직 제자들의 수준은 진정 하늘의 소리를 제대로 듣지 못하고 있는 것이다. 그러나 자신이 모든 것이 끝난 것처럼 항상 느끼기에 착각이 일어나는 것이다.

자! 여러분들은 지금까지 어려운 관문을 많이 겪어왔다.

하지만 지금까지 온 것보다 더 많은 공부가 있다는 것을 안다면 지금 하는 행동이 저절로 창피하게 느낄 것이다. 그때가 지나야 사람을 영으로 볼 수 있는 기회가 주어지는 것이다. 물론 시행착오가 다르다는 것은 사실이나 막상 그때는 시행착오인지 조차도 모른다. 그런 것이 하늘의 공부다.

어떻게 공부한지도 모르게 하는 것이 영성공부다. 여러분들이 더욱더 알 것이다. 끝났는가 싶으면 다음 단계가 기다리고 있고 겨우 한 가지 안다고 할 때면 다음 단계가 기다리고 있는 것이 영성공부다. 그래서 우리가 하는 공부는 항상 공부하는 자세가 되어 있어야 하는 것이다.

의식을 가지고 인간이 됐을 때 하늘에서는 자신에게 능력을 주는 것이다. 조금 아는 것을 가지고 아는 체 한다면 이미 하늘에서는 자신에게 어떠한 능력도 없게 만드는 것이다. 그렇게 하늘은 냉정한 것이다.

언젠가는 여러분들이 우주의 원리를 터득해서 많은 이들에게 그 원리를 알려주는데 있어 모든 영들이 따라 준다면 이렇게 우주의 원리는 쉽게 표현을 할 수 있는 것이라고 하늘에 반문을 할 때가 올 것이다.

이제 여러분들은 어느 정도 사람을 보는 방법에 대하여 터득을 했을 것이다. 물론 영적으로 진행될 때에 이루어진다는 것도 알았을 것이다. 그렇다. 하늘에서는 한사람의 제자를 키우기 위해 모든 수단과 방법을 동원해서 제자를 키우고 깨달은 사람을 만드는 것이다. 이때 여러분들은 인간으로서는 참을 수 없는 여러 가지 고통이 따르는데 그 고통을 고통이라고 생각하지 않고 과정이라고 생각을 한다는 것이 얼마나 중요한가를 알아야한다. 하늘의 제자가 된다는 것은 여러분들도 공부를 하는 중이라 알다시피 어렵다.

한편 나는 여러분들을 대견하게 생각을 한다. 다만 이 공부는 칭찬이라는 것이 없다는 것이 안타까울 뿐이다. 1등도 없고 각자 스스로 터득을 해야 하는 공부라서 자신의 마음을 어떻게 해야 할지 모를 때가 많을 것이다. 그때마다 참음이 필요한 공부다. 그래야 깨달음으로 가는 것이다. 여러분들이 깨닫는다면 하늘의 공부는 어떻다는 것을 알 것이다. 다만 깨달으려고 한다면 하늘에서는 시험만 계속할 것이다.

그저 모든 것을 따라주고 신명과 같이 공부하고 대화하고 하늘의 소리를 듣는다면 여러분들은 하늘을 대변하는 대변자가 될 것이다. 그때까지 돌아보지 말고 열심히 공부해야한다. 그래야 언젠가는 하늘의 탤런트가 되고 하늘에서 원하는 일을 할 수 있는 것이다. 우주의 원리로 사람을 보는 것이다. 그래서 영적 공부를 통해야만 할 수 있는 것이다. 환자를 보는 의사가 맥을 짚어보는 것도 우주의 원리로 하는 것이다. 심지어 화장실을 가는 것도 우주의 원리로 하는 것이다. 이제 여러분들은 천기를 받아 공부하고 신을 다루고 영적으로 삶을 추구하고 산다면, 무엇을 하늘에 묻지 않아도 자신이 하는 행동이 영적인 삶을 산다고 스스로 느낄 것이다. 인간이 사는 사회 하나 하나가 우주의 원리로 만들어가는 것이다. 그러나 사람은 그것을 모르고 살아가고 있다.

이제 여러분들은 많은 것을 터득하고 알았을 것이다. 그동안 제대로 공부를 한사람도 있고 그냥 영적으로 하지 않고 인간적으로 공부를 한사람과는 많은 차이가 날것이다. 그래서 지금 영적으로 살아가는 사람과 인간적으로 살아가는 사람과는 현저하게 다르게 보이는 것이다.

우리가 영성공부를 한 이유 중에 하나가 누구나 영적인 삶을 살게 하는 것이다. 자신이 영적으로 살지 못하면서 다른 사람을 인도할 수는 없는 것이다. 말로만 우주의 원리를 부르짖는다면 그것은 자신을 항상 망치게 하는 것이며 영적으로 사는 사람에게는 서서히 삶이 변하게 되는 것이다.

그럼 영적으로 산다는 것은 특별한 것인가? 그것은 아니다. 너무도 자연스럽게 사는 것이 영적인 삶이다. 억지로 일을 한다든가 욕심을 부린다든가 한다면 그것은 영적인 삶이 아니다. 적어도 남에게 영적인 삶을 인도하려면 자신부터 영적인 삶을 살고 있는가를 파악해야한다.

인간적인 삶과 영적인 삶은 그렇게 다르지는 않다. 다만 영적으로 산다면 편한 것이다. 다시 말해 영적으로 사람이 산다면 전쟁도 없고, 거지고 없는 서로 잘사는 나라가 될 것이며 나아가 온 인류가 더불어 잘사는 세상이 될 것이다. 우리가 할 일이 아닌가? 하늘이 주는 메시지가 자신의 채널을 통해 내려올 때는 감개무량할 것이다.

날이 갈수록 자신의 미래를 걱정하는 사람들이 많은 요즘 천기를 받아 영성공부를 하는 제자들은 영적인 공부는 자신의 미래를 잘되게 하는 것으로 생각해서는 안 되는 공부다. 어떤 것을 바라고 어떤 것을 계획 한다면 어려울 것이다. 그 이유는 하늘은 제자들이 욕심을 부린다면 기운을 바꾸니까 마음대로 처음부터 공부엔 관심 없고 그런 마음을 갖고 한다면 어렵다.

영적인 공부를 한다는 것은 우선 자신보다 남을 생각해야 하는 공부이기에 만약 자신부터 생각한다면 그 공부는 하나마나한 공부가 되는 것이다. 순간적으로 인간의 생각으로 돌아와 실수를 할 때도 있다. 다만 이런 것쯤은 알아야 한다. 하늘은 실수를 용납하지 않기에 어떤 일이든지 자신의 생각을 뒤로 해야 한다. 이것이 참기 힘든 과정이다. 그러나 이러한 과정을 겪고 나면 왜 자신부터 생각을 하면 안 되는 지를 깨닫게 된다. 그래서 영적 공부는 어떠한 것 보다 나 자신을 비워야 하는 것이다. 어떠한 핑계를 된다면 그 당시는 모르지만 시간이 얼마 안 지나 스스로 자신의 잘못을 알게 되는데 이미 늦어버린 시간이라는 것을 알게 된다.

남의 인생을 본다는 것은 그만큼 하늘의 진실을 전하는 것이므로 모든 것을 조심해야 하는 것이다. 자신이 하늘을 부정하고 상대방을 보고 하늘을 믿으라고 한다면 얼마나 우스운 일인가?

그래서 우리가 하는 영적으로 하는 영성공부는 그 만큼 각오가 되어있어야 하는 것이다. 자 이제 여러분들은 어느 정도의 수준으로 올라와 있다고 스스로 생각을 하는가?

혹 자신이 자신의 최면에 걸려, 오기와 교만과 이기주의가 내면에서 작용하는지도 모르고 어떤 기운을 본다면 어찌 되겠는가?

지금 있는 그 자리에서 염력으로 멀리 있는 사람도 읽을 수 있도록 영성공부를 하는 것이 가장 중요한 것이다. 자신의 수준에 따라 손님이 오는 것은 물론이나 예외일 수도 있다. 그래서 모든 것을 알아야, 다시 말해 깨닫고 우주의 소리를 알아야 그 어떤 소리를 전해주는 것이다. 우리가 살고 있는 이 사회는 웰빙(well-being) 소리에 파묻혀서 살아가고 있다. 진정한 웰빙이 무엇인지도 모르면서 살아가는 제자들도 있다. 부디 깨우쳐서 무엇이 옳고 그름을 판단해야 한다. 웰빙은 무한 세계를 지배하는 우주의 원리를 통해 바르게 살고 이웃과 더불어 건강하게 사는 것이다.

믿기지 않을 정도로 희한한 일들이 너무나 많이 일어나는 것을 볼 수 있다. 다시 말해 영적으로 사람을 본다는 것은 상대방의 기운이 들어와서 자신이 그 사람의 기운을 읽어 낼 때 여러 가지로 느끼게 되는데 특히 아픈 부분이 다른 것보다 더 빨리 느껴지게 된다. 자신의 영적 수준만큼 영적 감각이 자신의 몸을 통해 느껴지기 때문에 한 치의 속임이 없는 있는 그대로 나타난다. 단 자신이 그러한 능력을 갖지 않다고 한다면 절대로 느낄 수 없는 현상이며 아무 감각도 느끼지 못할 것이다. 그러므로 영적으로 사람을 본다는 것은 사람의 몸에 풍기는 모든 것을 알 수 있는데 종합적으로 볼 수 있는 것이다.

제자들이 자신의 능력은 뒷전이고 거의 인간적으로 사람을 상대한다면 영적으로 스스로의 한계를 알 수 있게 되는 것이다. 영성으로 공부를 해야만 알 수 있다는 것을 그때가 되면 스스로 느끼게 되며, 자신이 공부를 얼마나 했는가를 알게 되며 그때부터는 정신을 차리게 되어서 정진수도 할 것이다.

우선 제자들이 무엇을 해야 하는지를 알아야 어떤 수준으로 올라갈 수 있는 것이다. 그렇지 않고서는 쉽게 영성공부를 할 수 없는 것이다. 그만큼 사람을 영으로 본다는 것은 하늘과의 채널, 그리고 내면과의 대화를 통해 알 수 있다. 이렇듯 어느 것 하나 연결점이 없다면 사람을 본다는 것은 어려운 것이다. 한 가지를 안다고 다 안다고 하다가는 하늘의 심판이 있을 것이다.

이제 공부를 한 제자들에게 선배로서 말하고 싶다. 하고 싶은 이야기는 알듯이 너무도 많지만 집약해서 써보기로 한다. 자신의 능력은 하나도 없으면서 꼭 자신이 어느 누구보다도 앞서 간 것처럼 행동을 하는 경우가 많은데 하늘의 공부는 공부를 많이 한 것도 물론 중요 하지만 바른 심성을 갖는 자체가 중요 한 것이다.

이제 여러분들은 무슨 말을 하고 있는지 알 것이다. 지금까지 많은 제자들을 통해 느끼고 배운 것이 있다면 마음이 제대로 되어 있지 않았다 라는 것을 느껴왔다. 어느 것을 하나 알았다고 해서 그것이 중요한 것처럼 자신을 모르고 엉뚱한 생각을 하는데 그것은 언제고 하늘이 용서를 안 할 것이며 그 자체로 자신의 능력이 끝나는 것이다. 처음 공부를 할 때는 처음과 같은 마음으로 공부를 한다고 맹세를 하지만 시간이 지나고 나면 자신도 모르게 변하고 있다. 그것을 잡아주지 않는다면 영원히 더 높은 경지로 갈 수 없는 것이다. 이때 잘못하면 탈락을 하는 것이다. 그러므로 하늘의 공부는 어느 정도의 수준으로 올려놓고 공부에 수준을 점점 더 얼리는 공부를 해야지 그렇지 않다면 꿈속에서 헤매게 되는 것이다. 그래서 조금 알려고 할 때가 가장 어려운 시기다. 그때를 놓치면 영원히 수렁에서 빠져있는 것이며 다시는 깨끗한 곳으로 나오기가 힘든 것이다.

정말 힘들다고 생각하고 공부한다면 절대로 영성공부는 자신과 거리가 멀어질 것이다. 이제 여러분들이 고생한 만큼 성공을 한다는 것을 알 때가 올 것이다. 그래야 누구한테라도 자신을 보여줄 수 있는 것이 아닌가? 자신은 고생을 많이 했다고 생각하지만 시작도 안 했다고 생각한다면 그때부터 자신의 공부는 한없이 성장을 할 것이다. 그래야 영적으로 사람을 볼 수 있는 지름길이다.

하늘의 자격증을 받았는가? 혹 하늘보다 자신이 스스로 생각을 하고 있지는 않는가? 받았다고 하더라도 정말 그 능력이 필요할 때 쓰여 지고 있는가? 자랑을 하고 있지는 않는가? 능력이 있다 해도 그 자리에 머물러 있진 않는가? 이러한 의심을 스스로 알고 자신을 이끌어 가는가 하고 생각을 하고 있는가?

이러한 여러 가지 조건이 자신을 발전하게 하는 것을 모르는 제자들이 더러 있다. 물론 인간부터 되라 하는 이야기가 쉬운 것은 아니다.

인간부터 되라 라는 이야기는 저절로 하늘의 소리를 들을 수 있는 것이기에 부정을 할 수는 없을 것이다. 이제 제자라는 감투를 쓰고 일을 하고 공부를 하면서도 스스로 제자라는 것을 잃어버리는 경우가 많다. 딱한 일이다. 한번도 실수를 용납하지 않는 사람을 영으로 보는 방법은 그야말로 쉬운 일이 아니다.

어떻게 보면 자신의 희생을 그 가치로 평가받을 수 있는 것이기에 철저히 하늘의 소리를 듣는 것이 중요하다. 그것이 우주에서 내려오는 메시지가 아니런가?

흔히 사람들은 우연과 인연을 기다린다고 한다. 그러나 하늘은 우연과 인연은 없다. 그 이유는 이미 우연과 인연이 만들어져 있기 때문이다. 그것을 찾지 못한 것은 사람들의 노력이 없기 때문이다.

마찬가지로 무단한 노력이 있을 때 자신도 모르게 사람을 볼 수 있는 눈을 하늘에서 만들어 주는 것이다. 그것은 마음의 눈을 만들어 준다는 뜻이며 제자들이 공부하는 과정이 눈을 만들어 가는 과정이라고 말을 해도 과언이 아니다.

이제 이 글을 쓰는 이유가 나온 것이다. 여러분들을 어떻게 하면 마음의 눈을 열어 대자연의 어느 것 하나 빠지지 않고 내면으로 대화를 할 수 있게 만드는 것이다 라는 것을 그래서 마음을 읽은 것이며 내면과 접하는 것이다. 그래서 하늘의 문자는 기본부터 바로 알아야 하는 것이며 수많은 단계가 있다는 것도 거기에 있다는 것이다.

부디 여러분들도 마음의 눈으로 마음을 읽어서 어떠한 것을 마음의 열쇠로 풀어줄 수 있는 사람들이 되었으면 하는 바람이다.

사람을 본다는 것은 그만큼 제자가 얕아지는 마음과 높은 영성이 있을 때만 이루어지는 것이다. 그래서 어떠한 종교와도 관계없이 영성의 수준이 높다면 그것은 사람을 보기에 충분한 것이며 하늘에서 시험을 하지 않는 수준이 되는 것이며 그러기에 여러분들도 부디 우주의 원리를 바로 알아 우주의 기운으로 만들어진 인간을 마음으로 푸는데 훌륭한 도구가 되기를 기원한다.

제13장

10년간 있었던 일과 사례

빙의가 된…

희한한 일들이 나에게는 많이 일어나는 편이다. 다시 말해 인간으로서는 이해하지 못하는 일들이 일어난다.

9.11사태가 있던 날도 비행기만 보면 어지럽고 대구지하철 사건이 일어나던 날은 연기를 마신 것처럼 어지럽고 도대체 있을 수 없는 것들이 하루하루 일어나는 현상을 줄줄이 말할 수 는 없지만 도의 길을 가다보면 누구나 흔히 느낄 수 있는 일이다.

어느 날은 빙의된 환자를 보다보면 나도 모르게 환자의 아픔이 그대로 전위가 되서 내 자신이 아파온다. 그러고 나서 내가 몸이 괜찮아지면 환자에게 변화가 오기 시작한다. 이런 것을 볼 때 인간의 몸은 탁한 기운으로부터 병이 온다는 것을 알 수 있다.

지금은 인간으로서는 알 수 없는 영적 세계를 통해 빙의가 된 영적인 병을 고치고 있는 중이다. 이상하게도 이 환자는 어지러움증이 있는 분인데, 이 증세는 연탄가스를 맡은 사람처럼 정신이 없어 똑같은 방식을 같이 할 수 없는 환자다.

그러므로 이 환자는 잘 걸을 수가 없어 걱정이다. 이렇게 빙의가 된 환자가 모르고 약을 먹는다면 오히려 고통을 받는 것은 물론 많은 시간이 흘러 가버리면 고치기가 힘이 든다. 그래서 약을 먹은 기운으로 살기에 오히려 어지러움증이 향상된다. 또한 간의 산화작용이 부족해 해독이 안돼 많은 고생을 하게 된다.

이제 겪었던 일을 차근차근 소개하려한다.

하늘로 출근을 한다

참으로 많은 과정이 있었다. 그 동안 영의 세계를 인정하지 못하는 사람들로 인해 모 방송국에서 사기꾼이라는 방송을 하기도 했다. 그만큼 하늘의 시험은 강하고 인간이 참을 수 없도록 시련을 안겨주었다.

그동안의 시련이 없었다면 지금 이자리가 없었을 것이다. 요즘은 누구나 기를 인정하는 시대지만, 10년 전만 해도 기나 영을 인정하지 않고 사기꾼이라는 의심부터 하는 시기였다.

이제 오랜 시간을 보내고 보니 내가 하는 일이 얼마나 하기가 힘든 것인지 몸소 체험을 한다. 잘 해도 못해도 욕을 먹는 일이다. 대신 천직이기에 하는 것이다. 다시 말해 나는 하늘에 출근을 하고 퇴근을 한다. 물론 내면의 세계가 출근을 하고 퇴근을 하는 것이다. 그동안 무엇인지 모르고 하는 공부가 이러한 공부인지를 모르고 한 것이 다행이다. 어떠한 것을 알고 시작을 한다면 다른 공부는 가능하지만, 내가 한 공부는 불가능한 일이다.

그만큼 나를 위해 하늘에서는 철저하게 공부를 알 수 없게 진행을 한 것이다. 이제 생각해보면 하늘의 오묘함을 이제 안 것이 다행이다 라고 생각을 하게 된다. 배운 것이 없는 나에게 이렇게 관심을 갖고 해준 것은 인내심이 많아서 그렇다고 하는데, 만약 이런 일을 하지 않는다면 지금 무엇을 하고 있을까 생각한다. 헌 책을 새 책으로 만들어준 하늘에게 감사한다.

제자가 된 한의사

무엇부터 글을 이어갈지 엄두가 나진 않지만 지금까지 써온 글의 맥락대로 쓴다. 어느 날 한의대 교수가 찾아와 영을 알고 싶어 했다.

그 분은 덕망이 있고 미래가 확실히 보장되어 있는 사람이었다. 오히려 공부를 많이 한 사람은 영을 가까이하기에 충분하다는 것을 가르쳐 준 분이다. 인도, 미얀마, 중국 여러 나라를 다니며 깨달음의 길을 알고 싶어 다녔지만 찾지 못해 여러 면으로 답답한 분이었지만 사람으로는 이해를 못하는 3일간의 영적 세계의 공부로 깨달음을 얻어 많은 기쁨을 얻고 다시 미국으로 갔다. 미국은 영성이 없으면 아무리 알아도 알아주지 않아 이렇게 깨달음을 얻지 않고는 할 수 있는 것이 없다는 것이다. 물론 다른 길도 있지만 자신을 알고 자신을 찾아 간다는 것은 그만큼 다른 사람을 위해 많은 일을 할 수 있어 좋다고 한다.

지금은 외대교수로 있는 어느 분의 권유로 나는 영적으로 메시지를 받아 경제에 관한 책을 쓰고 있다. 이해가 되지 않는 부분이다. 내 자신이 경제를 알지도 못하는데 이렇게 책을 쓴다는 게 하늘의 힘이라는 것은 어디까지 인지….

깨달음은 지식이 아니다

지금도 깨달음을 위해서 여기저기 기웃대는 사람들이 많다. 깨달음을 위해서 정신세계를 기웃대다가는 깨달음은커녕 습관과 고정관념으로 인하여 오히려 깨달음의 길을 망치게 된다.

다시 말해 깨달음의 길은 자신이 선택을 하는 것이 아니라 하늘에서 선택을 하는 것이다 라고 생각을 하며 어떠한 것을 하는 것이지 자신이 한다면 절대로 할 수 없다.

그렇게 볼 때 나는 얼마나 다행이었는지 모른다. 하늘이 나를 선택하여 도구로 쓰고 있으니 그 행복감은 말로 표현할 수 없다. 알다시피 요즘 대학교수 들이 깨달음의 길을 가고자 노력하고, 깨달음의 강의를 하는데 그것은 깨달음의 의미를 모르고 하는 행동이다.

깨달음은 지식이 아니며 지혜이기에 알고 있는 것으로 알려줄 수 없는 특이한 성질을 가지고 있는 것을 모르고 하고 있는 것이다. 깨달음은 공부와 아무런 관계가 없다.

나는 영적 공부를 하며 많은 것이 안타까웠다. 지식이 깨달음의 공부를 막는다는 것을…. 그래서 어떻게 하면 깨달을 수 있는 길을 열어갈 수 있을까 하고…. 그러나 그 길은 사람마다 다르기에 깨달음의 길은 이것이라고 말할 수 없다는 것을 알았다.

그래서 요즘은 어떻게 하면 깨달음의 길을 쉽게 어렵지 않고 갈 수 있을까 하고 영적 공부를 하고 있다. 지금까지 영의 세계를 공부를 하면서 자신이 필요 없이 하는 공부라는 것을 알았다. 그러나 많은 사람들은 자신이 공부를 하려고 노력을 하는데 시작부터 잘못되었다는 것을 알아야 한다. 그것을 깨우치고 나야 영성공부를 할 수 있다.

우주의 기운으로 환자를 고치다

내가 하늘공부를 한 것은 약 10년간이다. 그러고 나서 저절로 내면을 통해 우주를 접하게 되었고, 그것은 내가 원해서 된 것이 아니라 저절로 된 것이다.

하늘을 아는 것만으로도 나는 만족을 하고 있었다. 하지만 어느 순간 하늘의 영적 공부는 없고, 우주의 기운을 받는 공부를 하게 되었다. 나로서도 어안이 벙벙할 정도로 재미있었고 지금은 우주의 기운을 운영해서 환자를 고치고 인간의 생로병사를 알게 되었다.

수많은 시행착오를 거치는 것이 깨달음의 길이라는 것을 알게 되었고 하늘의 공부는 쉽게 하는 것이 아니라 무엇을 물어보더라도 내 생각이 없이 물어보는 신명이 따로 있다는 것을 알았다. 다시 말하면 내 자신이 궁금해서 물어봐도 소용이 없고 물어볼 생각도 없다. 말이 저절로 생각이 없이 나오는 것이다.

하지만 우주의 기운을 받아들일 때는 한없이 겁도 났다. 그 이유는 나에게 이런 엄청난 기운이 들어온다는 것에 상상조차 하지 못했기 때문이었다. 나 역시 사람이기에 너무 놀랐다. 그리고 나는 누구보다 의심이 많은 사람이었다. 특히 영에 대한 것은 무뢰한이었으며 믿는 구석은 조금도 찾아볼 수 없는 사람이었다. 아니 영이라는 자체도 알지 못하고, 깨우친다는 생각도 하지 못한 사람이었다.

40세에 들어서서 깨달음을 알았고, 스스로 깨달아가는 것이라는 것도 알았다. 이제 많은 사람들에게 어떻게 하면 하늘의 소리를 전해 주느냐에 따라 내가 바로 선다는 것을 알았다. 또한 어떻게 하늘의 소리를 전해주느냐가 나에게는 가장 큰 숙제였다. 누가 과연 나를 믿어줄 수 있을까하고 고민을 많이 한사람이다. 나같이 많은 고통을 겪고도 아직 헤매는 사람들이 많이 있다는 것을 나는 누구보다 잘 안다. 그래서 지금도 헤매는 사람들을 볼 때 인내심을 길러야 한다고 말을 해주고 싶다.

대신 인내심은 내게 있어야 하는 것이 아니라 그것조차 하늘에서 해준다는 사실이다. 내가 인내심을 갖고 싶어 하는 것은 욕심을 하늘에서는 평가한다. 그러므로 하늘의 공부는 순전히 나라는 자체는 없다는 것을 알아야 한다는 것을 명심해야 한다.

하늘의 은사

결국 사람은 하늘의 소리를 듣고 사는 것이 가장 편하다는 것을 느끼며 산다. 이 이야기는 누구나 부모님의 말을 잘 듣고 살아야한다는 뜻이다. 부모님에게 효를 한다는 것은 하늘에 효를 하는 것과 같은 것이다.

나는 어릴 적부터 가난을 배우며 살았기에 부모님의 간섭이 별로 없었다. 부모님이 가난이 자식에게 죄라고 생각했던 것이다. 이제 나는 가난을 배워온 습관으로 인해 부자가 되기를 원하진 않지만 밥이라도 잘 먹고자 노력을 한다. 그동안 먹는 것보다 굶는 습관이 잘 되었기 때문이다.

좋은 것만을 찾는 지금 세상은 사실 배울 것이 없다. 어려움 속에 나는 세상을 견디어내는 많은 것을 깨우쳤다. 문명과 과학이 발달될수록 사람들은 머리를 써서 남을 이용하는 경우가 많은데 큰 것을 배우는 것은 어렵다.

1996년 어느 날 염력이 생기기 시작했다. 하늘의 기운을 받는 것은 순서가 있다.

다시 말해 하루아침에 능력을 다 받는 것이 아니라 한 가지 한 가지 능력을 받게 된다. 물론 9가지 능력 중에 다 받지 못하고 영적 생활을 하는 사람들이 많지만 9가지 은사를 받은 사람은 드물다. 나는 기 수련이나 명상을 해본 적이 없다.

그러나 저절로 어떠한 행위를 생각만으로 할 수 있다. 염력이 생기면서 나는 어떤 것을 생각만 해도 알 수 있게 되었고, 얼굴만 봐도, 목소리만 들어도, 뒷모습만 봐도 하늘의 기운을 받아 읽을 수 가 있게 되었다. 그러나 내 주위 사람들은 처음에 정신병자라고 했다. 아무것도 알지 못했던 나에게 하늘에서는 상상도 못하는 큰 능력을 주셨다. 인간이 노력하는 것도 중요 하지만 하늘에서는 사람을 선택하기위해 무척 노력을 한다. 사람이 노력하는 것보다 하늘에서 찾아다닌다. 나는 선택을 받은 것이다. 하늘에 감사한다.

하늘의 탤런트가 되다

아직도 영의 세계를 부정하는 사람들이 많다. 물론 모를 때는 전혀 생각을 할 수도 없다. 나도 그러한 시절이 있었다. 하지만 지금은 너무 많이 변했다.

다시 말해 신명이 변하면 사람은 성격까지 변한다는 것을 알았다. 이제야 안 것이다. 그렇다. 자신의 몸에 있는 신명이 무엇이 들어있느냐에 따라 틀린 것이다. 그러므로 사람이 살아갈 때 가장 중요한 것은 신명을 어떻게 갖고 있느냐에 따라서 살아가는 방법이 틀린다.

영적 공부를 하면서 힘든 점이 한두 가지는 아니지만 공부의 차원이 너무 많아 하나하나 열거하기는 어렵지만 간단하게 말을 한다면, 우선 영의 세계는 내면이 공부하는 만큼 여러 가지로 공부를 하늘에서 시켜준다.

어느 날은 1주일간 식물인간처럼 죽었다가 다시 일어나는 경우가 있다. 나도 모르게 내면이 공부를 할 때 내 자신이, 나의 혼이 없이 1주일 간 아무런 생각이 안 나고 다시 깨어나면 언제 그랬냐 하듯이 말짱하다. 이렇듯 '영적 공부는 어떠한 공부이다'라고 말을 할 수 없다.

또한 하늘의 탤런트처럼 못하는 것이 없다. 물론 내가 배운 것이 아니다. 배운 것이 아닌 것들이 스스로 나도 모르게 진행이 된다. 그래서 영적 세계는 인간이 알 수 없는 세계라는 것을 더욱 실감한다. 여러분들도 영의 세계를 알아야 바로 산다는 것을 인식하고 살아야겠다.

하늘의 선택이 있어야 한다

언제, 어떻게 내가 변했는지는 나도 모르게 변한다. 그렇다. 영적 공부는 어떠한 일을 할 때 그 능력이 나오는 것이지 항상 그 능력이 있는 것은 아니다. 다시 말해 아무 때나 필요가 없는 것이기에 필요할 때마다 쓸 수 있는 것이다.

영 능력을 받기 위해 지금도 마음속으로 바라는 사람이 있다면 그렇게 해서는 안 된다는 것이라고 말하고 싶다. 자신이 바란다고 이루어지는 것이 아니다. 자신과 상관없이 어느 순간에 이루어지는 것이지 자신이 하고 싶다고 하는 것이 아니기에 바랄 필요는 없다. 누구나 기도를 하면 이루어진다고 생각을 하는데 잘못된 발상이다. 그 이유는 하늘에서 선택을 받은 사람이 하는 기도는 잘 들어 줄지는 몰라도 하늘의 선택을 받지 않고서는 너무 힘들다.

그래서 항상 하늘의 계시를 받고 사는 것과 그냥 사는 것과는 많은 것이 차이가 난다. 다만 하늘에서는 누구에게나 기회를 주는 것은 사실이나 기회가 와도 모르고 살아가는 것이 많다. 나에게도 이제 생각하면 많은 기회가 있었지만 기회를 몰라 헤매고 사는 경우가 많았다. 이제 10년간 영적 공부를 했지만 시작이라는 생각을 항상 갖고 산다. 영적 공부는 다른 공부와 달라 끝이 없는 공부라는 것을 저절로 느끼게 된다.

이제 여러분들도 영의 세계를 알고 나면 사람이 아는 상식이나 지식은 아무것도 아니라는 것을 알게 된다.

인간의 승리

인간의 승리는 무엇을 말하는 것인가?

인간의 승리는 자신을 아는 것이다. 다만 자신을 알기 위해 시간을 보내지 못하는 것이 문제가 될 것이다.

인간이 승리하기위해서는 자신의 고개를 먼저 숙일 줄 알아야한다. 우리는 살아가면서 자신보다 크게 보이는 사람이 있다면 고개를 숙이고 자신보다 낮게 보인다면 고개를 숙이지 않는데 낮게 보일수록 고개를 숙여야 승리하는 것이다.

나는 그동안 어떠한 것에 승리나 이기려고 하지 않았다. 그러나 나도 모르는 사이에 승리와 이길 수 있는 힘이 생겼다.

그것은 다름이 아닌 하늘의 은혜를 통해 알아낸 것이다. 9년 동안 영의 세계를 공부하며 정말 체험을 통하지 않고는 글로 표현하지 못하는 것이 너무 많다는 것을 알았다. 다시 말한다면 보이지 않는 세계가 너무 크다는 것을 알고, 사람이 알고 있는 지식이 얼마나 보잘 것 없는가를 알게 됐다.

특히 깨달으려고 하는 사람들을 보면 깨달을 수 없다는 말을 하고 싶어도 무슨 뜻인지 모르기에 입을 다문 적이 한두 번이 아니었다. 누구나 깨닫는다면 세상이 밝아질 것은 당연하나 깨닫는다고 생각하는 찰나에 깨달을 수 없다는 것을 안다면 깨달을 수 없다는 마음이 자신을 도와줄 것이나 깨달으려고 기도를 하거나 책을 보거나 자신이 스스로 어떠한 것을 찾아 간다면 이미 깨달음의 진실을 모르게 된다.

많은 사람들을 만나면서 나는 여러 가지를 느꼈다. 한 가지 꼬집어서 말을 한다면 시작을 하지도 않았으면서 끝을 찾으려하는 사람들을 볼 때 많은 신명이 잘못된 것을 느끼게 해줘도 자신의 아집으로 잘 될 수 있는 상태를 버리는 경우가 많았다.

요즘 사람들의 수련을 보면 참으로 한심하다 라고 말을 하고 싶지만 이해를 하지 못해 말을 못하는 경우가 많다.

1억 분의 1초가 중요하다

우주의 기운을 인간이 안다는 것은 어찌 보면 당연 한 것 같으나 알지도 못하면서 아는 체 한다면 참으로 우스운 일이 될 것이다. 가끔 우주의 기운을 말하면서도 내가 우주를 알긴 하는 것인가 하지만 결국 내면이 하는 것이지 내 자신이 하는 것이 아니구나 느낀다. 다시 말하면 내 자신이 알아서 하는 것이 아니라, 우주의 기운이 나를 통해 우주의 기운을 알게 하고 전파를 할 수 있게 도와주는 것이다. 물론 내 자신이 원해서 하는 것이 아니라 하늘이 필요한 사람을 골라 하는 방식이다.

이것이 선택을 받아야만 할 수 있는 것이나 사람들은 자신이 노력을 하면 할 수 있는 것이라고 착각을 하고 하는 것이다.

어떤 교수는 자신이 깨달았다고 하는데 물론 깨달음의 수치가 있기에 깨달았다고 하는 수치가 있지만 우주의 원리를 깨달았다고 하는 것은 아니다. 그러나 그 교수는 깨달았다는 수치를 모르기에 많은 사람들이 따라갈 수 있다.

그래서 따라온다고 자신이 깨달았다고 착각 속에 군림을 하는 사람들이 더러 있다. 9년간에 있었던 일들을 보면 여러 가지 순간이 자신을 만드는구나하고 깨달았다. 어느 한 순간도 소홀히 할 수 없는 것이 인생이며 생로병사다.

영을 공부하는 사람들은 자신을 놓아야 한다는 것쯤은 안다. 하지만 자신을 놓지 못하고 살아간다. 그러면서도 깨닫기를 원하는데 그것은 눈을 감고 맛있는 음식을 찾아다니는 것과 같은 말이다.

남을 무시하고 남을 헐뜯고 남의 말을 들어 줄 수 없는 사람이면 깨달을 수 없다는 것을 알았다. 그러므로 깨달으려면 남의 말을 잘 들어주어야한다. 단 내 자신이 들어주는 것이 아니라 내면의 세계가 동의를 해야 하는 것이 중요하며, 내면이 동의 하지 않는다면 아무 소용이 없다. 깨달을 수 없다.

그래서 이왕 영적인 면으로 성장을 가지려면 마음을 열어야 함은 물론 열었다는 생각도 없어야 한다. 이제 여러분들도 영성으로 가야 우리나라가 제대로 세계 대열에 설 수 있다는 것을 알게 하고 싶다. 인간의 머리로는 아무리 좋은 것을 발명하더라도 그 다음이 항상 문제라는 것을 알 것이다.

다시 말하면 인간의 머리가 우주의 기운을 받아 돌아간다면 막히는 것이 없고 어떤 일이든 저절로 돌아갈 것이다. 인간은 너무 생각을 하기에 내면이 나와 어떠한 행동을 하려고 해도 할 수 없는 경우가 대부분이다.

순간이 중요하다는 것을 알고 행동을 해야 한다. 1억분의 1초가 중요하다.

긍정이 인생을 바꾼다

수련을 했던 사람들이 찾아오는 것이 나에게는 큰 임무처럼 되어 버렸다. 상담을 하는 동안은 내 자신이 아닌 영적 세계로 들어간다. 생각해보면 지금까지 수련을 한사람들을 보면 영적으로 가야 한다는 것을 까맣게 모르고 이제 와서 영을 대하다보니 의심부터 하게 되며 그 자신이 해온 것이 얼마나 잘못되었는지도 모른다.

이러한 잘못된 것을 바로 잡으려면 하늘도 필요하겠지만 자신이 하늘을 긍정하는데서 많은 능력을 알아 가는데도 그 시작부터 잘못을 했기에 영의 세계를 알기가 무척 힘이 든다. 알다시피 지금까지 일어난 자신의 습관이 자신을 망치게 했다는 것을 모르고 해 왔던 것이 자신을 막는다는 것을 모르고 수련을 했기에 상담을 하기가 까다롭다.

자신이 수행을 해 왔기에 고정관념을 갖고 있고 하늘의 책을 읽고 수행을 해야 함에도 불구하고 인간의 머리를 통해 공부를 통했으니 모든 것이 막혀있고 답답하다.

특히 깨달음으로 가고 싶은 마음은 있는데 어떻게 해야 하는지 몰라 헤매고 있을 때, 내가 알고 있는 하늘의 소리를 들려준다고 해도 이상한 소리로 들으니 어떻게 깨우치겠는가?

하늘의 소리는 여러 가지로 표현을 하기에 자신의 마음으로 듣지 못한다면 수행은 아무런 발전이 없는 것이며. 자신과는 무관하게 자신의 마음으로 수행을 하는 것이다. 그래서 인간이 알고 있는 단어는 수행의 길을 막는다.

많은 시련이 따라오는 것은 물론이고 인내가 필요 한 것이며, 언제 어떻게 어떠한 공부를 하는지도 자신은 모른다. 어떠한 단계가 올라가는지도 모르고 수행하는 것이 수행하는 방법이라고 터득하게 되며 영적 세계의 공부는 신을 다루는 일이며 영을 다루며 살아가는 일이다.

그러나 자신이 공부를 한다는 마음으로 공부를 한다면 아무리 좋은 공부를 한다고 하더라도 쓸모가 없으며 남에게 어떠한 것도 가르쳐 줄 수 없다. 그 이유는 자신이 배운 것으로 가르친다면 아무것도 느끼지 못하며 배우는 사람이 쉽게 짜증을 느끼게 되며 아무리 가르쳐 줘도 발전이 없다. 또한 가르쳐 주는 사람이 가르쳐 줄 수 없게 된다.

그래서 가르쳐 주는 선생이나 수행하는 제자의 수준이 차이가 없이 같이 되기 때문에 시간이 조금만 흘러도 스승과 제자가 멀어지게 된다. 지금 글을 읽는 사람이 이 글을 읽고 이해를 한다면 많은 것을 아는 사람이다. 조금 공부를 더 한다면 깨달음을 얻을 수 있는 사람이라고 알 수 있다.

내 자신의 음성이 아니다

이미 알고 있는 사실은 시시하지만 영적 공부를 하기 위해서는 아는 것도 하늘에 100번 이상 물어보는 것이 영을 배우는 것이다. 이렇게 하다보면 나도 모르게 높고 깊은 곳으로 가게 되어있다. 영성으로 가는 길은 우선 하늘에 묻고 답하는데서 알 수 있다. 그래서 하늘의 운기를 읽어 내린다. 단 하늘이 나와 하나가 됐을 때 이루어지는 것이다. 지금 우리가 사는 사회는 영의 세계를 접해야 우뚝 설 수 있다.

어느 날은 공부를 하다보면 내 음성이 아닌 다른 사람의 음성으로 내 생각이 아닌 천신의 생각으로 수시로 변하는 것을 느낄 수 있다. 자신이 아닌 다른 목소리와 행동으로 보여줄 때가 많다. 내 자신은 없고 다른 매체가 나를 감싸는 경우가 많다.

한두 번도 아닌 수만 번 시험을 통하고 채찍질을 하고 난 후에야 하늘에서는 한 계급 한 계급 올려준다. 그리고 공부를 열심히 하지 않는다면 아무것도 모르게 하는 것이 하늘이다.

인생의 절반을 영적으로 살아간다는 것이 나에게는 참으로 힘이 들었다. 그 이유는 여러분에게 말을 안 해도 잘 알 것이다. 사회인으로 살아가고 싶어도 그렇게 하지 못하는 상태가 되어버렸다. 이제 나는 만인을 위해 좋은 일을 하고 싶어 하지만 내가 좋은 일을 하는 것이 아니라 신명이 알아서 해준다.

그래야 정도로 갈 수 있고 내 자신이 힘이 생기며 하늘의 일을 하게 되는 것이다. 어떨 때는 내 자신이 아무것도 아닌데 하늘의 뜻을 전달하는 것에 너무 감사하며 산다. 지나온 시간들은 물론 어려웠지만 이제 이 시간을 위해 달려왔다고 생각하니 힘이 난다.

정상으로 가는 길이 쉬운 일은 아니나, 하늘의 뜻대로 한다면 쉽다는 것을 깨달았다. 영적으로 가는 한 인간의 삶이 얼마나 어렵나 하고 생각한다.

우리 뿌리는

단군할아버지를 모시는 것이 무슨 큰 죄를 진거인양 나는 많은 소리를 들었다. 그러나 열심히 국조단군을 모시고 우리뿌리가 무엇인가를 알리고 있다. 우리 민족은 우리의 뿌릴 잊고 산다. 다시 말해 조상을 부정하고 사는 사람들이 너무 많은 것을 볼 때 우리나라의 미래를 저절로 알게 됐다.

어느 날 목사가 찾아왔다. 목사가 하는 말은 다 맞는 말이지만 한가지 질문을 던졌다. 십계명에 부모를 공경하고 이웃을 사랑하라 했는데 어찌 조상 산소에 절을 하지 않고 이웃을 사랑하라고 해놓고 다른 종교를 믿는다고 미워하는 것은 무슨 이유가 있냐고 했다. 그러나 그 말을 들은 목사는 한마디도 못했다.

알다시피 예수는 2000년 부처는 조금 더 단군은 더 오래된 인물이 아닌가? 그것도 모르고 교회를 다니며 온갖 욕설과 남의 종교를 헐뜯는 사람들을 보면 무엇을 배우며 사는지 한심하다.

우리는 백의민족이다. '하나다'라는 뜻인데 종교로 인해 타락을 하고 있다. 종교는 사람들을 타락시키기에 충분하다. 이제 여러분들은 바로 알아야한다. 우리 민족의 구심점인 단군을 내세워 통일을 하고, 평화를 찾고, 우리나라가 세계제일의 국가가 되어야 한다고 생각한다. 그리고 정신문화를 발전시켜 남을 생각하는 마음을 가져야 한다.

나는 오랫동안 영적 공부를 해오면서 지금 우리나라의 명상법이나 기공이나 기 치료를 하는 사람들을 보면 구역질이 나는 정도다. 그 이유는 영적으로 해야 하는 것을 자신의 잣대로 하고 있기 때문이다. 과연 우리나라는 어떤 길로 가는 것인지, 잘못된 것이 판을 치고 알지도 못하는 사람이 아는 체를 하고, 또한 그것이 맞는 줄 알고 추종했다가 아니라는 것을 알고 다리를 빼는 사람들이 지금 우리 주위에는 얼마나 많은가?

내가 나도 모르게 영적 공부를 한다는 것이 신기한 적이 한두 번이 아니다. 그러나 요즘은 별로 그런 것을 느끼지 못하고 산다. 하늘에서 말하기를 나는 어머니 뱃속에서부터 선택을 했다고 하는데 그것을 모르고 살아온 것이다.

지금도 우리 주위에는 하늘에서 선택을 했는데도 그것을 모르고 살아가는 사람들이 부지기수다. 그래서 하는 이야긴데 그것을 모르고 살다보면 하는 일이 잘 되지 않는 경우가 있다. 그래서 사람은 자신이 누구인가를 알고 사는 것이 행복의 열쇠다.

조상천도

조금 무엇인가를 알았을 때가 흥분이 된다. 깊이 들어가면 갈수록 어려운 것이 영적 공부다. 영의 세계를 몰랐을 때는 하늘에서 따라 하는 대로 갔지만 이제 영의 세계를 알고 나니 하늘에서 원하는 것이 무엇인지 알고 따라가게 된다.

10년간의 시간은 나에게는 평생을 산 것처럼 수많은 일이 있었다. 그동안에 빙의가 된 병을 고친 적이 있었고 조상천도를 중요시 했다.

영적 공부를 하다보면 지금 우리가 알고 있었던 것이 많이 잘 못되었던 것이 많다는 것을 느낀다. 무지한 사람들을 데려다가 영을 가르치는 곳도 여러 군데 있다고 하는데 영은 가르치는 것이 아니라 하늘에서 내리는 대로 받는 것이다. 그러나 사람들은 영의 공부가 따로 있는 줄 착각을 하고 있다.

언젠가 제자가 와서 영적 공부를 가르쳐 달라고 하다가 혼난 적이 있다. 영적 공부는 사람이 하는 것이 아니라 내면과 하늘과의 대화로 하는 것이다. 그 자체도 모르고 영성으로 간다고 하는 사람들이 거의 그 수준으로 머문다. 그래서 영의 세계를 알고자 한다면 지금까지 살아온 방법을 다 버리고 어린아이가 되어야 공부를 할 수 있는 것이며 항상 하늘에서는 테스트를 통하여 영계를 알려주는 것이며 수준을 올려주는 것이다.

수준이 올라가면 천도 할 수 있는 능력을 하늘에서 내려준다. 우선 천신들이 그들의 조상들을 불러들이는 행위이며 이제부터 사후세계의 광경을 마음으로 읽게 되는 것이며 조상이 천도 된다면 그 집안의 어두운 기운이 걷혀지게 되며 인간이 알 수 없는 가정이 펼쳐지는데 조상천도가 인간에게는 더 없이 필요한 것이며 조상은 인간에게 많은 시련을 주고 자손들이 잘 될 수 있도록 도와준다고 하지만 그렇지 않다. 오히려 당면한 과제를 고민만 만들어 주고 있다.

여러분들이 주의할 것은 조상천도는 한 번 하는 것이지 1년에 두 번 이상 하는 것은 아니며 천도를 해놓고 또 한다는 것은 매우 잘못된 것이며, 평생 한 번 하는 것이 천도의 의미다.

부디 여러분들도 조상천도를 해서 효를 행하여야 한다.

우리나라에는 아직도 천도가 되지 않은 조상으로 인해 병이 오거나 빙의가 되며 발전이 안 되는 경우도 있다. 부디 구천에 떠돌아다니는 영과 빙의가 된 많은 영가들을 하늘로 올리자.

숨어 있는 신

사람의 몸에는 숨어 있는 신이 있다는 것을 알았다. 또한 주장신이 누구인지를 알아야 성공의 여부와 건강의 여부를 판단할 수 있다. 많은 경험 속에서 나는 사람이 살아가면서 무엇을 하고 살아야 되는지를 알았다.

우리나라 사람들 몸에는 숨어있는 신으로 인해 발전이 없다는 것을 알았다. 내가 한 공부는 초마다 틀리는 공부이기에 지금 무엇을 안다고 해도 그것보다 더 깊은 내용을 발견하게 된다. 그래서 우리는 시간이 얼마나 중요한 것인가를 깨달아야한다. 지금 이 시간에도 다른 일로 시간을 보내는 일은 없는가?

사람의 성공 여부는 시간을 어떻게 보내느냐에 따라서 틀리다. 하루 종일 무료하게 보내는 사람이 있는가하면 어떤 이는 시간을 아껴 사용을 하는데 이 차이가 승부를 내는 것이다.

특히 사람의 몸에 숨어있는 신이 많은 사람은 무엇을 해도 성공하기가 힘들다. 사람의 마음으로만 성공을 하려고 하는데 내면에 숨어 있는 신이 나와서 도움을 줄 수 있어야 그 사람은 능력을 보여줄 수 있는 것이다.

그것을 모르고 무작정 어떠한 일을 한다면 분명 이룰 수 없는 것이다. 지금도 나는 숨은 신을 빼내기 위해 영적으로 많은 노력을 하고 있는 중이다. 그러므로 사람은 숨어있는 신이 없어야 어떠한 것이든 마음먹은 대로 될 것이나 지금 우리나라는 숨어있는 신이다. 구천을 떠도는 영가가 많다.

그래서 나는 가끔 4.19 탑이나 파주, 바다, 산을 통해 우리나라에 있는 많은 영가를 천도시키곤 한다. 지금도 우리나라는 천도가 되지 않는 영가가 우리나라의 발전을 많이 막고 있는 실정이다. 10년간 많은 영가들을 천도 했지만 우리나라는 전쟁으로 인한 영가가 많기에, 아직도 하늘로 올라가고 싶은 영가가 많다.

천도라는 것은 아무나 할 수 없는 것인데도 요즘은 아무나 천도제를 하는 경우가 있는데 천도를 하려면 우선 하늘에서 자격증이라는 것을 받고 해야 하는데 그렇지 않은 곳에서 천도를 한다면 아무런 효험이 없으며 그 영가는 다시 주위를 맴돌게 되는 것이다. 많은 천도제를 했지만 아직도 천도의 의미는 쉽게 알 수 없는 것이다.

자격이 없는 사람이 천도를 한다면 오히려 천도를 하지 않은 것만 못하다는 것을 알아야 한다. 이 글은 천도 방향으로 글을 쓰고 있지만 사람이 영적으로 공부를 하면서 천도가 제일 중요하다는 것을 알았다. 잘사는 사람들을 보면 조상이 다 천도가 되어있다. 그러므로 잘살지 못하는 사람들에게는 조상들의 영이 주위를 맴도는 것으로 인해 많은 손해를 보고 있는 것이다.

그러므로 조상의 영혼이 하늘로 올라가야 집안에 탈이 없다.

우주는 나의 전당포

언젠가는 하늘의 모든 것을 알려주시겠지 하고 무작정 하늘의 소리를 들었다. 그러자 갑자기 하늘의 소리에서 우주의 소리로 변해가기 시작했다.

과연 깨달음이 무엇인지, 내가 지금 무엇을 하고 있는지, 내 자신이 답답할 때가 한두 번이 아니었다. 어떤 사람들은 깨우치려고 산이나 강 아니면 바다 토굴 이런 곳에서 기도를 하면 무엇을 안다고 하는 잘못된 생각을 가지고 있는데 어차피 같이 어울리기 위해 깨우치는 것이니 꼭 그런 곳에서 기도를 하지 않아도 된다는 것을 이제 알았다.

많은 순간순간들을 조심스럽게 하늘에 물어보고 답을 구한지 8년이 되던 날은 우주의 소리를 듣기 시작했다. 과연 나에게 무엇 때문에 하늘에서 나를 선택 했는지 의아할 정도로 나는 가만히 있어도 이제는 영안으로 모르는 것이 없을 정도로 많은 지혜를 가지고 있다. 물론 하늘에 있는 것을 가지고 있다고 한 것이다. 내 마음대로 꺼내서 쓸 수 있으니 얼마나 좋은가?

영적으로 공부를 할 때는 내 자신은 없다. 내면과 공부를 해서 나에게 알려주는 것인데 그 방법은 저절로 입에서 나오는 것이다. 배우지도 않고 연습도 하지 않은 것들이 여러 가지가 저절로 나오는 것이다.

그 동안 나는 미친 사람 취급을 당하고 수많은 세월을 보냈다. 그러나 지금은 미치지 않았다는 증거를 보여준 셈이다. 하늘의 소리를 전해줄 뿐이다. 다만 영을 알기 위해서는 미쳐야 된다는 것을 터득했다.

사람이 무엇을 하기위해서는 미쳐야한다. 그래야 깊이를 알고 높이를 알 수 있는 것이다. 요즘은 수시로 제자를 키우고 환자와 같이 하루를 보낸다. 너무 많은 것을 알고 나니 이제는 어떻게 많은 사람들에게 하늘의 소리를 전할까하는 고민으로 하루를 보낸다. 세상에 있는 것이 아닌 보이지 않는 세계가 있다는 것을 모르는 사람들에게 알려주고 싶어도 아직까지 보이지 않는 것을 부정하고 과학으로 증명이 되어야만 긍정을 하는 세상이 안타까울 뿐이다. 하늘의 소리를 듣고 산다면 모든 것이 평안해질 것이다.

하늘은 스스로 돕는 자를 돕는다

이제 무엇을 쓸까 생각을 가져 보지만 내 생각으로는 한 줄도 쓰지 못할 것이다. 내가 이렇게 하늘의 부름을 받고 사는 것을 부모님들은 알 것이다. 아마 나를 그렇게 만들어놓고 하늘로 가족을 남기고 갔다.

정녕 하늘의 뜻이라면 중풍으로 돌아가신 어머님은 하늘을 원망하지 않고 계실 것이다. 살아계셨다면 내가 하는 일을 이해하지 못하실 것이다.

어느 부모가 평범하게 살지 못하는 것을 원하실까? 다만 하늘의 부름을 받고 사는 것이 어쩌면 안타까워하실 것이다. 요즘 아이들은 부모님의 마음을 잘 모르고 자신들만 잘해주기를 원하고 있다. 내 동생들은 여자만 셋이다. 결혼을 해서 평범하게 살고 있다. 그러고 집안의 장남이자 외아들인데 나는 이렇게 산다.

감히 내가 지금 하는 일은 생각지도 못한 것이었다.

그래서 내 자신도 이해하지 못하는데 다른 사람들은 오죽할까. 처음 하늘의 부름을 받고 능력을 받았을 때는 내가 하늘과 대화를 할 수 있다는 것조차 몰랐다. 세월이 흘러 내가 알지 못하는 언어와 글을 쓰고 나서 '아! 이런 것도 있구나'하고 의아했다.

'하늘은 스스로 돕는 자를 돕는다'라는 말을 하는데 꼭 그런 것 같다. 자신을 위해 사는 것이 남을 위하는 것이고 남을 위해 사는 것이 나를 위한다는 것을 깨달았다.

특히 영적 공부를 하면서 나는 눈물이 마를 날이 없었다. 왜 이렇게 눈물이 많은 지 몇 년 동안 평생 눈물을 다 흘린 것 같다. 나는 무당, 그리고 역학을 하는 사람들을 많이 만났다. 그리고 이왕이면 영의 세계로 가기를 원했다. 하지만 그 사람들은 한사코 자신을 올리기에 바빴다.

이 세계가 자신이 최고라는 것으로 인해 발전이 없는 세계다. 그것은 자신과 같이 연결된 어떠한 기운이 나서서 하는 행동인데 그것을 모르고 행동하는 것이다.

어떤 사람은 자신의 몸에 있는 기운도 모르면서 다른 사람의 기운을 알려주는 사람도 있다. 그래서 거의 무당들은 빙의가 되어 있고, 잡신으로 인해 많은 고통을 받고, 또한 영적 공부를 하지 않기에 인간적으로 사람을 보기 때문에 발전이 없는 것이다.

내가 이렇게 영적 세계를 알면서 느낀 것은 누구나 영의 세계를 알고 산다면 밝은 세상이 온다는 것을 새삼 느끼게 한다.

하늘의 소리는 1초라도 놓쳐서는 안 된다

나는 아무능력이 없다. 내가 하는 것은 순전히 하늘에서 받아 나라고하는 껍데기를 통해 밖으로 표현될 뿐이다. 그래서 나의 능력이 아니라 내면의 능력이라고 말할 수 있는 것이다.

제자에게 공부를 가르칠 때는 어떻게 하면 빠른 시간에 하늘의 소리를 알 수 있게 하나 하고 여러 방면으로 생각을 하는데 어느 제자는 빨리 빨리 승격이 되는데 어느 제자는 아직도 사회에서 살아온 습성이 남아 인간의 생각으로 인해 발전이 안 되는 경우와 탈락이 되는 경우가 있다.

이럴 때는 제자보다 내 자신이 가슴이 아프고 심장이 뒤집어 진다. 깨닫는 길이 쉬운 길이 아닌데, 그저 쉽게 생각하는 것으로 인해 하늘에서는 많은 고통을 주고 나서야 능력을 주는 것이다

또한 능력을 주었다가도 제자가 잘못이 있다면 그 능력을 도로 빼앗아 간다. 이것이 제자로서는 가장 어렵고 가장 무섭다. 그래서 항상 긴장을 해야 함은 물론 자신의 생각은 없어야 하는 것이다. 많은 제자를 키워 봤지만 어떤 제자는 3일 만에 도저히 믿을 수 없을 정도로 3일 만에 깨우쳐 나가는 경우도 있고, 어떤 제자는 오랫동안 공부를 했어도 한 가지도 모르는 경우가 있다.

그래서 영적 공부는 자신이 하려고 해서 하는 것이 아니라 하늘에서 무엇이든 시켜야 된다는 것을 알게 됐다.

누구나 깨우치며 살려고 하는데 정말 쉬운 것이 아니다. 그 중에 하늘에서 시험을 할 때는 정신을 쏙 빼놓고 하기에 무엇이라고 표현을 못한다. 처음에는 공부가 어렵게 느껴지지만 내가 하는 것이 아

니라 모든 것을 하늘에서만 알아서 공부를 가르치는구나 하고 느낄 때부터는 어느 공부를 하는 것보다 쉽다. 하지만 능력이 커질수록 하늘에서 원하는 것이 많기에 그것을 따라가지 못한다면 지금까지 공부한 것이 무로 돌아간다. 이렇게 하늘의 공부가 어렵다.

그래서 공부를 한 뒤에 하늘의 소리를 상대방에게 들려주는 것이 더 어렵다. 사람들은 나를 믿고 따라오기에 나를 믿지 말고 하늘을 믿는 마음으로 나를 생각해야 하는데 그것이 문제가 된다.

서로 긍정하고 하늘에서 하라고 하는 대로 따라간다면 원하는 문제가 풀릴 것이나 무조건 나를 믿는다면 오히려 손해를 보는 경우가 있다. 또한 어렵게 공부를 했는데 어떤 분은 아무런 대가없이 쉽게 하늘의 소리를 알려고 하거나 무시하는 경우가 있고 의심을 하는 경우가 있는데 그렇게 마음을 먹고 하늘의 소리를 알려고 한다면 어떠한 것에 대해서라도 답을 얻을 수 없다.

나는 하늘의 소리를 하루 24시간 1초도 빼지 않고 듣고 있다. 이렇게 공부한 것을 나라와 민족이 잘 되는데 쓰고 싶다. 아니 그렇게 쓰여지길 바라고 하늘에서 능력을 준 것이다.

이제 나는 나를 위해 사는 것은 용납이 안 된다.

우주의 최면에 걸려 산다

과연 나라는 존재는 어떻게 하늘에서 선택을 했는지 궁금했다. 세상에 많은 사람들이 존재하는데 왜 하필이면 나에게 이런 사명을 주었는지 궁금했다.

그래서 어느 날은 하늘을 향해 그 이유를 물어보기도 했다. 하늘의 대답은 이러했다. 앞으로 나 같은 사람이 전 세계에 많이 선택이 되서 세상을 밝게 하는데 이용을 하기위해 도구로 선택을 했다고 한다.

그런 일을 내가 할 수 있을까 하고 생각을 한 적이 한두 번이 아니었다. 나는 배우지도, 그리고 잘나지도 않았는데 나를 선택한 것이 잘못이라고 하늘에 반문을 한 적이 한두 번이 아니었다. 그동안 지내고보니 역시 내 능력이 아닌 하늘의 능력으로 많은 것을 보여 주셨다. 인간이 할 수 없는 여러 면을 스스로 하늘은 보여주셨던 것이다. 어떤 때는 나도 이해할 수 없는 능력이 생기고 어떤 때는 평범한 한 인간으로 돌아간다. 그래서 하늘의 능력을 보여줄 때는 내 자신이 무서워지며 나로 돌아올 때는 온순한 사람으로 변하는 것을 느낀다. 물론 어떤 때는 다른 사람들이 볼 때 정신병자 같은 느낌이 들 때가 있었던 적도 있었다.

이것이 하늘이 나에게 하늘을 빙의시킨 것이라는 것을 알았다. 그렇다 사람은 어떤 것에 빙의가 되서 살아가는 것이다.

그래서 팔자가 결정되는 것이다.

이렇게 살아가는 나는 하늘의 소리를 저절로 듣고 살게 된 것이다. 물론 하늘의 메시지를 전해주는 지금은 너무 행복하다. 다만 믿지 못하는 사람들로 인해 실망을 할 때가 한두 번이 아니다.

이제 여러분들도 이해가 가는 부분도 있고, 이해가 가지 않는 분도 있을 것이다. 그러나 경험을 한사람은 스스로 알 것이나 그렇지 못한 사람은 긴가민가할 것이다.

이제 나는 영을 알고 싶거나 신의 존재를 알고 싶은 사람, 그리고 기를 알고 싶어 하는 분들의 안내자를 하는 것이 나의 천직으로 알고 살아간다.

인간의 팔자

어느 날 자신의 기운을 어떻게 받고 태어났는지 궁금해서 찾아온 손님이 있었다. 그 사람은 하늘에서 그냥 공무원으로 살아가야만 되는 기운을 타고 태어났지만 자기와 맞지도 않는 사업에만 욕심이 있었다.

우선 사업을 하려면 자신의 기운 속에 사업을 할 수 있는 기운이 있어야 됨은 물론 그러한 기운이 있다고 해도 자신이 열심히 해야 겨우 본전을 하는데 그것도 모르는 체 사업을 한 사람이다.

나는 이런 생각을 했다. 누구나 사업을 해서 성공을 한다면 얼마나 좋겠는가 하고…. 그러나 하늘에서는 누구나 사업을 할 수 있게 기운을 주지 않았다는 것이다. 골고루 기운을 나누어 주었기에 여러 방면으로 직업을 가져야만 하는데도 그러한 사실을 모르는 무지한 인간이기에, 자신의 생각만으로 사업을 하기에 우리나라의 사업을 하는 사람들이 하루에도 많이 무너져 버리는 것이다.

또한 지금 우리 사회는 대학교를 나와야만 직업을 가질 수 있는 풍토가 매우 잘못 되고 있다. 대학을 나오지 않아도 직업을 가질 수 있는 사람들이 많은데 대학을 나와야만 사회생활을 할 수 있다는 강박관념에 박혀있다.

또한 결혼을 하지 않아야 할 팔자가 결혼을 해서 실패를 하는 경우가 많은 것을 볼 수 있는데 지금 우리나라의 실정은 50%가 실패를 하고 있다. 앞으로는 더욱더 이러한 현상이 일어날 것이며 직업을 갖는다 해도 항상 불안할 것이다.

그러므로 자신의 기운을 알고 산다는 것이 얼마나 중요한 것인가를 언젠가는 느낄 것이며 자신의 기운을 알고 산다는 것이 가장 행복을 가질 수 있는 좋은 방법이라는 것도 알 것이다.

9년간 영적 세계의 공부를 하면서 나는 여러분들에게 알려주고 싶은 것이 있다면 자신의 기운을 알고 어떠한 것을 해야 한다는 것을 알려주고 싶다.

인간의 초능력

얼마나 능력이 있겠는가? 능력이 있다면 내 자신이 얼마나 있겠는가 생각을 해보았다. 믿기 어려운 상황이 일어나는 경우가 보지 않고는 믿기지 않을 정도로 일어난다. 지금 모 방송국에서는 초능력자를 찾지만 초능력이 무엇인지도 모르는 사람들의 장난이 아닌가 생각을 한다.

자신이 연습을 하거나 책을 읽고 아는 것이 있다면 그것은 이미 초능력이 아닌 것을 테스트 하고 있으니 초능력자가 없다고 많은 사람들은 믿고 있다. 우선 그런 짓을 하는 방송국이 문제다. 또한 그런 곳에 모여 자신이 초능력을 가지고 있다고 뽐내는 사람들이 있다는 것을 보면 한심하기 짝이 없다.

초능력이 있어도 하늘에서는 그렇게 테스트하는 것을 원하지 않으며 어떠한 상황이 있을 때 보여주는 것이지, 그러한 능력이 있다고 그냥 보여주는 것이 아니다. 다시 말해 어떠한 사람이 초능력이 있다고 해도 하늘에서는 그의 능력을 그 순간에는 보여주지 않는다는 것이다.

그래서 사람의 눈으로 판단하는 능력이 아닌 것이 초능력이기에 능력을 테스트 한다는 것은 하늘을 인간이 테스트하는 것으로 알기에 하늘에서는 초능력이 있는 사람에게도 그 능력을 빼앗아간다.

또한 초능력이 있다면 하늘에서는 그러한 테스트에는 보여주지 않을 뿐더러 능력이 있는 사람자체도 테스트를 받는 자리에는 참석을 하지 않는다. 그러므로 그 테스트를 받으러 그 자리에 온 사람은 이미 초능력이 없는 사람이라고 해도 된다. 그것을 모르고 방송국에서는 아직도 초능력자를 찾는데 방송국 자체의 모순을 들어내고 있는 것이다.

초능력은 꼭 필요할 때 능력자를 통해서 하늘에서만 보여주는 것이지 물질을 내세워 장난삼아 보여주지 않는 것이다. 오랫동안 사람이 할 수 없는 어떠한 영적인 것을 하고 있는 나는 초능력자가 따로 있는 것이 아니라 자신도 모르게 언제나 일어날 수 있는 일이라고 생각을 한다. 그러므로 영적으로 일어나는 일이 초능력을 가지고 온다는 것을 알아야 하며 영이 들어가지 않는다면 초능력이 일어나지 않으며 자랑을 할 수 없는 것이다. 만약 자랑삼아 능력을 아무 곳에서나 보여주려고 한다면 자신에게 들어있던 능력이 저절로 사라진다. 그러므로 초능력이 있다고 해도 함부로 사용을 하려 한다면 하늘의 노여움을 받게 되며 지금까지 살아온 자신의 모든 모습을 망가지게 한다. 그래서 하늘이 준 초능력을 바르게 사용을 하는 것이 아니라면 하늘에서는 책임을 지지 않는다.

이제 여러분들은 초능력이 인간의 능력이 아니라는 것을 알았을 것이다. 부디 현실에 열심히 하는 사람이 되어야한다.

영적 체험

홀로 선다는 것은 무엇보다 어려운 것이다. 하지만 홀로 서기를 할 수 있다는 것은 그 무엇보다 값진 일이다. 홀로서야 무엇이든 할 수 있는 힘이 생긴다.

이제 있었던 일들을 소개하며 하늘에서 갑자기 채널을 할 수 있는 경로를 열어주기에 당황을 했던 기억이 난다. 내가 아닌 다른 차원의 세계를 채널을 한다는 것은 나에게는 매우 특별한 일이 일어나는구나 생각을 하게 되었다.

매일 저녁부터 채널이 시작되어서 다음날 아침까지 계속 진행을 한다. 다시 말해 우주의 채널을 통해 깨달음의 길을 경험하게 되며 인간의 뇌파로서는 읽을 수 없는 다른 파장이 필요한 것을 알게 되었다. 그래서 이러한 경로를 통해서 알게 되는 것은 사람이 산다는 것이 얼마나 경이로운 것인가를 알게 되며 한순간도 놓치고 싶지 않은 경험을 하게 된다.

영적 승리가 이런 것이 아닌가 생각을 할 때가 많았는데, 내가 수행 아닌 수행을 하면서 하늘의 메시지는 영원불멸 하다는 것을 알게 됐다. 그렇다. 내 얼굴이나 내 생각은 그대로 있는데 지금은 채널을 통해 수많은 상태의 시간과 공간을 초월하는 시각과 마음이 생겼다.

사람들은 보이는 것을 위주로 살지만 보이지 않는 세계를 보여주고 싶은 충동을 하루에도 수천 번 보여주고 싶지만 눈과 말로 표현할 수 없기에 나 스스로 이상한 사람이 되기를 수천 번 한다.

미리 가보지 못한 세상을 영적으로만 느끼게 되는 믿기지 못할 현상 들을 이제는 그냥 사람이 살아가는 것처럼 일상생활로 이어지고 있다. 그 뜻은 영과 하나가 되어있다는 것이다.

내가 체험을 통해 알게 된 여러 가지 영적 체험은 관심이 있는 사람들에게는 누구나 일어나는 현상일 수도 있으며 관심이 없는 사람들에게는 그냥 길가에 굴러다니는 작은 돌멩이에 불과 한 것이다.

사례1- 신이 들려오다

미장원을 하는 30대 초반의 부인이 소문을 듣고 필자에게 찾아왔다.

그 여성은 약 10년 동안 귀신에게 시달려왔다고 한다. 여자라면 분명히 설거지도 하고, 제대로 살림을 해야 할 텐데 그렇게 하지 못하고 살아 왔다고 한다.

그 부인은 자기 몸속의 귀신과 얘기를 하고 또 갑자기 웃기도 하고 울기도 했다. 왜 나에게 이런 것이 들어 있고 어떻게 하면 되겠느냐고 물어보러 온 것이다.

필자는 이렇게 말했다. 당신은 신을 모실 팔자가 아니라 신을 다스릴 팔자라고…. 물론 단군할아버지가 말씀하신 것이다.

필자가 무엇을 알겠는가? 당신은 필자와 같은 사주이니 하늘을 받들고 하늘의 명을 받아 중생구제를 해야 한다고 말이다.

그 부인은 긍정적이었다. 그래서 그 부인을 테스트 해 보았다.

필자처럼 하늘의 말을 하고 이상한 글도 쓰기 시작했다. 일본말도 아니고, 중국말도 아니고, 이스라엘 말도 아닌 이상야릇한 말을 했던 것이다. 자기 자신이 직접 느끼고 집으로 돌아갔다. 그리고 며칠이 지난 뒤 필자를 다시 찾아왔다.

이번에는 시어머니까지 오셨다. 하도 며느리의 행동이 이상하니까 같이 온 것이다. 시어머니 앞에서 며칠 전에 한 것처럼 똑같이 하늘의 말을 하고 하늘의 글을 쓰기 시작했다. 다시 말해 천문과 천서를 쓴 것이다. 아무에게나 내리지 않는 것이기 때문에 세상 사람이 이해하기 힘들다. 그것을 본 시어머니는 처음 보는 일이라 필자가 최면을 걸었다고 생각하고 필자 보고 사기꾼이라는 말을 서슴없이 했다. 어이없는 말이지만 이런 것은 사기를 치는 일도 아니고 칠 수 있다는 말도 어울리지 않는 말이다.

말로 표현하기가 힘들었다. 필자는 이것을 알기 위해 20년 이상 정신병자라는 소리를 들어가면서 터득한 능력인데 그리고 그것을 쉽게 가르쳐 주었는데 사기라니, 참으로 안타깝다.

결국 그 부인의 시어머니 때문에 그 부인은 자기 팔자를 알고도 일평생 어렵게 살아가야 한다. 지금도 우리 주위엔 이것을 모르고 살아가는 사람이 많다. 하늘에서 내린 천명을 말이다.

지금도 가끔 이런 생각을 한다. 지금도 자기 팔자를 모르고 산에서 기도만 열심히 하는 사람을 보면 처음 필자가 아무것도 모르고 기도하러 다닌 시절이 생각난다. 미리 자기의 길을 안다면 얼마나 좋을까? 미리 안다면 그런 고생은 없을 것이다.

사례2- 임신 5개월

1995년 어느 봄이었다. 여자 두 분이 찾아왔다. 한 사람은 조카고 또 한 사람은 이모 사이라고 했다. 궁합을 보러온 것이다. 조카라는 여자는 28살이었다. 가만히 보니까 그 여자는 지금 시집을 갈 수 없는 형편이었다. 왜냐 하면 그 여자의 눈을 보니까 임신이 된 것 같았다.

그래서 이모라는 사람에게 "무슨 궁합을 보러와"하고 소리쳤다. 이모라는 사람이 "좀 봐 주세요"라고 말했다.

이모에게 말하길 "당신 조카는 임신이 됐는데 어떻게 다른 남자하고 결혼을 해" 이렇게 말했더니 대뜸 이모라는 사람이 "처녀가 무슨 임신을 해요"하고 화를 냈다.

"처녀가 무슨 임신을 해요?"

또 다시 화를 냈다. 임신했다는 말에 많이 분했나 보다 하고 생각했다.

그러나 하늘에선 분명히 임신이라고 필자에게 확신을 주었다.

그래서 이모라는 사람에게 "만약 당신 조카가 임신이 됐다고 말하면 어떻게 할 것이요?"라고 말했다. 그러니까 "이사람 정말 웃기는 소리하고 있네"하고 이모가 어이가 없다는 듯이 필자에게 말했다.

필자는 시집가기 위해 궁합을 보러온 조카에게 물어보았다.

"당신 얼마 전에 남자하고 같이 있었던 적 없어?"

조카라는 여자는 완강히 부인했다.

그래서 하는 수 없이 다시 한번 "당신이 임신이 안 됐다면 내가 이런 일을 그만둬야지"하고 화를 냈더니 조카라는 여자가 "맞아요. 임신

했어요"하고 속삭이듯 말하며 자기 이모가 들을까 봐 눈치를 보냈다.

마침 그 때 그 이모는 조카 뒤에 앉았기 때문에 그 표정을 보지 못했다. 필자가 화가 난 터라 "이봐요. 이모님 조카가 임신 했다는 데 할 말 있소?"

그랬더니 이젠 이모라는 사람이 조카에게 "나쁜년" 하며 나가는 것이었다. 조카라는 여자가 말했다. 전에 사귀는 남자와 이런 일이 있었다고….

지금 생각하면 조카라는 여자에게 참 미안하다는 생각이 든다.

아이를 낳고 잘사는지….

사례3- 눈만 보고 척

필자가 천기를 받은 지 만 10년이 되는 지금 상상도 못할 하늘의 기운을 받고 있다. 불치병 환자가 옆에 있으면 병이 나을 수 있을 정도로 큰 기운이 차 있다. 10년 전에는 이처럼 엄청난 영력은 갖지 못했다. 지금은 환자의 목소리만 들어도 어디가 아픈지 언제부터 아팠는지 알 수 있다. 혹 운전을 하고 가다가 다른 사람의 번호판만 보고도 그 사람의 사주팔자를 읽을 수 있다.

그래서 그런지 지금은 생각만 해도 영적으로 알 수 있는 것은 무엇이든 알 수 있다. 외계인하고도 말을 한다.

어느 날 전화가 왔다. 목소리만 듣고도 필자의 입에서 "왜 그런 장사를 했어"라고 저절로 입에서 나왔다. 상대방에선 기분이 나쁘기도 하고 한편으로 놀라기도 했다고 한다.

"언제 오면 볼 수 있을까요?" 상대방이 물어 보았다.

"뭘 언제와! 급하면 지금 오고 급하지 않으면 오지 않아도 돼" 하고 말이 나왔다. 인연이 있어서인지는 몰라도 상대방은 총알택시를 타고 왔는지 엄청 빨리 왔다. 오자마자 그 여자 분은 인사부터 꾸뻑했다. 필자는 예약이 되어 있지 않은 사람은 볼 수가 없다. 믿기 어려운 얘기지만 예약이 안 된 사람은 말이 안 나온다. 전화 속의 그 사람은 자기가 운영하는 가게를 팔아 달라는 얘기다.

"내가 무슨 가게나 팔아주는 사람인 줄 알아"라고 말이 나왔다.

그 사람은 "그럼 여기서는 그런 건 안 봐 줘요?" 이렇게 물었다.

"사람이 어떻게 장사를 시작해 놓고 뭘 물어보러 다녀"라고 말하니까 그 사람은 시무룩했다.

필자에게 오면 가게가 금방 팔리는 줄 알고 있다. 그 여자 말대로라면 내가 가도 가게를 사야 될 형편이다. 사실 하늘의 기운을 받아 팔아 준적도 있다. 그러나 하늘에서는 개인의 사소한 일들은 잘 가르쳐 주지 않는다. 하지만 긍정을 하고 믿음이 있는 사람은 언젠가 8시간을 봐 준 적이 있다. 그때는 너무 힘이 들었다.

상대방에게 하늘에서 "당신은 강에 한번 갔다 와"라고 말이 나왔다. 여기서 하늘이라는 말은 '단군할아버지'다.

"당신네 가게는 12일 걸려야 팔릴 거야"라고 했더니 두 말이 없었다. 그리고 그 여자는 집으로 갔다.

12일 뒤에 가게를 팔고 나면 전화를 하라고 했다. 물론 필자 자신이 확인을 해 보기 위함이었다.

이상하게 12일이 지났는데도 전화가 없었다. 하지만 그 뒤 3일이 자나고 전화가 왔다. 가게가 팔리고 나서 강에 가서 기도하느라고 이제 전화를 했노라고 하면서….

필자도 사람이다 보니 가끔 말을 해놓고도 만약 말이 나온 대로 안 되면 어떡하나 걱정하게 된다. 남의 사주를 봐 주는 역술가나 무속인도 필자와 똑같이 느꼈을 때가 있을 것이다.

필자는 하늘의 일이 좋다 라는 느낌이 언제냐 하고 물어보면 어느 사람의 일이 잘 풀릴 때라고 말한다.

사례4- 죽음을 예언하다

조금 오래된 이야기다. 마흔 정도의 나이로 보면 좋을 듯싶은 한 여자가 필자를 찾아왔다. 이 여인은 자기도 이제 남편을 도와 가계부를 두둑하게 불려놓을 수 있는 일을 하고 싶어 무엇을 하면 팔자에 맞는 직업이겠냐고 물어왔다.

그런데 참 이상하다. 그 여인의 사주를 보려하는데 도저히 나오지 않고 그 여인의 남편이 잘못될 것이라는 말만 계속 나왔다.

물론 남편이 오지 않았는데도 말이다. 이런 말이 나온 것이다. 당신 남편이 3개월 밖에 못 산다는 말이었다. 부인에게는 기가 찰 얘기였다. 아마 누구든지 그런 소리를 들으면 사실이라 해도 기분은 영 안 좋을 것이다. 혹시 남편이 병원에 있는 게 아니냐고 물어보아도 그런 것도 아니라고 했다. 자기 남편은 건강해서 감기 한번 걸리지 않는다고 다시 말했다.

혹시 나이가 많지 않으냐고 물어 볼 수도 없었다.

그 여인은 다른 말 하지 말고 제 사주나 봐 주세요 하고 퉁명스럽게 말했다. 당신은 팔자에 식당을 하면 돈을 좀 벌 수 있을 것이요라고 말이 나왔다. 창동 쪽에 가서 영업을 하면 좋다고까지 성의껏 말했다. 그러고 나서 얼마 정도 지냈을까, 약 1년이 지난 뒤에야 그 여인이 다시 찾아온 것이다.

필자는 2번 이상 한 사람의 사주를 보지 않는다. 그래서 처음 온 사람인 줄 알고 "들어오세요" 라고 말했다. 어디서 본 얼굴이었는데라는 느낌이 왔다. 그렇다. 1년 전에 찾아왔을 적에 남편이 잘못될 것이라고 예언했던 그 여인이었다.

어떻게 됐나 궁금하기도 했다. 물어보기도 전에 그 여인이 입을 열었다. 남편이 세상을 떠났다는 얘기다. 차라리 예언이 틀렸으면 했다. 그런데 예언은 너무 어처구니없게 정확했던 것이다.

심장마비로 갑자기 필자에게 찾아온 지 3개월 정도 지난 뒤에….

필자에게 처음 찾아올 때 남편이 세상을 떠날 것을 그 남편의 조상이 알려주러 온 것인데….

남편이 세상을 떠나기 전에 식당을 하라고 한 것 같다. 지금 운영하는 식당은 그런 대로 유지해 가고 있다고 한다. 이런 불행이 일어나지 않았으면 하고 필자는 기원한다.

사례5- 드디어 아들이

95년 추석이 두 달이 지난 무렵이었다. 삼십대 후반의 한 여자 분이 찾아왔다. 그 사람의 사주를 보니 전생이 남자였다. 전생이 남자인 여자는 남자아이를 낳기 힘들다. 그래서 "당신은 아들이 없네요" 라고 말했다. 그 여자 분은 "맞아요" 이렇게 힘없이 대답했다. 오늘 온 목적은 어떻게 하면 아들을 낳을까 하고 여기저기 다니던 참이었다. 필자는 아들을 낳고 싶어 하는 그 여자 분의 모습이 애처로웠다. 그 여자 분은 맏며느리였다. 장손을 낳지 않으면 안 된다는 강박관념에 시집온 뒤 거의 하루도 거르지 않고 아들 낳기만을 학수고대했다고 한다.

딸이 둘 있는데 초등학교 3학년, 그리고 다섯 살짜리 이렇게 둘을 낳았다. 술만 먹으면 애기아빠가 아들, 아들하고 푸념을 했다. 그때마다 그 여자 분은 가슴이 철렁거렸다. 그해 어느 날 시댁에 갔는데 (시댁은 아주 먼 곳에 있었다) 시어머니가 "임신 안됐나?" 이렇게 물어봤다고 한다. 둘째 아이 낳고 5년 동안 한 번도 소식이 없었다.

마침 그날은 시아버지의 생신이었다. 온 가족이 모여서 식사를 하려 하는데 시어머니와 시아버지는 시동생이 장가간 지 얼마 안 돼 아들을 낳았는데 그 아들만 하루 종일 보고 식사할 생각도 하지 않았다. 그런 모습을 볼 때 아들이 뭔지 하고 생각했다.

누가 얘기했는지는 몰라도 그런 이유로 필자를 찾아온 것이다. 굿도 두 번이나 했다고 한다. 필자가 얘기했듯이 굿을 할 팔자가 따로 있는 것이다. 그 여자 분은 그 조상 할아버지가 따라다녔다. 그래서 하늘에게 물어보았다.

단군할아버지가 말씀하시길 이 여자는 과일을 가지고 산에 가서 기도한 후 남편과 이틀 동안 같이 집에서 자지 말고 외박을 하라는 것이었다. 참 쉽게 말씀하셨다. 이렇게 해서 정말 아들을 낳을 수 있을까? 그렇게 생각하고 필자도 의아해 했다.

그때 당시 필자는 겨우 하늘의 계시를 받은 지 얼마 안 지나서였기 때문에 하늘을 의심할 수밖에 없었다. 하지만 하늘의 뜻에 맡기고 꼭 그렇게 시도해 보라고 했다. 그 여자 분은 애기 낳을 욕심에 그대로 실천했다. 단군할아버지 말씀이 3일 뒤면 임신한다고 했으니 만약에 임신이 안 되면 어떻게 하나 걱정도 했다. 하늘의 말은 적중했다.

필자 자신도 놀랐다. 이 일을 하다보니 사람이 이해하지 못할 그런 일들이 많이 일어난다. 다시 말해 손님이 놀라는 것보다 내 자신이 놀라서 믿음이 더 간다. 그 다음해에 아이를 출산했는데 아들이었다. 하늘이 그 여자 분을 도운 게 아니라 필자를 도와준 것 같다.

그 아이를 데리고 시댁에 갔는데 이번엔 그 여자 분의 아들만 시어머니, 시아버지 두 분이 "우리 장손, 우리 장손" 하며 동네사람들을 모두 불러 모아 잔치를 했다 한다.

하늘에서 필자에게 잔치를 해준 것이다. 이름도 단군할아버지께서 지어 주셨다. 더 없이 기쁜 일이다. 지금도 요긴하게 쓰는 물건이 있는데 아들 난 기념으로 정수기를 사왔다. 꼭 때가 되면 조그만 선물을 들고 찾아온다. 그 여자 분에겐 더없는 행운이 있었던 것이다. 지금도 아이가 없어 이혼하는 사람이 많은데 아이를 못 낳아 걱정하는 사람들이 종종 찾아온다.

사례6- 치매가 온 노인

영동에 사는 어느 딸이 어머니를 모시고 왔다. 그의 어머니는 65살이었다. 약 1년 전부터 치매가 왔다고 한다. 맨 처음에는 밥을 먹지 않았다고 했다. 그 다음엔 딸만 보면 눈물을 하루 종일 흘린다고 했다. 그 할머니를 보니까 어린아이가 몸에 실려 있었다. 필자가 천기를 받은 사람이어서인지 머리를 한번 만지고 말을 한번 시켰는데 멀쩡하게 나았다. 사람으로는 이해가 안가는 부분이나 참으로 신기한 현상이었다.

이때부터 필자는 사람 몸에 손만 대면 병이 나을 수 있는 능력이 시작됐다. 글에서도 있지만 어머니가 중풍으로 돌아가셔서 하늘에 올라가 자식인 필자에게 큰 선물을 안겨 주신 것 같다. 물론 하늘의 명령으로 말이다.

지금도 이런 병을 가진 사람이 가끔 찾아온다. 약으로 못 고치는 병을 손 하나 가지고 고치다니 참 멋진 일이다.

사례7- 20년 된 정신병

46살 먹은 여자는 결혼도 했다가 실패한 여자다. 그 사람은 결혼을 한 뒤 3일 만에 이혼했다고 한다. 남편의 본부인이 있었다고 한다. 그 충격으로 머리가 돌아버린 것이다. 웬만한 병원은 다 가보았어도 고칠 길이 없었다. 필자를 찾아와 이렇게 자초지종을 말했다.

그 여인을 가만히 보니 정신병원에 약 20년 있어서 그런지 좀 멍했다. 약을 먹어서 그런 것 같다. 그 여인에게 말을 건네 보았다. 그 여인은 애정결핍으로 병이 온 것이다. 그 여인을 고치려고 산에 갔었다. 가는 길에 식당에 들러 음식을 놓고 먹으려는 순간에 와장창 소리가 났다. 상 위에 있는 음식을 모두 엎어버린 것이다. 왜냐하면 애정결핍증이라 누가 자기를 좋아해 주지 않으면 일어나는 발작이다. 그날 제자 7명과 동석을 했었다. 8명의 음식이 날아가버린 것이다.

1달 정도 치료를 했다. 물론 영적으로 치료한 것이다. 그러나 그 여인은 결혼할 상대가 나타나야 쉽게 고쳐질 수 있는 병이었다. 할 수 없이 필자는 남편처럼 따뜻하게 해 주었다. 그러나 그 여인은 필자를 찾아온 손님에게 말도 못 붙이게 했다. 하는 수 없이 그 환자를 포기했다. 지금 행복하게 사는지 궁금하다

사례8- 처녀가 시집가다

여자가 남자처럼 난폭했다. 어머니, 아버지도 모르고 막무가내다. 꼭 하는 행동이 남자 같았다. 필자가 그 여자에게 말을 건넸다. 맨 처음에는 대하기가 힘들었다. 그 여자는 26살이었다. 완전히 남자였다. 그 여자 몸에는 장군신명이 들어 있었다. 그 여자를 몸 안에서 남자로 만든 것이다. 그것도 모르고 부모님은 딸에게만 매일 욕을 했던 것이다. 여자의 신명이 웬만한 남자 3명 정도의 힘을 가졌었다. 그 여자도 참기 힘들 정도로 살아온 것이다.

이제 시집을 보내야 하는데 어떻게 하면 시집을 갈 수 있냐고 물어보았다. 필자는 이렇게 대답했다. 우선 남자 옷을 사다가 한번 입어보고 벗으라고 권유했다. 며칠 동안 그렇게 하고나니 본연의 여자로 돌아왔다. 의지가 강한 탓일까? 이제 그 여자는 어느 여성과 마찬가지로 여자다운 면이 보였다.

드디어 시집을 갔다. 본의 아니게 몸속의 신명이 그 여자의 인생을 망칠 뻔했다. 이렇게 몸속에 있는 신명이 괴롭힐 때는 본인이나 그 가족은 답답할 것이다. 어느 분은 귀에서 여자 소리가 난다고 하는 분도 있었다. 몸에 있는 신명을 바로 알아야 세상 살아가는 데 편리할 것이다

사례9- 중풍

눈에 보이지만 쉽게 낫지 않는 병이 중풍이다. 중풍은 두 가지로 크게 온다. 영적으로 오는 경우와 또 하나는 뇌출혈로 올 수 있다. 뇌출혈로 온 중풍은 그런대로 조금 쉽게 고칠 수는 있겠지만 영적으로 온 중풍은 고치기가 그리 쉽지 않다.

필자의 어머니가 중풍으로 돌아가셔서 그런지 중풍에 대해 어느 의사보다도 필자는 연구를 많이 해 보았다. 결국 중풍은 100%로 치료는 불가능하다고 보았다. 왜냐하면 중풍은 다 나았다 하더라도 다시 또 올 수 있는 병이라고 답이 나왔기 때문이다. 그래서 중풍은 지금 고치는 것보다 다시 또 올지 모르는 중풍을 예방하는 것이다.

중풍은 3년이 넘으면 고치기가 어렵다. 3년이 넘기 전에 정확한 진단으로 다시 말해 뇌졸중인가, 영적으로 온 것인가를 파악해 방법을 선택해야 할 것이다.

앞으로 중풍보다 더 무서운 병이 전 세계적으로 올 것이다. 이름도 모르는 병이 말이다. 항상 건강이 최고라는 것을 믿고 너무 피로하지 않게 살아야 한다. 우선 그것이 최선의 방법이다.

사례10- 아들 찾기 운동

아침나절부터 밀려든 손님 때문에 항상 시간가는 줄 모르고 살아간다. 그렇다고 손님에게 피곤하다고 짜증낼 수도 없다. 다음에 오라고 해도 말을 듣지 않는다. 대신 예약한 사람은 밤 12시가 돼도 봐주곤 한다. 하루에 12명~15명을 본 적이 많았다.

비가 오는 날이었다. 필자의 성전에 부부가 찾아왔다. 아들이 집을 나간 지 일주일이 넘었다고 한다. 이 아이는 부부에겐 장남이었다. 친구를 잘못 만나 친구와 함께 집을 나갔다고 했다. 한참을 가만히 있었는데 하늘에서 이런 말이 들려왔다. '그 아이는 오늘 저녁 8시 30분쯤에 쌍문동 버스 정류장에서 세번째 노래방에 여자 친구 한 명, 그리고 남자 친구와 있을 것이다'라고…. 믿기지 않는 말이었다. 어머니, 아버지가 그렇게 수소문을 해도 소용이 없었는데 과연 그 아이를 찾을 수 있나 하고 생각했다.

그 아이는 고등학교 1학년이었다. 부모와 뜻이 안 맞아 집을 나간 것이었다. 그 아이 부모는 하늘의 말을 듣고 돌아갔다. 정확하게 그날 저녁 8시 30분에 아들을 노래방에서 찾았다고 전화로 연락해 주었다. 혹시 아직도 못 찾고 헤맨다는 전화인 줄 알고 가슴이 덜컹 내려앉았는데 말이다. 참으로 하늘은 대단하다 하고 이 일을 하는 것에 자부심을 가진 적이 있다.

제14장

제자들의 영적 삶

체험의 순간들…

나는 내가 영 공부를 하면서 내가 직접 겪고 느꼈던 체험을 처음부터 지금 이 순간에 이르기까지의 모든 체험을 이 글을 통해 적어보고자 한다.

더위가 기승을 부리던 8월 어느 날…

오늘은 그 긴 머리를 자르고 선원의 제자 분들과 면담을 하다가 불합격 판정을 받고 되돌아갔던 성전을 다시 가는 날이다. 머릿속에 여러 생각들과 함께 흔히 기(氣)와 도(道)에 관심이 많은 모든 분들이 그렇듯 여러 곳을 돌아다녔지만 꼭 집어 '이것이다'라는 것을 접해보지 못했다. 그러다보니 그쪽의 관심은 더욱더 커지고 신문의 작은 기사만 보아도 눈이 번쩍 뜨이곤 하였는데 모든 것이 돈과 관련되어있기에 내가 직접 체험하지 못하면 믿지 못하겠다 라는 강한 의심과 불신만 커져갔다.

이곳도 내가 직접 체험해보겠다는 생각으로 강화에 있는 웅천선원에 도착하였다. 저번에 왔다가 불합격 답을 듣고 다시 오는 터인지라 내심 긴장되어있음은 부인할 수 없었다.

선원문을 열고 들어간 시각은 오후 2시경, 마침 스승님과 지금의 도반들이 점심식사 중이었다.

스승님은 나를 맞으며 단군할아버지께 인사를 하고 제단 앞에 앉으라 하시더니 입에서 나오는 대로 무슨 말이던 해보라신다. 그런데 아니 세상에 이럴 수가…. 내 생전 처음 듣지도 못했던 이상한 말소리가 거침없이 내입을 통해 봇물처럼 쏟아져 나오고 있었다.

그것이 천어라 말씀하시며 이번에는 우리말과 함께 말을 하라고 하는 순간부터 말이 트이더니 급기야 나의 배꼽 밑 단전과 기해 부분으로부터 단군할아버지의 목소리가 들리며 나와 둘만의 대화가 시작되는 것이었다.

오! 마이~갓…. 아니 오! 마이~단군할아버…. 요즘 모 TV프로그램 이름처럼 세상에 이런 일이…. 내가 직접 할아버지와 대화를 하면서도 나는 놀라고 있었다. 할아버지의 말씀은,

"왜 이제야 왔느냐. 나는 너를 예전부터 부르고 있었느니라. 내가 너에게 지금까지 나를 알리기 위해 갖은 방법으로 전달을 하였건만 네가 지금까지 여린 마음으로 어렵게 생활하고 심신의 건강과 부모와 형제의 정, 그리고 네 주변의 모든 사람들과의 냉랭함 등 모든 것이 너를 오게 하기 위한 나의 신호였느니라. 그래 이제라도 왔으니 되었다. 고맙다. 내가 너를 부르기 위해 했던 그 모든 고통과 시련을 이제는 기쁨과 환희로 가득 찬 선물로 너에게 바꾸어주마. 그리고 내가 너에게 내가 가진 모든 것을 줄 터이니 네가 가지고 싶은 대로 가져라. 또한 내가 너를 지켜줄 터이니 나를 믿고 나와 하나가 됨을 명심하라!"

나는 그 말씀에 너무 놀랍기도 하고 기쁘기도 하며 그 벅찬 감동과 함께 웃음이 나와 제단 앞 바닥에 누워 웃고 있었다.

웃음은 멈추지 않고 계속되자 스승님께서는

"이제 그만 좌정하라"하시며 자리에 바르게 앉으라 하셨다.

나는 몸을 추스르며 생각했다.

'아 이런 일도 있는 것이구나!'

혼자마음으로 감탄을 연발하며 스승님께 제자됨을 자청하였다. 제자가 된 다음날 바다에 도착하여 바다의 기운을 받아보라 하셨다. 서해의 기(氣), 동해의 기(氣) 등등 여러 곳의 기운을 느껴보라 하셨다. 그런데 여기서도 놀라운 현상은 계속되는 것이었다.

기운을 느끼던 중 나는 분명히 보았다. 홍(紅)색의 기와 백(白)색

의 기를 보았다. 황홀한 순간이었다. 나는 기를 받고 나서 호기심에 찬 표정으로 스승님께 여쭈어보았다.

"홍색의 기와 백색의 기를 보았는데 무슨 뜻인지 잘 모르겠습니다." 라고 하였더니 스승님께서는

"미리 알려고 하지 말고 스스로 깨우쳐라"라고 말씀하셨다.

나는 '아! 내가 너무 예민해서 나 혼자만의 환상에 빠져 그러겠지' 생각하고 성전에 돌아왔다. 성전에 와서 천어공부를 하던 중 글을 쓴지 10분정도 되었을 때 글에서 하늘의 음성이 들려오는 것이 아닌가! 말씀인즉

"네가 바다에서 보았던 홍색의 기는 기운을 보할 때 쓰고 백색의 기는 탁기를 사할 때 사용하는 기운이니 네가 적절히 사용하라!"라는 말씀이 귓가에서 들려왔다.

나는 또 한번 놀라지 않을 수 없었다. 바다에서 의문이었던 문제가 천어로서 한순간에 풀리는 순간이었다.

"이야~정말 신기하구나! 스승님께서 스스로 깨우치라 하셨는데 성전에 와서 답을 얻다니…. 아울러 인체의 기를 보사하는 법, 또한 그림을 보거나 생각만 해도 인체의 기가 보사되는 법 등…. 와~어찌 이것을 글로 남기랴!"

난 이글을 쓰면서도 그때 일들을 생각하면 가슴이 설렌다. 어찌 감탄하지 않으랴!

다음날 스승님께서는 여느 때처럼 도반들의 식사를 준비하기 위해 시내로 시장을 보러가는 차 안에서도 공부를 계속되던 중 이번에는 노래를 100가지를 하라하신다. 아니! 내가 아는 노래를 불과 몇 곡도 안 되는데…. 사실 난 음치다. 여흥엔 관심이 없는 편이다.

나는 두 눈을 감고 가요를 부르다 모르면 천어로 부르기를 계속하던 중 갑자기 나는 몸이 하늘로 부~웅 올라가는 것이 아닌가! 황금색 옷을 입고 무중력 상태로 나의 몸이 점점 하늘로 올라가는 것이

었다. 두 눈에는 눈물로 가득 차 있고 양 볼을 따라 빗물처럼 눈물이 흐르고 있었다.

"나는 갑니다. 나는 갑니다. 이제 나는 떠납니다. 내가 나를 떠날 수가 없는데 나는 갑니다. 비록 내 몸을 떠나 마음은 슬프고 아프지만 그러나 기쁩니다. 단군할아버지께 육신을 두고 가니 기쁩니다. 그리고 또한 슬픕니다. 내가 나를 떠나기에 정말 슬픕니다. 그러나 할아버지께 몸을 맞기니 부디 보살피고 모든 것을 드리며 나는 천상세계로 떠납니다."

지금 이글을 쓰는 나는 두 눈은 벌겋게 되어 한줄기 눈물로 맺혀 있다. 이 순간은 정말 슬프기도 했고 또한 기쁘기도 했다.

나는 사실 두 번 사는 목숨이다. 8남매의 막내로 태어났고, 젖먹이였던 3살 때 어머니는 무엇이 그리 급하셨는지 하늘나라로 가셨고, 6살 때에는 장이 뒤틀려 어린나이에 가슴부터 배꼽까지 배를 가르는 큰 수술자국이 지금도 선명하다. 그 당시 병원에서 회생불가 판정을 받아 이 병원 저 병원으로 왔다 갔다 하였었다. 삶 또한 평범하지 못하였다. 지금에 와서 돌이켜보면 이 모든 것이 단군할아버지의 부름이라 생각하니 그저 고개만 숙여질 뿐이다. 이후에도 여러 경험이 많이 있지만 미래를 위해 비워두어야겠다.

지금 이 시각은 글문이 터져 줄줄 나오는데 지면사정도 있어 여기서 맺을까 한다. 그러나 나는 내 경험에서 얻은 모든 체험 그대로를 가감 없이 사실을 적었을 뿐이다. 이 글을 읽는 모든 분들은 진실의 가슴으로 읽어주길 바랄뿐이다.

난 오늘도…. 내일도…. 아니 영원히 이 길을 가려한다.

몇 십 년이 지난 오늘도 그리고 내일도….

–2003.10.13 PM12:15

영의 제자 지광

거듭 다시 태어나게 해주신 스승님께

지금에 와서 처음으로 돌아가 공부한 느낀 점을 말한다면, 할까말까라는 생각을 많이 했다. 왜냐하면 그 어떤 조그마한 일이라도 잘못되었거나 잘 한거는 하나도 없고 잘못한 것에 대한 뉘우침과 반성을 해야만 했다.

다시 말해 마음상태가 그때마다 흐트러져 있으면 가차 없이 치는 마음공부를 내가 왜 해야 되나? 이렇게 수 없이 하루에 몇 번이고 시시 때때로 마음과 정신이 흐트러져 있거나 중심이 없을 때 반성에 또 반성을 해야 하고, 그렇게 하는 것이 지겨웠었다. 그러다보니 처음의 흥미가 자연적으로 차츰차츰 퇴색되어지고 마음공부 하는 깊이가 중심이 분산이 되어지고, 반항을 하기 시작했다.

그런데 그렇게 하루하루를 보내면서 그것이 아니었다는 것을 진정으로 가슴으로 알게 되었다. 무엇을? 스승님께서 제자를 단순제자로 내려다 본 것이 결코 아니었다는 것을….

처음 내가 생각했던 단순한 가르침을 주시는 스승이 아닌 하늘의 아버지 마음으로, 그동안 인간의 껍데기로 살아온 습관, 고정관념 등 세월의 떼를 벗겨내고 다시 태어나게 하시고, 흙탕물을 맑고 깨끗한 물로 탄생시키게 하시는 제조기 제작자인 것을 느꼈다. 공부하는 과정을 보내면서 하루에도 몇 번씩 낭떠러지에 떨어지려는 순간에 스승님은 합격이라는 단어를 쓰셨다.

그 단어를 쓰실 때마다 '아! 이것은 아닌데…, 아니야!'

내가 그 무엇을 잘했다고 합격이라는 단어를 쓰셨을까? 나름대로 이렇게도 생각해보고 저렇게도 생각해본 나는 전혀 이해가 가지 않았다. 그렇게 반복하기를 수없이 합격이라는 말씀을 들었을 때 나는 생각했다.

합격이라는 것은 네가 결코 잘 해서가 아니고 온갖 고통과의 싸움에서 잘 인내 하고, 그 어떤 시험에도 굴하지 않고 잘 인내하였으니 앞으로 계속 끊임없이 수행의 길을 놓치지 말고 잘 견디라는 뜻으로 받아들여지는 것이다. 도중에 너무 힘들고 겁도 많이 나고 가슴에 답답해서 어떻게 나 자신도 해야 할 길이 없어서 가방 메고 하늘의 성전을 잠시 나왔다. 하늘에서 내려주는 것이 내게는 너무나도 담아내고, 이겨내기에 버겁고, 힘들다고 느꼈던 것이다.

그래서 하늘을 잠시 잠깐 왜면하고 목을 축였다. 그것이 다시 나를 일깨우게 하는 계기가 되어 다시 냉혹한 하늘의 얼굴을 맞이하게 되었다. 그로인해 또 다시 하늘에서 내려주는 공부와 온기 없는 품에 안겨 다시 공부하게 되었다.

스승님이 내게 만큼은 하늘의 아버지인 것을 느꼈을 때, 내 자신의 못된 옹고집과 관습을 보게 되고 그것을 깨버릴 수 있었다.

그러나 하늘의 엄하심과 냉혹함을 담은 하늘의 얼굴을 점점 나 자신도 모르게 멀리 느껴진다. 그것을 아직도 못 버리고 못된 관념에서 못 벗어나서인지 그것이 내 자신에게 너무 안타깝다.

한없이 울고만 싶다.

하늘과 가까워지고 싶고, 다가서고 싶고, 사랑하고 싶은데….

내가 생각하는 깨달음은 정말로 아무나 할 수 있고, 깨달으려고 한다는 것보다 그 어떠한 체험을 통해 저절로 깨닫는 것이 가장 값진 것이라고 생각한다.

이 깨달음의 길, 영성의 길은 그 어느 것과도 비교 할 수 없으리만큼 멋진 공부다. 왜냐하면 이 공부를 하면서 느껴보았지만 신선의 공부이고 본인을 완전히 새사람으로 탄생시키고 인간적 감정을 없애고, 무(無)로 돌아가게 하는 것이다. 또한 보이지 않는 정신세계의 고우(故友)이기에 알 수가 없고, 순간순간의 공부이고, 인간으로서는 단 한번도 체험해 보지도 못한 것을 체험하게 하는 등 그 이상도 무수히 많은데 너무도 표현력이 부족하여 이 정도로 밖에 보일 수 없고, 알리지 못하는 것이 안타깝고 아쉽다.

영성의 길을 가기위해서는 끝없이 깨달아야 하고 하늘과 끊임없이 문답을 해야 영성의 길로 발을 내디딜 수 있는 것이라고 느꼈다.

인간적으로 얻을 수 없는 것을 얻을 수 있고, 마음이 편해지고, 무상무념으로 돌아가게 하고, 구름이 없이 폭풍이 몰아치고, 순간 맑은 하늘이 보이며 구름이 걷히고 하늘에 젖었으니 만감이 나를 보게 한다.

나 자신에 두려움만 없다면 그 두려움은 자신감이다. 그 자신감이 나로 하여금 하늘을 멀리하게 하는 것 같다. 이 점이 안타깝다.

내가 밉다. 왜 그럴까? 항상 의문에 의문이다.

끝으로 깨달음의 길 영성공부는 너무 큰 공부이다. 그것은 곧 모든 구속에서 벗어나게 하는 반면 항상 아쉬움으로 나를 붙들고 있다. 돈으로 환산 할 수 없는 공부이다. 신비하고, 오묘한 공부다. 공부하는 순간순간 만큼은 정말 내가 내가 아닌 것 같다.

이러한 공부를 할 수 있게, 이러한 스승님을 만나게 해주신 무한한 고마움을 내 마음으로 전달하고 싶다. 이 순간 죽는다 하여도 이 목숨이 아깝지 않다. 진심이다.

스승님께도 윤영의 마음을 고하고 싶다.

너무나도 감사하고, 선생님 온 마음 다 바쳐 사랑합니다.

–제자 윤영 스승님께 고함

하늘에 감사하는 마음으로 살겠습니다

다시 태어난 내 영혼의 삶에 무한한 기쁨을 누리게 해주신 스승님께 감사드리면서 글을 적습니다.

참으로 많이도 거역했던 지난 시간들….

코스모스가 아주 예쁘게 피어있던 1년 전 어느 초 가을날 난 어떤 기운에 끌려서 강화 마니산에 가고 있었습니다.

몸도 아프고 삶에 한참 지쳐있을 때 쯤 나는 산에 오르는 것을 너무 힘들어하는 사람이었지만 그래도 이곳만은 꼭 가서 기운을 받고 싶었습니다. 성전을 보고 참배를 드리고 그날은 그냥 돌아갔습니다. 그러나 그곳엔 가슴 떨리는 내 영혼의 목소리가 있었습니다.

처음 스승님을 뵈었을 때 하늘의 소리로 곧 나의 신명을 확인시켜주셨지만, 난 믿고 싶지 않았고 어리둥절하기만 하였지요,

그러던 어느 날 우연히 제자들 공부시간에 참여하게 되었습니다. 인간의 머리로는 상상이 안 되는 공부를 하고 있었습니다. 왜 그리도 어려운 공부를 하고 있는지….

어디가 시작이고 어디가 끝인지도 모를 일들이 무수히 일어나고, 걷히는 시간들 속에서 이해가 안 되는 부분들이 너무나 많았고 머리는 복잡해지고 난 무서움에 떨고 있었습니다. 그 순간 '아! 이것은 아니야. 난 아니야. 이 좋은 세상에 무슨 하늘공부라는 것을 한단 말인가? 난, 싫어. 그런 것이 어디에 있어'하고 혼자 숨죽이고 규칙과 질서를 무시한 채 자리를 박차고 나왔습니다.

단군할아버지께 마지막이라 생각하고 절을 올리고 나니 하염없는 눈물이 흘러내리면서 몸을 일으켜 세워 나왔습니다. 그러나 후회하

고 다시금 성전으로 되돌아 왔을 때 하늘의 문은 이미 문을 닫고 있었습니다. 엎드려 사죄하옵고 울고 또 울고 찢어지는 마음은 천 가닥 만 가닥 나는 버림 받은 아이처럼 하염없는 통곡의 눈물을 흘렸습니다. 이제는 정말 끝이구나. 그래 다시금 나에게는 하늘이 없다고 외치면서 집으로 돌아왔고 이것이 인생이다 하기에는 너무나 슬프고 고달픈 긴 시간이 가고 있었습니다. 그러나 어찌된 일인지 머리는 항상 하늘을 향하고 있었습니다.

그 후 하늘은 나에게 여러 번의 기회를 주었지만 난 매번 그 자리에서는 그때그때 수긍을 하면서도 시간이 지나면 곧바로 일상 속의 하루가 되어가던 어느 날, 하늘은 나에게 천벌을 내렸습니다.

그제야 난 하늘을 보았습니다. 그리고 난 하늘의 음성을 들었습니다. 이 못난 어미를 대신하여 절규하는 그 음성을….

너무나 가슴 벅찬 눈물을 강물처럼 흘렸습니다.

이제야 나의 신명이 무엇을 원하는지 알게 되면서 하늘에 반성하기 시작했습니다. 난 신명이 무엇인지도 모르고 정신 나간 년처럼 살았구나 하는 후회와 왜 하늘이 이와 같은 고통을 주시었는지를 알게 되면서 감사의 눈물을 흘리게 되었습니다. 뜻하지 않은 어려움 속에서 정신을 차리고 보니 진정 하늘의 소리를 들었으며 하늘은 조용히 제 곁에 계시었습니다. 그 날 이후 난 '감사 합니다'를 연발하면서 주위를 돌아보게 되고 작은 것에서 기쁨과 감사를 드리게 되면서 정말 하늘은 이런 것이구나를 알았습니다.

이것이 진정 내면의 세계요, 하늘의 소리이며 불쌍하고 어리석은 한 인간을 만들기 위하여, 산천을 울리고 하늘을 가르는 처절한 음성이었습니다.

이렇게 늦게라도 하늘의 소리를 들을 수 있게 해주신 스승님에게 감사드리옵고, 행복한 인생을 맞이하게끔 하여주어서 다시금 감사를 드립니다.

하늘을 생각하면 마냥 미소가 그려집니다. 하늘과 대화를 하면서 모든 사물을 대하고 나의 존재는 뒤로 놓겠습니다. 하늘공부는 참으로 어려우면서도, 쉽다고 할 수가 있습니다. 무엇을 알려고 하면 어디론가 숨어버리고, 마음을 놓아버리면 밝은 햇살이 되어 온 천지를 환하게 밝힙니다.

항상 하늘에 감사를 드리면서 이제 스승님의 가르침을 잘 받들어 이 세상의 빛이 되도록 모범이 되는 제자가 되어달라고 하늘의 하늘 위에 계시는 아버지에게 청하겠습니다.

내 영혼을 밝히고 모든 사람들의 가슴 속 혼이 살아서 맑고 밝은 빛이 되도록 길을 여는 자가 되겠나이다. 모든 것을 포용하고 따듯하게 감싸주고 때로는 엄숙하게 자연의 순리에 순응하면서 행복하고 건강한 삶이 되도록 주어진 대로 살아가겠습니다. 맑고 푸르기만 한 이 가을 하늘이 이렇게도 아름다울 수가 있을까?

영적 스승님을 만나 참으로 행복합니다.

제 인생에 밝은 빛이 되어주신 스승님께 너무나 감사하고 감사드립니다.

-영적 제자 민주 올립니다.

탄생! 새 생명! 새로운 세상! 나의 시작!

그러나 그것이 내게는 불행의 시작일 줄을 누가 알았을까?

태어나면서 시작된 크고 작은 잦은 병치레는 나는 병원과 한의원을 들락날락하는 병든 참새로 만들었으니 나에게 있어 아픔이란 항상 내 곁을 떠나지 않는 지겨운 친구였다.

어릴 적 기억이란 항상 아버지의 팔 베게를 빌려 누워 있는 모습, 늘 핏기 없는 누런 얼굴로 힘없이 앉아있는 모습뿐이다.

어린 나이에 벌써 수차례 죽음의 세계를 맛보았으니 아마도 그것이 지금의 이 길을 가기위해서 내가 거쳐야 할 과정 중의 하나요 그 시작이었으리라. 늘 아픈 몸을 이끌고 힘없는 모습으로 하루를 보내니 부모형제에게는 귀찮게 거치적거리는 존재였으며, 재미없고 자신감 없이 다니는 학교생활의 기억은 지금도 나를 우울하게 한다.

아마도 아픔 없이 건강하였다면 지금의 나는 보통사람들이 누리고 있는 보통의 삶을 살아가고 있지 않을까?

그러하니 내게 지나간 어린 시절들은 지금의 내가 이 길을 걸어가기 위한 나만을 위해 준비된 삶의 체험이 아니었을까? 하니 이제는 여유가 생긴다.

부모님의 기질을 양쪽 다 닮은 나는 천의 얼굴을 지니고 있다고 하여도 지나치진 않으리라. 강하면서도 부드러운, 밝음과 어두움, 선과 악….

나의 형제는 그 당신의 많은 사람들이 그러하였듯이, 무려 칠남매이다. 유독 아버지의 기질을 더 많이 닮은 나는 매우 강직한 성품을 소유하고 있다. 자존심도 강했지만 하고자 하는 일은 그 어느 누구도 막지 못하였으니 아버지로부터 받은 유전인자가 지금의 내 모습을 만든 것이 아닐까?

더욱이 외갓집은 도인 집안이었다. 돌아가신 외할아버지도 깨달음을 이루기 위한 공부를 하시다가 타계하셨고, 외할아버지가 도인이신지라 친구 되시는 분들도 도인이 많았다.

어려서부터 자연스럽게 도를 접하게 되니, 인간은 왜 세상에 태어났을까? 나는 왜 태어났는가? 무엇을 하고자 나왔는가? 하는 궁금증 속에서 도인들을 접하게 되었고, 자연적으로 나의 관심은 깨달음을 위한 공부에서 벗어나지를 못하였으며, 그렇게 살다보니 느낀다. 내가 앞으로 걸어가야 할 길을!

아마 아버지가 엄하지 않고, 부드럽기만 한 분이셨다면, 나는 결코 결혼을 하지 않았을 지도 모른다.

당시에 아버지는 내게 너무나 무서운 존재였고, 당신만 아는 이기적이신 분이라 나는 결혼이라는 탈출구를 찾았으며, 그것이 오히려 잘못된 선택이라는 것을 알고서는 힘든 세월을 보내기도 하였다.

서서히 새로운 삶에 대한 준비작업에 들어갔다. 혼자 살게 되더라도 남의 인생을 살아갈 방법을 찾아야 하였기에 나에게 가장 잘 맞는 분야를 찾아 시작을 하였다. 불교 공부가 그 처음이요, 그로부터 침 공부, 명리학, 기공 등 체율체득을 통하여 하나하나 배워 나갔다. 아마도 세상에 나와 있는 대체요법은 거의 다 배웠을 것이다.

배움이 깊어질수록 궁금증도 깊어간다. 병든 환자를 치료하다 보면 어떤 환자는 쉽게 회복이 되는데, 어떤 환자는 좋아지다가는 시간이 흐르면 어느새 정체 상태가 되거나 오히려 병이 깊어지는 것을 알게 되었다. 답답함이 가슴과 머리를 짓누르니 의구심만 쌓여간다. 잘난 척 하며 그들을 오히려 힘들게 만들었다는 생각에 양심의 가책을 느낀다. 그리고 나서야 알게 된 것이 문제는 영적 빙의가 되어있는 환자는 보통의 의술이나 기공으로는 치료가 되지 않는다는 것이었다. 고민이었다. 어떻게 해야 하는가?

어느 날 고민 속에서 들른 서점에서, 『세계의 영을 다스리는 남자』라는 책이 밝은 빛을 발하듯이 나의 눈 속으로 미끄러져 들어왔다. 그 내용이 나를 혼란 속에 빠뜨린다. 이내

"그래, 이 분만이 내게 가르침을 줄 수 있다."는 생각이 머리를 강하게 때린다.

저자 선생님을 찾기 위해 백방으로 수소문하지만 찾을 길이 없었다. 그러던 어느 날 내면에서 음성이 들려왔다.

"찾지 말아라. 내가 너를 찾을 것이다. 나를 만나기 전에 해야 할 공부가 있으니 그 공부를 해두어라." 하는 메시지에

"그 공부가 무엇입니까?" 반문하자.

"인간 공부! 인간의 도리에 대한 공부를 해 두어라." 하는 강한 음성이 뇌리를 스친다.

그 때부터 나는 양심을 속이지 않는 공부에 들어갔다. 그 이전에도 가끔씩 영적인 메시지를 받았으니, 지금의 내가 있게 된 것이리라.

어느 날 인터넷에서 "정 도령의 홈페이지"를 찾았고, 내가 그토록 찾아 헤매던 분이 그 곳에 계시지 않는가? 온 몸이 전율을 한다. 이토록 흥분될 줄이야! 먼저 회원가입을 해놓았더니 스승님에게서 전화가 왔다. 첫 통화! 나를 일깨워 주셨다. 지금까지 살아오면서 그렇게 살아있는 대화는 난생 처음이었고, 그 때의 그 황홀함이 아직도 내 마음을 흥분의 도가니 속으로 몰아넣는다.

살아있음에 대하여 진정으로 감사했다. 숨쉬고 있음을 감사해본 적이 없었던 나! 감사하는 마음이 진정 이런 것인가 알았다.

선생님을 만나 제자로서 선택을 받았고, 나중에서야 알게 된 것이지만, 제자도 선생이 선택하는 것이 아니라 하늘에서의 허락이 떨어져야 하며, 그 기준도 알았다.

하늘의 제자가 되기 위해서는 엄격한 조건이 있었다.

첫 번째, 나라와 민족을 위해서 일하는 자가 되겠는가?

두 번째, 나보다 남을 위해서 봉사를 하겠는가?

세 번째, 진정으로 하늘을 믿고 가는 마음이 섰는가?

네 번째, 하늘을 올바르게 전달하는 자가 되겠는가?

다섯 번째, 하늘의 마음으로 사랑을 전달하는 자가 되겠는가?

여섯 번째, 너의 가장 소중한 생명을 담보로 잡힐 마음자세는 되어 있는가?

일곱 번째, 부모에게 효도하고, 가정에 충실하며 책임을 지겠는가?

여덟 번째, 진정 하늘의 음성만 듣고 가겠는가?

아홉 번째, 하늘을 기만하고 사칭하는 자가 되지 않겠는가?

열 번째, 조화로운 인간이 되고자 노력하겠는가?

나는 여러 '기' 단체에서 수련도 많이 받아 보았고, 직접 트레이너로서 오랜 경력을 쌓고 많은 일도 하였다. 그러면서 사기로 물든 여러 '기' 단체들을 보며 환멸을 느꼈으며, '단군'이라는 이름을 걸고, 민족운동을 하는 단체도 많지만, 실상은 '단군'의 이름을 팔아서 국민을 희롱하는 단체들을 보니, 정말 창피해짐을 피할 길이 없었다. 이것은 나 혼자만의 문제가 아니라 우리가 가지고 있는 전체적인 문제이다.

'단군' 은 우리 민족의 뿌리, 근본이다. '단군'을 팔아 수단과 방법을 가리지 않고 사기행각을 벌이는 것을 보고 결심한 것이 있다.

왜 우리나라는 단결과 화합이 되지 않고, 아귀다툼에 여념이 없을까? 서로의 단점만 파헤치고, 자기와 뜻이 다르면 또 새로운 '기' 수련단체를 만들어 내고, 제 살 파먹기에 여념이 없으며, 도를 한답시고 서로 수단과 방법을 가리지 않고 상대를 해치고자 하는 작금의 세태가 너무나 역겹다.

그래서 진심으로 마음을 비워 하늘에 기도를 한다.

"하늘 위의 하늘의 아버지시여! 진정 계신다면 저에게 하늘의 메시지를 내려주소서."

말씀이 내려온다.

"강화의 정 도령은 하늘에서 내려 보낸 깨달은 자이니라. 그는 하늘의 대변자이니 너를 이끌어 줄 것이다. 잘 따라 가거라. 그리고 영적 공부보다는 인간 공부를 먼저 하게끔 체제를 바꾸었노라. 내가 다시 너를 만드노니 그 고통은 잠시, 잘 참고 견디어 나아가면 좋은 결실이 있을 것이다." 하는 메시지를 받고, 하늘에 감사기도를 드렸다.

"영적능력은 이제부터는 아무에게나 주어지는 것이 아니라, (인간이 하늘에게) 인간의 기본 도리를 갖추게 한 다음에 영적 능력을 내려줄 것이다."

눈물이 한없이 흐른다. 이제야 하늘도 평정하는 단계에 들어가는가 보다. 지금까지는 인간적 기본이 되어 있지 않은 자에게 영 능력을 내려주시어서 하늘을 기만하고 사칭하게끔 하였고, 그들은 뭇 사람들의 의식을 흐리게 만들었으며, 수없이 많은 죄를 지으며 죽음의 골짜기를 향해 나아갔다.

육체적 죽음이 아닌 되돌릴 수 없는 정신적 죽음!

나는 스승님을 만난 후로 이루 말할 수 없는 크고 많은 능력을 내려 받았다. 능력도 하늘에서 내려주어야 생기는 것이다. 반드시 하늘과 하나가 되는 의식을 치르고 나서야 하늘과 하나가 되며, 보인도 하늘과 하나 되었음을 알아야 진정으로 자신과 하늘이 통하며, 진정 그 때에 이르러서야 비로소 하늘의 제자가 되어지는 것이고, 개인이 아닌 공인으로서 삶을 새로이 시작하게 되며, 모든 행동과 일에 책임과 의무를 지게 된다.

예전에는 기 수련 단체에서 하는 수련을 받고 기감을 느끼고, 이것이 '기'구나 했는데, 그것은 본인의 생체에너지를 개발하여, 본인의 기운으로서 기 치료를 한다고 하는 것이며, 그것이 대중을 상대로 한 사기임을 스승님을 만나서 알게 되었다.

하늘을 알지 못하고, 우주를 알지 못하며, 내면세계조차 모르면서 사람을 상대로 기 치료를 하는 것은 눈속임이며, 상대를 더욱 해하는 것이니, 이것을 자신 있게 전하고자 하는 것은, 나 스스로가 예전에 그리하였기에 반성하는 마음으로 감히 이렇게 말하는 것이다.

나도 예전에는 그것이 옳은 줄만 알았고, 우주의 에너지로 기 치료를 하는 줄을 알았다. 그런데 그것이 아니라는 것을 스승님을 만나서 알게 되니 진실로 지나간 삶에 대한 창피함과 죄스러움에 얼굴이 붉어진다.

이제는 진정으로 나와 영과 하늘과 우주와 하나가 되었으니 자신 있게 말씀을 드립니다. 하늘에서 선택해서 내려 보낸 진정한 영 능력자는 인간과 내면세계와 하늘과 우주와 통합이 되어야만 한다는 것을! 이 중에 그 어느 한 가지라도 부족하면 영 능력자가 될 수 없음을 알았으면 한다.

하늘위의 하늘에 계시는 아버지께 진심으로 감사드립니다. 저를 이끌어 줄 상급자를 만나게 하여 주심에 깊이 감사드리옵고, 언제나 하늘의 음성만 듣고 가겠습니다.

마지막으로 저를 받아 주시고, 사람으로 돌보아 주시는 따스하신 스승님! 이 고마움을 어이 필설로 다 하겠습니까? 진정 마음으로 사랑을 전해 올립니다.

-스승님의 펼치심에 심연의 소감을 올립니다.

하늘공부하기 전에

나는 46년이라는 인생을 살면서 누구보다도 많은 경험을 하였다 하여도 과언이 아닙니다. 성장과정 중에 수많은 직업을 바꾸어 가면서 껌팔이, 구두닦이, 운전기사, 노동자 외에 식당도 운영을 해보았고, 현재 낚시 밑밥 장사를 하고 있지만 되는 일은 한 가지도 없었습니다. 돈이 벌리는 듯하면 한번에 다 털어버리게 만들기를 수십 번, 그런 인생을 살아오기를 반복하면서 좋다고 하는 것은 이것저것 무수히 많이 해보았지만(조상천도제와 굿) 나에게 돌아오는 것은 마음의 상처뿐, 잡신에 놀아날 것이라는 것을 알게 되었습니다.

무당들이 신기가 있어서 그렇다고 하여 내림굿을 받아보라고 해서 내림굿도 하였지만 별 도움은 받지 못하고, 오히려 건강만 악화되어서 병원에 들락날락 하기를 수차례, 활기원에 가서 척추교정 및 기 치료도 받아보았지만 돌아오는 것은 불신뿐이었습니다.

그러던 중에 아는 사람의 인도로 강화도 웅천단군정선에서 지금의 스승님을 만나 하늘공부를 하게 되었습니다.

난 선생님의 도움으로 인하여 하늘공부를 시작하였고, 공부를 하면서 지금까지 겪어보지 못한 경험을 하게 되었습니다. 처음에는 불신도 하였지만 지금은 어느 누가 무엇이라 하여도 전 끝없는 하늘공부를 하고 갈 것입니다.

왜냐고 누가 반문한다면 하늘공부를 해보지 않고서는 모를 것이라고 당당히 말할 것입니다. 난 이 하늘공부를 하면서 세상에 느껴보지 못한 희노애락(喜怒哀樂)을 맛보았고 나의 내면을 알았고, 나의 내면을 알고 보니 모든 사물들과 자연과 대화를 하는 법을 배웠고,

나의 몸에 있는 탁한 기운들이 사라져 건강이 좋아지고, 또한 부모 형제들의 탁한 기운들이 정리가 되어지니 스승님을 믿는 마음이 확고해졌습니다.

하늘공부는 하늘을 믿는 마음이 진실하지 않으면 아무소용이 없다는 것을 알게 되었고, 이 공부는 물 흐르듯이 되어지는 것을 알게 되었고, 또한 내가 하는 것이 아니라 자기 자신이 스스로 깨우쳐 나아가는 공부이면서 내가 하려고 하면 되지 않는 것이 없다는 것을 공부과정 중에서 알게 되었습니다. 나의 말들을 직접 느껴 보지 못한 사람은 어떠한 설명으로도 부족할 것입니다.

나는 참으로 복이 많다는 것을 알게 되었습니다. 이 세상의 진정한 영적 스승님을 만나게 해주신 인도자에게 감사의 인사를 드리며, 하늘에 감사를 드립니다.

진정한 영적 스승님을 하늘의 인도로 만남에, 같이 공부하는 제자들과 함께 감사를 드립니다. 또한 하늘에서 내려준 법호 '천영'이라는 이름을 내려받고, '천영'답게 영을 알고자 하는 모든 이들에게 줄 것입니다.

깨달음이란 쉽고도 어렵다는 것을 알아야 할 것입니다. 진정으로 하늘을 믿는 마음과 인간의 기본도리가 되어있어야 하기에 그것을 안다면 실천하고 행해야만이 깨달음을 얻을 것이다. 그것이 진정으로 하늘의 음성을 듣고 가는 지름길이며 영적 세계의 공부가 진정으로 인간에게 편안함을 주는 것임을 알 것입니다.

이 공부는 인간의 근본뿌리를 알고자 하는 공부입니다. 뿌리가 무엇인가 알고자 의문을 가졌기에 이 공부를 할 수가 있었던 것 같습니다. 또한 중심을 정확하게 잡지 않는다면 방황하기가 쉽고, 시험에 걸려 그 다음단계는 배우기가 어렵고, 진정으로 하늘을 믿고 따른다는 마음이 있다면 하늘에서 중심을 잡아주면서 도구로 쓰고자 하는 자리에 앉혀주십니다.

하늘에서 일자리를 제공해주시니 청년퇴직이 없을 것이고, 이 얼마나 행복한 것입니까? 이 공부를 해보지 않은 사람은 모를 것입니다. 나도 예전에 그랬습니다.

나의 수많은 내면과 대화를 하니 즐겁고, 영들과의 대화도 나눌 수가 있어서 감사하고, 특히 자기 자신을 다룰 수가 있어서 선생님께 감사를 드립니다.

나는 자신 있게 말을 할 수가 있습니다. 왜냐하면 어느 누구도 겪어보지 못한 수많은 공부를 체율체득해가면서 이 공부를 하였기에 감히 이 공부를 해보지 못한 일반인들은 잘 모르실겁니다.

나와 자연과 하나가 되었음을 감사를 드리면서….

선생님 깨달음을 주셔서 감사합니다.

-영적 스승님께 제자 천영 올립니다.

지금 가고 있는 길 - 알기 전과 그 후

나는 1960년 6월 19일 충청북도 두메산골에서 태어났습니다. 약 6km 걸어서 초등학교를 다녔지요, 5학년까지 다닌 후 전학을 가서 중·고등학교를 청주에서 졸업했습니다. 재수하여 서울에서 명문대학교를 졸업 하고, 취업하여 열심히 일하다가 지금은 사업을 하며 아내와 딸과 함께 행복하게 살고 있습니다.

지금까지 살아오면서

'나는 어디에서 와서 어디로 가며, 나는 어떤 사명을 부여받고 주어진 이 삶을 살아가는가?'하는 의문도 시도 때도 없이 들었지요.

결혼 후 약 7년 동안은 예수를 믿으면서 가톨릭에 흔히 말하는 열성적인 신자가 되어 성서 창세기, 출애굽기, 마르코, 요한복음서 등 말씀나누기도 세월이 가는지 모르게 열심히 참여했습니다. 심지어 예수도 꿈에서 보았습니다.

그러나 어느 날 '삶은 무엇이며, 나는 무엇을 하며 살아가야 하는가?'에 대한 여러 가지 물음은 대답하여 주지 않았습니다.

다시 나는 '어디에서 와서 어디로 가며, 나는 어떤 사명을 부여받고 주어진 이 삶을 살아가야 하는가?'라는 답을 찾기 위하여 불교에 대한 서적에 약 3년간 탐닉했습니다.

일반적인 물음에는 그 답을 주었지만 근본적인 물음은 산사에 묻혀 가려져 있거나 거대한 조직에 번들거리고 있었습니다. 또한 선문답이라고 하는 문답 속에 비틀어져 있었습니다.

나는 다시 국선도, 단학선원 등의 선도에 매달려도 보았으나 그 근본적인 해답은 언제나 하늘 한 자락에 그대로 있었습니다.

마음은 부평초처럼 흔들거리며 하루하루를 지나던 때에 하늘을 알고, 우주를 아는 분을 만나게 되었습니다. 우리는 항상 하늘은 바라볼 수 있습니다. 그러나 그 것 뿐이지요.

그러나 하늘을 안다는 것은 첫째는 자기 자신의 내면을 정확하게 바라보고, 듣고, 말할 수 있음이며, 그리하여 마지막으로 모든 것에 거짓이 없고, 우주 질서에 일치가 될 때라는 것을 알게 되었지요.

인간으로서는 이것이 불가능할 것처럼 느껴질 것입니다. 저도 그랬으니까요, 그러나 하나하나 시작했습니다. 흔히 사람들은 무엇인가를 얻으려면 또한 깨닫기 위해서는 마음을 비워야만 한다고 합니다. 그래야만 그 빈 마음을 채울 수 있다고 합니다. 그러나 저는 가장 먼저 마음을 가지려고 했지요, 어떤 마음인가 하면 순간순간을 맞이하는 그 순간만을 살아가려고 하는 마음이지요. 밥을 먹고, 옷을 입고, 차를 타고, 일을 하고, 누구를 만날 때는 만나는 것만을 하는 것이지요. 그러나 대부분의 사람들은 밥을 먹고, 옷을 입고, 차를 타고, 일을 하고, 누구를 만날 때는 만나는 것만을 하는 것이 아니라, 어떤 일을 하면서도 생각은 시간과 공간을 넘나들며 여러 가지 일을 하지요. 사실은 어느 것 하나 제대로 하지 못하면서 말입니다.

그러면서 길가에서나 일상생활에서 스치는 것 어느 하나 지나침이 없이 사랑과 감사를 드렸지요. 물론 처음에는 아주 힘든 일이었지요. 피곤하기도 하고, 왜 이런 쓸 데 없이 모든 것과 정을 나누고 마음을 주는데 힘을 쏟아야 하는가? 하고 말입니다.

그러나 우리 인간 뿐 만이 아니라 세상 만물은 어느 것 하나 스스로 생성된 것이 없다는 것을 알았습니다. 어떤 작은 것 하나라도 내가 창조할 수 있는 것은 하나도 없었습니다. 그저 모든 것을 하늘에서 준 것이지요.

이러한 것들을 진심으로 느끼게 될 때 하늘은 우리 모든 이에게 처음 주셨던 것처럼, 하늘은 우리에게 모든 것을 알게 하고, 우주를 알게 하는 자격을 주지요.

그러나 그런 것들을 진심으로 느끼지 못하는 순간 하늘은 그냥 그렇게 주셨던 것처럼 자격을 박탈합니다.

오늘 하루도 일상적인 마음으로 지냈습니다. 모든 것에 정을 주고 사랑하는 마음가짐이지요. 그리고 하늘은 오늘도 우리 인간에게 어떻게 살아야 하는 지를 매순간 가르쳐주고 있는데, 어리석은 우리 인간들은 먹고 사는 것 때문이라는 이유만으로 내 것이 아니면 네 것, 내 편이 아니면 네 편이라며 내 것이 아니면 부수어 버리고, 내 편이 아니면 적으로 돌려버리는 우리 모든 이에게, 내 것이 네 것이 될 수도 있고 네 것이 내 것이 될 수도 있으며, 내 편이 네 편이 될 수도 있고 네 편이 내 편이 될 수도 있는 넉넉한 마음, 즉 하늘에 감사하며 모든 것에 정을 주고 사랑을 줄 수 있는 하루가 될 수 있도록 하는 그런 일상적이 마음으로 하루를 지냈습니다.

-원웅 올림

존경하는 스승님께

진실한 삶이라는 생활 속에서 살았다며 콧대를 세우며 살아왔던 지난날들에 대해 머리가 저절로 숙여지며 내 마음 갈 곳을 잃었었던 순간순간들이 스쳐지나가면서 이제는 갈 곳을 목마르게 찾았던 안내자를 만났기에 진정으로 삶의 행복을 자랑을 합니다.

누군가에게 필요한 사람이 된다는 것은 하늘의 선택이겠지만, 그래도 살아있으며 숨쉬고 있다는 것에 대해 하늘께 감사를 드리면서, 그리고 한세상을 테두리 없이 살아가는 도반님들에게도 감사하다는 말을 전하고 싶습니다.

하늘공부를 시작하기 전에는 내 자신의 잣대와 남보다 잘났다는 우월감과 배려해줄 마음자락도 없으면서 배려해준다는 착각 속에서 내 자신의 욕망만 키웠을 뿐, 사실은 욕심 채우기에 바빴던 자신을 보고 지금에 와서 고개가 절로 숙여지며 착각 속에서 살았던 자신이기에 이제는 하늘말씀을 따르며, 작은 인간의 욕심이 아닌 하늘이 해주시는 대로, 내려주시는 대로, 물 흐르듯이 살아가겠습니다.

아주 작은 것부터 따르지 않고 행하지 않는다면 깨달을 수가 없는 것이며, 큰 깨달음은 생각조카 할 수가 없는 것 이지요.

인간적인 배려의 마음도 서 있지 아니하면서 어찌 하늘의 마음으로 배려하고 하늘의 마음으로 사랑을 한다고 하는 것 인지…. 그래서 저는 반성의 의미로 이 글을 쓰고 있습니다.

작은 나를 버려야만 사람들을 이롭게 하는 하늘의 마음으로 사랑하는 마음이 들어온다는 것을 알았고, 사람들을 이롭게 할 수 있는 홍익인간 이화세계는 하늘과 우주를 알아야만 진정한 홍익인간 이화세계를 구축을 할 수가 있다는 것을 영적 스승님을 만나서 알게 되었습니다.

항상 긍정하며 사는 삶이 긍정적인 육신과 긍정적인 내면을 만들 수가 있으며 바로 볼 수 있는 중심의 축이 만들어 지는 것 같습니다.

이 세상이 어지럽고 탁한 것은 인간 개개인의 생각이 옳다고 판단하며 살아갔기에 부도덕과 오만, 교만이 난무하여 질서가 깨지고 나만 하는 세상이 되어버렸다. 자기 자신의 잣대가 틀릴 수도 있다 라고 인정하기에는 너무 혼탁한 세상, 그러나 인간인 제가 잘못 살아 왔습니다 하고 인정만 하면 그 순간부터 하늘은 부족한 부분을 채워주고, 심신을 편안하게 해주시는데 인간들은 인정하기에 너무나 인색하다. 오늘도 하늘은 내려다보시면서 눈물로서 인간들에게 잘못만 인정하라고 하신다. 그러나 인간들은 자만심과 오만 때문에 알 수가 없다.

나는 끝없는 하늘공부를 하면서 알았습니다. 하늘은 잘못을 인정하는 순간 용서를 해주신다는 것을, 그리고 하늘의 음성만 듣고 가거라를 깨달으면 편안함을 얻으리라. 항상 부족하다는 자세로 공부를 해야 할 것이며 내 자신이 바로 서 있지 않는다면 그 무엇도 바로 서지 못한다는 사명을 가지고 스승님에게 감사함을 잊지 아니하며 이 글을 쓰고 있습니다.

이글을 쓰면서 나 준영을 새사람으로 변신을 시켜주심에 감사를 드리며, 항상 나라와 민족을 위해서 무엇이 이 한 몸에게 필요한가를 하늘에 청하면서, 오늘도 하늘공부를 게을리 하지 않으며, 열심히 선생님의 운전기사를 자청하며 깨달음을 주십사한다. 자신에게 부끄럽지 않은 사람이 되고자, 또한 하늘과 내면에게, 자연에게 부끄러운 인간이 안 되고자 나는 항상 정진한다. 진정한 인간으로 거듭 다시 태어나게 해주신 스승님에게 존경과 감사를 드립니다.

자숙하며, 반성하면서 하루하루를 열심히 살아가겠습니다.

–영적 제자 준영 마음을 다하여 드립니다

병 치유

무엇을 위해서 사는가라는 거창함도, 어느 누구보다 튀어야지 하며 살지도 않았다. 오히려 한발 물러서서 좋은 게 좋은 거지 하며 바른 소리 내지 않고 '그냥 그런가 보다'하며 넘기며 살았다.

참고 사는 것이 능사인 줄 알고 속으로 삼키는 것에 익숙해 있었다. 그러면서도 안에서는 그게 아닌데 하며 나오는 것을 동시에 맛보곤 했으나 그 현상에 대해서 간과하며 지냈다.

속으로 곪는 줄도 모르면서 겉으로는 적어도 남들 눈에 볼 적에는 룰루랄라 사는 듯이 보이고 있다는 것을 시간이 지나며 알게 되었다. 그래서 질시의 대상이 되고 있다는 사실이 이해가 되질 않았다.

나는 가만히 있었는데 왜? 날더러 어쩌란 말 인가 라며…. 그 해답을 얻어내는 데는 기나긴 터널을 지나고 나서야 조금씩이나마 점차 알게 되어졌으며 그것 또한 내 힘으로가 아니라 스승님을 뵙고 하늘공부를 하게 되면서 벗겨지기 시작했다.

그랬다. 도무지 어지러워서 길을 걸어도 눈뜨고 가기도 힘이 들었고 늘 숨이 차서 나도 모르게 한숨을 쉬는데 가까운 사람들에게 본의 아니게 거부감을 주는 격이었다. 그러면서 불면증이 심해지고 잠자는 도중에 머리가 아픈데 마치 사기그릇이 깨지듯이 통증이 있고 가슴이 벌렁거리면서 팔과 다리에는 힘이 없어서 초등학생인 두 아이를 돌보기는커녕 아이들이 오히려 나를 지탱해 주게 되었다.

견디다 못해 응급실로 실려 가길 반복했고, CT촬영, 심전도 검사, 혈액 검사를 한 결과는 신경성 공황장애라는 병명이었는데 약만 처방하고 입원하라는 말은 어느 병원에서도 하질 않는 것이 이상할 정도였다. 나는 머리에서부터 발 끗까지 다 아픈데….

그리곤 받아온 약을 나는 하루정도는 먹고 이틀을 먹지 못했다. 먹으려고도 애써 보았지만 생각처럼 약이 먹히질 않았다. 그러면서 나는 엎친 데 덮친다고 살얼음판을 걷게 되었다. 아픈 몸으로 부부싸움을 전에 없이 많이 하고 서로가 '왜 저럴까'하게 되었다. 남편은 솔직히 강고하긴 해도 부지런하고 일 하는데 꽤 부리지 않았다.

골이 깊어지면서 나는 뭔가 석연찮음이 들기 시작했다. 그런 와중에도 나는 아이들을 키워야한다는 마음만은 강했다. 아픈 나를 보고 주위사람들이 도움이 될만한 곳을 안내해주었는데 거부감이 없었다. 가보자하는 마음이 더 컸으므로….

한마디로 방황의 시간이었다. 아이들 생각에 눈물이 주르륵 흐를 때도 있었다. 빛을 보지 못해 돌이켜 보면 힘든 나날이었다. 원인도 모르면서….

그렇게 근 5년 정도를 헤매다가 드디어 2003년 3월29일 스승님을 뵈면서 내면의 자신을 돌아 볼 수 있는 눈을 뜨게 되고, 닫혀있던 귀가 열릴 수 있게 되었다. 진정 부끄러움이 무엇인가!

나는 표현하는데 서툴러서 상세히 내보이질 못했고, 핵심을 파고드는 노력이 부족했으며, 복잡한 것을 피하고, 부딪히고 돌파하려는 정면대응을 두려워하였고, 남이 나를 어찌 볼 것인가 하는 의식을 너무 한 나머지 정작 해야 할 것을 순간을 지나쳐서 후회를 하고, 큰소리가 싫어서 문제를 덮어두어 적극적으로 풀지 못하고, 또한 솔직하지 않아서 "예, 아니요" 가 당당하게 말로서 나오질 않았고, 내 흉을 감추고 포장하기에 바빴고, 뻔뻔하게도 반성을 하지 않고 살아왔고, 또한 게을렀으며, 제일 크게는 하늘에 대한 정성이 부족하여 잘 모른다고 하며 알려고 노력하지 않았다. 더욱이 이 세상에 태어난 사명이 무엇인가! 고민하지 않고 쓸데없이 시기하고 질투를 하고 나의 마음을 굳게 닫아 둔 채 남보고 열지 않는다고 얼마나 주변 탓을 했던가? 모두가 내 탓 이었던 것을…. 더구나 타고난 사명대로, 기운대로 살지 못해서 나 자신보다는 남을 위해 살아야하는 본분을 몰랐으니….

돌이켜보면 사실 나는 결혼을 하면서 내 가정만을 생각하고 이기적으로 살아왔다.

그러나 이 모든 것을 일깨워 주신 스승님….

스승님의 하늘같은 은혜, 내려주신 것만큼 모두 소감으로서 표현하지 못해 아쉬울 뿐입니다.

스승님께 감사드립니다.

-2003년 10월 15일 수
옥화올림

광주에서 선생님과 관주가 수련한 소감

강화 단군에 계시는 선생님과의 만남은 내 일생에 가장 값진 행운이라고 생각을 합니다. 우리의 뿌리 단군할아버지의 높고 깊은 뜻을 선생님으로부터 영적 수련을 통하여 배울 수 있는 기회를 주셔서 무한한 영광으로 생각합니다.

저 관주는 어려운 여건에서 힘들게 강화를 갔습니다. 선생님께서는 살아가며 인간이 가장 우선으로 알아야 하는 도리가 무엇인지 깨우쳐 주셨고, 상대방과의 관계를 어떻게 행해야 하는가와 그 근본을 알고 행하도록 깨우쳐 주셨습니다. 저 관주는 나이가 63살임에도 불구하고 이제야 하늘의 소리를 듣고 사는 것이 얼마나 행복한지 모릅니다.

사회에서 대학이나 대학원에서도 배우지 못하는 값진 공부를 하고 있습니다. 부와 명예와 권력이 우선시되는 삭막한 이 사회에서 한 가닥 희망이 있다면 단군할아버지의 위대한 뜻이 세상에 모든 생명체, 즉 이름모를 풀 한포기, 흙 한줌, 돌멩이 하나 까지라도 그 안에 할아버지의 뜻이 어려 있다는 것을 깨달았습니다.

저 관주는 이 사회의 존재가치마저 없는 무의미한 졸부로서 황혼을 맞이하였습니다. 그러나 강화성전에 계시는 선생님을 알고부터 저 관주가 아직 살아있다는 것이 그 의미를 더하며, 지는 해가 아니라 동녘에 뜨는 해가 된 듯한 심정입니다. 저 관주는 시작도 끝도 없는, 무한한 영성공부를 향해 어제도 오늘도, 미래를 향해 이 생이 다하도록 달려갈 것입니다.

언제 어디서나, 스승님께 감사드리면서 두서없는 몇 자의 글을 줄입니다.

영적 공부를 이제 알았다

네가 영적으로 공부를 한다는 것은 정말로 행복합니다.

그저 감사 할뿐입니다.

네가 이렇게 글을 적을 때까지 무엇이 있는지도 모르고, 내가 무엇을 원하는지도 몰랐습니다. 그저 절로 절로 말을 하고 글을 적습니다.

나의 어린시절은 일찍 부모님이 돌아가시고 어릴 적부터 사회생활을 시작하였습니다. 저는 단순했고, 순순했습니다. 처음엔 사회에 적응을 못했고 차츰 내가 무엇을 하여야 하는지 절로 알게 되었습니다.

하늘의 공부를 하려고 지식을 넣지 않고, 귀도 막았습니다. 필요없는 것은 듣지 말고 그저 내려오는 메시지를 들어 라고, 그리고 저절로 나의 발걸음은 기 수련 단체에 차츰 들어섰습니다. 거기서부터 아니 태어나면서부터 시작인 것 같습니다.

기 수련단체에서 인간적인 지식혈자리, 몸을 치유하는 힐링이라는 것을 배우기 시작 하였습니다. 여기저기 많이도 돌아 다녔습니다. 조상천도제를 한다는 단체에도 있어보았으나 나중에 알았습니다. 그것들이 다 인간적인 심리를 이용하여서 심리천도제를 한다는 것을 알았습니다.

그러던 어느 날, 강화도에 있는 웅천단군성전으로 인도하여 주었습니다. 그곳에서 정말로 영적인 공부가 무엇인지 알았습니다.

다른 기 수련 단체에서는 아무것도 합일이 되어지지도 않았으면서 우주의 기라고 우깁니다. 사람, 하늘, 우주가 하나가 되었을 때 명상을 할 수가 있고 기공을, 기 치유를 할 수가 있는 것인데, 한 부분만 알고는 지식으로써 '기'라고 우깁니다. 지금에서야 하는 말이지만, 그것은 순 엉터리라고 밖에 할 수 없습니다.

내면과 통하지 않고 어찌 감히 '기'라고 하며 우주원리라 하려는지 모르겠습니다. 문정은 그저 스승님에게 감사드립니다. 감사합니다. 존경합니다. 말로는 그 이상 표현이 안 됩니다. 이제부터 시작인 것 같습니다.

영적 공부가 어떤 것인지? 나와 하늘과 우주와 내면과 하나가 되었을 때 정말로 영적입니다.

다른 기 수련 단체는 부족합니다. 무엇이 부족하지는 모릅니다. 그저 스승님에게 하늘의 가르침을 내려받으면서 알기 시작했습니다. 다른 단체들이 진정한 우주속의 수련을 모른다는 것을….

하늘 위의 하늘에 계시는 아버지, 눈물로써 감사함을 표합니다.

지금 이 책을 다 읽으셨거나 또는 읽지 않고 이 부분을 보시는 분들도 계실 겁니다. 저는 스승님의 책을 읽지 않았습니다. 그저 원고지로 만져 보았을 뿐, 인간이 아니라 나의 내면이 편안함을 느낍니다.

정말로 내면의 세계를 아신다고 하는 많은 분들이 진실로 이 책을 읽어 보시면 인간의 지식으로 쓴 것이 아니라는 것을 아시게 될 겁니다. 정말로 이 책을 읽고도 깨닫지 못한다면, 그것은 하늘의 선택을 받지 못한 것입니다. 읽지 않더라도 책을 사는 것만으로도 큰 복이 되실 겁니다. 인간이 아니라 내면이 편안해지고 행복해 질것입니다.

선생님에게 감사드립니다.

-문정, 스승님에게 드립니다

죽음으로부터의 해방

사람이 살아가면서 건강한 몸으로 살아가는 것이 얼마나 축복받고 사는 것인지는 병의 고통을 느껴보지 못한 사람들은 병자의 서러운 마음과 외로움을 알 수가 없을 것이다. 아니 이해조차 하려고도 아니한다.

나는 17년 동안의 긴 세월 속에서 중증 당뇨병으로 인하여 마음은 황폐해지고 몸의 기운조차 느낄 수가 없으니 매사에 의욕상실과 권태로움만이 가득했다. 그래도 겉모습은 남들이 볼 적에 멀쩡해 보이니 나이롱환자로 여겼다. 본인은 죽을 맛인데, 그 누가 병마로 찢기고 할퀸 상처를 치유를 할 수 있을까? 56살에 경제력조차 없으니 암담하고, 착잡한 심정을 누구에게 토로할까?

벼랑 끝에 매달린 현실을 생각하며 죽음조차 가까이 하는 마음으로 보낼 때, 아는 사람의 소개로 스승님 인터넷 홈페이지를 보았고 한번 방문이라도 해보자는 심정으로 강화 마니산에 있는 단군성전을 찾게 되었고, 우여곡절(?) 끝에 하늘공부를 하기로 결심했다. 집사람에게 조차 알리지 않고 단군성전에 와서 하늘공부, 즉 영적 공부를 하게 되었다. 내면세계가 정신세계이고 영적 세계이다.

며칠 후 하늘의 은총으로 마니산 정상에서 단군할아버지를 만나 영의 세계를 실감을 하고 정진하니 영과의 대화가 이루어지고, 만물과의 대화가 이루어지니 이 어찌 감탄하지 않을 수 있을까? 그동안 영이 존재한다는 것을 막연하게 생각했었는데, 한순간 와르르 무너지는 것이 아닌가?

이제까지 가시적인 것만 보고 살아온 나에게 비가시적인 현상들을 실감하기가 싶지 않았고, 인정하기까지도 힘이 들었다. 그러나 집에 와서 영 들과의 대화를 계속하며 내가 할 수 있는 일이 무엇인지 어떻게 하는 것인지 등등 많은 공부를 하게 됐고, 고질적인 당뇨도 치료하기 시작하였다. 물론 하늘의 천의를 통해서 당뇨병을 치료가 들어갔지만, 그동안 내 자신도 믿기지가 않았다. 왜냐하면 병원에서도 고칠 수도 없었고, 하루에도 인슐린을 3번씩 맞던 인슐린도 맞지 않았으며, 치병을 하여 76kg이던 몸무게도 62.5kg의 정상적인 몸으로 변하였다.

오랜 투병상태에서 나는 간 기능과 신장기능이 많이 떨어져 완쾌되는 기간이 조금 늦어지고 있으나 점점 몸이 좋아지고 있으니 곧 완쾌가 되지 않을까 한다. 몸이 완쾌가 되는대로 하늘의 뜻인 인간을 행복하게 해주는 일에 온 몸을 바칠까합니다.

운명을 알게 하여 길흉화복을 알게 해주고 난치병으로 시달리는 사람들을 병고에서 구제하여 주라는 하늘의 음성에 감사함을 드리면서 저를 진정으로 하늘의 제자로써 받아주시고, 끝없는 공부를 내려주시는 영적 스승님에게 감사를 드립니다. 하늘의 은총에 감사드리며 하늘이 주신 사명에 신명을 받칠 것을 맹세하며 오늘도 정진에 열중할 것입니다.

끝으로 부족한 천정을 이끌어주시어서 진심으로 감사의 인사를 드립니다.

-제자 천정 드립니다

홍익인간 이화세계

지난 5월 달에 강화도 마니산에 왔다가 단군성전 웅천선원에서 스승님을 만나 뵐 수 있는 인연이 있었습니다.

지금까지 네가 살아온 삶이 남의 탓이 아닌 나 자신이 문제가 있다는 것을 깨우쳐 나갔습니다.

영적인 것이란 내면의 세계이며 또한 나의 마음을 다스리는 것이란 것을 배워나가면서 나는 내면이 원하는 말이나 행동을 해주지 못하여서 내면에 피해의식과 고정관념에서 벗어나지 못하고, 마음속에 쌓여있는 울분과 분노, 원망(가족에 대한)이 많다는 것을 보았으며, 수동적으로 살아가는 삶이 아무 도움이 안 되며, 신명들도 화를 내며 힘들게 한다는 것을 알았습니다.

적극적이고, 능동적인 삶으로 의식이 바뀌지 않으면 안 된다는 것을 절실히 느낍니다. 사람의 몸에서 신명이 70%로 무수히 많은데, 그 신명들을 제대로 사용하지 못하면 신명들이 화가 나서 나의 몸 곳곳을 특히 다리 쪽으로 아프게 하는 것을 알았을 때, 아! 우리가 평소에 알고 있던 지식이 소용이 없다는 것을 알았으며 지난날에 너무도 많은 시간과 돈을 필요 없는 곳에 낭비하였다는 것을 알았습니다.

신명이란 우리 몸을 움직이는 에너지인데 우주와 하늘에서 내려주는 기운과 내면이 하나로 연결이 되어야 건강을 찾을 수 있습니다.

사람들의 마음이 자연과 더불어서 살아갈 때, 우리는 자연에 대하여 더욱 감사하는 마음이 생기며, 어떤 음식을 섭취하더라도 신명과 같이 먹으면 감사하는 마음가짐이 생겨납니다.

공기가 없다면, 어떻게 숨을 쉴 수가 있겠습니까?

태양은 쉼 없이 떠오르고, 지면서 언제나 그 자리를 지켜주며, 밤하늘에 떠있는 별, 어두움을 밝혀주는 달, 계절마다 다르게 불어오는 바람, 하늘에 떠다니는 수많은 구름들, 절기에 맞추어서 내리는 눈과 비 등이 모두가 하늘의 마음으로 이어진다는 것을 볼 때, 우리들의 마음가짐도 자연과 더불어서 살아 갈수 있다는 즐거움이 솟아오릅니다. 다른 사람들, 특히 영적인 병으로 고생을 하는 많은 사람들에게 도움을 줄 수 있을 만큼 우리들이 성장을 해야겠으며, 진정으로 남을 배려해주는 마음이 일어서야하겠습니다.

그런 만큼 우리 민족의 뿌리인 단군할아버지 말씀 속에 홍익인간 이화세계 정신을 이어가야 하며, 진실로 나 자신의 내면이 전하는 말을 들을 수 있을 때 우리들의 영과 혼이 같이 맑아지는 것을 느낄 것이며 수행으로 이어지면서 하늘의 말씀을 들을 수 있게 되며, 또 그 말씀을 다른 사람들에게 전달해 줄 수 있을 때 깨달음으로 이어질 수 있음을 느낍니다.

어려웠던 지난 세월을 돌아보면서 이제는 작은 삶이 아닌 이웃과 더불어서 더 크고, 밝은 사회로 갈 수 있는 하늘의 일꾼으로 성장해 가고 있습니다.

제대로 서서 가지 못하는 영을 순리대로 세워 주어야 하며, 바다를 바라보면서도 바다가 어머니 품처럼 느껴졌으며 그 속에서 새로운 생명체를 키우며 품어주는 바다가 하늘의 마음이며 우주의 마음인 것을 느껴봅니다.

-순영제자, 스승님께 올립니다

영적 능력이란?

벼락같이 내려치는 소리에 가슴이 갈 곳을 몰라 헤맨다.

소리가 커야만 벼락인가? 부드럽게 흐르지만 거역할 수 없는 마음을 자아내니, 내 가슴속에 와 닿는 소리는 천둥소리보다 더 크게 귓전을 울린다. 무언가를 말하고자 속으로 꺼낼 말과 그 순서까지 정하고 차례를 기다리지만 어디 마음먹은 대로 될 리가 있나? 순간 머릿속은 하얀 안개구름에 뒤덮여 천지사방을 분간할 수 없는 무아지경(?)에 이른다. 그 멋진 구상이 어디로 사라진 것일까?

혓바닥은 놀라 날뛰는 망아지처럼 멋대로 춤을 춘다. 말씀이 없으시다.

"다음!"

아하! 넘어갔구나.

그냥 학교 다닐 때 배우고 잊은 지 오래인 단군할아버지!

무엇을 얻고자 단군할아버지 앞에서 정좌하여 눈감음이 이제는 할아버지를 내 몸으로 느끼고, 친구처럼 느끼게 된 과정에서 이제 낯설지가 않다.

맨 처음 이 곳 강화 단군성전에 왔을 때, 마치 서울역에 봇짐 들고 상경한 촌놈처럼 멋도 모르고 "네", "그러네요" 하던 나의 그 모습이 지금 생각하니 참 가관이었다.

뭘 안다고 긍정하고, 부정을 하곤 했을까?

인간에게는 주어진 팔자가 있다고 한다. 세상에 몸을 내리기 전에 하고자 하는 일이 있으며, 풀지 못한 숙제들을 가지고 조상들의 업과 보를 때론 펼치고, 때론 갚아나가는 막중한 일거리도 지고 나온다고 한다.

고고의 성과 함께 하늘에서부터 다짐한 일들이 잊혀져 가며, 환경에 따라서 제각각의 길을 새로이 연출하며 간다. 그리고는 평범해지기도 하고, 월등해지기도 하면서 나름대로의 새로운 인간적 삶을 엮어 나간다. 그러하니 삶이 멋대로의 흐름을 타면서 재수와 운명이 복합적으로 작용하며, 어떠한 모양이든 그 사람의 완성된 모습을 만드는 것이다.

숙제를 잘 풀어 나가면 인생은 때깔 나게 재미있게 이어지고, 잘못 풀어 나가면 졸 나게 괴로운 인생이 목을 조른다.

나의 인생은? 물론 후자다. 더럽게 재미없고, 힘들고, 그냥 확 끝장내고 싶은 인생이기에 여기까지 왔겠지?

하늘을 만나서 힌트를 달라고…. 어떻게 하면 좋아질까? 남보다 뛰어나진 못해도 노력한 만큼의 일부라도 보상받으면서 살 길은 없는가? 하는 기대에 팔자를 바꿔준다는데, "얼씨구나 좋다." 지.

아뿔사! 이렇게 내 인생이 목덜미를 잡힌 것이 아닌가?

하늘과 줄을 잇는 작업(천도제)이 끝나고, 아! 이것이 하늘이고, 내가 정녕 알아야 할 것을 모르고 살았구나 하는 생각이 들며 마음이 조금씩 열리기 시작한다. 마음이 열리고, 하늘의 끝자락을 보면서부터 조금씩 장밋빛 희망을 보니 지난 고난들이 아무것도 아니다.

좀 편하게 풀어주면 안되나요? 인생 역전도 좀 쉽게 안 되나요?

마음이 편해지니 교만이란 놈이 튀어 나온다.

몇 수 십 년을 고행을 벗 삼아 깨달음을 얻은 이에게서 너무 쉽게 진리를 얻음 때문인가? 인간의 마음이 이리도 교활함을 스스로 느끼고 있음이 아닌가? 절망과 죽음 앞에서 다시 살게 해 준다면 무엇이라도 다 하겠다고 다짐했던 기억이 어느새 저 언덕너머로 꼬리를 감추고 있는 것이 아닌가? "안돼! 이놈은 잘라야 해!" 더 이상 나는 나 자신을 기만하고 하늘을 우습게 넘나들며, 가벼이 살 수가 없음을 제자로 받아들여지면서 알게 되지 않았는가? 진정으로 하늘을 알고, 깨달음을 얻었다면 이제는 하찮은 인간의 영욕에 나 자신을 다시 넘길 수는 없지 않는가? 처음 공부할 때는 자신의 처지를 벗어나기 위해서 시작하였다고 하지만 이제 그 경계를 넘어선 마당에 육체와 정신을 편하게 하는 것에 가치를 둘 것인가?

비록 지금의 나는 작지만 진정 하늘을 대변하고 그 사랑을 널리 전하며 오욕칠정으로 물들고 온갖 고난과 핍박 속에서 오늘도 두려움에 떨고 있는 수없이 많은 사람들, 가야 할 길을 모르고, 해야 할 일을 모르면서, 그냥 태어남을 죄라고 여기며 정처 없이 허공을 맴도는 사람들을 바른길로 안내하여 참된 삶을 살게 해야 하는 것이 내가 하늘의 도구로 선택된 이유가 아닐까?

항시 하늘은 나의 주위를 맴돌며, 올바른 배움을 갖추고 능력을 갖도록 배려하고 있음을 안다. 가끔은 하늘의 무심함에 한없이 눈물이 소리 없이 흐르기도 하지만.

'기'가 무엇인가?

'신명' 은 무엇이며, '영적 능력'은 무엇인가?

스승님의 가르침이 항상 머릿속을 넘나들지만, 인간의 눈과 지식으로 점철되어 온 인생은 모양새만 찾아 확인하려 들며, 실체만을 고집한다.

"아, 봐야 뭘 하든가 말든가 하지!"

만약에 백화점 진열대에 전시할 수 있는 상품이라면 나에게 이런 기회가 주어졌을까? 돈 많고, 복 받은 인간들이 먼저 다 사가고 없겠지. 그렇다. 시간이 흐르면서 실체를 보기보다는 그 모든 것을 내면의 세계로 조금씩 느끼면서 이제는 의미 없는 것에 마음을 두지 않게 된다.

살아온 인생과는 전혀 다른 길이지만 수행의 초입에 들면서 수행이란 고행이 아님을, 형식이 아님을 알게 해 주시니 지나온 과거의 생이나 앞으로 살아가야 할 세계는 중요하지 않음을 알게 된다. 가장 중요한 것은 현재의 자아가 서 있는 이 순간만이 모든 것이며, 지나온 것은 배가 지나간 뒤의 잔물결이며, 앞으로 다가 올 길은 아무것도 그려지지 않은 하얀 도화지와 같다.

가르침이 중요한 것이 아니며, 그로부터 내가 얻어낸 것이 진짜임을 몸으로 부딪치며 알게 되니, 진정 스승님과의 만남이 나를 위해 하늘이 그려놓은 계획된 일정표가 아닌가?

때론 너무 힘이 들어 가슴을 눈물로 적실 때는 모든 것을 포기하고 싶은 마음으로 하늘을 바라본다. 왜 하늘은 당신을 알고자 하는 나를 점점 더 힘들게 만드시나요? 왜 편히 공부할 수 있게 해 주시지 않나요? 보통 사람으로서 스승님을 만나서 도움을 받았다면 벌써 행복에 겨워 춤을 추고 있을 터인데. 왜 이런 힘든 수행의 길로 들어선 것일까?

거의 매주, 울산에서 서울 가는 비행기 안에서 '내가 왜 가지?' 하면서도 걸음은 한시라도 빨리 성전에 닿기를 바라며, 내려오는 심야버스의 좌석 위에서는 아쉬움이 남는다.

이것이 변화인가 보다.

처음에는 결심에 의해 갔지만, 시간이 흐르면서 내면의 변화는 그러한 결심조차도 필요치 않게 만들었다.

평범했던 내가, 비록 이제야 나의 길을 찾았지만, 영적인 능력을 얘기하고, 민족을 사랑하는 마음을 갖게 되니 움직이는 걸음마다 진정한 깨달음으로 가는 큰 변화를 맞이한 것이 아닌가 한다. 하늘을 알고, 단군할아버지를 알며, 조상을 바로 봄이 아직은 완벽하다고는 할 수는 없지만 그래도 참된 흐름 속에 몸을 담게 된 것이 나의 숙명이라면 이제는 받아들임에 일고의 생각조차 없게 되었다.

스스로 참된 공부를 통하여, 나 자신만을 위한 삶이 아닌, 사람과 하늘을 위한 수행, 민족을 일구는 한축이 될 수 있음에 '왜 이제야?'

하는 생각이 머리를 친다.

앞으로 얼마나 더 오래, 얼마나 더 많은 과정을 거치고 이겨야 참된 나를 이룰 수 있을까?

민족의 부흥! 인류의 미래와 평화! 항상 아름다움을 안겨주는 우주!

나에게 허락이 된다면, 이미 나는 없는 것이요.

내가 할 수 있는 것이라면 나 자신이 모든 것이리라.

항상 가르침과 사랑으로 나를 반겨 주시는 스승님.

배움과 깨달음에 목마른 여러 제자들.

부디 흐트러짐 없는 나의 모습을 세움으로서 하늘을 받치는 기둥이 되기를 바랍니다.

이 민족이 지구경영의 책임자 자격을 다시 되찾기를 단군할아버지께 바라오니, 부디 부족하여도 사랑으로 채워 주시고, 민족의 뿌리와 정신이 다시 세워지는 그날이 올 때까지 이 몸, 스승님과 하늘의 가르침에 게을리 하지 않기를 바랍니다.

—이 가을의 초입에서
길가에 피어 춤추는 코스모스에서 우주를 봅니다

책을 내면서…

《깨달음으로 가는 101가지 이야기》를 쓰다보니 많은 공부가 되었다. 결국 내 자신의 공부가 많이 되었다. 이제 여러분들도 우주관을 가지고 살아야 한다. 물론 천기를 받아 깨닫고 사는 것이 얼마나 즐거운지를 알고 사는 것이 중요하다는 것을 알았다. 이에 독자들이 이 책을 이해하고 보다 즐거운 삶을 영위하고 살았으면 한다.

지금 나는 행복하다. 누구보다도….

누구나 깨닫게 되면 행복하다. 이제 영 능력을 우주의 기운을 통해 받아 살아가기 때문이다. 한국인이라면 누구나 정도로 가는 영을 가지고 살아가야 한다. 우리가 세계 속에서 잘 사는 나라, 힘이 있는 국민이 되려면 영적 삶을 살아야한다.

지금까지 글을 쓰는데 협조해준 출판사 〈한솜미디어〉와 제자들과 하늘에 감사한다.

저자 正道靈

도반 1 깨달음으로 가는 101가지 이야기

1쇄 찍음 / 2005년 1월 15일
1쇄 펴냄 / 2005년 1월 20일
6쇄 펴냄 / 2007년 11월 5일

지은이 / 정도령
펴낸이 / 김태봉
편 집 / 황은진, 김주영, 김미란, 조시형
마케팅 / 박상필, 김명준
웹 / 이준혁
등 록 / 제5-213호
펴낸곳 / 한솜미디어
주소 / (우143-200) 서울시 광진구 구의동 243-22
전화 / (02)454-0492, 팩시밀리 (02)454-0493
HomePage http://hansom.co.kr

값 12,000원

ISBN 89-90087-81-3 03250